财政部规划教材

财务报表分析
Analysis of Financial Statements

刘大进　林颖华　主　编
　　蓝　茵　副主编

中国财经出版传媒集团

·北京·

图书在版编目（CIP）数据

财务报表分析／刘大进，林颖华主编；蓝茵副主编. --北京：经济科学出版社，2025.5. --（财政部规划教材）. -- ISBN 978-7-5218-6982-8

Ⅰ.F231.5

中国国家版本馆CIP数据核字第20258TL742号

责任编辑：杜　鹏　武献杰　常家凤
责任校对：靳玉环
责任印制：邱　天

财务报表分析
CAIWU BAOBIAO FENXI

刘大进　林颖华　主　编
蓝　茵　副主编

经济科学出版社出版、发行　新华书店经销
社址：北京市海淀区阜成路甲28号　邮编：100142
编辑部电话：010-88191441　发行部电话：010-88191522
网址：www.esp.com.cn
电子邮箱：esp_bj@163.com
天猫网店：经济科学出版社旗舰店
网址：http://jjkxcbs.tmall.com
固安华明印业有限公司印装
787×1092　16开　27.25印张　570000字
2025年5月第1版　2025年5月第1次印刷
ISBN 978-7-5218-6982-8　定价：59.00元
（图书出现印装问题，本社负责调换。电话：010-88191545）
（版权所有　侵权必究　打击盗版　举报热线：010-88191661
QQ：2242791300　营销中心电话：010-88191537
电子邮箱：dbts@esp.com.cn）

前 言
INTRODUCTION

新一轮科技革命和产业变革如火如荼，数字化和智能化的全新时代扑面而来。"创新驱动未来，数字创造价值"，自2024年1月1日起正式施行《数据资源作为资产纳入企业财务报表》，也意味着人们的日常生活和理财决策都与财务报表分析更加紧密关联。财务报表分析是一个令人激动且富有生机的领域，随着会计行业的数智化转型升级，其作用愈加凸显。《财务报表分析》课程作为经济管理类专业核心课程的地位愈加显著（抑或成为通识课程），其运用领域更加广泛。本教材顺应数智化管理转型升级的需要，从财务报表使用者的视角，将理论阐述、案例教学和技能训练相结合，运用生动的语言和严谨的逻辑，同时借助立体化教学资源以丰富教学内容，形成了体系创新与实践分析于一体的教材内容。

"纸上得来终觉浅，绝知此事要躬行"。本教材最大的特点是"需求导向"和"求真务实"，让学生参与现实财务报表的阅读、理解和分析，从而发现学习原来也是一种享受。本教材涵盖了企业财务报表所反映的偿债能力、营运能力、盈利能力、可持续发展与成长能力等内容，还介绍了企业财务报表的综合分析与评价、粉饰甄别、信用评估、数智化影响及应用等实用方法。本教材具有以下特色：（1）注重课程思政的柔性融入。结合党的二十大精神，将中国特色社会主义实践创新成果和财务创新实践及前沿理论融入教材；通过中国品牌公司的案例，激发学生的爱国热情，增强民族自豪感。（2）注重理论基础的全面夯实。注重阐明原理、夯实基础，帮助系统地认识和领会财务报表及其分析的丰富内涵和"商业语言"。（3）注重实践应用的深度融合。注重财务报表分析在实践中的方法应用及技能训练，以大量现实案例作为每章的引例、释例和章末讨论案例，内容鲜活，解释清晰。（4）注重创新发展的精准涵盖。除了介绍Excel、大数据、AI技术的相关应用外，还专门针对现金流、信用评估、企业并购、粉饰甄别等展开分析，凸显实用性与前瞻性。

本教材共14章，由刘大进、林颖华担任主编，蓝茵担任副主编，负责策划、统稿和总纂；参编人员均为具有丰富教学与实践经验的"双师双能型"专业教师。具体编写分工如下：第一章、第四章，刘大进；第二章、第五章、第六章、第十三章、第十四章第二节和第四节，林颖华；第三章、第七章、第八章第一至三节、第十一章、第十四章第一节和第三节，蓝茵；第九章、第十章、第十二章、第十四章第五节，李艳茹；第八章第四节，陈泽艺。

  本教材的编写及付梓，得到了许多专家学者、实务界同仁的热忱帮助和悉心指导，得到了经济科学出版社的鼎力支持，得到了集美大学诚毅学院领导与同事的关心和支持，我们在此表示衷心的感谢！我们还要感谢所参考的教材及文献资料的作者！感谢广大读者以及用教材教师的支持和厚爱！敬请各位同仁对教材中的错误和缺点提出批评、指正。

刘大进
2025 年 4 月于集美学村

目 录
CONTENTS

第一章 财务报表及解读 ·· 1

 【学习要求】 ··· 1
 【关键术语】 ··· 1
 【引导案例】 ··· 1
 第一节 制约财务报表的法规体系 ··· 2
 第二节 财务报表概述 ··· 17
 第三节 资产负债表及其解读 ·· 28
 第四节 利润表及其解读 ·· 32
 第五节 现金流量表及其解读 ·· 34
 第六节 股东权益变动表及其解读 ·· 36
 第七节 财务报表的阅读路径与信号把握 ··· 38

第二章 财务报表分析理论框架 ·· 44

 【学习要求】 ··· 44
 【关键术语】 ··· 44
 【引导案例】 ··· 44
 第一节 财务报表分析概述 ··· 45
 第二节 财务报表分析的基础 ·· 53
 第三节 财务报表分析的框架及路径 ··· 59

第三章 财务报表分析的程序与方法 ··· 64

 【学习要求】 ··· 64
 【关键术语】 ··· 64
 【引导案例】 ··· 64
 第一节 财务报表分析的程序 ·· 65
 第二节 财务报表分析的方法 ·· 70
 第三节 数据库及 Excel 在财务报表分析中的应用 ································· 80

第四章　现金流分析 …… 93

【学习要求】 …… 93
【关键术语】 …… 93
【引导案例】 …… 93
第一节　现金流及现金流量表概述 …… 95
第二节　影响现金流量变化的因素分析 …… 101
第三节　基于企业生命周期的现金流量分析 …… 103
第四节　现金流量质量分析 …… 119
第五节　现金流量比率及结构分析 …… 129
第六节　自由现金流量分析 …… 138

第五章　财务实力与偿债能力分析 …… 147

【学习要求】 …… 147
【关键术语】 …… 147
【引导案例】 …… 147
第一节　财务实力与偿债能力分析概述 …… 148
第二节　短期偿债能力分析 …… 151
第三节　长期偿债能力分析 …… 164

第六章　资产管理与营运能力分析 …… 183

【学习要求】 …… 183
【关键术语】 …… 183
【引导案例】 …… 183
第一节　资产管理与营运能力概述 …… 184
第二节　总资产营运能力分析 …… 186
第三节　流动资产营运能力分析 …… 191
第四节　固定资产营运能力分析 …… 204

第七章　投资回报与盈利能力分析 …… 210

【学习要求】 …… 210
【关键术语】 …… 210
【引导案例】 …… 210
第一节　投资回报与盈利能力概述 …… 211
第二节　资本经营盈利能力分析 …… 214
第三节　资产经营盈利能力分析 …… 223
第四节　商品经营盈利能力分析 …… 226
第五节　企业盈余质量与分析 …… 229

第八章 可持续发展与成长能力分析 ... 237

【学习要求】 ... 237
【关键术语】 ... 237
【引导案例】 ... 237
第一节 可持续发展与成长能力概述 ... 239
第二节 企业单项发展能力分析 ... 242
第三节 企业整体发展能力分析 ... 250
第四节 企业并购财务分析 ... 251

第九章 财务报表其他信息的利用与分析 ... 262

【学习要求】 ... 262
【关键术语】 ... 262
【引导案例】 ... 262
第一节 审计报告分析 ... 263
第二节 财务报表附注分析 ... 269
第三节 资产负债表日后事项 ... 271
第四节 关联方交易 ... 273
第五节 非财务信息的分析 ... 276

第十章 综合分析与业绩评价 ... 284

【学习要求】 ... 284
【关键术语】 ... 284
【引导案例】 ... 284
第一节 综合分析与业绩评价概述 ... 284
第二节 杜邦综合分析法 ... 285
第三节 沃尔综合评分分析法 ... 290
第四节 企业经营业绩综合评价 ... 292

第十一章 财务报表粉饰与识别 ... 315

【学习要求】 ... 315
【关键术语】 ... 315
【引导案例】 ... 315
第一节 财务报表粉饰的动机分析 ... 316
第二节 财务报表粉饰的类型与手法 ... 318
第三节 财务报表粉饰的识别 ... 323

第十二章　公司信用评估 ··· 338

【学习要求】 ··· 338
【关键术语】 ··· 338
【引导案例】 ··· 338
第一节　信用主体 ··· 339
第二节　信用等级与信用评估程序 ··· 341
第三节　信用评级机构的信用评估 ··· 352
第四节　银行的信用评价 ··· 361

第十三章　大数据对财务报表分析的影响 ··· 371

【学习要求】 ··· 371
【关键术语】 ··· 371
【引导案例】 ··· 371
第一节　大数据对企业信息质量的影响 ··· 372
第二节　大数据对财务报表分析带来的挑战 ··· 379
第三节　大数据如何优化传统的财务报表分析 ··· 382
第四节　数据挖掘在财务报表分析中的应用 ··· 387

第十四章　综合案例分析 ··· 393

【学习要求】 ··· 393
【关键术语】 ··· 393
【引导案例】 ··· 393
第一节　案例背景 ··· 393
第二节　会计分析 ··· 394
第三节　行业分析 ··· 416
第四节　财务比率分析 ··· 417
第五节　杜邦分析与综合评价 ··· 418

参考文献 ··· 423

第一章　财务报表及解读

【学习要求】
1. 领会约束财务报表编制的法规体系，理解其对财务报表阅读与分析的作用。
2. 熟悉财务报告的体系内容以及财务报表的种类、内容及格式，掌握各种财务报表与现金流量的关系。
3. 明确财务信息披露的质量要求，掌握财务报表的阅读路径及不良信号。
4. 培养良好的思维习惯：站在财务报表分析者（管理者）"业财信融合"的角度去解读各种财务报告信息。

【关键术语】
财务报告体系　财务报表　资产负债表　利润表　现金流量表　所有者（股东）权益变动表　报表附注　审计报告　会计准则　会计基本假设　会计一般原则　勾稽关联　财务信息披露质量

【引导案例】

刘姝威：那双揉不进沙子的眼睛

2002年CCTV中国经济年度人物和"感动中国"年度人物评选的领奖台上，出现了同一个身影，她就是中央财经大学研究员，著名经济学家陈岱孙、厉以宁的学生——刘姝威。也就是从这一次，刘姝威第一次进入公众的视野。

"作为一个经济学家，他的研究一定要坚持独立性、客观性和科学性，一定要守住基本的道德底线。"这是刘姝威最常说的一句话。她是这么说的，也是这么做的，蓝田事件就是最好的证明。2001年底，刘姝威用600字粉碎了上市公司蓝田股份的神话，结果遭到恐吓。此事2002年初被公开，结果成为中国经济界最具爆炸性的新闻之一。

刘姝威所依据的材料全部是公开资料。经过分析，她却被吓呆了："我没去过蓝田，就能看出这么多明显的毛病。怎么早没人吱声呢？"这时，银行已经给蓝田20亿元贷款。出于高度的职业责任感，刘姝威觉得应该提示一下银行。于是撰写了600字短文——《应立即停止对蓝田股份发放贷款》。中国上市公司的又一个神话——蓝田股份就此被粉碎，为防止国家银行资产的继续损失作出了重要贡献。从最初发现蓝田公司存在巨大的财务风险，到向金融内参发去这篇短文，再到对蓝田股份总裁瞿兆玉的意外造访的态度，发生在短短的时间之内，无不体现了刘姝威作为一个智者的客观和勇气。

"她是那个在童话里说'皇帝没穿衣服'的孩子，一句真话险些给她惹来杀身之祸。她对社会的关爱与坚持真理的风骨，体现了知识分子的本分、独立、良知与韧性。"CCTV2002 年中国经济年度人物颁奖典礼上，当主持人读出这段颁奖词时，现场立即响起了热烈的掌声。

颁奖典礼后，刘姝威在接受媒体采访时说："我今年获得了两个奖，一个是经济年度人物奖，另一个是'感动中国'人物。经济年度人物奖是经济领域当中的，但是感动中国呢，是全国老百姓的、各行各业的。因为大家都希望祖国强大，无论是体育、科技、经济，都需要强大，这个需要我们各行各业的人的努力。像警察要尽职尽责；学者要认真研究，把研究成果忠实地报道出去；即使是普通的工人农民，只要是你努力的工作，不仅是为了让自己富裕，也是在为自己的国家作贡献。"她还说："如果要说感动中国的话，可以说是公众感动了我，因为在这个事件中，如果没有公众支持的话，也没有今天的结果。对我来说，今天这个奖杯应该是属于大家的，而不是我个人的。"

著名作家冯骥才在蓝田事件后对刘姝威的评价是，她是"中国那双揉不进沙子的眼睛之一"。金庸先生则把她那种坚持公道、勇于揭弊的精神当作中国走上经济正规化道路的必要精神。

（资料来源：叶勇，但有为. 刘姝威：那双揉不进沙子的眼睛［J］. 中国金融家，2005（10）：23 - 25）

请思考：

1. 本案例给了你哪些会计和金融等专业方面的启示？
2. 本案例说明了"爱岗敬业"对个人和国家有哪些重要意义？

第一节　制约财务报表的法规体系

党的二十大报告指出，坚持把发展经济的着力点放在实体经济上，推进新型工业化，加快建设制造强国、质量强国、航天强国、交通强国、网络强国、数字中国。财务报告是数字经济的基础，高质量的财务报告也是质量强国的体现之一。企业财务报表的编制与报告如果没有具有一定强制性、约束性的法规来制约，将会给报表信息使用者的使用带来极大障碍。从实际情况来看，各国大多针对企业财务报表的编制与报告内容制定了法规，使报表信息的提供者在编制报表时操纵报表信息的可能性受到限制。在我国，制约企业财务报表编制与报告的法规体系包括会计规范体系以及约束上市公司信息披露的法规体系。这些法规体系相辅相成，共同制约和规范着企业的财务报表编制与报告。上一层次对下一层次起着统驭作用，即上一层次是下一层次的基础和制定依据，下一层次对上一层次予以细化和补充。在法规体系中，会计准则是最核心、最基本的行政性法规，下面首先介绍会计基本假设、一般原则与具体会计准则及其对财务报表的制约，以及对财务报表分析的意义。

一、会计基本假设、一般原则与会计准则

《企业会计准则》由财政部制定，于 2006 年 2 月 15 日财政部令第 33 号发布，自 2007 年 1 月 1 日起施行。我国企业会计准则体系包括基本准则、具体准则和应用指南与解释公告。

基本准则为主导，对企业财务会计的一般要求和主要方面作出原则性的规定，为制定具体准则和会计制度提供依据。2014 年 7 月 23 日，财政部公布了《财政部关于修改〈企业会计准则——基本准则〉的决定》，自公布之日起施行。内容包括总则、会计信息质量要求、财务会计报表要素、会计计量、财务会计报告等。第一章总则和第二章会计信息质量要求中包括了基本会计假设、一般原则的内容。

具体准则是在基本准则的指导下，处理会计具体业务标准的规范。其具体内容可分为一般业务准则、特殊行业和特殊业务准则、财务报告准则三大类。

应用指南与解释公告从不同角度对企业具体准则进行强化和细化，解决实务操作和具体问题，包括具体准则解释、会计科目和财务报表等。

（一）会计基本假设

会计假设即基本会计假设或会计基本假设，是指会计人员对会计核算所处的变化不定的时间、空间环境和某些不确定的因素，根据客观的、正常的情况或趋势所做的合乎情理的判断和设定。会计假设是组织会计核算工作，进行会计确认、计量、记录和报告应当明确的前提条件，是建立会计原则的基础，也是进行会计实务的必要条件，所以又叫会计核算的基本前提，一般包括会计主体、持续经营、会计分期和货币计量。

1. 会计主体。会计上假设企业法人或者实行独立核算的组织是一个独立的实体。会计关注的中心是企业或独立核算的组织，而不是它的业主、合伙人。会计主体假设产生的原因在于恰当地维护业主投入企业的资本的需要。从公司治理的角度看，它其实是指"专用性资产"的边界，与公司边界和公司治理边界息息相关。

会计主体假设一般指企业本身，随着集团公司总裁的出现，母公司和子公司各为独立法人，为了合并编制财务报表反映整个集团的财务状况，会计主体假设发展为合并个体，再扩展又可以是一个国家或地区，如政府的国民账户核算体系。而当今信息时代造就的"互联网+"公司更突破了会计主体原有的时间和空间界限，因为网上公司属于虚拟公司，并以人力资源和知识产权为其主要资产，会计主体假设由此扩展为企业主体和虚拟主体，并引出了虚拟主体如何建立会计程序，提供会计信息的新课题。然而，会计主体的内涵并未因虚拟企业的出现而改变，改变的只是会计主体的形式而已。我们不能因为会计主体的形成和消失方式发生改变而取消现行的会计主体假设。在信息化和智能化时代，会计核算

的对象仍将是一个特定的主体，会计信息依然要以这一特定主体客观发生的经济活动为唯一依据。

会计主体假设对财务报表分析意义重大。第一，财务报表分析者必须站在被分析的这个会计主体的角度，对财务报表（财务报告）进行会计主体的恰当性和明晰性分析，以较强的职业洞察力窥视是否"以这一特定主体客观发生的经济活动为唯一依据"，判断是否存在以下问题的动机、行为、痕迹、后果或者可能性：将"别人"或者"老板"的业务（会计要素）记入"自己"的账里，将"自己"的业务（会计要素）记入"他人"的账里。譬如，"老板"携全家旅游，回来把这些旅游费用拿到我们公司报销；我们公司有一单销售，异常折价让利给某某局长的小舅子开的公司；我们母公司租用了一台大型机器，结果租金由子公司承担；等等。第二，财务报表分析者还要跳出会计主体看报表，从会计主体外分析会计主体的各种信息，关注表外项目和表外信息，充分利用非财务信息，竭力挖掘和利用大数据，包括结构化数据和非结构化数据、集成化和碎片化数据。第三，明确会计主体不等于管理主体，不能等同于公司治理边界，在财务报表分析时就应厘清会计核算的职能、管理会计的职能和财务管理的职能，既要为企业决策创造价值，又要密切关注和维护各利益相关者的利益。

2. 持续经营。持续经营假设即假定每一个企业在可以预见的未来，不会面临破产和清算，因而它所拥有的资产将在正常的经营过程中被耗用或出售，它所承担的债务，也将在同样的过程中被偿还。若企业不能持续经营，就需要放弃这一假设，在清算假设下形成破产或重组的会计程序。

现行的持续经营假设其运用一直是不充分的。20 世纪初，迪克西就指出资产按照持续经营假设估价时，对流动资产和固定资产不严加区分会引起原则性错误，流动资产应按可变现净值计价。后来，哈特菲尔德也对持续经营进行了全面剖析，得出：如果持续经营是资产估价的关键，由于固定资产不是为销售而购进，其售价是不相关的，可以按历史成本计价；存货的存在是为了销售，则应在资产负债表上反映其售价。1981 年佩顿更发展了持续经营的含义，主张按资产的市价而不是成本记录。总之，理论上持续经营假设仅仅排斥了清算价格，要求按使用目的对资产计价，即对固定资产按历史成本计价，对流动资产按可变现净值计价，而现行的持续经营假设强调对所有的资产按历史成本计价，这种观念的形成有其历史原因。20 世纪 20 年代，大多数国家通货膨胀已很明显，稳健主义阻止了对流动资产按变现净值计价的做法，那些开始占支配地位的收益实现原则又为历史成本提供了理论依据——任何较高的计价都会产生未实现的收益。最后，政府的所得税法等强化了保守的资产计价观点，使得持续经营假设被不完整地应用于会计实务中。而今天清算前提被频繁运用，不断发生的公司合并、重组，使任何环境下的企业必须具有迅速变现的能力，才能迅速改变其产品和业务经营，不仅流动资产应该按变现价值反映，固定资产变现价值也绝非不相关的。尤其是 20 世纪后期以来，全球正进入各种经济时代，电子商务产生的网上虚拟公司，由于知识以思维的速度更新、扩散，网上公司的经营活动面临着空前的风险，并呈现短暂性，而不是永久经营。因此，以持续经营为假设的传统会计的主流地位渐渐受到了以非持续经营为假设的清算会计的挑战。

因为，持续经营假设设定会计主体是一个"健康肌体"，会计核算就要以企业持续的正常的经营活动为前提，这样，企业才能够按原定的用途去使用现有的资产，按过去和现实承诺的条件去清偿各种债务。从表面上看，持续经营是要解决会计核算的时间范围有多长的问题，实际上它主要是要解决资本性支出的摊销期限有多长的问题，从而相应解决会计期间的损益确认问题。这实质上是一个企业经济利益在相关时期如何在各社会经济利益集团之间分配的问题。这里既涉及投资人的利益，又涉及国家的税收问题，网上公司也好，虚拟企业也好，都要同其他企业一样受到国家相关法律的规范。此外，持续经营是对企业经营过程的描述，是一个无限的时间段概念，而破产清算是对某一时刻企业经营状况的描述，意味着一个企业持续经营的终止。虚拟企业虽然也要在企业契约到期或中途解散，但其设立的目的是生存和发展，并不是破产，破产清算只是例外情况。更何况虚拟企业也是为了实现一定目的而联合组成的，在实现目的的过程中，虚拟企业与实体企业本质上并无多大区别，虚拟企业会计确认、计量和报告遵循持续经营假设，这有利于实施自身的权利和承担相应的义务，因此在信息技术（IT）环境下持续经营假设是必须遵循的。

持续经营假设对阅读和分析财务报表也很有意义。第一，企业的可持续发展或者成长性分析历来都是财务报表分析的主要内容，一切企业设立的目的都是生存和发展。第二，企业偿债能力、营运能力和盈利能力的分析也是在分析过去及现在的数据信息的基础上得出企业近期或未来更长时间的诸方面能力，同样离不开持续经营假设。第三，在财务报表分析的方法中，趋势分析法（时间序列分析法）也是建立在企业的持续经营假设基础之上的。第四，财务分析的功能不是"马后炮"，它应该为企业的管理决策提供以预测数据为主的支持和参谋，而企业非并购重组的预测和决策则必须以持续经营假设为出发点，其本身就是持续经营假设的体现。第五，在财务报表分析时，对资产计价、公允价值、分期处理等会计政策及方法的选择的职业判断更需要对持续经营假设的透彻了解。

3. 会计分期。会计分期假设规定了会计对象的时间界限，将企业连续不断的经营活动分割为若干较短时期，以便提供会计信息，是正确计算收入、费用和损益的前提。诚然，因为会计期间是人为划分的，存在很大的主观性，影响了会计信息的质量，使会计信息有明显的估计性和不确定性。

在网络时代，计算机强大的运算能力以及网络迅速的传输功能，克服了会计数据搜集和处理的障碍，以往需要几个月时间才能作出的报表在瞬间即可形成，而且信息使用者也可以通过互联网在线查阅财务会计信息，会计分期已失去意义。此外，虚拟企业经营活动的短暂性，使公历年度的会计分期不再适合，需以交易或假设取而代之。对此，应该知道会计分期假设的意义，一是及时提供会计信息；二是保证会计信息的可比性。从会计信息的质量特征角度而言，会计信息的质量比会计信息的时效性更有意义。计算机、网络、人工智能的出现，为加快会计信息的加工和传递提供了前所未有的科学手段，但这种手段的使用应首先受制于会计信息的可比性需求。会计分期假设为会计信息的可比和可用提供了保证。随着会计信息加工速度的加快和加工成本的降低，为了满足会计信息使用者对会计信息的及时性需求，有可能缩短现有的会计分期，加大一定时期（如1年）的会计分期数量，但缩短现有的会计分期并不等于取消会计分期假设，会计信息的可比性要求是任何会计环境都不能回避的。因此，即使在IT环境下，会计分期假设也是不会动摇的。

在IT环境下，也不能用不等距会计期间来替代现有的会计分期假设，现代会计分期假设仍是IT环境下不能违反的会计假设之一。这是因为，会计信息的有用性是会计信息质量的永恒特征之一，会计信息的可比性是保证会计信息有用性的前提之一。会计信息的可比性既包括信息内容和信息处理方式的可比性，又包括信息所对应时期长短的可比性，这二者若缺少任何一面，会计信息都将失去可比性，从而失去有用性。如用不等距会计期间取代现行会计分期假设，将使持续经营条件下的会计信息失去信息所对应时期长短的可比性，从而产生严重的后果。另外，在IT环境下，国家机器的有效运转照样有赖于财政税收的稳定，而财政税收稳定的前提之一是均衡地获取财政税收，这就要求均衡地计量企业的应税收益，要求企业在均衡的时期里提供会计信息。从国家权力和法律层面上讲，在IT环境下也不允许不遵守现行会计分期假设。

会计分期假设对阅读和分析财务报表颇具意义。第一，财务报表分析中的比较分析法以及财务比率的计算分析，均建立在会计分期假设下的会计信息具有可比性的基础上。换言之，没有可比性，就无法进行财务报表分析。第二，会计分期假设为趋势分析法（时间序列分析法）提供了前提条件，没有相同等距的会计分期数据，这一方法将不能使用。第三，在会计信息化和智能化时代，纵然可以提供实时（即时）会计信息，计算分析时点（静态）的财务比率并进行财务分析，但这种静态分析没有多大意义，因为市场经济瞬息万变，科技发展日新月异，所谓"此一时彼一时也"。而动态分析需要相同等距的会计分期数据。第四，会计分期也为财务报表分期分析及其分期报告提供了基础。因此，在阅读和分析财务报表时，要以相当的职业判断力去思考被分析的会计信息（会计要素）是否存在会计分期上被提前或延后计量确认的会计操纵行为。

4. 货币计量。货币计量假设规定了会计的计量手段，指纳入会计核算的经济活动及其成果可以均通过货币计量加以反映。它包含了两层意思：币种的唯一性和币值的不变性。

货币计量假设争议最大。首先，以货币计量不能表现诸如企业员工素质、产品质量、企业的市场竞争力等信息，使会计信息局限于货币性定量，而在当今知识经济、信息化和智能化的新时代里，知识和企业员工越来越成为公司最重要的资产，因此早在20世纪60年代开始就出现了人力资源会计。如今区块链下的数字货币的出现强化了货币计量这一假设，会计信息的本质就是数字化的货币性信息。其次，20世纪初、第二次世界大战后的通货膨胀，动摇了作为历史成本前提的"币值稳定"假设。因为会计报表上以现时价格计量收入，却以历史成本计量费用，在通货膨胀的情况下，则不能正确地计量收益，由此产生了物价变动会计和现时成本会计。它们与传统的历史成本之争在于币值变动引起资产价值的变动是否会产生收益。历史成本会计的维护者利特尔顿认为，物价变动自身是不能产生收益的，西方国家的物价上涨指数普遍回落到5%以下，已可不考虑通货膨胀的影响，同时自20世纪70年代中期各国放松了对利率、汇率管制后，面对随时变动的货币市场，企业采用衍生金融工具，如远期、期货、期权等回避货币变动的风险，这使币值稳定假设仍具有现实意义。

在"互联网＋"时代，资金在企业、银行、国家间高速运转，资本市场交易活跃，这加剧了货币需求的不稳定性，冲击了币值稳定假设。由于移动互联网突破了时间和空间的限制，不同货币之间的交易尤其是通过互联网进行跨国交易也变得非常容易，既可以用多种货币计量，也可以用统一的电子货币作为会计计量尺度。对币值稳定的挑战并不是对货币计量的否定。为了保证会计信息的一致性、可比性，还是有必要坚持币值稳定假设。同时，一般对外报告会计信息时，仍不能用多种货币去计量不在同一时点或区域发生的同一会计要素。《中华人民共和国会计法》（以下简称《会计法》）规定，会计核算以人民币为记账本位币，业务收支以人民币以外的货币为主的单位，可以选定其中一种货币作为记账本位币，但是编报的财务会计报告应当折算为人民币。这是因为，会计信息的质量标准之一是明晰性，即强调会计信息要使社会公众能够充分理解，会计信息中若含有他们不熟悉的币种，将妨碍他们对会计信息的正确理解，从而使会计信息失去有效性。另外，由于不同货币的购买力水平不同，直接用几种货币表示同一会计要素，得出该会计要素的增减变动结果就无精确的经济意义。比如用几种货币表示的固定资产总额，就没有直接可比性，简单汇总没有经济学上的意义。

货币计量假设对财务报表的阅读和分析者意义也很大。第一，财务报表的阅读和分析者必须清楚地了解当下的通货膨胀水平，尤其是结构性、行业性的通货膨胀情况，币值稳定假设是否受到冲击，影响有多大。第二，被分析的会计信息是否采用了物价变动会计、现时成本会计等对应措施，是否有"八项减值准备"，采用的公允价值是否"公允"。第三，被分析的会计信息有涉及多种货币的，要密切关注"汇兑损益"，其涉外交易和投融资是否采取了相应的外汇风险规避措施。第四，在阅读和分析财务报表时，要注意定量分析和定性分析相结合，充分采用非货币计量的表外信息（非财务信息）对会计信息进行全面深入的剖析和评价。竭力挖掘大数据，旁征博引，为我所用。

（二）会计的一般原则

一般认为，会计原则包括了会计的基本假设和会计的一般原则，但也有人直接把会计原则等同于会计的一般原则或者会计的基本原则。会计的一般原则是会计工作应该遵守的指导性规范和一般性的基本原则，是对财务会计基本规律的概括与总结，比如稳健性原则、重要性原则等。在实际工作中，会计原则常与会计准则相混用。美国先使用"会计原则",后流行"会计准则"。这在一定程度上反映了历史发展的客观过程,即美国的会计规范经历了从"有限的、指导性"的规范(会计原则)发展成"数量可观的指导性和技术性并重"的规范(会计准则)。

我国于 2006 年 2 月 15 日公布了《企业会计准则——基本准则》,其中包含了以下 13 个基本原则:(1)客观性原则;(2)可比性原则;(3)明晰性原则;(4)历史成本原则;(5)实质重于形式原则;(6)权责发生制原则;(7)及时性原则;(8)划分收益性支出与资本性支出原则;(9)配比性原则;(10)相关性原则;(11)一贯性原则;(12)谨慎性原则;(13)重要性原则。根据 2014 年 7 月 23 日财政部发布的《财政部关于修改〈企业会计准则——基本准则〉的决定》修改,我国的新会计基本准则下只有 8 个基本原则:客观性、可比性、相关性、及时性、明晰性、谨慎性、重要性、实质重于形式,取消了原来的权责发生制原则、配比原则、划分收益性支出与资本性支出原则和历史成本原则。其中继续保留了重要性原则(第十七条)、谨慎性原则(第十八条)、实质重于形式原则(第十六条),也强调了可比性原则(第十五条,把原准则的一贯性原则和可比性原则合并为可比性原则)、相关性原则(第十三条)、明晰性原则(第十四条)、及时性原则(第十九条)、客观性原则(第十二条)。另外,权责发生制原则和历史成本原则不再作为会计核算的基本原则。将权责发生制作为会计核算的基础并入会计分期基本假设,历史成本体现在会计要素的计量中(历史成本属于会计计量范畴,因此,将历史成本原则在新增的第九章"会计计量"中进行了规定)。为更好地理解这些原则并做好财务报表分析工作,我们可以对这些原则进行归类。

(1)总体性要求:客观性原则、可比性原则。

(2)会计信息质量要求:相关性原则、及时性原则、明晰性原则。

(3)会计修订性惯例的要求:谨慎性原则、重要性原则、实质重于形式原则。

由于财务报表分析课程一般是属于学习过会计学原理和财务会计实务课程的会计学专业的后续必修课,所以这里不再对会计的一般原则进行逐条赘述。但是,对财务报表的阅读和分析者来说,深刻理解这些原则的内涵及应用,其重要性毋庸置疑。以下进行详细分析。

(1)客观性原则对财务报表分析至关重要。要求分析者对企业正式对外发布的财务报表,哪怕是经过知名会计师事务所(会计公司)审计并出具过无保留意见的标准审计报告,都要根据企业所处的行业、规模、周期和资本成本水平以及竞争战略等,凭借自己的知识、经验、业务能力及职业判断力以及团队智慧去分析各种存在差错的风险甚至人为操纵会计的可能性,如同"审计风险 = 重大错报风险 × 检查风险"和"审计风险 = 固有风险 × 控制风险 × 检查风险"、审计师风险及制度风险等的内在联系一样。当然,财务报表分析有别于审计,它是更加综合、更加高级的一种应用型管理。

(2)可比性原则对财务报表分析的意义显而易见。如果会计没有了可比性原则,提供的会计信息不具有可比性,那么财务报表分析就无从下手。对可比性的意义，我们在"会计分期假设"中也已阐述清楚。

（3）相关性是最基本的原则。在财务报表分析中，"财务比率"分析就最要求分子分母的项目指标具有相关性了，也对财务报表分析的目的最有用。

（4）及时性也是最基本的原则。只有会计信息具有及时性才能保证财务报表分析的及时性，所谓"市场如战场"，机会稍纵即逝，分析的结论和决策建议要保证第一时间提供给企业决策层。同时，在财务分析运用表外数据时，也应保证数据信息的时效性，不可陈旧迂腐。

（5）明晰性也是最基本的原则。会计信息是一种结构化信息，要明晰易懂且通用标准（会计准则），所谓"会计是一种通用的国际商业语言"，会计也只有这样，财务报表分析才能"心领神会"，驾轻就熟，游刃有余。当然，财务报表分析及其报告本身也要求明晰性，要明确每个财务比率指标的含义和边界，分析逻辑结构清晰，利于评价和决策。

（6）谨慎性原则对财务报表分析也很重要。财务会计根据谨慎性原则提取的各项资产减值准备金，可以使企业的"虚资产"变实，可以在一定程度上解决企业的虚盈实亏、遏制企业的短期行为等，即有利于提高财务会计信息质量。但它违背税务会计原则，因为税法对所得税税前扣除费用的基本原则是"据实扣除"。会计估计的这种风险，税法之所以不允许扣除，是因为国家税收不能承担纳税人的经营风险，税法强调的是在有关资产真正发生永久或实质性损害时能得到及时处理。这样规定，既方便了税务管理、提高征管效率，同时也防止了硬性规定减值准备比例的不可控性。税务会计对财产的定义与财务会计准则、制度的侧重点有所不同，它遵循的是所得税税前扣除原则，而非财务会计的谨慎性原则。税法否定谨慎性原则，其主要原因在于：第一，谨慎性原则对收入和费用的处理不对称，当会计事项存在不确定性时，谨慎性原则要求不高估收入、不低估费用，如果税法上认可谨慎性原则，可能会减少或滞后企业应缴税款，这无异于让税务部门替企业承担风险。第二，谨慎性原则确认的损失往往没有交易凭证，不符合确定性原则。第三，谨慎性原则要取决于会计人员的职业判断，而这很难取信于税务部门，政府的征税行为不能建立在对或有事项的会计估计上，因此，体现在谨慎性原则上的会计与税法之间的矛盾是无法调和的，这一原则是产生纳税调整的重要根源。[1] 当然，谨慎性原则也可以移植到财务报表分析中，这样既可以弥补财务报表信息质量的缺陷，又可以提高财务报表分析的质量和价值。随着会计法规及会计监督体系的日益完善，财务信息披露的逐步统一和规范，以及财务管理的人文环境的不断改善，报表使用者可以自觉地运用分析的稳健性原则。这种应用的范围十分广泛，主要包括财务报表的阅读与分析方法、财务失败预测分析和物价变动对财务报表分析的影响等，其潜力巨大。[2]

---

[1] 盖地. 税务会计原则、财务会计原则的比较与思考 [J]. 会计研究，2006（2）.
[2] 刘大进. 试论稳健性原则在财务报表分析中的应用 [J]. 集美大学学报（哲学社会科学版），2000（4）：48－52.

(7) 重要性原则对财务报表分析也不容小觑。重要性原则无论对财务会计还是财务报表分析都是抓主要矛盾和矛盾的主要方面的哲学问题，关键是怎样才算"重要"，这是个复杂的难题，不同企业的行业性质、规模、生命周期和资本成本水平以及竞争战略等因素，都会不同程度地影响对这个"重要性"的判断；同时，还有一个从量变到质变的问题，你现在判断它不重要了，但接下来就重要了。这些都是财务报表分析者不容忽视的问题。

(8) 实质重于形式原则对财务报表分析也很有意义。实质重于形式原则在会计准则、制度中多有体现，如收入的确认标准、融资租入固定资产的判断、关联交易的确认、长期股权投资会计处理方法的选择、待处理财产损失的会计处理等。这一原则的正确运用，关键在于会计人员的职业判断是否可靠，而税法中对任何涉税事项的确认、计量则必须有明确的法律依据，不能估计，税法对该项原则的解释更强调的是"实质至上原则"，其目的是防止纳税人滥用税法条款。如2002年沪市一家上市公司发生巨额亏损34亿元，创该年我国上市公司亏损之最，其中计提坏账准备金占其公司亏损额的98.7%。这些资产减值是否"真实地"发生暂且不去追究，如果税法（通过税务会计）承认（财务）会计的"实质重于形式"原则，即承认其计提的巨额坏账准备金，则当年所得税税基将受到严重的侵蚀。① 同样，财务报表分析者也会认可这样的"实质重于形式"吗？当然，2002年企业遵循的是国家税务总局于2000年发布的《企业所得税税前扣除办法》，其中规定："纳税人发生的坏账损失，原则上应按实际发生额据实扣除。经报税务机关批准，也可提取坏账准备金。……坏账准备金提取比例一律不得超过年末应收账款余额的5‰"。按2007年新的企业所得税法实施条例规定：凡计提的应收账款的坏账准备、存货的跌价准备、相关资产的减值准备，都不能在税前列支，在所得税汇算清缴时应作纳税调整。应收账款中实际发生的坏账损失，须经税务确认后方可税前列支。另外，在进行财务报表分析时以及撰写财务分析报告时，我们也要灵活运用"实质重于形式"原则，要对所分析的企业或某个项目（指标）的实际情况（实质）尽可能多地了解，充分减少信息不对称对财务分析带来的不利，不要轻易或者盲目相信财务比率分析所得出的直观数据。例如著名财经专家刘姝威对创业板上市公司乐视网（300104）2014年的财务报表分析，得出的结论"盈利能力下降，烧钱模式难持续"就非常的"实质重于形式"。

通过以上分析，你是不是明白了会计人员对会计一般原则的理解及运用对我们财务报表分析者来说是多么的重要？而且，财务报表分析者也应当熟悉和善于利用这些原则。

（三）会计准则

会计准则（accounting standard），是会计人员从事会计工作必须遵循的基本原则、规则和指南，是会计核算工作的规范。它是指就经济业务的具体会计处

---

① 盖地. 税务会计原则、财务会计原则的比较与思考 [J]. 会计研究，2006（2）.

理作出规定，以指导和规范企业的会计核算，保证会计信息的质量，把会计处理建立在公允、合理的基础之上，并使不同时期、不同主体之间的会计结果的比较成为可能。会计准则有时也理解为规范会计账目核算、会计报告的一系列文件。

1. 会计准则的分类及层次结构。按其使用单位的经营性质，会计准则可分为营利组织的会计准则和非营利组织的会计准则。会计准则的分类及层次结构如图1-1和图1-2所示。

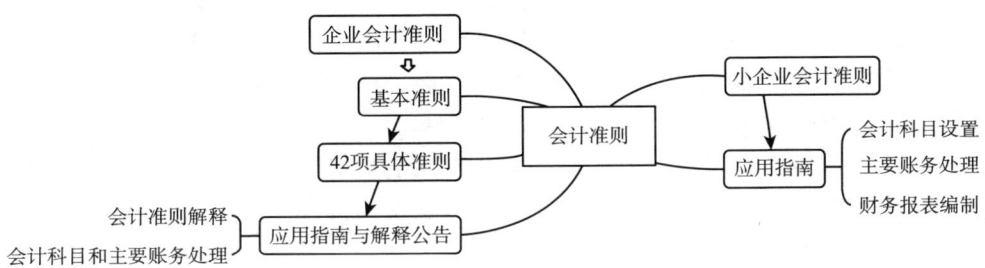

图1-1 营利组织（企业）会计准则层次结构

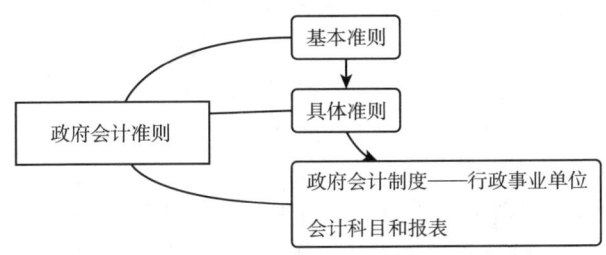

图1-2 政府及非营利组织会计准则层次结构

2. 会计准则的性质。会计准则使得会计信息成为结构化的统一标准的"商业语言"，这就可以用于充分沟通交流和比较分析了。作为财务报表分析者，把握会计准则还应当注意会计准则具有"四性"。

（1）规范性。每个企业都有着变化多端的经济业务，而不同行业的企业又有各自的特殊性。而有了会计准则，会计人员在进行会计核算时就有了一个共同遵循的标准，各行各业的会计工作可在同一标准的基础上进行。从而使会计行为达到规范化，使得会计人员提供的会计信息具有广泛的一致性和可比性，大大提高了会计信息的质量。

（2）权威性。会计准则的制定、发布和实施要通过一定的权威机构，这些权威机构可以是国家的立法或行政部门，也可以是由其授权的会计职业团体。会计准则之所以能够作为会计核算工作必须遵守的规范和处理会计业务的准绳，关键因素之一就是它的权威性。

（3）发展性。会计准则是在一定的社会经济环境下，人们对会计实践进行理论上的概括而形成的。会计准则具有相对稳定性，但随着社会经济环境的发展变化，会计准则也要随之变化，进行相应的修改、充实和淘汰。

（4）理论与实践相融合性。会计准则是指导会计实践的理论依据，同时会计准则又是会计理论与会计实践相结合的产物。会计准则的内容，有的来自理论演绎，有的来自实践归纳，还有一部分来自国家有关会计工作的方针政策，但这些都要经过实践的检验。没有会计理论的指导，准则就没有科学性；没有实践的检验，准则就没有针对性。

需要说明的是，为了适应权责发生制政府综合财务报告制度改革需要，规范行政事业单位会计核算，提高会计信息质量，根据《中华人民共和国会计法》《中华人民共和国预算法》《政府会计准则——基本准则》等法律、行政法规和规章，财政部制定了《政府会计制度——行政事业单位会计科目和报表》，自2019年1月1日起施行，鼓励行政事业单位提前执行。新的政府及非营利组织会计应实行以权责发生制为基础的综合财务报告制度，其为政府及非营利组织的绩效评价和考核提供了制度基础，对财务报表分析提出了新的挑战与机会。

二、制约企业财务报表编制的法规体系

如前所述，我国制约企业财务报表编制的法规体系包括会计规范体系以及约束上市公司信息披露的法规体系。从目前的情况来看，制约我国企业财务报表的会计规范体系主要包括下列内容：《中华人民共和国会计法》《企业会计准则——基本准则》以及具体准则和《企业会计准则——应用指南》《企业会计准则解释公告》（见图1-3）。可分为三个层次：第一层次是《中华人民共和国会计法》；第二层次是《企业会计准则》；第三层次是应用指南与解释公告。约束我国上市公司信息披露的法规体系分为四个层次：第一层次为国家法律；第二层次为行政法规；第三层次为部门规章；第四层次为自律性规则。

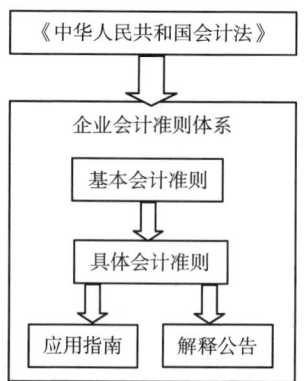

图1-3 我国制约企业财务报表编制的会计规范体系

（一）《中华人民共和国会计法》

《中华人民共和国会计法》（以下简称《会计法》）于1985年首次颁发施行，此后于1993年、1999年、2017年和2024年分别进行过修订与修正。《会计法》是调整经济活动中会计关系的法律总规范，是会计行业的根本大法，也是指导会计工作的最高准则，起统领作用，旨在规范会计行为，保证会计资料真实、完整，加强经济管理和财务管理，提高经济效益，维护市场经济秩序。《会计法》是会计法律规范体系的最高层次，是制定其他会计法规的基本依据。《会计法》中的所有条文直接或者间接地制约着财务报表，第二十条规定："财务会计报告应当根据经过审核的会计账簿记录和有关资料编制，并符合本法和国家统一的会计制度关于财务会计报告的编制要求、提供对象和提供期限的规定；其他法律、行政法规另有规定的，从其规定。财务会计报告由会计报表、会计报表附注和财务情况说明书组成。向不同的会计资料使用者提供的财务会计报告，其编制依据应当一致。有关法律、行政法规规定会计报表、会计报表附注和财务情况说明书须经注册会计师审计的，注册会计师及其所在的会计师事务所出具的审计报告应当随同财务会计报告一并提供。"第二十一条明确指出："财务会计报告应当由单位负责人和主管会计工作的负责人、会计机构负责人（会计主管人员）签名并盖章；设置总会计师的单位，还须由总会计师签名并盖章。单位负责人应当保证财务会计报告真实、完整。"整部《会计法》有26处提到"财务会计报告"，足以说明其重要性。

近年来，随着我国全面深化改革的持续推进，会计法的实施环境已经发生了重大变化，经济社会发展和会计改革工作中的新情况、新问题亟须以法律形式加以明确和规范，修订完善会计法势在必行，以良法促进发展、保障善治。2024年6月28日，第十四届全国人民代表大会常务委员会第十次会议通过《关于修改〈中华人民共和国会计法〉的决定》，自2024年7月1日起施行。新《会计法》主要体现十大变化。

1. 坚持党对会计工作的统一领导。
2. 加大对违法行为的处罚力度，进一步明确个人的法律责任。
3. 强化会计监督，将内部会计监督制度纳入内部控制制度。
4. 加强会计信息化建设和会计信息安全建设。
5. 进一步细化了会计工作的组织保障形式。
6. 强化财务会计报告的一致性和审计要求。
7. 加强会计档案管理与监督。
8. 强化会计人员和有关部门及其工作人员的保密责任。
9. 强化了同位法之间相互补充与部门之间协调。
10. 新《会计法》的语言和表述更加规范化。

（二）企业会计准则体系

企业会计准则是有关财务会计核算的规范，是企业的会计部门从事诸如价值确认、计量、记录和报告等会计活动所应遵循的标准。我国企业会计准则体系由基本会计准则、具体会计准则、会计准则应用指南和解释公告等组成。

1. 基本会计准则。基本会计准则的主要内容包括：财务会计的目标、会计核算的基本前提、会计核算的一般原则以及会计要素。它是制定和指导具体会计准则的前提条件，为具体会计准则的制定提供了基本框架，在会计准则体系中起着统驭作用。

2. 具体会计准则。具体会计准则是根据基本会计准则的要求制定的，就经济业务的会计处理以及报表披露等方面作出具体规定，全面规范了企业的财务会计活动。大体上分为三类。

（1）一般业务处理准则。主要规范各类企业普遍适用的一般经济业务的会计处理以及报表列报。

（2）特殊行业会计准则。主要规范特殊行业的会计业务或事项的处理，如生物资产、石油天然气开采等。

（3）特定业务准则。主要规范特定业务的确认与计量及列报，如债务重组、租赁、或有事项、金融工具确认与计量、金融资产转移、金融工具列报、保险合同等。

为了适应我国企业和资本市场发展的实际需要，实现我国企业会计准则与国际财务报告准则的持续趋同，财政部决定于2014年7月1日起实施公允价值计量、合营安排和在其他主体中权益的披露3项具体会计准则；另外对原有的一些会计准则陆续进行了修订。

3. 会计准则应用指南和解释公告。应用指南是根据基本准则和具体准则制定的，它是用于指导会计实务操作的细则，是企业会计准则体系的重要组成部分，主要解决在运用会计准则处理业务时所涉及的会计科目、账务处理、会计报表及其格式以及编制说明，类似于以前的会计制度。应用指南的发布有助于会计人员完整和准确地理解并掌握准则，确保准则的贯彻实施，同时也标志着我国企业会计准则体系的发展和完善。当然，随着企业会计准则的不断推出与修订，应用指南也相应地得到补充和完善。

解释公告是随着企业会计准则的贯彻实施，就实务中遇到的实施问题对准则条文进行的具体解释。

诚然，制约企业财务报表编制的会计法规体系及具体规定一直处于完善和发展中。

三、上市公司的信息披露制度

信息披露制度也称公示制度或公开披露制度，是上市公司为保障投资者利益、接受社会公众的监督，依照法律规定将自身的财务变化、经营状况等信息和资料向证券管理部门与证券交易所报告，并向社会公开或公告，以便投资者充分了解情况的制度。

（一）基本分类

1. 按上市公司信息披露的内容分类。主要分为两类：一是投资者评估公司状况所需要的信息；二是对股价可能产生重要影响的事项。
2. 按上市公司披露信息的时段分类。分为上市前信息和上市后信息，上市后信息又可分为年度报告、中期报告和临时公告。

（二）上市公司信息披露规范体系

如前所述，约束企业财务报表编制的法规体系还包括上市公司信息披露的法规体系。我国现行的这一法规体系由国家法律（如《公司法》《证券法》《刑法》等）、行政法规（如《首次公开发行股票并上市管理办法》《上市公司监督管理条例》等）、部门规章（如《上市公司信息披露管理办法》《公开发行证券的公司信息披露内容与格式准则》《公开发行证券的公司信息披露编报规则》等）和自律性规则（如《证券交易所股票上市规则》《信息披露工作指引》《信息披露格式指引》等）组成，包括证券发行信息披露制度和持续性信息披露制度（定期报告制度和临时报告制度等）两个方面。具体而言，信息披露文件一般包括招股说明书、上市公告书、年度报告、中期报告（包括半年度报告和季度报告）以及临时报告（包括重大事件公告和收购与合并公告），前两者构成首次披露，后三者构成持续披露。

（三）上市公司信息披露的制度要求

按照《公司法》《证券法》等法律规范的相关规定以及证券监管部门的相关要求，对于公司尤其是上市公司信息披露的质量，一般认为有真实性、准确性、完整性、及时性和公平性五个方面的要求。信息披露制度的目的与证券市场监管的目标是一致的，都以规范上市公司运作、防范风险、维护投资者权益、提高上市质量和证券市场的效率为宗旨。从各市场经济国家证券市场监管的实践来看，信息披露制度是一个国家证券监管制度不可分割的组成部分。近年来，我国把信息披露监管作为证券监管的重中之重，持续遵循"三个监管"的要求，即"依法监管，从严监管，全面监管"，实行"全过程、全覆盖、全主体"的实质性监管，对上市公司信息披露提出了更高更全的要求，同时也扩大了上市公司信息披露的自主性。

上市公司信息披露制度的具体规定也是不断发展完善的，而且有些具有时空上的特定性，因此在进行财务报表阅读与分析时需要加以关注。

【案例1-1】

瑞幸闪电退市 一个值得A股镜鉴的判例

距离自曝伪造22亿元交易额仅一个半月，瑞幸咖啡就受到了来自纳斯达克的最严厉处罚——勒令强制退市。所谓"其兴也勃其亡也忽"，瑞幸咖啡在创出

18 个月闪电上市的"神话"后，旋即又拿下了上市刚满一年便被强制退市的尴尬纪录。

纳斯达克的应对举措可谓雷霆万钧，也令瑞幸谎言操盘者最后一丝侥幸的幻想宣告破灭。在证券时报官方微信关于瑞幸退市消息的相关留言中，点赞数量居前的其中一条，便是"如此雷霆手段，值得 A 股尽快借鉴推广"。

瑞幸退市事件中同样值得称道的是，相关投资者索赔仍可正常进行。退市并不是造假者的终点，等待他们的还有天文数字般的赔偿，以及可能的刑事处罚。相比之下，此前相当长时间内，A 股对造假行为的处罚力度都堪称轻微，受损投资者常受困于高昂的诉讼成本，甚至陷入赢了官司却无处索赔的僵局。值得欣慰的是，新《证券法》已大幅提高对违法行为的处罚力度。最高法等最新对集体诉讼制度的表态，也体现了投资者维权门槛有望降低的预期。

退市效率高以及投资者维权保护力度大，是瑞幸咖啡被勒令退市的两大启示。这也是注册制下的 A 股退市常态化应有之义。

纵观 A 股当下的退市制度，历时最短、效率最高的是交易类条款。从此前已实施的多宗面值退市案例看，从触发"连续 20 个交易日收盘价低于面值"，到交易所作出退市决定，再到进入退市整理期，也就 1 个月左右时间。但其他财务类、重大违法等退市情形则相对漫长。以长生生物为例，在被认定触及重大违法退市条件后，公司停牌 6 个月，而后才正式进入退市整理期，且这已是相关规则有所优化的结果。再如欣泰电气，进入退市整理期前停牌时间将近 1 年。更有一些极为恶劣的案例，因为法制时滞，相关公司依然活跃在 A 股的舞台上。

美股长年慢牛的原因之一，便是对垃圾股的及时出清。高效率的新陈代谢，为牛市提供了优质的土壤。目前，A 股市场面值退市的案例正不断涌现，1 元股的阵营也急速扩容，便是这个趋势的直观写照。但其他类型的退市情形，不妨也提高一些效率。从心理学上讲，对某件事情更为及时地反馈，能引起人们更广泛的共鸣。而迟来的正义虽然于结果并无差异，但分量恐怕也会有所折扣。此番瑞幸闪电退市，是一个值得 A 股镜鉴的判例。

（资料来源：蔡江伟. 瑞幸闪电退市　一个值得 A 股镜鉴的判例［N］. 证券时报，2020 - 05 - 21（A01））

【阅读资料】

请扫一扫二维码，看一看这两家上市公司的财务报告。

格力电器2023年报摘要　　神州泰岳2024年第一季度报告

第二节 财务报表概述

一、财务报表的内涵及作用

(一) 财务报表的内涵

财务报表是指用货币形式表现企业或预算单位一定时期财务状况、经营成果和现金流量的书面文件。企业财务报表与财务报告有所区别,后者范围更广。企业财务报告是指企业对外提供的反映企业某一特定日期的财务状况和某一会计期间的经营成果、现金流量等会计信息的文件,包括资产负债表、利润表、现金流量表、所有者权益变动表、附表和报表附注、财务情况说明书、审计报告。本教材的财务报表分析的对象内容较为广泛,与上述的企业财务报告一致。

一般国际或区域会计准则对财务报告都有专门的独立准则。"财务报告"从国际范围来看是较通用的术语,但是在我国现行的有关法规中使用的是"财务会计报告"术语。为了保持法规体系的一致性,会计准则仍然沿用"财务会计报告"术语,但同时又引入了"财务报告"术语,并指出"财务会计报告"又称"财务报告",从而较好解决了立足国情与国际趋同的问题。

企业财务报表就是指上述财务报告中的资产负债表、利润表、现金流量表、所有者权益变动表、附表,也有人认为应该包括会计报表附注。我们经常说的"三大报表"是指资产负债表、利润表、现金流量表三个基本财务报表,"四大报表"则包含所有者权益变动表(会计准则要求在年报中披露),因此只有年报才有"四大报表"一说。

(二) 财务报表的作用

1. 资产负债表的作用。资产负债表用于反映企业在某个时点的财务状况,其主要作用有以下八点。

(1) 反映企业资产的构成及其状况,分析企业在某一日期所拥有的财务资源及其分布(配置)情况。

(2) 可以反映企业某一日期的负债总额及其结构,揭示公司的资产来源及其构成。

(3) 可以反映企业所有者权益的情况,了解企业现有投资者在企业投资总额中所占的份额。

(4) 可据以解释、分析评价和预测企业的短期偿债能力。

(5) 可据以解释、分析评价和预测企业的长期偿债能力与资本结构。

(6) 可据以解释、分析评价和预测企业的财务弹性(进攻性能力和防御性能力)。

(7) 可据以解释、分析评价和预测企业的绩效,帮助管理人员作出合理的经营决策。

（8）有助于分析评价公司的盈利能力和营运能力。

2. 利润表的作用。利润表用于反映企业在一定会计期间的经营成果，其主要作用有以下四点。

（1）可据以解释、分析评价和预测企业的经营成果与获利能力。

（2）可据以解释、分析评价和预测企业的偿债能力。

（3）公司管理人员可据以作出经营决策。

（4）可据以评价和考核公司管理人员的绩效。

3. 现金流量表的作用。现金流量表用于反映企业在某一会计期间内，公司财务活动引起的现金（包含银行存款）的增减变动。它可以概括反映经营活动、投资活动和筹资活动对企业现金流入流出的影响，可据以分析评价企业的实现利润、财务状况及财务管理水平，其主要作用有以下七点。

（1）便于管理者判断企业的日常管理是否能延续。

（2）便于投资人和债权人判断企业的偿债能力。

（3）有利于分析和评价企业各项业务活动的有效性。

（4）能够客观评价企业未来的"获利能力"。

（5）有助于分析企业的收益质量。

（6）能够帮助报表使用者了解企业的财务风险。

（7）能够帮助报表使用者判断企业的财务实力。

4. 所有者权益变动表的作用。所有者权益变动表反映企业本期（年度或中期）内构成所有者权益的各组成部分的增减变动，其主要作用有以下三点。

（1）提供所有者权益总量增减变动的信息。

（2）提供所有者权益增减变动的结构性信息。

（3）理解所有者权益增减变动的具体原因，这对报表使用者分析公司治理结构相当有帮助。

二、财务报告体系框架

一般而言，财务报表分析所涉及的内容与财务报告一致。财务报告包括基本财务报表和其他应当在财务报告中披露的相关信息和资料，如报表附注、审计报告等。财务报告体系框架如图1-4所示。

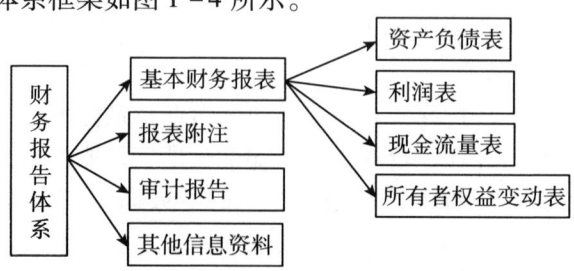

图1-4　财务报告体系框架

(一) 基本财务报表

1. 基本财务报表及其勾稽关联。基本财务报表是会计信息的主要载体，是对企业财务状况、经营成果和现金流量的结构性表述，是对企业各种经济活动财务过程及后果的综合性反映。

从基本财务报表的发展、演变过程来看，世界各国的基本报表体系逐渐趋于形式上的一致（尽管其概念内涵、指标口径等在各国有不同程度的差异），一般包括资产负债表（balance sheet）、利润表（income statement）、现金流量表（statement of cash flow）和所有者（股东）权益变动表（statement of changes in stockholders' equity）。因篇幅所限，这里不再列示各种财务报表的格式及其数据，旨在引导读者多多"抬头看路"，高屋建瓴，纲举目张，站在财务报表分析者的角度，关注各基本财务报表之间的勾稽关联和报表项目之间的关系，梳理财务报表分析的逻辑结构。财务报表之间的勾稽关联如图 1-5 所示。

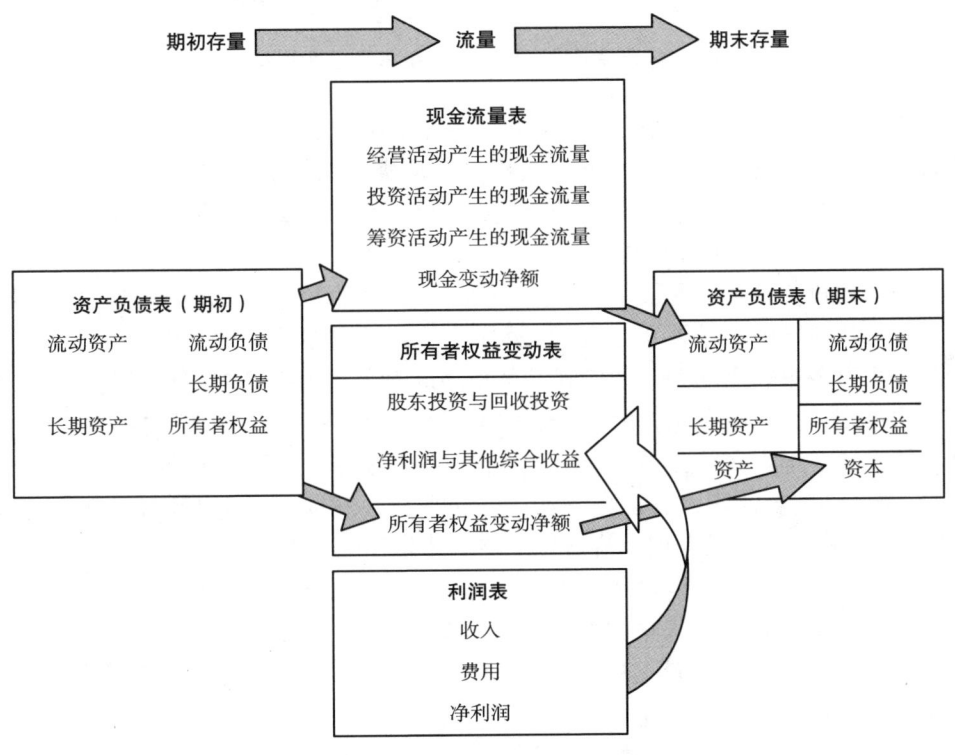

图 1-5　财务报表之间的勾稽关联

2. 报表项目之间的逻辑关系。我们在进行财务报表的具体分析之前，必须先厘清报表项目之间的逻辑关系，这将有助于我们从总体上把握财务报表分析的核心问题及重点所在。

首先，可以通过会计关系式来进一步诠释财务报表之间的勾稽关系以及报表项目之间的逻辑关系，如图 1-6 所示。

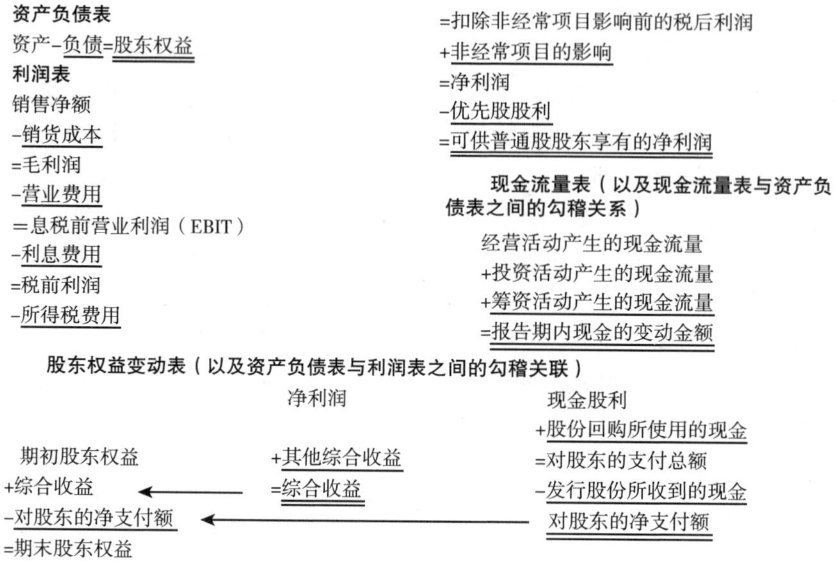

```
资产负债表                    =扣除非经常项目影响前的税后利润
资产-负债=股东权益            +非经常项目的影响
利润表                        =净利润
销售净额                      -优先股股利
-销货成本                     =可供普通股东享有的净利润
=毛利润
-营业费用                    现金流量表（以及现金流量表与资产负
=息税前营业利润（EBIT）      债表之间的勾稽关系）
-利息费用                    经营活动产生的现金流量
=税前利润                    +投资活动产生的现金流量
-所得税费用                  +筹资活动产生的现金流量
                             =报告期内现金的变动金额
股东权益变动表（以及资产负债表与利润表之间的勾稽关联）
                净利润                现金股利
期初股东权益                         +股份回购所使用的现金
+综合收益    +其他综合收益           =对股东的支付总额
-对股东的净支付额  =综合收益         -发行股份所收到的现金
=期末股东权益                        对股东的净支付额
```

图1-6 会计关系式总结——财务报表之间的勾稽关系

其次，我们从企业价值创造的战略入手，然后从投资活动现金流量、筹资活动现金流量传导到资产结构和资本结构，再从资产结构和资本结构传导到收入、成本费用以及资本成本，最后回归到经营活动产生的现金流量，如此构成公司"现金……现金"的循环逻辑。

公司的价值目标就是"投入现金→收回更多的现金"。我们按照"公司战略+战略执行=财报结果"，分析公司战略与公司财报之间的关系。那么战略执行与公司财务报表之间关系如何呢？公司战略对公司财报是宏观层面的影响，而战略执行则直接影响到基本财务报表中的具体报表项目，并形成了报表之间的现金持续循环。绝大多数公司的现金持续循环模式是："战略→投资活动现金流量（以筹资活动现金流量来满足）→资产（机器设备、存货、应收账款等）→收入（成本费用）→经营活动现金流量→战略→投资活动现金流……"

下面以上述模式来描述战略执行和公司财务报表之间的关系如下：

（1）战略决定公司未来的方向，战略决定公司的命运。

（2）战略与现金流量表中投资活动现金流量的关系：战略决定投资活动现金流量。公司的战略执行首先需要投资活动来实施。广义的投资活动是指公司的资源配置，包括固定资产、无形资产、股权等长期资产和现金、存货、销售渠道及广告投入等营运资产进行的资源平衡配置。狭义的投资活动是指现金流量表中界定的那些投资活动。投资活动现金流量的项目很多，可以分为两大类：一类是理财型投资活动现金流量；另一类是战略型投资活动现金流量。理财型金融资产投资对公司的长远发展影响不大。对于大多数公司来说，体现长期战略的是购建活动（购建和处置固定资产、无形资产等）和并购活动（取得子公司和处置子公司）以及战略型联营公司与合营公司的股权投资。投资决策的标准是净现值、内含报酬率和投资回收期等。

（3）战略与现金流量表中筹资活动现金流量的关系：战略决定筹资活动现金流量。战略需要投资加以实现，投资活动需要资金，筹资活动是为了满足投资的需求。广义的筹资活动是指一家公司的资本来源，包括股权筹资、债务筹资以及内源性筹资，其中内源性筹资是指通过公司经济活动获取的超过初始现金投入的增量资金（对固定资产投资的分期回收——折旧、留存收益）。狭义的筹资活动是指现金流量表中界定的那些筹资活动。筹资活动现金流量的项目很多，可以分为两大类：一类是股权筹资活动现金流量；另一类是债务筹资活动现金流量。筹资活动需要考虑资金成本、资金结构、融资顺序、融资期限、融资时机五大问题。

（4）投资活动与资产的关系：投资活动决定资产结构和资产质量。投资活动会形成不同的资产组合。一般公司的资产结构包括：金融资产（银行存款、交易性金融资产、持有至到期投资、可供出售金融资产、公允价值计量的投资性房地产等）；联营公司和合营公司的长期股权投资；公司的经营资产，包括长期经营资产（固定资产、在建工程、无形资产、研发支出、商誉、长期待摊费用等）和经营资本需求（周转性经营资产减去周转性经营负债）。营运资本需求包括短期的资金投入和长期的资金投入。传统观念里营运资本都是短期投入，但是在公司运作中这是错误的。绝大多数公司在应收账款和存货等周转性经营资产上，都需要长期投入一笔资金。比如，原来的原材料领用了以后，新的原材料马上补充到仓库里，多数公司的仓库总是长期储存了各种各样的东西，这就导致有一笔资金被长期占用。同理，周转性经营负债对于绝大多数公司来说就是一个长期资金来源。

（5）筹资活动与资本的关系：筹资活动形成债务资金和股权资金，不同的筹资决策和活动会形成不同的资本结构和资本成本；现有的资本结构影响下一步的筹资决策和筹资活动。资本结构包括短期债务、长期债务、股东权益，三者相加被称为投入资本，后两者相加被称为长期资本来源。

（6）资产结构与资本结构之间的关系：包括匹配型、激进型、保守型。匹配型即长期资本来源满足资产的长期资金需求，短期资本来源满足资产的短期资金需求；保守型即长期资本来源不仅满足资产的长期资金需求，还满足部分或者全部资产的短期资金需求；激进型即不仅用长期资本来源满足资产的长期资金需求，还用短期资本来源满足资产的长期资金需求，也就是短融长投。激进型的公司比较容易出现危机。

（7）资产负债表和利润表的关系：资产结构和质量决定利润的结构、质量与多寡，资本结构决定资本成本。金融资产带来税后金融收益，包括利息收入、短期投资收益、公允价值变动收益等，通常情况下金融资产是低收益资产；长期股权投资带来联营公司和合营公司的投资收益；经营资产带来税后经营利润。经营利润需要结合战略和行业分析，判断其连续性和持续性，进行盈余质量分析。利润和资本成本比较，进行经济利润分析，判断一家公司是否创造价值。

（8）利润表和经营活动现金流量的关系：营业收入的质量决定经营活动现金

金流量及利润。营业收入和需要付现的成本费用（管理费用、销售费用中需要支付现金的部分）对应经营活动现金流量中销售商品、提供劳务收到的现金，以及一部分购买商品、接受劳务支付的现金及为职工支付的现金（还有一部分在营运资本需求环节）。

（9）经营活动现金流量和投资活动现金流量的关系：经营活动现金流量的净额必须大于公司投资活动后资产所产生的折旧摊销和利息支出（相当于初始投资的分期本金），公司才可以持续发展。长期资产投资包括保全性投资和扩张性投资。折旧摊销收回的现金流用于保全性长期资产投资，自由现金流可以用于扩张性长期资产投资。如果没有好的项目可以投资，则给予股东现金分红。由此，进入下一个投资决策和投资活动循环：现金进行投资，投资形成资产，资产转化成成本，成本带来收入，收入转化成更多的现金……如此持续循环，这就是公司发展壮大的过程。

以上循环逻辑可以简单概括如下：公司战略决定投资方向和活动，投资方向和活动决定资产结构和质量；筹资活动募集现金是为了满足投资活动的需求，筹资活动决定资本结构及资本成本；资产结构和资本结构的匹配程度决定公司的短期风险；资产结构和质量及营运活动效率决定利润结构、质量和多寡，利润与资本成本决定公司创造价值的程度及长期风险；营业收入、营业成本和利润决定经营活动现金流，经营活动现金流决定自由现金流，自由现金流决定公司价值。

我们把上述关系通过图1-7来表示。

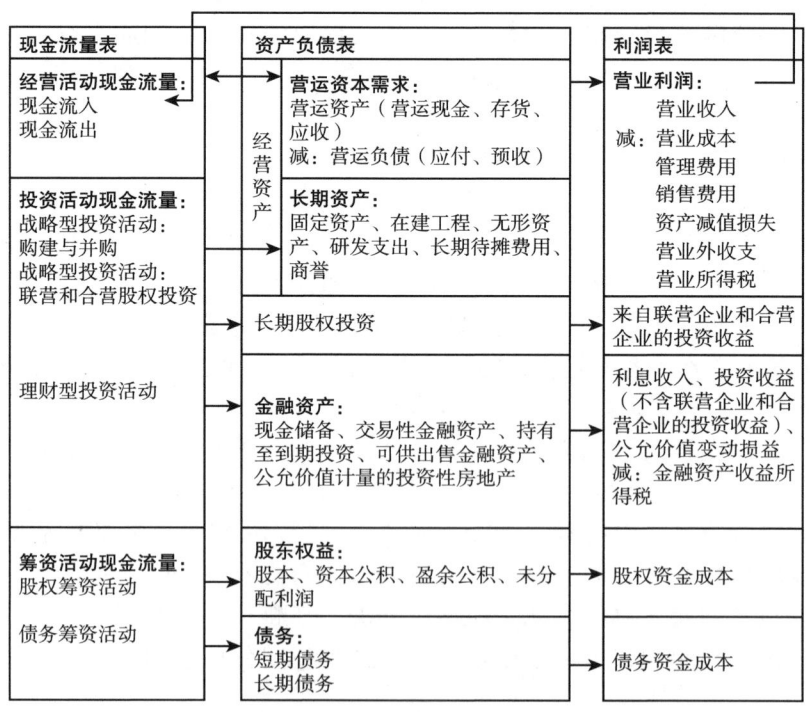

图1-7 财务报表及其项目的逻辑关系：现金流循环

需要注意的是，公司战略执行和财报之间的关系与公司的商业模式有关。大多数公司适用上述分析，但是银行等金融公司不适用。银行最主要的就是金融资产，其模式是"现金→经营活动（贷款）→更多的现金"，而无须与一般公司一样购置机器设备等资产。再比如，对于阿里巴巴和腾讯，最主要的不是有多少固定资产，而是人才、客户和大数据资产。

（二）报表附注

财务报表附注是对资产负债表、利润表、现金流量表和所有者权益变动表等报表中列示项目的文字描述或明细资料，以及对未能在这些报表中列示项目的说明等。它可以使报表使用者全面了解企业的财务状况、经营成果和现金流量。附注应当披露财务报表的编制基础，相关信息应当与财务报表中列示的项目相互参照。

财务报表附注是对财务报表的补充说明，是财务会计报告体系的重要组成部分。随着经济环境的复杂化以及人们对相关信息要求的提高，附注在整个报告体系中的地位日益突出。但在我国，对报表附注的重视性却不令人满意，其编制和使用状况也存在着局限性。

附注一般应当包括下列内容。

1. 企业的基本情况。
（1）企业注册地、组织形式和总部地址；
（2）企业的业务性质和主要经营活动；
（3）母公司以及集团最终母公司的名称；
（4）财务报告的批准报出者和财务报告的批准报出日。
2. 财务报表的编制基础。
3. 遵循企业会计准则的声明。
4. 重要会计政策的说明，包括财务报表项目的计量基础和会计政策的确定依据等。
5. 重要会计估计的说明，包括下一会计期间内很可能导致资产、负债账面价值重大调整的会计估计的确定依据等。
6. 会计政策和会计估计变更以及差错更正的说明。
7. 对已在各财务报表中列示的重要项目的进一步说明，包括终止经营税后利润的金额及其构成情况等。
8. 或有和承诺事项、资产负债表日后非调整事项、关联方关系及其交易等需要说明的事项。
9. 在资产负债表日后、财务报告的批准报出日前提议或宣布发放的股利总额和每股股利金额（或向投资者分配的利润总额）。
10. 其他需要说明的重要事项。

（三）审计报告

上市公司年度报告中涉及的审计报告是指审计人员（即注册会计师）根据

《独立审计准则》，在对被审计单位制订审计计划的基础上，实施必要的审计程序，就被审计事项作出审计结论，提出审计意见和审计建议的书面文件。审计报告是注册会计师在完成审计工作后向委托人提交的最终产品，是注册会计师与财务报表使用者沟通所审计事项的主要手段，它具有法定证明效力，对增强会计信息的可靠性起着至关重要的作用。

审计报告一般包括标题、收件人、范围段、意见段、签章、会计师事务所地址和报告日期等基本内容。注册会计师根据审计结果和被审计单位对有关问题的处理情况，形成不同的审计意见，出具标准无保留意见、保留意见、无法表示意见和否定意见四种基本类型审计意见的审计报告。

关于财务分析中的审计报告类型与措辞的信息含量问题，将在本教材后面相关内容加以讨论。

（四）关于合并财务报表与母公司财务报表

合并财务报表是指由母公司负责编制的，反映母公司及其全部子公司所形成的企业集团的整体财务状况、经营成果和现金流量的财务报表。其中，母公司是指有一个或一个以上子公司的企业（或主体，下同）；子公司是指被母公司控制的企业。合并财务报表至少应当包括下列组成部分：合并资产负债表、合并利润表、合并现金流量表、合并所有者（股东）权益变动表以及报表附注。合并财务报表反映作为经济主体的集团（母公司和子公司）合并的会计信息。母公司财务报表则仅仅提供作为法律主体的母公司自身的会计信息。股东和债权人在决策过程中应如何恰当利用合并财务报表和母公司财务报表信息，在理论界和实务界一直是一个颇具争议的话题。

一般而言，较之于母公司财务报表，合并财务报表可以为母公司的股东（特别是控股股东）提供更有用的信息，但是关于母公司财务报表是否对合并财务报表具有补充性的作用尚存争议，而关于合并财务报表对于债权人的有用性也没有统一的认识。母公司和子公司的债权人对企业债务的求偿权是针对法律主体而非经济主体的，合并财务报表实际上是母公司和各子公司报表数据的混合，并不能反映每个法律主体的偿债能力。因此，只有当母公司、子公司存在债务交叉担保，或对企业集团进行整体授信时，合并财务报表才能为债权人提供更有用的信息。

由于存在上述争议，西方主要发达国家对母公司财务报表存在两种制度安排：一种是以合并财务报表取代母公司财务报表，母公司只对外提供合并财务报表，而不提供自身的财务报表，即单一披露制，如美国和加拿大等；另一种则是要求母公司同时提供合并财务报表和母公司财务报表，即双重披露制，如英国、法国、德国和日本等。我国目前实行的是双重披露制，证监会要求作为母公司的上市公司同时提供母公司财务报表和合并财务报表。不论各国准则制定机构和相关证券监管机构选择单一披露制还是双重披露制，合并财务报表的重大作用是不言而喻的，它能提供有关母公司直接或间接控制的经济资源，以及整个企业集团的经营成果等方面的综合信息，同时也全面地反映了母公司的股东在企业集团中所享有的权益。

（五）关于年度财务报告与中期财务报告

1. 年度财务报告。年度财务报告是指以整个会计年度为基础编制的财务报告。我国《公司法》规定，公司应当在每一会计年度终了时编制财务会计报告，并依法经会计师事务所审计。为了规范上市公司年度报告的编制及信息披露行为，保护投资者合法权益，根据我国《公司法》和《证券法》等法律法规及中国证监会的有关规定，中国证监会多次修订了《公开发行证券的公司信息披露的内容与格式准则第 2 号——年度报告的内容与格式》，对公司年度报告中应披露的信息做了更详细的规定和说明。同时还明确指出，该准则的规定是对公司年度报告信息披露的最低要求。凡对投资者投资决策有重大影响的信息，不论准则是否有明确规定，公司均应披露。为完善资本市场财务信息披露规则，进一步规范公开发行证券的公司财务信息披露行为，保护投资者合法权益，证监会修订发布《公开发行证券的公司信息披露编报规则第 15 号——财务报告的一般规定》（以下简称《财务报告的一般规定》）、《公开发行证券的公司信息披露解释性公告第 1 号——非经常性损益》（以下简称《1 号解释性公告》），优化调整两项规则部分规定条款。《财务报告的一般规定》主要修订内容包括：一是明确重要性判断原则，要求公司披露重要性标准确定方法和选择依据。二是减少冗余信息披露，避免重复披露，提升财务报告可读性。三是压缩模板化披露空间，要求公司结合自身情况充分披露重要会计政策及会计估计，不得照搬照抄《企业会计准则》。四是细化重要报表项目附注披露要求，便于投资者充分了解公司情况。五是增设专节明确研发支出附注信息披露要求，引导市场各方恰当评价公司科技创新能力。此外，本次修订结合近年《企业会计准则》和资本市场监管规则的调整，对收入、企业合并等披露要求予以完善，保持监管规则协调一致。《1 号解释性公告》主要修订内容包括：一是新增三项非经常性损益判断原则，为公司恰当披露非经常性损益信息提供指引。二是明确实际执行中存在分歧的问题，减少实务执行争议。三是完善政府补助、金融资产、股份支付等相关非经常性损益列举项目，提升规则与当前资本市场环境之间的契合性。四是结合近年《企业会计准则》和监管规则修订情况完善相关表述，在股份支付、显失公允的交易收益等列举项目上，与发行上市、退市环节有关要求保持一致。以上修订，将有助于提升资本市场财务信息披露规则执行效果，进一步提高财务报告的可读性与决策有用性。

公司年度报告中的财务会计报告必须经具有证券期货相关业务资格的会计师事务所审计，审计报告须由该所至少两名注册会计师签字。已发行境内上市外资股及其衍生证券并在证券交易所上市的公司，还应进行境外审计（指会计师依据国际审计准则或境外主要募集行为发生地审计准则，对调整的公司财务会计报告进行审计）。公司应在年度报告文本扉页刊登如下（不限于）重要提示：本公司董事会、监事会及董事、监事、高级管理人员保证本报告所载资料不存在任何虚假记载、误导性陈述或者重大遗漏，并对其内容的真实性、准确性和完整性承担个别及连带责任。如有董事、监事、高级管理人员对年度报告内容的真实性、准确性、完整性无法保证或存在异议，应当声明：××董事、监事、高级管理人员无法保证本报告内容的真实性、准确性和完整性，理由是……请投资者特别关注。如有董事未出席董事会，应当单独列示其姓名；如果执行审计的会计师事务所对公司出具了有强调事项、保留意见、无法表示意见或否定意见的审计报告，重要提示中应增加以下陈述：××会计师事务所为本公司出具了有强调事项（或保留意见、无法表示意见、否定意见）的审计报告，本公司董事会、监事会对相关事项亦有详细说明，请投资者注意阅读。公司负责人、主管会计工作负责人及会计机构负责人（会计主管人员）应当声明：保证年度报告中财务报告的真实、完整。

年度报告正文应包括如下内容：

（1）重要提示、目录与释义；

（2）公司简介和主要财务指标；

（3）公司业务概要；

（4）经营情况讨论与分析；

（5）重要事项；

（6）股份变动及股东情况结构；

（7）优先股相关情况；

（8）董事、监事、高级管理人员和员工情况；

（9）公司治理；

（10）财务报告；

（11）备查文件目录。

其中，在财务报告部分，公司应披露审计意见全文、经审计的会计报表及其附注。会计报表包括公司报告期末及其前一个年度末的比较式资产负债表、该两年度的比较式利润表和使用者（股东）权益变动表以及该年度的现金流量表。编制合并财务报表的公司，除提供合并财务报表之外，还应提供母公司已审计的财务报表以及未予合并的特殊行业子公司的已审计的财务报表。被合并企业的财务报表必须经具有证券期货相关业务资格的会计师事务所审计，财务报表附注是财务报告中不可缺少的一个组成部分，它对比较式报表的两个日期或期间的数据均应作出说明。财务报表附注应当按照《企业会计准则》和中国证监会发布的相关规定编制。年度报告应当在每个会计年度结束之日起4个月内完成，并按照中国证监会的有关规定予以披露。

2. 中期财务报告。中期财务报告是指以中期为基础编制的财务报告。中期是指短于一个完整的会计年度（自公历1月1日起至12月31日止）的报告期间，它可以是一个月、一个季度或者半年，也可以是其他短于一个会计年度的期间，如1月1日至9月30日等。因此，中期财务报告包括月度财务报告、季度财务报告、半年度财务报告，也包括年初至本中期末的财务报告。

中期财务报告至少应当包括资产负债表、利润表、现金流量表以及报表附注等内容。

（1）资产负债表、利润表、现金流量表和附注是中期财务报告应当编制的法定内容，对其他财务报表或者相关信息，如所有者（股东）权益变动表等，企业可以根据需要自行决定。

（2）中期资产负债表、利润表和现金流量表的格式与内容，应当与上年度财务报表一致。但如果当年新施行的会计准则对财务报表的格式和内容做了修改，则中期财务报表应当按照修改后的报表格式和内容编制，与此同时，在中期财务报告中提供的上年度比较财务报表的格式和内容也应当做相应的调整。

（3）中期财务报告中的附注相对于年度财务报告中的附注而言是适当简化的。中期财务报表附注的编制应当遵循重要性原则。

中期财务报告应当按照相关规定编制完成并披露。

三、财务报表的局限性

财务信息披露是以报送、公布财务报表为主的，但财务报表本身有其固有的局限性，我们在进行财务报表分析之前也有必要认识清楚。

1. 货币计量属性的局限性。首先，财务报表的货币衡量是假定币值不变，报告的又是过去的数据，站在报表使用者的角度已经是滞后的信息；如果考虑通货膨胀的影响，现时的销售收入与历史的成本费用是不可比的。其次，非货币性事项无法在财务报表中反映出来，但这些事项可能会对利益相关者的财务决策产生影响。

2. 反映内容（项目）的局限性。财务报表表外事项未能得以反映，企业外部的报表使用者不了解或很少了解非财务信息；投资者（股东）也与经理人存在信息不对称和利益不一致的问题，也会影响公司信息的披露。此外，会计本身的政策及估计方法的可选择性，使得成本及利润项目数据颇具模糊性。

3. 时间上的局限性。财务报表信息的滞后性决定了使用者在阅读分析数据时，只能了解企业过去的情况，对现在的状况及变化的未来结果不得而知，这一点对企业外部的报表使用者尤为突出，比较典型的是资产负债表日后事项。另外，会计分期的预估性明显，这在收入和成本费用的确认与计量上也存在归属时间上的局限性。资产负债表是静态报表，它并不能明确反映企业管理当局在经营过程中是如何筹措资金，对筹措来的资金又是如何具体加以运用的，是否及时偿还了债务等；而通过利润表也很难了解到收入是如何具体取得的，成本费用是怎样形成的。

4. 历史成本的局限性。以过去的物价水平为基础核算的历史成本对资产计价、与不断变化的交易价格脱节且缺乏可加性和配比性等缺点，也有悖于公司理财的估值原则。尽管会计上采取了以公允价值为基础的计提价值准备，但毕竟还存在操作上的诸多问题，而且计提价值准备的依据和方法等未能在财务报表中详尽说明（即便是报表附注也是有限披露），外部报表使用者一般很难了解和判断其是否合理、正确。

以上仅仅列示了财务报表本身固有的局限性，并未包含报表编制发生的差错和人为造假。当然，也有学者把编制差错和人为造假列入了财务报表的局限性。

财务报表不准确、不完整、不真实违背了财务信息披露的质量要求及原则,有待报表使用者分析和甄别,明辨是非,从而"慧眼识珍珠"。

第三节 资产负债表及其解读

如前所述,四张基本财务报表是会计的最终产品,但财务报表告诉我们的绝不是冷冰冰的财务数字,每个数字背后都有故事。每一笔分录的落下,都伴随着会计人员或平淡或激动或犹豫或担忧的心情。优质企业的报表能体现出企业家的胆魄、才能和高瞻远瞩;劣质企业的报表则往往充斥着谎言欺诈和欲盖弥彰。所以当我们读报表的时候,要带着读故事的心态,我们要走进的是一家企业的故事,它的喜怒哀乐、恩怨情仇都会在我们眼前展现。

企业的活动被浓缩到了四张报表中,包括商业计划、筹资活动、投资活动和经营活动。商业计划请看企业的商业计划书,而另外三种活动都会体现在报表中。报表会揭示企业最初的商业计划是否成功实施。

本章从第三节起,我们以美国耐克公司[①]为例来说明基本财务报表的解读。

我们在尝试阅读和理解一家公司的财务报表之前,应当首先对这家公司的经营情况有一定的了解。当我们的目的是估值时,就更应该做好这些背景调查工作。所以,我们先对耐克公司的情况进行了大概的介绍。另外,通过阅读耐克公司年度报告中的"经营与风险因素"和"管理层讨论与分析"这两个部分的内容,我们还能对耐克公司的情况有更深入的了解。

一、耐克公司简介

大家肯定知道耐克公司(www.nike.com),我们身边的很多人,无论是体育大明星还是普通小孩子,都穿着印有这家公司标识的衣服和鞋子。这家公司成立于1968年,是一家领先的运动和时尚鞋品制造与营销企业,公司总部位于美国俄勒冈州的比佛顿小镇(Beaverton)。

(一)公司战略

耐克公司的目标是领导全球运动鞋和与运动鞋相搭配的休闲服饰市场。它通过大量的促销活动来促进这个目标的实现,常常聘请高人气的体育明星做代言人,或者赞助各种运动项目。

(二)公司经营及风险

篮球鞋、训练鞋、跑步鞋和童鞋是耐克公司卖得最好的鞋类品种,除此以

---

① 以下涉及耐克公司的资料均来自美国证券交易委员会网站的 EDGAR 数据库中的公司年报。

外，该公司还销售羽毛球鞋、足球鞋、高尔夫球鞋、棒球鞋、橄榄球鞋和其他鞋类、服饰、品牌运动装备及其配件等。耐克公司的产品在美国国内和全球的多个零售店、独立经销商和授权专卖店都有销售。2010年，公司有占42%的销售收入比重是由美国国内市场所贡献的。

为了不断改进产品，耐克公司对研发的投入非常积极。它的大部分制造活动都是在美国以外的地方完成，包括亚洲和南美洲。公司共有大约34 400位员工，不过大部分的制造工作都是承包给第三方代工企业去完成的。

鞋类产品的市场竞争十分激烈，彪马（Puma）和阿迪达斯（Adidas）等品牌都是耐克的主要竞争对手。消费者的偏好变化、技术发展和竞争影响等是公司所面临的主要风险因素。

（三）权益筹资情况

耐克公司发行了两种类型的股票，两类股份在利润分享方面的权益是相同的。截至2010财务年度期末，流通在外的两种类型股票共有4.84亿股。耐克公司制订有持续的股份回购和股利支付计划。此外，一位亚洲供应商还持有耐克公司少量的可赎回优先股股份。

耐克公司为员工提供了积极的股份支付计划。在2010财务年度中，公司授予员工的期权共有640万股股票，当年行权的股票共有860万股，平均行权价格为每股37.64美元。截至该财务年度期末，流通在外的股票期权还有3 600万份。公司近三年主要每股财务指标汇总如表1-1所示。

表1-1　　　　　耐克公司近三年主要每股财务指标汇总　　　　　单位：美元

每股财务指标	2010年	2009年	2008年
基本的每股收益	3.93	3.07	3.80
稀释的每股收益	3.86	3.03	3.74
每股股利	1.06	0.98	0.88
每股账面价值	20.15	17.90	15.93
期末每股市价	72.38	57.05	68.37

注：会计年度为6月1日至次年的5月31日。

（四）耐克公司的价值

耐克公司的股票在20世纪90年代是非常热门的，市盈率和市净率水平分别在35和5.1左右。2000年初期，当股市泡沫破裂以后，耐克公司的股票价格也下跌了大约55%，但随后还是逐渐涨了回来。在2000年初期，它的股价大约为每股14.15美元，到它公布2010年年度报告的时候，股价已经回涨到每股74美元了。在2008年的金融危机中，耐克公司的股票曾经跌去了大约36%的市值，但恢复得也非常快。到2010年，耐克公司股票的市盈率和市净率分别为18.8和

3.67，请注意这两个数字，这将是我们在分析和估值工作中应关注的重点。

我们在此及本章后面给出了耐克公司截至 2010 年 5 月 13 日的四张年度报表以供解读和学习，此外，你还可以在美国证券交易委员会网站的 EDGAR 数据库中查找到该公司的完整年度报告。

二、资产负债表及其解读

（一）耐克公司 2010 年资产负债表

耐克公司 2010 年资产负债表如表 1-2 所示。其中的财务报表附注实际上是披露在年度财务报告中，其他报表附注同。

表 1-2　　　　　　　　耐克公司合并资产负债表　　　　　　　单位：万美元

项目	2010 年 5 月 31 日	2009 年 5 月 31 日
资产		
流动资产：		
现金及现金等价物	307 910	229 110
短期投资（附注 6）	206 680	116 400
应收账款净值（附注 1）	264 980	288 390
存货（附注 1 和附注 2）	204 080	235 700
递延所得税资产（附注 9）	24 880	27 240
预付费用和其他流动资产	87 390	76 560
流动资产合计	1 095 920	973 400
不动产、厂房与设备净值（附注 3）	193 190	195 770
可辨认的无形资产净值（附注 4）	46 700	46 740
商誉（附注 4）	18 760	19 350
递延所得税资产和其他资产（附注 9 和附注 18）	87 360	89 700
资产总计	1 441 930	1 324 960
负债与股东权益		
流动负债：		
一年内到期的长期负债（附注 8）	740	3 200
借款与应付票据（附注 7）	13 860	34 290
应付账款（附注 7）	125 450	103 190
应计负债（附注 5 和附注 18）	190 440	178 390
应交所得税（附注 9）	5 930	8 630
流动负债合计	336 420	327 700
长期负债（附注 8）	44 580	43 720
递延所得税负债与其他负债（附注 9 和附注 18）	85 530	84 200
承诺与或有事项（附注 15）	—	—
可赎回优先股（附注 10）	30	30

续表

项目	2010年5月31日	2009年5月31日
股东权益：		
普通股面值（附注11）：		
A类可转换——流通在外数量分别为9 000万股和9 530万股	10	10
B类——流通在外数量分别为3.94亿股和3.902亿股	270	270
股本溢价	344 060	287 140
累计其他综合收益（附注14）	21 480	36 750
留存收益	609 550	545 140
股东权益合计	975 370	869 310
负债与股东权益合计	1 441 930	1 324 960

（二）资产负债表解读

资产负债表的表首"所属日期"是指某个时点，如"2015年12月31日"或"2010年5月31日"，因为该报表是静态报表，用于反映公司在该时点的财务状况，采用左右账户式结构，体现"资产＝负债＋使用者权益"，因此，资产负债表也称财务状况变动表。

当资产负债表列有上期期末数时，称为"比较资产负债表"。根据股权有密切联系的几个独立企业的资产负债表汇总编制的资产负债表，称为"合并资产负债表"，它可以综合反映本企业以及与其股权上有联系的企业的全部财务状况。资产负债表报告企业的资产、负债和股东权益情况。所谓资产（assets），是指预期能带来利益流入的投资；所谓负债（liabilities），是指股东之外的索取权持有人对企业收益的要求权；而所谓股东权益（stockholders' equity），则是指股东对企业的索取权。因此，资产负债表实际上反映的就是企业的投资（来自投资活动）与投资所对应利益流入的索取权。在资产负债表上，将资产和负债都按流动性强弱划分为"流动"和"非流动"两类。其中，这里的"流动"是指资产能在1年之内转换为现金，或者负债需要在1年之内得到清偿。在耐克公司的资产负债表上，将可赎回的优先股放在负债与股东权益之间的"中间地带"上，但如果站在普通股股东的立场上来看，这个项目的实质应当是负债。另外，值得注意的是，流动负债中的"借款与应付票据"英文为notes payable，若直译应当是"应付票据"，但此处的"应付票据"与我国企业会计报表中的"应付票据"含义有所不同，我国报表中的应付票据为应付商业汇票，而美国企业在向银行申请借款时，也是采用的签发票据形式，因此这里按其实质翻译为"借款与应付票据"，相当于我国报表上的"短期借款"＋"应付票据"。

股东权益代表企业资产在满足了债权人要求权之后的剩余索取权。从权益定价的观点来看，股东权益是资产负债表上最重要的汇总数据，是企业会计人员对股东权益要求权的计量值。从耐克公司的数据来看，该公司在2010财务年度的股东权益为975 370万美元，由19个项目所组成。其中10个资产项目，金额合计为 1 441 930 万美元；9 个负债项目（包括可赎回优先股在内），金额合计为 466 560 万美元。这体现了会计恒等式"股东权益 = 资产 – 负债"。也可以这样来解释股东权益总额 975 370 万美元：它由发行普通股取得的价款 344 340 万美元、累计其他综合收益 21 480 万美元和留存收益 609 550 万美元所共同组成。其中，普通股的价值等于发行普通股取得的现金，扣除回购普通股所支付的现金之后的净额。已回购但尚未注销的股票，被独立报告为一个单独的项目——库存股（treasury stock），因此，流通在外的普通股（common stock outstanding）数量总是等于发行的普通股数量减去库存股的数量。可见，耐克公司并没有库存股。留存收益是企业的累计盈利（或利润）减去支付给股东的股利金额以后所剩余的部分。其他综合收益则是绕过了利润表，直接确认在资产负债表中的损益项目。我们将在本章后续部分再对这个项目进行解释。

第四节 利润表及其解读

一、耐克公司 2010 年利润表

耐克公司 2010 年利润表如表 1 – 3 所示。

表 1 – 3　　　　　　　　　　耐克公司合并利润表

（除每股数据外，单位：万美元）

项目	以 5 月 31 日为财务年度截止日		
	2010 年	2009 年	2008 年
收入	1 901 400	1 917 610	1 862 700
销售成本	1 021 360	1 057 170	1 023 960
毛利	880 040	860 440	838 740
销售与管理费用	632 640	614 960	595 370
重组支出（附注 16）	—	19 500	—
商誉减值（附注 4）	—	19 930	—
无形资产与其他资产减值（附注 4）	—	20 230	—
利息费用（收益）净值（附注 6 ~ 附注 8）	630	(950)	(7 710)
其他费用净值（附注 17 和附注 18）	(4 920)	(8 850)	790
税前利润	251 690	195 650	250 290
所得税（附注 9）	61 020	46 980	61 950
净利润	190 670	148 670	188 340
普通股基本每股收益（附注 1 和附注 12）	393	307	380
普通股稀释每股收益（附注 1 和附注 12）	386	303	374
宣告的普通股每股股利	106	98	87.5

二、利润表解读

利润表的表首"所属时期"是指某段会计期间,如"2015年12月"或"2010年5月"(以5月31日为财务年度截止日),因为该报表是动态报表,用于反映公司在一定会计期间的经营成果,采用多步式结构,体现"收入 – 费用 = 利润"。因此,利润表也称损益表、收益表。

利润表告诉我们营业活动的影响而导致股东权益在报告期内的变动情况。利润表的最后一行(常称为"底线项目")报告当期股东权益的价值增加额,被称为净收益(net income)或者盈利(earnings)、净利润(net profit)。根据利润表所披露的内容,我们能了解影响企业净利润的项目被分为收入(revenue)和费用(expenses)两个大类,其中前者是指通过销售收入所实现的价值,而后者是指企业在赚取收入的过程中所耗费的价值。

在2010财务年度中,耐克公司通过销售产品实现了销售收入1 901 400万美元。请注意这里的收入是指销售总额扣减预计的销售退回之后的净额(有时也称为销售净额)。耐克公司从这个销售净额中扣减了在赚取收入的过程中所发生的经营费用和因为承担负债而发生的利息费用净额,再调整"其他"活动的损益影响,这样就得到了所得税前利润。最后,再扣除当期的所得税费用,计算得到当期净利润为190 670万美元。

在利润表中,常常将相似的费用进行归类,以报告不同的净利润组成部分。在美国公司的报表中,常见的分类计算盈利组成项目包括:

收入净额 – 销货成本 = 毛利润

毛利润 – 经营费用 = 经营利润

经营利润 – 利息费用 + 利息收入 = 税前利润

税前利润 – 所得税费用 = 税后利润(扣除非经常性项目前)

扣除非经常性项目前的利润 + 非经常性项目的影响 = 净利润

净利润 – 优先股股利 = 可供普通股股东分享的净利润

以上分类小计项目中,有部分出现在了耐克公司的报告上(耐克公司没有报告非经常性项目)。如果在一家公司的子公司中,还存在少数股东权益(也称为"非控股股东权益"),那么,在计算得到归属于普通股股东分享的净利润之前,还需要再扣除少数股东本期收益。此外,还有几个在财务报表分析和财务管理(公司理财)中非常重要的项目概念。毛利润(gross margin)也被称为毛利(gross profit),而经营利润有时也被分析人员称为息税前利润(earnings before interest and taxes,EBIT),利息收入有时会与利息费用分开,单独列报为一行,但有时也会按利息收入和利息费用相抵减后的净额直接列报,耐克公司就是采取的后一种方式。虽然在计算归属于普通股股东可享有的净利润时需要用到优先股股利的数据,但优先股股利一般报告在股东权益变动表中。

利润表还会同时报告净利润的美元总额和每股净利润情况。每股收益（earnings per share，EPS）指标是普通股股东可分享的公司盈利（扣除优先股股利之后的），因此，分子应当是归属于普通股股东的净利润。基本的每股收益（耐克公司在2010财务年度中实现基本的每股收益为3.93美元）等于归属于普通股股东的净利润除以当年加权平均流通在外的普通股股数。这里使用加权平均流通在外的普通股股数的原因在于，调整报告年度内新发行股份和股份回购的影响。稀释的每股收益（耐克公司在2010财务年度中实现稀释的每股收益为3.86美元）是假定持有或有股份要求权的权利人（例如可转换公司债券和股票期权）都行使他们的权利而选择持有普通股股份的话，按全部可能的流通在外普通股股份数量来计算的每股收益。

第五节 现金流量表及其解读

一、耐克公司2010年现金流量表

耐克公司2010年现金流量表如表1-4所示。

表1-4　　　　　　　耐克公司合并现金流量表　　　　　单位：万美元

项目	以5月31日为财务年度截止日		
	2010年	2009年	2008年
经营活动产生的现金流量：			
净利润	190 670	148 670	188 340
将净利润调整为经营活动产生的现金流量：			
折旧费用	32 370	33 500	30 360
递延所得税影响	830	(29 410)	(30 060)
以股份支付的薪酬费用（附注11）	15 900	17 060	14 100
商誉、无形资产和其他资产减值（附注4）	—	40 130	—
业务剥离收益（附注17）	—	—	(6 060)
摊销与其他项目	7 180	4 830	1 790
除并购和剥离影响外的营运资本和其他资产与负债项目变动：			
应收账款的减少（增加）	18 170	(23 800)	(11 830)
存货的减少（增加）	28 460	3 220	(24 980)
预付费用与其他流动资产的减少（增加）	(6 960)	1 410	(1 120)
应付账款、应计负债和应交所得税的增加（减少）	29 800	(22 000)	33 090
经营活动产生的现金流量	316 420	173 610	193 630

续表

项目	以 5 月 31 日为财务年度截止日		
	2010 年	2009 年	2008 年
投资活动产生的现金流量：			
购买短期投资	(372 440)	(290 870)	(186 560)
短期投资到期和出售	278 760	239 000	224 600
购建不动产、厂房与设备	(33 510)	(45 570)	(44 920)
处置不动产、厂房与设备	1 010	3 200	190
购建其他资产，扣除相关负债后净值	(1 120)	(4 700)	(2 180)
清算净投资套期	550	19 130	(7 600)
并购子公司支出扣除子公司持有现金后净值（附注4）	—	—	(57 110)
业务剥离取得的现金（附注17）	—	—	24 600
投资活动产生的现金流量	(126 750)	(79 810)	(48 980)
筹资活动产生的现金流量：			
长期负债（含一年内到期的长期负债）到期	(3 220)	(680)	(3 520)
银行借款增加（减少）	(20 540)	17 710	6 370
股票期权行权和其他股份发行所得	36 450	18 660	34 330
股份支付协议带来的额外税收抵免额	5 850	2 510	6 300
回购普通股	(74 120)	(64 920)	(124 800)
支付股利——包括普通股和优先股股利	(50 540)	(46 670)	(41 290)
筹资活动使用的现金流量	(106 120)	(73 390)	(122 610)
汇率变动的影响	(4 750)	(4 690)	(5 680)
现金及现金等价物增加净额	78 800	15 720	27 720
现金及现金等价物年初数	229 110	213 390	185 670
现金及现金等价物年末数	307 910	229 110	213 390
现金流量信息补充：			
本年度用现金支付的：			
扣除资本化利息之后的利息费用	4 840	4 670	4 410
所得税	53 720	76 520	71 750
已经宣告但尚未发放的股利	13 070	12 140	11 290

二、现金流量表解读

现金流量表也是动态报表，表首的"所属时期"也是指某段会计期间，如"2015 年 12 月"或"2010 年 5 月"（以 5 月 31 日为财务年度截止日），该报表是用于反映在一定会计期间内，公司财务活动引起的现金（包含银行存款）的增减变动。该表分基本部分和补充资料部分，基本部分按经营活动、投资活动、筹资活动三大类财务活动及汇率变动划分；补充资料主要体现现金流量与利润表、资产负债表的关系。

现金流量表告诉我们企业在报告期间内现金的来源和使用情况。在现金流量表中，将现金流量分为三种类型。经营活动产生的现金流量是指企业在销售商品等活动中所收到的现金扣除在此过程中所支付的现金之净额；投资活动产生的现金流量是企业在购买经营活动需要使用的资产所花费的现金减去出售这些资产所收到的现金之净额；筹资活动产生的现金流量是与债权权利人和股权权利人之间筹集资金与资金返还等现金交易的现金净额。在这三类活动现金流量的各自底部以及后面，列示了这三类活动的现金流量净额和总的变动情况，解释了企业在报告当期的现金流量分类明细和总体变动情况。

耐克公司报告它在 2010 财务年度中通过经营活动创造了 316 420 万美元，在投资活动中净支出了 126 750 万美元，向股东和债权人的支付净额为 106 120 万美元，因此当期的现金变动总额为净增加额 83 550 万美元（316 420 – 126 750 – 106 120）。在耐克公司的现金流量表中，每一类的最后一行均可以看到上面这几个数字。当然，有些项目表现为现金的净流出而不是净流入，因此，用括号中的数字来表示现金流出金额。耐克公司在全球开展经营，会持有多个不同国家的货币，所以，这些货币的美元等值金额的变动也报告在现金流量表中，在报告年度体现为净减少 4 750 万美元。这样耐克公司在报告年度内现金及现金等价物增加净额为 78 800 万美元。

第六节　股东权益变动表及其解读

一、耐克公司 2010 年股东权益变动表

耐克公司 2010 年股东权益变动表如表 1–5 所示。

表 1–5　　　　　　　耐克公司 2010 年股东权益变动表　　　　　股票数量：万股

金额单位：万美元

项目	普通股				股本溢价	累计其他综合收益	留存收益	合计
	类别 A		类别 B					
	数量	金额	数量	金额				
2009 年 5 月 31 日余额	9 530	10	39 020	270	287 140	36 750	545 140	869 310
股票期权行权			860		37 960			37 960
转换为 B 类普通股	(530)		530					—

续表

项目	普通股				股本溢价	累计其他综合收益	留存收益	合计
	类别 A		类别 B					
	数量	金额	数量	金额				
回购 B 类普通股			(1 130)		(680)		(74 750)	(75 430)
普通股股利（每股 1.06 美元）							(51 480)	(51 480)
向员工发行股份			1.3		4 000			4 000
以股份支付的薪酬（附注 11）					15 900			15 900
作废员工股份			(10)		(260)		(30)	(290)
综合收益（附注 14）：								
净利润							190 670	190 670
其他综合收益：								
外汇折算差额及其他（扣除税后影响收益 7 180）						(15 920)		(15 920)
现金流量套期净收益（扣除所得税费用影响 2 780）						8 710		8 710
净投资套期净收益（扣除所得税费用影响 2 120）						4 480		4 480
将以前递延的衍生工具净收益重分类进入净利润（扣除所得税费用影响 4 170）						(12 160)		(12 160)
将无效的套期收益重分类进入净利润（扣除所得税费用影响 140）						(380)		(380)
综合收益总额						(15 270)	1 906 700	175 400
2010 年 5 月 31 日余额	9 000	10	39 400	270	344 060	21 480	609 550	975 370

二、股东权益变动表解读

股东权益变动表也称所有者权益变动表，它是静态和动态结合的报表，即以"期初余额→本期变动→期末余额"的模式反映公司本期（年度或中期）内构成股东（所有者）权益的各组成部分的增减变动。一些国家规定在该表的各项目均需填列"本年金额"和"上年金额"两栏。

股东权益变动表总是以资产负债表中的股东权益期初数为开始，然后以对应项目的期末数为终止，对本期所发生的各个权益项目变动进行说明。从分析的角度来看，权益项目的变动可由下式进行很好的解释：

期末股东权益＝期初股东权益＋本期综合收益－本期向股东的支付净额

这个等式被称为股东权益的存量和流量变化式（stock and flows equation），因为它解释了股东权益的存量（期初权益和期末权益）是怎样受当期权益流量变动影响的。企业在报告期间实现盈利（综合收益）会增加股东权益，向所有者的净支付则会减少股东权益。耐克公司在 2010 财务年度实现了综合收益 175 400 万美元。净支付（net payout）是指当期支付给股东的金额减去通过发行股份而收到股东的缴款之净额。由于企业可能会用现金支付股利或者进行股份回购，因此，当期净支付额就等于当期股份回购所使用的现金与现金股利之和，再减去当期发行股份所得。对耐克公司来说，这三个项目在 2010 财务年度的总和表现为净支付额 69 340 万美元，其中现金股利为 51 480 万美元，股份回购支出现金 75 430 万美元，发行股份收到的现金（扣除注销的股份）为 57 570 万美元（其中部分股份是由于员工行使股票期权需要而发行的）。可见，股东权益变动表中的期末股东权益为 975 370 万美元（869 310 + 175 400 − 69 340），是由于期初股东权益加上当期实现的综合收益。

你会发现，综合收益实际上由利润表中所报告的净利润 190 670 万美元，再加上股东权益变动表中的一些其他收益项目的影响而构成。这种在股东权益变动表中报告收益项目的做法被称为非清洁盈余会计（dirty surplus accounting），因为此时在企业的利润表上，没有能报告清洁的盈余数字。会计理论认为，所有影响企业股东权益，但又不属于企业与股东之间交易的项目，都应当报告在利润表上。因此，如果有某些收益项目绕过了利润表而直接出现在资产负债表上，就会被认为是"非清洁"的，有隐藏损益的嫌疑；反之，先在利润表中进行披露，然后再随着期末利润的结转而进入资产负债表股东权益的损益项目，则被认为是"清洁"和"干净"的。这些"非清洁"的盈余项目（以耐克公司为例，合计影响为 −15 270 万美元）被称为其他综合收益（other comprehensive income），而净利润（报告在利润表中的）与其他综合收益（报告在股东权益变动表中的）之和，则被称为综合收益（comprehensive income）：

$$综合收益 = 净利润 + 其他综合收益$$

也有一些公司会将其他综合收益报告在利润表"净利润"项目之下，此外，还有一些公司会单独编制一张"其他综合收益表"。美国财务会计准则委员会发布了一项准则，要求企业要么单独披露一张其他综合收益表，要么在利润表中同时报告净利润和其他综合收益的情况，企业可在这两种披露形式中选择其中的一种。这项要求与国际财务报告准则的披露要求是一致的。

第七节 财务报表的阅读路径与信号把握

了解公司财务报表编制与披露的作用、要求、内容与形式，对财务信息的使用者——财务报表分析者至关重要。首先，财务报表阅读者可以据此进行比较纵深的会计分析,利用阅读者自身的知识、职业判断力甚至是直觉来分析判断公司所披露财务报表信息的质量,这是财务报表阅读的基本前提。其次,财务报表阅读者(使用者)在分析判断信息质量的基础上,对信息的有效性进行评价,进而根据自己的立场和分析目的,先开展行业分析和公司战略分析。我们认为,只有在充分认识财务报表及其与现金流量的关系、对信息质量及其有效性作出评价、行业分析和公司战略分析的基础上,对公司披露的财务报表信息进行阅读理解和深入分析才是正确而明智的选择。正所谓"要学会低头拉车,更要学会抬头看路"。

一、财务报表的阅读路径

财务报表的阅读不同于财务信息的分析,它是报表使用者在深入分析前所进行的初步了解和理解。阅读路径是一个富有逻辑的认知步骤,是相互联系的一个系统。遵循阅读路径有助于报表使用者为接下来的正式分析评价奠定基础、确定重点、指明方向。

(1)阅读财务报告之总结陈词(总览);

(2)阅读管理层讨论与分析报告;

(3)阅读一遍四大会计报表,其中要关注金额大的(重要)项目和异常项目及相关的逻辑关系;

(4)通过上述的"望闻问切",初步诊断问题,确定重点,明确方向;

(5)利用"互联网+""人工智能+",借助多媒体、移动终端,广泛查阅相关资料,甚至求助于机构咨询与服务,同时,做好会计分析和行业与企业战略分析。

【案例1-2】

请读者上网浏览创业板上市公司乐视退(300104)的财务报表,先建立感性认识。各大财经门户网站均有提供查阅,以"新浪财经"为例:进入新浪财经首页,输入"乐视退"或代码"300104"进行搜索,找到乐视退个股主页,在左下方点击"财务数据"栏目,里面包括:财务摘要、财务指标、资产负债表、利润表、现金流量表、业绩预告、杜邦分析、股东权益增减……内容非常丰富呢!

新浪财经/乐视退
财务数据

还等什么,现在就扫一扫二维码进去看看吧!

二、财务报表中常见的不良信号

财务报表使用者在进行阅读时,要时刻注意其中折射或隐含的各种信号,特别要把握几种不良信号。主要包括以下五种。

(1)财务报告不规范。不规范有财务报告编写者的水平问题,也有有意而为之的可能,后者有可能使得其可靠性受到质疑。遗漏违背完整性披露原则,很可能有意隐瞒瑕疵；表述前后矛盾或者不符合正常逻辑又没有合理的解释，违背真实性、准确性披露原则；提供报告或公开披露不及时则暗示公司管理当局与审计机构或注册会计师存在意见分歧，违背及时性和公平性原则。

（2）数据反常。先检查异常项目及反常数据有无合理的解释原因。如无，则要考虑该数据是否存在真实性和一致性问题。比如，原因不明或者不合理的会计调整，可能是为了"粉饰"报表；营业收入骤增，而行业竞争与市场环境稳定，其他会计项目也没有逻辑性证明，则企业可能提前确认了收入；净利润与经营活动产生的现金净流量反常，利润总额与企业所得税反常，均有可能存在盈余管理；大笔的资产冲销和年底的突击性账项调整，均要查明原因，厘清事实。

（3）大额的关联方交易。关联方交易价格很容易产生利润转移（即公司治理中的"剥夺"问题），大额的关联方交易更是值得推敲。因此报表阅读者要考虑关联方之间的关系实质及外部控制。

（4）大额的资本利得。公司是否"不务正业"，通过出售长期资产、债转股等交易实现资本利得，从而增加利润，掩盖正常的经营业绩。

（5）异常审计报告。更换注册会计师或审计机构，或者审计报告本身不正常，附有保留意见或拒绝表示意见或反对意见，则很有可能是公司的财务报告存在问题。

【本章小结】

1. 在我国，制约企业财务报表编制与报告的法规体系包括会计法规体系以及约束上市公司信息披露的法规体系。在会计法规体系中，会计法是统驭，会计准则是最核心、最基本的行政性法规，包括会计基本假设、一般原则与具体会计准则及其应用指南与解释公告。约束上市公司信息披露的法规体系由国家法律、行政法规、部门规章和自律性规则构成，包括证券发行信息披露制度和持续性信息披露制度（定期报告制度和临时报告制度等）两个方面，披露文件一般包括招股说明书、上市公告书、年度报告、中期报告（包括半年度报告和季度报告）以及临时报告（包括重大事件公告和收购与合并公告）。公司对外财务报表信息的披露应遵循规则，符合真实性、准确性、完整性、及时性和公平性的质量要求。作为财务报表分析者，必须熟悉各种法规对财务报表的制约，以及对财务报表分析的作用。

2. 财务报表是财务报告的重要组成部分，包括资产负债表、利润表、现金流量表和所有者权益变动表。报表附注和审计报告、管理层讨论与分析等也构成了财务报告的内容，这些都是公司需要对外披露的财务信息。财务报表内部和财务报表之间都存在着勾稽关联，这种财务会计上的逻辑关系是财务报表阅读和分析的基础，但更重要的是它们与现金流量的关系，因为现金流量是财务管理的精髓，是企业生存与发展的王道。我们所阅读分析的财务报表既有自身的局限性，包括货币计量属性、反映的内容（项目）、时间、历史成本的局限性，也有差错和人为造假的局限性。

3. 了解公司财务报表编制与披露的作用、要求、内容与形式，对财务信息的使用者——财务报表分析者至关重要。对四张基本财务报表的阅读和理解需要相当的专业知识和职业判断力。"瞎子摸象"和"只见树木，不见森林"的做法绝对不可取。思路决定出路：从企业价值创造的战略入手，然后从投资活动现金流量、筹资活动现金流量传导到资产结构和资本结构，再从资产结构和资本结构传导到收入、成本费用以及资本成本，最后回归到经营活动产生的现金流量，如此构成公司"现金……现金"的循环逻辑。公司的价值目标就是"投入现金→收回更多的现金"，要按照"公司战略+战略执行＝财报结果"来分析公司战略与公司财报之间的关系。公司战略对公司财报是宏观层面的影响，而战略执行则直接影响到基本财务报表中的具体报表项目："战略→投资活动现金流量（以筹资活动现金流量来满足）→资产（机器设备、存货、应收账款等）→收入（成本费用）→经营活动现金流量→战略→投资活动现金流……"

4. 在正式的财务报表分析之前，进行会计分析和行业及企业战略等基础分析是十分必要的，会计分析其实主要是指财务报表的阅读与理解，而阅读财务报表信息的路径与方法有章可循，通常是"宏观→微观→发现问题→宏观→确认问题"；既要善于从财务报表中发现不良信号，包括财务报告不规范、数据反常、大额的关联方交易、大额的资本利得、异常审计报告等，又要充分利用非财务信息分析和发现问题。

【复习思考题】

1. 财务报告和财务报表有何区别？请说明四张财务报表之间的勾稽关联。
2. 试说明现金流量表与资产负债表、利润表之间的关系。
3. 为什么在财务报表分析中特别强调财务报表与现金流量的关系？
4. 公司财务报表信息披露应遵循哪些规范及质量要求？
5. 简述财务报表信息阅读的路径及方法。
6. 财务报表中常见的不良信号有哪些？
7. 如何解读资产负债表？
8. 如何解读利润表？
9. 如何解读现金流量表？
10. 如何解读财务状况变动表？
11. 请说明财务报表的局限性。
12. 你认为以你现有的知识和经验，阅读财务报告有困难吗？若有，都有哪些困难？

【阅读分析题】

1. 收集创业板上市公司乐视网（300104）2013年、2014年两年的财务报表及相关的财务指标数据，运用本章学习的财务报表及其解读方法，对该公司的财务状况、经营成果、现金流量和股东权益变动情况进行分析，并作出初步的评价。
2. 请上网搜索查找文章《刘姝威发布乐视网分析报告：烧钱模式难持续》，

并认真阅读理解。对比你上一题自己给出的乐视网公司财务报表解读分析及初步评价，指出存在的异同点，并分析产生评价差异的原因。

【章末案例】

刘姝威发报告称乐视烧钱模式难以为继　乐视网不跌反涨

曾因揭破"蓝田股份造假案"而名震一时的中央财经大学中国企业研究中心主任刘姝威2015年6月23日晚上发布了乐视网财务分析报告，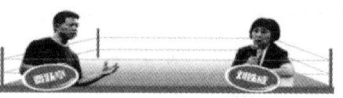认为乐视网现行的"烧钱"模式难以持续。6月17日，刘姝威发表《严格控制上市公司实际控制人减持套现》一文，乐视网实际控制人贾跃亭成为重点炮轰对象，引发广泛争议。

刘姝威通过六个方面逐一对乐视进行了分析：一、乐视网的董事会成员结构分析；二、乐视网的主营业务分析；三、为什么说乐视网的经营状况出现了问题？四、乐视网的优势在哪里？五、可以为"讲故事"投资吗？六、为什么以前没有发表乐视网分析报告？在刘姝威看来，如果乐视网继续实施"通过销售乐视TV，扩大用户规模"的策略，这种"烧钱"模式能够持续多久？乐视网的投资者愿意为乐视网"烧钱"继续提供资金吗？在国内外，被"烧钱"模式烧死的公司已经不少了。

刘姝威指出，乐视网在营业收入大幅度提高的同时，盈利能力却大幅度下降。针对乐视网的"故事"和"概念"的"想象空间"，不论是讲故事的人还是听故事的人，首先都要思考"故事"和"概念"能否变成现实、能否收回投资成本和创造利润；如果不考虑这个前提条件，盲目对"故事"和"概念"的想象空间投资，结果必然是血本无归。

针对刘姝威的报告，乐视网投资者关系微博于当天深夜发表回应称："谢谢刘教授。希望您有机会来公司考察指导，了解一个与众不同的真实乐视和独一无二的乐视生态；同时期望就互联网＋时代新经济模式对于一个公司未来价值判断的差异等课题，能深入交流。"

值得一提的是，就在刘姝威发布报告的第二天，乐视网股价大幅高开逾7%，盘中一度冲击涨停，随后出现回落，收盘上涨逾3%。

有市场人士表示，刘姝威此次发布的乐视网财务分析报告，并没有此前外界预想的具有巨大的杀伤力，她对乐视网提出的诸多质疑，从2014年下半年开始，已经有众多市场人士和投资者反复提出，而乐视网也通过各种途径作出了解释。对乐视网的争议，主要围绕"乐视网的发展模式是否具有可持续性""能否在未来实现应有的回报"等问题。有分析认为，乐视网是新型的互联网公司，其商业模式和传统公司不同，因此不能用传统的公司财务分析理念来判断其未来发展。但也有众多投资者认为，乐视网不能以"互联网公司"作为借口，来隐藏经营上存在的风险，更不能因此损害投资者的利益。

（资料来源：陈燕青. 刘姝威发报告称乐视烧钱模式难以为继　乐视网不跌反涨［N］.

深圳商报，2015-06-25（A14））

请思考：

1. 刘姝威质疑乐视"烧钱"模式难持续，业内称评估不科学体现在哪些方面？

2. 你认为乐视网的结局能说明刘姝威的质疑及评估科学合理吗？为什么用跨学科、交叉学科和多元思维模式的分析更科学、更合理？

3. 举例说明传统的财务报表分析方法对现代新经济形态和商业模式下的企业进行分析评价的局限性。

第二章　财务报表分析理论框架

【学习要求】

1. 了解财务报表分析的起源和演变。
2. 掌握财务报表分析的概念、作用和内容。
3. 熟悉财务报表分析的基础。
4. 掌握财务报表分析的框架和路径。

【关键术语】

　　财务报表　财务报告　财务报表分析　信息披露　人力资源

【引导案例】

茅台酒香不怕巷子深？

　　茅台酒是中国的传统特产酒，是与苏格兰威士忌、法国科涅克白兰地齐名的世界三大蒸馏名酒之一，同时是中国三大名酒"茅五剑"之一，也是大曲酱香型白酒的鼻祖，已有800多年的历史。

　　在过去十几年中，茅台酒公司的财务业绩和股票价格给股东带来了巨大财富，公司股票成为许多人心中最具有价值的投资首选。在这一时期，公司股票价格翻了40倍以上，每年提供给股东的回报率平均皆在15%以上，表明茅台公司用现有资本提高生产率，给收益增长提供了充足的动力。

　　作为中国最有价值的公司之一，今天的茅台是一家真正的全球性公司。胡润研究院2023年12月22日发布《2023胡润中国最具历史文化底蕴品牌榜》。贵州茅台以71.2的得分，居榜单第三位，白酒品类首位，本次共有16个白酒品牌上榜。在上榜的100个品牌当中，贵州茅台的品牌价值位列第一。在全世界的许多国家中，"茅台"几乎成了中国酒的代名词。

　　作为全国白酒行业的领军企业，从市场看，公司着力提高供给体系的质量，深入推进营销转型升级；从长远看，公司着力塑造良好口碑，打造企业形象。以市场为导向持续不断地创新，成了茅台公司成功的标志。

　　茅台公司经营战略的另外一个关键特征在于极其慷慨的股利政策。2022年，贵州茅台每10股派发现金红利259.11元（含税）特别引人关注，茅台公司的股利政策也反映出公司管理哲学的核心在于创造更高的股东回报，而不是盲目追求增长。茅台的案例，也验证了"酒香不怕巷子深"的格言。

（资料来源：本案例根据贵州茅台股份有限公司财务报告整理编写）

请思考：财务报表分析在企业价值分析中的作用，是否可以减少预感、猜测和直觉的不确定性？

【阅读资料】

加强投资端改革是资本市场建设新重点

在居民财富增加权益类资产配置的趋势下，着力增强投资功能是建设中国特色现代资本市场的必然要求。党的二十大报告指出，多渠道增加城乡居民财产性收入。目前，我国居民财富向金融市场转移的趋势已经形成，居民持有金融资产特别是权益类资产的比例将逐步提高。资本市场既要顺应新趋势，更要抓住新机遇，进一步完善财富管理功能，更好满足居民投资需要。

加强投资端改革的重要抓手是丰富优质投资标的供给，应以更大力度提升上市公司质量，更好发挥其作为资本市场投资价值源泉的作用。鼓励引导上市公司建立常态化分红机制，提高现金分红比例；持续完善综合监管机制，推动提高上市公司治理能力、信息披露质量；支持上市公司通过并购重组等方式聚焦主业做优做强，提高竞争能力、创新能力；从严打击财务造假等违法违规行为，严格落实退市制度，提高市场新陈代谢效率。

（资料来源：本报评论员．加强投资端改革是资本市场建设新重点［N］．中国证券报，2023－07－31（A01））

第一节　财务报表分析概述

一、财务报表分析的起源和演变

财务报表分析起源于西方银行家对贷款者的信用分析，之后广泛运用于金融投资领域与企业内部管理。从财务报表分析的产生和发展过程中不难发现，本学科的理论与实务一直随着社会经济环境的变化而不断完善。

（一）信贷分析

会计簿记发展到20世纪初，会计账簿与报表一直被当作记账员工作的证明，然而，这时银行家开始要求使用资产负债表作为评价贷款是否延期的基础，财务报表开始广泛适用于信贷目的。在1895年2月9日，纽约银行协会要求他们的机构贷款人提交书面、有其签字的资产负债表。自此，财务报表开始被主要银行推荐使用，但并没有任何对其进行数量计量和分析的尝试。纽约第四国家银行副总理杰姆斯认为，扩大贷款必须预测贷款人的偿债能力，必须对报表进行分析。

他设计出财务报表的比较格式,并认为财务报表比较应是财务报表分析的内容。在接受了比较报表的观点后,银行家们开始考虑应该比较什么,如有的比较速动资产与流动负债等。然而必须强调的是,企业良好的偿债能力尤其是长期偿债能力,必须以良好的财务状况与强大的盈利能力为基础。因此,现代企业的财务报表分析,不仅包括了资产负债表的分析,还包括了利润表的分析。

在实务中,银行往往混合采用几种不同的方法来作出是否贷款的决策。从财务报表的角度来说,对于中小企业,银行往往重点关注企业的资产负债表;而对于大型企业,银行则重点关注企业盈利能力的可持续性,既包括利润表的分析还包括现金流量表的分析。

【阅读资料】

银行看企业的经验

在一次介绍保持银行贷款安全性的会议上,某银行行长说:"我们着重观察企业的'三品'。这'三品'是:第一,人品,即我们着重考察企业领导人的人品;第二,产品,即我们注重考察企业贷款所运用的产品的盈利能力;第三,抵押品,即我们还要考察企业对贷款的保障措施。"

请思考:作为债权人,银行行长的经验与企业的财务状况有哪些联系?

(二)投资分析

银行对企业进行信贷分析的结果不仅为银行本身所用,对企业投资者和潜在投资者也意义重大。投资者希望从投资中获得预期收益。所以,为确保和提高投资收益,广大投资者利用银行对不同企业及行业的分析资料进行投资决策。因此,财务报表分析由最初的信贷分析进入投资分析阶段,其主要任务也从稳定性分析过渡到稳定性和收益性并用的分析。

由于盈利能力的稳定性是企业经营稳定性的重要方面,企业资产的流动性在很大程度上依赖于盈利能力,所以随着企业盈利能力稳定性分析的深化,收益性分析也成为稳定性分析的重要组成部分。这时的稳定性分析,其内涵不仅包括企业支付能力的稳定性,还包括企业收益能力的稳定性。于是,财务报表分析又朝着以收益为中心的稳定性分析方向发展,逐步形成了目前企业财务报表分析的基本框架。

(三)内部分析

在企业财务报表分析的开始阶段,企业财务报表分析只是用于外部分析,即企业外部利益相关者根据各自的要求进行分析。后来,企业在接受银行的分析与咨询过程中,逐渐认识到了财务报表分析的重要性,开始由被动地接受分析逐步转变为主动地进行自我分析。尤其是在第二次世界大战以后,企业规模不断扩大,经营活动日趋复杂,企业为了在激烈的市场竞争中求生存、图发展,不得不借助于财务报表所提供的有关资料进行资讯导向、目标管理、利润规划及前景预测。这些都说明，企业财务报表分析开始由外部分析向内部分析拓展，并表现出两个显著特征：（1）内部分析不断扩大和深化，成为财务报表分析的重心；（2）分析所需和所用的资料非常丰富，为扩大分析领域、提升分析效果、发展分析技术提供了前提条件。

通过财务报表分析掌握企业的财务状况，进而判断企业的经营发展趋势，已经成为现代企业及社会的一大要求。不过，无论是外部分析还是内部分析，所用的资料都主要来自对外公布的财务报表。

二、财务报表分析的内涵

（一）财务报表分析的概念

财务报表分析的概念有狭义与广义之分。

狭义的财务报表分析是指以企业财务报表为主要依据，以其他相关资料为辅，采用一系列专门的分析技术和方法，对企业的财务状况、经营成果进行剖析和评价，为企业的投资者、债权人、经营者及其他关心企业的组织或个人了解企业的过去、评价企业现状、预测企业未来，为他们的经济决策提供重要的信息依据。

广义的财务报表分析在狭义的基础上还包括公司概况分析、企业优势分析、企业战略实施情况分析、企业管理质量透视，等等。

过去人们通常认为财务报表分析是事后分析。随着社会经济与技术的发展，财务报表分析越来越侧重于未来。比如，投资决策分析，判断企业的价值就可以评估现在的每股价值；资本市场中投资者就是要善于发现错误的定价，从而发现有价值的企业或者证券进行投资；通过企业历史和未来的宏微观因素进行综合分析判断，对未来的盈利、现金流量作出预测。

【走进管理】

会计信息不是枯燥的数字，会计信息是社会财富转移或利益分配的基础，其背后隐藏着经济利益或政治利益，甚至两者兼而有之。这样，权责发生制会计和会计准则为企业经理人试图人为操纵财务报表留下了选择的空间。

在某些特定的环境下，权责发生制改变了企业的总经理（CEO）与财务部经理（CFO）对话的内容。早期，总经理问财务部经理："今年的利润有多少啊？"财务部经理会直截了当地回答："今年的利润为 57 877 827.77 元！"干脆利落，两句话就解决问题。现在可有点不同了。如果总经理问财务部经理："今年的利润有多少啊？"财务部经理会反问总经理："你想要多少？"总经理说："1 亿元吧！"财务部经理回答："没有问题！"同样干脆利落，不过对话的内容从两句增加到四句。

财务部经理之所以如此自信，部分原因在于权责发生制会计为其提供了现实可能性。权责发生制以权责发生以及影响时间确认经济业务，而合同或契约是体现权责发生以及影响时间的标志。这样，只要签订一些销售合同，这个问题就可以解决。关联方关系及其交易为这个问题的解决提供了条件。

当然，会计准则也为经理人操纵财务报表提供了选择空间。会计准则之所以存在选择空间是因为会计准则的普适性。由于企业面临的经营环境和经济业务的多样性，为了使企业财务报表更好地反映企业的经济实质，会计准则为企业会计人员留下选择的空间，以期让会计人员能够选择最能体现或反映本企业经济实质的会计方法，从而更好地展示本企业的经营绩效。然而，由于会计信息具有经济后果，会计准则的良好期待未必带来良好的结果：基于各种考虑，会计人员往往不是选择最能体现或反映本企业经济实质的会计方法，而是选择最能达到或实现企业意图的会计方法。因此，理想与现实往往矛盾，"良好的愿望未必有良好的结果"。

如此一来，从企业经济活动到企业财务报表的转化过程就存在许多"噪声"，企业财务报表难以真实、完整地反映企业经济活动。

（资料来源：胡玉明. 财务报表分析［M］. 大连：东北财经大学出版社，2016）

（二）财务报表分析与相关学科的关系

在明确财务报表分析概念的基础上，为了明确财务报表分析与相关学科或课程的关系，首先需要界定财务分析、财务报告分析与财务报表分析的关系，然后再进一步理解财务报表分析与经济活动分析、财务管理、会计等学科的关系。

1. 财务报表分析、财务报告分析与财务分析。虽然前面界定财务报表分析时并没有刻意区分财务分析、财务报告分析与财务报表分析，但仔细斟酌，它们之间又有所联系与区别。财务分析、财务报表分析和财务报告分析三者实质上都是以财务报表资料为主要分析资料、以其他资料为辅助资料而形成的分析理论及分析方法，其分析目标、分析程序和主要分析方法基本相同。但由于财务报表与财务报告的区别，以及财务范畴界定等方面存在的差异，使这三种分析从狭义上或侧重点方面还是存在某种程度的差异。

严格来说，财务报表分析更加侧重对财务报表本身的分析，从资料上以财务报表资料为主，从方法上强调会计分析的重要性，从内容上注重会计准则、制度及具体会计方法变化对会计报表产生的影响。

财务报告分析比财务报表分析在资料上更强调全面性，特别是注重财务报告整体框架内容的分析，在内容上强调各财务报表之间、财务报表与附注之间的关系分析，在方法上重视财务报告反映的效率及效果分析。

财务分析除包含财务报表分析及财务报告分析的内容外，还特别强调对财务活动的分析、对财务效率的分析及综合效果分析，财务分析资料更加广泛，包含对企业内部信息的分析。

2. 财务报表分析与经济活动分析。从财务报表分析与经济活动分析的关系来看，它们的相同点在于"分析"，如有着相同或相近的分析程序、分析方法、分析形式等。它们的区别主要表现在以下三方面。

（1）财务报表分析与经济活动分析的对象与内容不同。财务报表分析的对象是企业的财务活动，包括资金的筹集、投放、运用、消耗、回收、分配等；而经济活动分析的对象是企业的经济活动，除了财务活动外，还有生产活动等。

(2) 财务报表分析与经济活动分析的依据截然不同。财务报表分析的依据主要是企业会计报表资料及有关的市场利率、股市行情等信息；经济活动分析的资料则包括企业内部的各种会计资料、统计资料、技术或业务资料等。

(3) 财务报表分析与经济活动分析的主体不同。财务报表分析的主体具有多元性，既可以是企业的投资者、债权人，又可以是企业经营者、职工及其他与企业有关或对企业感兴趣的部门、单位或个人。经济活动分析通常是一种经营分析，分析主体主要是企业经营者或职工。

3. 财务报表分析与会计学。研究财务报表分析与会计学的关系，可从财务报表分析与财务会计的关系和财务报表分析与管理会计的关系两方面进行。

(1) 财务报表分析与财务会计的关系。两者的关系主要体现在：第一，财务报表分析以财务会计核算的报表资料为依据进行，没有财务会计资料的正确性就没有财务报表分析的准确性。第二，财务会计中的财务报表分析，要以会计原则、会计政策选择等为依据进行。因此，在某种程度上，会计分析也是财务会计的一部分。在西方的一些基础会计学中，通常都含有财务报表分析部分。我国的财务会计学中设置财务报表分析的较少。

(2) 财务报表分析与管理会计的关系。这两者关系比较含糊，有人可能觉得两者是不相关的。其实，财务报表分析与管理会计在对企业内部生产经营管理方面还是有一定联系的。管理会计在一些步骤上应用财务报表分析方法（如量本利分析、标准成本差异分析、责任中心的业绩评价等）；财务报表分析也需要以管理会计资料为依据进行。但是财务报表分析无论是从理论体系还是从方法体系上都与管理会计有所区别，两者是不可互相取代的。

4. 财务报表分析与财务管理。从财务报表分析与财务管理的关系看，它们的相同点在于"财务"，都将财务问题作为研究的对象。它们的区别主要表现在以下四方面。

(1) 财务报表分析与财务管理的职能与方法不同。财务报表分析的职能与方法的着眼点在于分析；财务管理的职能与方法的着眼点在于管理。而管理包含预测、决策、计划、预算、控制、分析、考核等。但财务管理中的财务报表分析往往只局限于对财务报表的比率分析，不是财务报表分析的全部含义。

(2) 财务报表分析与财务管理研究财务问题的侧重点不同。财务报表分析侧重于对财务活动状况和结果的研究；财务管理则侧重于对财务活动全过程的研究。

(3) 财务报表分析与财务管理结果的确定性不同。财务报表分析结果具有确定性，因为它以实际的财务报表等资料为基础进行分析；而财务管理结果通常是不确定的，因为它的结果往往是根据预测值及概率估算的。

(4) 财务报表分析与财务管理的服务对象不同。财务报表分析的服务对象包括投资者、债权人、经营者等所有有关人员，而财务管理的服务对象主要是企业内部的经营者和所有者。

可见，财务报表分析与经济活动分析、会计学以及财务管理有联系。但是，无论如何它们都不能相互替代，也不能完全取代财务报表分析。财务报表分析正是在经济活动分析、会计学和财务管理基础上形成的一门独立的边缘学科。所谓独立学科，就是说它将与企业经济活动分析、会计学、财务管理相互并列，而不是某学科的组成部分；所谓边缘学科，就是说财务报表分析与企业经济活动分析、会计学和财务管理有交叉，是在各学科有关内容基础上形成的经济应用学科，而不是与这些学科毫不相关。正如管理会计是在经济管理学与会计学基础上形成的边缘学科，管理经济学是在管理学与经济学基础上形成的边缘学科一样。作为一门边缘学科，财务报表分析的建立并不一定要取代经济活动分析、会计学和财务管理中的分析内容。

三、财务报表分析的作用

财务报表分析对于企业内部管理当局和外部利益集团都极为重要，从财务报表分析的职能作用看，它对于正确预测、决策、计划、控制、考核、评价都有着重要作用。这里主要从财务报表分析对评价企业过去、现在及未来的作用加以说明。

（一）财务报表分析可正确评价企业过去

正确评价过去，是说明现在和揭示未来的基础。财务报表分析通过对实际会计报表等资料的分析能够准确地说明企业过去的业绩状况，指出企业的成绩和问题及产生的原因，是主观原因还是客观原因等，这不仅对于正确评价企业过去的经营业绩是十分有益的，而且可对企业投资者和债权人的行为产生正确的影响。

（二）财务报表分析可全面反映企业现状

财务会计报表及管理会计报表等资料是企业各项生产经营活动的综合反映。但会计报表的格式及提供的数据往往是根据会计的特点和管理的一般需要而设计的，它不可能全面提供不同目的报表使用者所需要的各方面数据资料。财务报表分析，根据不同分析主体的分析目的，采用不同的分析手段和方法，可得出反映企业在该方面现状的指标，如反映企业资产结构的指标、企业权益结构的指标、企业支付能力和偿债能力的指标、企业营运状况的指标、企业盈利能力的指标等。通过这种分析，对于全面反映和评价企业的现状有重要作用。

（三）财务报表分析可用于估价企业未来

财务报表分析不仅可用于评价过去和反映现状，更重要的是它可通过对过去与现状的分析与评价，估价企业的未来发展状况与趋势。财务报表分析对企业未来的估价，第一，可为企业未来财务预测、财务决策和财务预算指明方向；第二，可为企业进行财务危机预测提供必要信息；第三，可准确评估企业的价值及价值创造，这对企业进行经营者绩效评价、资本经营和产权交易都是十分有益的。

近年来，公司对披露盈利预测的兴趣与日俱增，并且管理当局（内部人）的预测与财务报表分析师（外部人）的预测不同。预测的可靠性取决于可用信息及相关假设。那么在分析中是使用管理当局的预测,还是使用分析师的预测,关键在于其后面所隐含的假设。例如,美国证券交易委员会(SEC)鼓励具有可靠基础的诚信预测。SEC 建议以财报形式来报告预测信息,并附带足够的信息,使投资者可以对其可靠性作出评价。为了促进预测信息的披露,SEC 用"安全港"规则在公司预测未能实现的情况下为公司提供保护,使其免遭诉讼。这些规则为那些在合理基础上作出诚信预测的公司提供保护。出于法律方面的考虑,很少有分析者愿意利用"安全港"规则公布预测信息。下面来自 The Limited 公司的告诫可以视为公司不愿披露预测信息之典型(分析摘录)。

*该公司告诫:任何前瞻性报表……都涉及风险和不确定因素,并受多种因素变动的影响,包括:……消费者消费方式、消费偏好和整体经济状况的改变;竞争和定价的影响;气候类型、政治局势、货币及汇率变动风险的影响;现有的或潜在的税收、关税、配额、邮资费及费用上涨的影响;纸张和印刷成本;在适当条件下是否有合适的商店选择;开发新产品的能力,以及雇用和培训员工的能力。*①

四、财务报表分析主体及其内容

企业财务报表分析的不同主体由于利益倾向的差异,决定了在对企业进行财务报表分析时,必然有不同的要求和不同的侧重点。

(一) 企业所有者

所有者或股东作为投资人,必然高度关心其投资的盈利状况,即对企业投资的回报率极为关注。对于一般投资者来讲,其比较关心企业股息、红利的发放水平;而对于拥有企业控制权的投资者,其考虑更多的则是如何增强竞争实力、扩大市场占有率、降低财务风险、追求长期利益的持续稳定增长。

比如,控股股东和战略投资者主要关注企业长期发展趋势,他们会通过长期趋势分析、企业核心盈利能力分析等以及一些非财务报表分析如该企业所生产的产品是否具有技术发展前景等,一定程度上揭示出企业在未来数年内的发展趋势。相比之下,那些持股比率小、以短期套利投资为目的的投资者,主要关注企业当期或未来短期财务业绩表现,因而更关注市盈率、每股盈利、净资产收益率等信息。

从资本市场角度看,外部投资者群体错综复杂,有长期投资者和短期投资者、机构投资者和个人投资者、战略投资者和套利投资者等。这些投资者在公司中的利益不同,也会导致他们对财务报表分析的侧重点不同。

(二) 企业债权人

债权人因为不能参与企业剩余收益分配,决定了债权人对其贷款的安全性予以关注。因此,债权人在进行财务报表分析时,最关心的是企业是否有足够的支

---

① The Limited 公司 2010 年年度报告。

付能力，以保证其债务本息能够及时、足额地偿还。对于短期债权人来说，其比较关心目前企业资产的流动性和现金充足程度；而对于长期债权人来说，其考虑更多的则是企业整体的负债水平、盈利能力以及企业的发展前景。

（三）企业管理者

为满足不同利益主体的需要，协调各方的利益关系，企业管理者必须对企业经营活动的各个方面，包括营运能力、偿债能力、盈利能力及成长能力等全部信息予以详尽的了解和掌握，以便及时发现问题，采取对策，规划和调整市场定位目标、经营战略，进一步挖掘潜力，为经济效益的持续稳定增长奠定基础。

（四）政府经济管理机构

首先，政府作为投资者身份，必须要对国有企业投资的社会效益和经济效益予以评估。在谋求资本保全的前提下，期望能够同时带来稳定增长的财政收入。因此，政府（主要是国有资本管理部门和财政部门）考核企业经营理财状况，不仅需要了解企业资金占用的使用效率，预测财务收入增长情况，有效地组织和调整社会资金资源的配置，政府还要通过监察审计等部门借助财务报表分析，检查企业是否存在违法违纪、浪费国家财产的问题，最后通过综合分析，对企业的发展后劲以及对社会的贡献程度进行分析考察。

同时，政府机构还要履行重要的社会管理职责。因此，税务和市场监管等部门要根据自己的管理职能，开展税务稽查和产品市场、资本市场的监管，同样离不开财务报表分析。

（五）商品和劳务供应商

商品和劳务供应商与企业的贷款提供者情况类似。他们在向企业赊销商品或提供劳务后即成为企业的债权人，因而他们必须判断企业能否支付所购商品或劳务的价款。从这一点来说，大多数商品和劳务供应商对企业的短期偿债能力感兴趣。另外，某些供应商可能与企业存在着较为长久、稳固的经济联系，在这种情况下，他们又对企业的长期偿债能力加以关注。从战略的角度看，供应商很关注自身在整个供应链中的地位及其价值创造的能力，因此需要财务报表分析。

（六）顾客

在许多情况下，企业可能成为某个顾客的重要的商品或劳务供应商。此时，顾客关心的是企业连续提供理想性价比的商品或劳务的能力。因此，顾客关心企业的长期发展前景（如研发能力）及有助于对此作出估计的盈利能力指标与财务杠杆指标等。

（七）企业雇员

企业的雇员通常与企业存在长久、持续的关系。他们关心工作岗位的稳定性、工作环境的安全性以及获取报酬的前景。因而，他们对企业的盈利能力和偿债能力均感兴趣。

（八）社会公众

社会公众对特定企业的关心是多方面的。一般而言，他们关心企业的就业政策、环保政策、产品政策以及社会责任履行情况等方面。而对这些方面的分析，往往可以借助于盈利能力的分析。

（九）竞争对手

竞争对手希望获取关于企业财务状况的会计信息及其他有用信息，借以判断企业间的相对效率与竞争效率。同时，还可为未来可能出现的企业并购提供信息。因此，竞争对手可能把企业作为接管目标，他们对企业财务状况的各个方面均感兴趣。

尽管不同利益主体进行财务报表分析有着各自的侧重点，但我们还是可以得出以下结论：财务信息使用者所要求的信息大部分都是面向未来的；不同的信息使用者各有其不同的目的，因此，即使对待同一对象，他们所要求得到的信息也是不同的；不同的信息使用者所需信息的深度和广度不同；企业财务报表中并不包括使用者需要的所有信息。

一般而言，财务报表分析可归纳为四个主要方面：盈利能力分析、偿债能力分析、营运能力分析和发展能力分析。其中，盈利能力是财务报表分析的核心，偿债能力是保证盈利能力的条件，营运能力是创造盈利的基础，发展能力是企业可持续发展的保障。四者相辅相成，共同构成了传统企业财务报表分析的基本内容。

第二节 财务报表分析的基础

一、财务报表分析的信息基础

财务报表分析的信息多种多样，不同的分析目的、分析内容所使用的信息可能是不同的。因此，从不同角度看，财务报表分析的信息种类是不同的。

（一）内部信息与外部信息

财务报表分析信息按信息来源可分为内部信息和外部信息两类。所谓内部信息，是指从企业内部可取得的财务信息。外部信息则是指从企业外部取得的信息。

企业的内部信息主要包括以下三种。

1. 会计信息。会计信息又可分为财务会计信息和管理会计信息。财务会计信息主要指财务报表，包括资产负债表、利润表、现金流量表及所有者权益变动表等国家财务会计制度规定企业编制的各种报表以及有关附表等。管理会计信息主要包括责任会计核算信息、决策会计信息等。

【阅读资料】

2010年4月6日中国证监会行政处罚决定书，经查，科苑集团存在如下违法行为：

一、未按规定披露证券投资；

二、将未回收的证券投资资金虚构为在建工程和固定资产；

三、未按规定披露银行借款；

四、将未入账借款利息虚构为在建工程；

五、未按照规定披露有关重大担保。

（资料来源：中国证券监督管理委员会．中国证监会行政处罚决定书（科苑集团、吴立平、周润南）[EB/OL]．[2019-08-15]．http://www.csrc.gov.cn/pub/zjhpublic/g00306212/201007/t20100702_182143.htm）

请思考：上市公司财务报表信息包括哪些方面？

2. 统计与业务信息。统计信息主要指各种统计报表和企业内部统计信息。业务信息则指与各部门经营业务及技术状况有关的核算与报表信息。总之，统计与业务信息包括了企业除会计信息之外其他反映企业实际财务状况或经营状况的信息。

3. 计划及预算信息。计划及预算信息是企业管理的目标或标准，包括企业的生产计划、经营计划、财务计划、财务预算，以及各种消耗定额、储备定额、资金定额等。

企业的外部信息包括以下七种。

1. 国家经济政策与法规信息。国家的宏观经济信息主要指与企业财务活动密切相关的信息，如物价上涨率或通货膨胀率、银行利息率、各种税率等；有关法规包括公司法、证券法、会计法、税法、会计准则、审计准则、会计制度等。

2. 综合部门发布的信息。综合部门发布的信息包括国家统计局定期公布的统计报告和统计分析；商务部的经济形势分析；国家发展改革委的国民经济计划及有关部门的经济形势预测；各证券市场和资金市场的有关股价、债券利息等方面的信息等。

3. 政府监管部门的信息。政府监管部门的信息指企业或公司的直接或者间接主管部门提供的信息。就来源而言，这些信息与"国家经济政策与法规信息"和"综合部门发布的信息"极为相似，都来自政府部门或者准政府部门性质的机构。但是，政府监管部门的信息更能反映政府作为经济管理者所发挥的作用，披露的信息通常与具体的企业密切相关。

4. 中介机构的信息。中介机构的信息指会计师事务所、资产评估事务所等提供的审计报告和企业资产评估报告等。

5. 报纸杂志的信息。报纸杂志的信息指各种经济著作、报纸及杂志的科研成果、调查报告、经济分析报告中所提供的与企业财务报表分析有关的信息。

6. 企业间交换的信息。企业间交换的信息指企业与同行业其他企业或有业务往来的企业间相互交换的报表及业务信息等。

7. 国外有关信息。国外有关信息指从国外取得的各种经济信息。信息取得的渠道有出国考察访问、购买国外经济信息报纸杂志、国际会议交流等。

（二）定期信息与不定期信息

财务报表分析信息根据取得时间的确定性程度可分为定期信息和不定期信息。定期信息是指企业经常需要，可定期取得的信息；不定期信息则是根据临时需要搜集的信息。

定期信息主要包括以下四种。

1. 会计信息。会计信息，尤其是财务会计信息是以会计制度规定的时间，按月度和年度核算和编报的，是企业财务报表分析中可定期取得的信息。

2. 统计信息。企业的统计月报、季报和年报信息也是财务报表分析的定期信息之一。

3. 综合经济部门的信息。综合经济部门的信息有的按月公布，有的按季公布，有的按年公布，也有一些市场信息是按日或按旬公布。

4. 中介机构信息。定期财务报表分析信息为企业定期财务报表分析提供了可能，奠定了基础。

不定期信息主要有以下四种。

1. 宏观经济政策信息。
2. 企业间不定期交换的信息。
3. 国外经济信息。
4. 主要报纸杂志信息等。

不定期信息，有的是因为信息不能定期提供形成的，有的是因为企业不定期分析需要形成的。企业在财务报表分析中应注重定期信息的搜集与整理，同时也应及时搜集不定期信息。

（三）实际信息与标准信息

财务报表分析信息根据实际发生与否可分为实际信息和标准信息。实际信息是指反映各项经济指标实际完成情况的信息。标准信息是指用于作为评价标准而搜集与整理的信息，如预算标准、行业标准等。

财务报表分析通常是以实际信息为基础进行的，但标准信息对于评价企业财务状况也是不可缺少的。通常，财务报表分析评价标准有经验标准、历史标准、行业标准、预算标准等。

二、财务报表分析的人力资源基础

企业的人力资源状况对于保证财务报表分析工作的顺利进行、提高财务报表分析的质量与效果都有着重要的作用。主要体现在企业高管、财务经理和财务报表分析者三个层次的素质与能力方面的要求。

(一) 企业高管对财务报表信息披露的影响

企业的高层管理者（高管）在企业层级地位较高，他们要为企业整体负责。企业的高管不仅要对企业生产经营过程进行全面的监管，还要组织和确定近期以及远期目标。高层管理团队负责针对内外部环境作出必要的调整和改进，以实现企业资源的最佳组合和价值最大化。因此，在进行财务报表分析的时候需要考虑三个方面的因素。

1. 高管团队的认知和价值观会影响财务报表信息的披露。财务报表信息对外披露除去相关法律法规的硬性规定外，还有大量由企业可选择披露的内容。根据心理学、行为学和社会分工理论，高管人员的年龄、性别、受教育水平、社会经历等特质都会对其价值观念、经营管理偏好、信息搜集和决策方法、社会资本、知识结构，甚至道德认知等方面带来影响，进而影响企业的财务报表信息披露。

2. 高管团队的认知和价值观能被其背景特征所预测。高层管理者的认知和价值观是心理学因素，不方便进行测度。根据高阶理论[①]，一个人的认知和价值观是背景、经验和训练的结果，可观测的背景特征是其质量的反映，即年龄、教育等人口统计特征被用于研究管理者的价值观、非管理工作的偏好、管理者与蓝领工人对工作所持有的信仰等多个方面。

3. 企业财务报表信息披露是一种重要的战略选择。从20世纪起，很多学者研究了财务报表信息披露对企业绩效、价值和竞争优势产生的影响。虽然结果不尽一致，但是大多数学者认为，高质量的财务报表信息披露有助于提高企业绩效、提升价值，最终使得企业获得持续的竞争优势。所以，财务报表信息披露对企业来说是一种重要的战略选择。

【走进管理】

高管薪酬与企业信息披露

以2010~2016年A股上市企业为样本，研究高管薪酬、内部差距与企业信息透明度之间的关系，主要得到以下结论。

一是适度薪酬激励有助于高管增强责任意识，积极治理企业，提升企业自愿信息披露水平。这是因为过高或过低的薪酬不利于企业高管树立正确的工作业绩观，不利于企业高管正确看待自己的"付出"与企业应给的"回报"，有损企业高管主动改进和完善包括信息披露在内的企业治理的意愿，从而会导致企业高管采用不合规手段以谋求额外利益对自己进行"补偿"，进而不利于企业信息透明度的提升。

---

① 汉布里克和梅森（Hambrick and Mason，1984）创新地提出了高阶理论（upper echelons theory），是以人的有限理性为前提，把高层管理者的特征、战略选择、组织绩效纳入高阶理论研究的模型中，突出了人口统计学特征对管理者认知模式的作用，以及对组织绩效的影响。

二是高管内部薪酬差距与企业信息透明度之间并不是简单的线性关系而是倒"U"型关系。这是因为过大或者过小的内部薪酬差距均不利于企业高管形成高效团结、协作共赢的团队氛围，不利于企业管理层培育和增强责任意识、合规意识，不利于企业管理层主动提高企业信息透明度、促进企业经营管理能力提升，从而对企业高管产生负向激励。

三是不同产权性质下高管薪酬、内部薪酬差距对企业信息透明度的影响存在差异。这是因为相对于国有上市企业而言，民营上市企业在高管薪酬制度设计方面，更能适应市场变化和竞争的要求，能够通过薪酬激励促进企业高管不断提升合规意识，规范其经营管理行为；在信息披露需求方面，信息披露的内容较为固定，信息披露规则较为简单，减轻了社会责任等方面的额外信息披露负担，改善信息披露质量的空间相对更大。因此，通过高管薪酬激励提升企业信息透明度的效果会更加明显。

（资料来源：汤建洋，黄东风. 高管薪酬激励、内部薪酬差距与企业信息透明度——基于我国 A 股上市公司的实证研究 [J]. 南方金融，2019，509（1）：30-41）

（二）企业财务经理对财务报表信息披露的影响

在现代公司制度下，股东通过选举董事会来实现对公司的控制，董事会是股东的信任托管机构，负责公司战略决策、监控公司的业绩、负责对公司首席执行官（这里统称为 CEO）的聘任与薪酬等。董事会将公司大部分的日常经营决策权授予管理层。CEO 执行董事会制定的战略和相关政策，负责公司的运营。财务经理作为公司财务最高行政负责人，通常直接向 CEO 汇报工作，负责公司资本运作和财务信息。

【走进管理】

谁揭穿了安然？

——在安然内幕逐步被揭开的过程中，卖方分析师、媒体与买方分析师扮演了完全不同的角色。

——美国资本市场上主要的上市公司研究人员有两类。一类是华尔街投资银行的职业股票分析师，但由于他们是投资银行雇员，而投资银行的收入主要来自承销、推销股票或者买卖股票的佣金，因此这些证券分析师有明显的利益冲突。习惯上，这些职业者在美国被称作"卖方分析师"（sell-side analyst）。另一类是机构投资公司、基金管理公司和对冲基金公司的证券分析师与基金经理，以及为投资者和这些基金公司提供分析报告，但不靠股票交易本身挣钱的独立证券分析师，他们都被通称为"买方分析师"（buy-side analyst）。因其最终收入取决于其分析报告的准确程度，买方分析师有较为充分的激励和动机去对上市公司做客观的分析。

——此外，报道上市公司的财经媒体，有与买方分析师相近的激励结构——对媒体来说，其生命力最终来自新闻报道的可信度与准确性。

——投资者和媒体对安然的怀疑，远在 2001 年 10 月中旬安然关联交易内幕与财务状况正式曝光之前。其股价从年初 80 美元有余跌到当时的 30 美元左右，跌幅超过 2/3，即是明证。市场参与者及媒体在此过程中到底起了何种作用？是什么机制促使安然股价朝着应有的价值靠近？又是哪种监管渠道迫使安然全面曝光？

（资料来源：陈志武，杨林. 谁揭穿了安然［J］. 财经，2002（1）：59-67）

财务经理掌握着公司财务的最原始数据，并对信息披露中的财务会计数据直接负责，是企业财务会计方面最专业人员，最了解企业的财务状况。显然，财务经理的性别、年龄、任期、教育水平、社会资本以及专业背景等因素都将共同影响财务经理的管理素质，进而影响企业财务报表信息披露的质量，主要体现在以下四方面。

第一，可以提高财务信息在利益相关者之间的分享，提高信息透明度；第二，信息披露的准确与及时是利益相关者进行管理决策的基础；第三，信息披露是企业内部监督权行使的重要组成部分，信息披露与证券市场、经理人市场共同组成公司财务治理的外部监管体系；第四，信息披露可以提高公司经营管理者的积极性，积极进行公司治理，以提高信息披露内容的质量，取得较好的市场表现。

（三）财务报表分析者对财务报表信息披露的影响

在市场经济环境下，只要存在足够的需求，就一定有相应的供给。财务报表分析也是如此。比如，企业管理当局需要财务报表分析信息，他们会要求其会计部门提供这一信息；那些持股比例较高的机构投资者，可以雇用专业人员为其提供；而政府监管部门也可以通过增加相应的专业人员，为其提供。总体来看，目前我国资本市场上，能专门提供财务报表分析信息的阶层，主要由两部分组成。

1. 各机构内部专业人员（in-house analysts）。无论是企业，还是投资者，抑或政府管制机构，只要他们聘请专业财务分析人员的支出，低于专业财务分析人士能为其产生的效益，他们就会乐意聘请（雇用）专门的财务分析人士。

不同的机构，在资本市场上的定位不同，他们在进行财务报表分析时的利益激励与导向也不尽相同，从而产生了所谓"买方分析师"和"卖方分析师"之分。其中，"买方"和"卖方"的分别，主要还是在于这些分析师所属机构在市场中的角色。买方是指分析师供职的机构在市场上主要以买家身份出现，其获利方式主要就是低买高卖，对其分析师的要求是：通过财务分析等方式，发现有价值的潜力股，这类机构主要包括社保基金、证券投资基金等；相比而言，卖方分析师所供职的机构主要是担当承销商或"做市商"角色的投资银行，它们需要将股票推销出去，这就要求隶属于投资银行的分析师能够说动投资者，购买投资银行手中的股票。

2. 独立的财务分析人士（independent analyst）。在西方，财务分析人士已形成一个独立的阶层，他们在服务市场上销售的"产品"就是各种财务报表分析信息。只要存在充足的市场需求，财务分析人士通过专业提供这类产品，可获取相当丰厚的利润。目前，我国资本市场上，这一阶层已经开始形成。这里所说的独立财务分析人士，是指那些不受雇于任何机构（如养老基金、投资银行等），而是独立开业的财务分析专业人士，他们通过向资本市场所有投资者提供投资分析的专业意见来获取报酬。

第三节 财务报表分析的框架及路径

一、财务报表分析的框架

不同的分析主体,出于不同的目的分析财务报表,试图从财务报表中提取不同类型的信息,这样便导致对财务报表分析的侧重点有所不同,使用的分析方法和程序也会有所差异。

(一)需求导向的财务报表分析框架

财务报表分析框架从不同信息使用者的角度出发有三种类型。

1. 基于投资决策的财务报表分析框架。投资者进行投资的目的是扩大自己的财富,他们的财富一般表现为所有者权益的价格即股价的高低(如果是上市公司的话)。影响股价的因素很多,主要包括企业的盈利能力和风险状况等。权益投资人的决策主要包括:是否投资于某公司以及是否转让所持有的股权;考察经营者业绩以决定是否更换主要的管理者以及决定股利分配政策等。由于普通股股东的权益是剩余权益,因此他们对财务报表分析的重视程度会超过其他利益关系人。一般来说,权益投资人进行财务报表分析,主要是为了在竞争性的投资机会中作出投资决策。当然,投资者的投资目的不同,对企业进行财务报表分析的侧重点也有差异,不同投资者将根据各自的投资目的来确定分析重点。

总的来说,能否合理估计企业内在价值区间将决定基本投资策略是否有效。一般认为,企业内在价值来自企业的经营活动和投资活动,而财务报表因其反映了企业经营活动、投资活动的财务后果,包含了大量有关企业内在价值的信息。尽管由于种种局限,财务报表反映出的企业内在价值并不十分全面和准确,但不管怎样,通过财务报表分析所展开的企业基本分析在投资决策中仍会起到核心作用。

基于投资决策的财务报表分析框架可以简单概括为:(1)企业盈利能力分析;(2)企业投资风险分析;(3)未来盈利预测(包括会计利润和现金流量);(4)利用适当的价值评估模型估计企业的内在价值。

2. 基于信贷决策的财务报表分析框架。信用分析是财务报表分析的另一个重要运用领域。债权人借款给企业并得到企业还款的承诺,期望如期收回本金和利息。债权人希望通过财务报表分析来了解企业的信用质量,评价企业的偿债能力,在此基础上作出是否提供贷款和贷款利率高低的信贷决策。出于对信息需求的不同,其关注的角度自然有所不同,信贷决策中的财务报表分析同投资决策中的财务报表分析相比,会呈现出许多不同的特点,体现为不同的财务报表分析框架。

短期债权人主要关心企业当前的财务状况，如流动资产的流动性和周转率、现金的充足性。长期债权人则主要关心长期盈利能力、资本结构和企业陷入财务危机的可能性。企业的长期盈利能力是其偿还本金和利息的决定性因素，资本结构可以反映长期债务的风险，而企业陷入财务危机的可能性则可以大致反映出所提供资金的安全性。债权人的主要决策为是否给企业提供信用，以及是否需要提前收回债权。债权人要在财务报表中寻找借款企业有能力定期支付利息和到期偿还贷款本金的证明。

基于信贷决策的财务报表分析框架可以简单概括为：（1）企业偿债能力分析；（2）企业创造现金流能力分析；（3）企业的信用质量分析；（4）企业发展前景预测和财务危机预警；（5）企业综合信用风险评估。

3. 基于管理决策的财务报表分析框架。财务报表分析不仅是企业外部信息使用者分析企业财务状况的有效工具，也能够为企业内部管理层提供非常重要的管理决策依据。无论是企业进行收购兼并、风险管理还是业绩评价，财务报表分析所提供的信息在管理决策中均起到不可忽视的作用。

基于管理决策的财务报表分析框架要视具体的管理行为和管理目的而定，呈现出灵活多样的特点，因此难以统一概括。

（二）本教材的财务报表分析框架

财务报表作为企业财务状况、经营成果和现金流量的结构性表述，可以概括地揭示出企业经营活动的能力和财务后果。我们将本教材构建归纳为十四章内容。本教材的主要特色就是将传统财务报表分析的内容和现代企业的发展特点进行结合，以企业对外公布的基本财务报表及其附注为基础，与大量鲜活案例融合，试图通过对企业财务效率分析透视企业的经营管理情况，从而对预测企业价值提供支持。由此，本教材财务报表分析的基本框架可以用图 2-1 进行描述。

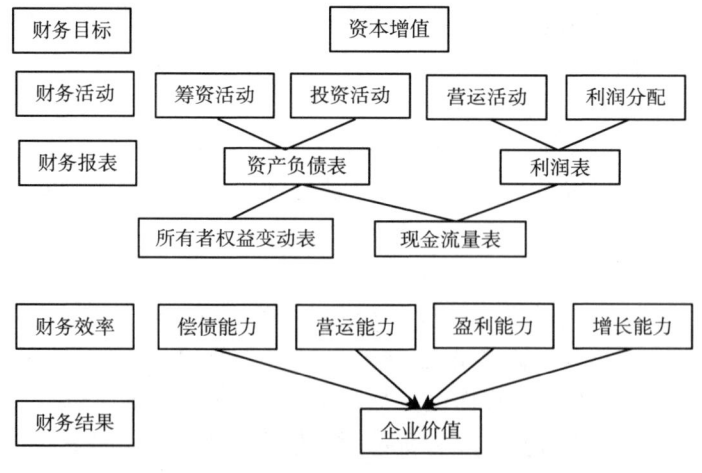

图 2-1　财务报表分析的基本框架

【阅读资料】

哈佛分析框架简介

哈佛分析框架来自美国，定义是分析框架。哈佛分析框架从战略的高度分析一个企业的财务状况，分析企业外部环境存在的机会和威胁，分析企业内部条件的优势和不足，在科学的预测上为企业未来的发展指出方向。

哈佛分析框架是由哈佛三位学者提出的财务分析框架，主要包括战略分析、会计分析、财务分析和前景分析四部分，分析框架将定量分析、定性分析结合，能够有效把握财务分析方向。

- 战略分析：战略分析是哈佛分析框架中财务报表分析的起点，目的在于确定主要的利润动因和经营风险，并定性评估企业公司的盈利能力。
- 会计分析：会计分析建立在战略分析的基础上，目的在于评价公司会计反映基本经营现实的程度。
- 财务分析：财务分析目标是运用财务数据评价公司当前和过去的业绩。
- 前景分析：前景分析侧重于预测公司未来，在战略分析、会计分析和财务分析的基础上对公司的未来作出科学预测，为企业发展指出方向，为战略决策者提供决策支持。

（资料来源：杨丹. 中级财务管理［M］. 大连：东北财经大学出版社，2010）

二、财务报表分析的路径

企业在经营活动过程中总是要基于特定的经营环境和经营战略。经营环境是指对企业经营活动有直接或间接影响的外部因素的总和，包括企业所处的行业、市场因素以及规范企业经营的各项政策法规等；经营战略则是指企业为适应经营环境特别是市场环境的变化，对其经营活动所作出的长远的、全局性的整体规划，以使企业不断保持竞争优势。因此，尽管企业财务报表充斥着数字，但企业财务报表分析的基本思维却必须跳出烦琐的数字迷宫，立足于企业经营环境和经营战略，分析企业经营范围和竞争优势，充分识别企业面临的各种机会和风险（其中包括宏观政策风险、市场经营风险等）。只有对企业所处行业及其竞争战略加以深入了解，才能更加透彻、全面地解释和分析财务报表。也只有这样才可以真正从企业的财务报表回归到企业的经营活动，从企业的财务效率透视出企业的经营战略与管理质量，在此基础上，结合企业管理层改变经营政策的意向等因素，便可以更加清晰地预测企业未来的发展前景。这便形成了本教材财务报表分析框架下的基本分析路径。

需要说明的是，财务报表数据是经过一套复杂的会计程序加工后生成的财务信息，信息质量本身会受到诸如会计准则的制定和执行质量、会计政策的选择质量、审计质量、信息披露质量等众多因素的影响。因此，在进行财务报表分析之前，应首先设计一个必不可少的会计分析环节。会计分析的目的是理解企业会计信息处理的原则与方法，了解会计政策的灵活性，评价企业会计处理反映经济业务的真实程度，尽可能消除报表分析的"噪声"，为提高财务报表分析结论的可靠性奠定基础。由于对财务报表展开会计分析以及进行相应的报表粉饰识别等内容并不是本教材的研究重点，因而本教材在进行财务报表分析之前，主要是基于财务报表中注册会计师出具的审计报告，在整体上对企业财务报表的会计质量作出初步判断，而不再展开单独的会计分析过程。

综上所述，本教材企业财务报表分析路径如图 2-2 所示。

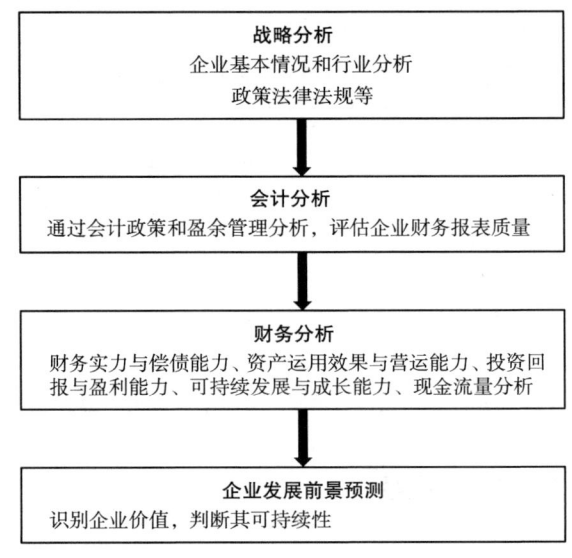

图 2-2　财务报表分析路径

【本章小结】

1. 财务报表分析，是指以财务报表资料为主、以其他相关资料为辅，采用一系列专门的分析技术和方法，对企业等经济组织过去和现在有关财务活动的偿债能力、营运能力、盈利能力和成长能力状况等进行分析与评价，为企业的投资者、债权人、经营者以及其他关心企业的组织或个人了解企业过去、评价企业现状、估价企业未来，作出正确决策、提供准确的信息或依据的经济应用学科。财务报表分析与财务报告分析、财务分析、经济活动分析是既有区别又有联系的。财务报表分析与会计学及财务管理也是紧密相关的。

2. 财务报表分析的目的受财务报告分析主体和财务报告分析服务对象的制约，不同的财务报告分析主体进行财务报告分析的目的是不同的，不同的财务报告分析服务对象所关心的问题也是不同的。各种财务报告分析主体的分析目的和财务报告分析服务对象所关心的问题，也就构成了财务报告分析的目的或财务报告分析的研究目标。

3. 财务报表分析的基础主要包括信息基础和人力资源基础，这两者对财务报表分析的进行提供了最为核心的内容。

4. 财务报告分析体系与内容的构建，要考虑各种关系与关联，即企业目标与财务目标关系、财务目标与财务活动关系、财务活动与财务报告关系、财务报告与财务效率关系、财务效率与财务结果关系以及它们之间的关联。

5. 财务报告分析的内容主要包括偿债能力分析、营运能力分析、盈利能力分析和成长能力分析。但在进行这些具体分析之前，必须进行行业及战略分析和会计分析。你必须跳出烦琐的数字迷宫，立足于企业经营环境和经营战略，分析企业经营范围和竞争优势，充分识别企业面临的各种机会和风险。只有对企业所处行业及其竞争战略加以深入了解，才能更加透彻、全面地解释和分析财务报表。

【复习思考题】

1. 财务报表分析与财务报告分析、财务分析和经济活动分析的关系。
2. 财务报表分析的作用是什么？
3. 如何理解财务报表分析的基础？
4. 如何理解财务报表分析体系框架？
5. 有人认为"学习财务报表分析不是很有用，除非你想当财务分析师"。请提出你的看法。

【阅读分析题】

阅读一家上市公司的年度财务报告，并试着用本教材所介绍的财务报表分析基本框架来进行分析。

【章末案例】

解码华为的"知本主义"——基于财务分析的视角

华为成功的秘密何在？答案众说纷纭。有的将华为的成功归因于任正非的远见卓识，有的将其归因为华为对研发和创新的执着追求，也有人认为是华为独特的企业文化铸就了华为的辉煌，还有人坚称价值分配的创新性实践成就了华为的高质量发展。这些看法都不无道理。从财务分析的角度看，笔者比较认同价值分配观。价值分配是财务会计的三大功能之一（另外两大功能为投资信贷决策和受托责任评价），财务报表捕捉了价值评价和价值分配信息，映射出企业的价值分配观。

《华为基本法》起草人之一杨杜教授撰文从"知本主义"企业机制角度，根据任正非的"三不依赖"观点（企业只有摆脱对人才的依赖、对资金的依赖、对技术的依赖，才能从必然王国走向自由王国），提出知识资本化机制是华为获取成功的关键。华为通过精心构建的"知识资本平台"，汇集行业精兵良将，利用这个平台将知识转化为价值，而离开了这个平台，这些人才不一定有所发展，即使有所发展，也不一定比在华为这个平台发展得好。该文接着介绍华为在价值评价和价值分配的创新思维和实践，得出不断完善的"知本主义"企业机制才是造就华为基业长青的根本原因。

（资料来源：黄世忠. 解码华为的"知本主义"——基于财务分析的视角［J］. 财会月刊，2020（9）：3-7）

请查阅华为公开披露的财务报表并思考它的成功经验。

第三章 财务报表分析的程序与方法

【学习要求】

1. 掌握财务报告分析的基本程序,了解财务分析各个阶段中每个步骤的内容和作用。

2. 理解趋势分析、比率分析、结构分析、因素分析等各种分析方法的区别及适用范围。

3. 了解 Excel 和数据库的使用方法。

【关键术语】

企业战略分析　企业财务报告分析　会计分析　水平分析法　趋势分析法　结构分析法　比率分析法　现金流量分析法　因素分析法　综合分析法　经验标准　历史标准　行业标准　预算标准

【引导案例】

战略目标对企业财务报表有影响吗

海尔智家创立于1984年,属于家电行业,主要是为用户提供衣、食、住、娱的智慧全场景解决方案,目前已成为全球白色家电领先品牌,2020年实现营业收入2 097亿元,同比增长4.46%。根据海尔智家年报和其他已披露的信息,海尔智家在三个战略层次上分别选择了如下战略。

1. 生态品牌战略。2019年海尔开始推进生态品牌战略,主要是借助物联网等介质,以客户需求为导向,在物联网语境下根据用户日常生活的动态需求及时提供个性化的场景服务,持续不断地满足用户的日常需要。

2. 产品差异竞争战略。海尔智家主要为用户提供成套家电产品与家庭场景解决方案。海尔智家进行海外高端品牌并购,引进先进的技术支持,打造海尔智家高端品牌的全屋定制业务,其独有的智慧家庭发展、提供的差异化服务是竞争的优势。

3. 共享财务战略。在财务方面,海尔智家采用共享财务系统,将财务信息在平台上共享,并建立了标准的业务流程,使得海尔智家采用统一的会计科目、会计账套等,将分散的业务统一在一个平台上进行处理,提高了财务的工作质量和工作效率,并在一定程度上减少了会计差错,降低了财务成本。

海尔智家如果在生态品牌战略和差异化竞争战略以及财务方面同时实现战略

目标,那么海尔智家的发展将会上升一个新台阶。

(资料来源:汪艳涛,盛童.基于企业战略视角的财务报表分析——以海尔智家为例[J].会计之友,2022(7):87-92)

请思考:为什么分析财务报表前要进行战略分析?战略目标会对企业财务报表分析产生哪些影响?

第一节 财务报表分析的程序

财务报表分析的一般程序分为信息搜集整理、战略分析与会计分析、分析实施及综合评价四个阶段。

一、信息搜集整理阶段

(一)明确分析目的

财务报表分析与分析目的直接相关。以评价企业经营业绩为目的的财务分析与以进行投资决策的财务分析所需的资料截然不同。因此,在分析前,首先应明确目的,进而根据不同的分析目的选择不同的资料进行搜集整理。只有明确了财务报表的分析目的,才能正确地搜集和整理信息,选择正确的分析方法,从而得出有价值的结论。

(二)制订财务报表分析计划

在明确财务报表分析目的的基础上,应该制订分析计划,如明确分析团队的人员组成,划分人员分工,安排时间进度,确定财务报表主要分析内容,明确可能采用的分析方法等。制订周全的分析计划是使分析工作顺利、有序进行的基本保障。

(三)搜集整理财务报表分析信息

信息搜集整理的及时性、完整性及准确性与分析的正确性有直接关联。信息搜集整理应根据分析的目的和计划进行。搜集和整理工作大多情况下是长期进行,只有不断积累,信息才更全面。

二、战略分析与会计分析阶段

(一)战略分析

企业战略分析主要针对企业所在行业或即将进入的行业进行分析,明确企业在行业中所处地位及未来应选择的竞争策略。企业战略分析一般包括行业分析和企业竞争策略分析。

【小贴士】

合理的财务报表分析必须以战略分析为逻辑出发点，通过战略分析了解公司经营环境，分析影响公司盈利状况的主要因素和主要风险，为后续会计分析和财务分析确立基础，准确评估公司当前业绩的可持续性，并对未来业绩作出合理预测。战略分析应围绕公司价值创造力展开，公司的价值创造力主要取决于盈利能力，公司所处行业、公司竞争定位以及公司各部门间协同效应强弱都对其产生影响。

1. 行业分析。行业分析是企业战略分析中的主要组成部分。

（1）行业特征分析。行业的特征是指特定行业在某一时期的基本属性，可反映该行业的基本状况和发展趋势。评价行业的特征，主要是评价行业的竞争特征、需求特征、技术特征、增长特征及盈利特征等。

（2）行业生命周期分析。行业生命周期指的是从行业出现到行业完全退出市场所经历的时间。行业生命周期长短取决于市场对行业产品的需求状况。一般分为四个阶段，即投入期、成长期、成熟期和衰退期。

投入期。处于投入期的行业中，企业数量少，开发费用高，产品市场需求小，销售量低，收入低，因此行业内部初创企业利润低，普遍亏损。与此同时，较高的产品成本和价格与较小的市场需求使这些创业公司面临很大的风险。

成长期。进入成长期后，行业产品经过广泛宣传和消费者试用，逐渐赢得消费者欢迎和偏好，市场需求上升，市场占有率扩大，行业随之繁荣。为满足市场需求，投资于新行业的厂商大量增加，产品逐步从单一、低质、高价向多样、优质、低价方向发展，因此行业内竞争加剧，市场需求也逐渐饱和。产品生产商不仅需扩大生产量，还需提高生产技术，降低成本，通过研制和开发新产品的方法来争取竞争优势，维持企业的生存。

成熟期。行业的成熟阶段是一个相对较长的时期。在这一时期里，在竞争中生存下来的少数大厂商垄断了整个行业的市场，占有较大的市场份额，且份额相对固定。厂商与产品之间的竞争手段逐渐从价格手段转向各种非价格手段，如提高质量、改善性能和加强售后维修服务等。行业增长速度将逐渐下降，甚至可能会完全停止。

衰退期。这一时期出现在较长的稳定阶段后。当行业进入衰退期，新产品和大量替代品出现，原行业的市场需求开始逐渐减少，产品的销售量也开始下降，某些厂商开始向其他利润值高的行业转移资金。因而原行业企业数目减少，市场逐渐萎缩，利润率增长放缓或不断下降，利润下降，整个行业便进入了生命周期的最后阶段。当正常利润无法维持，或现有投资折旧完毕后，整个行业便逐渐解体。

（3）行业盈利能力分析。不同行业的盈利能力有很大的差异。哈佛大学迈克尔·波特（Michael E. Porter）在1982年出版的《竞争战略》一书中，提出了分析行业平均盈利能力的"五大力量理论"，一个行业的盈利能力由下列五大力量所决定。

一是现有企业间的竞争。这种竞争力量是企业所面临的最强大压力，竞争者运用各种手段（价格、质量、品种、服务、担保、广告、销售网络及创新等）力图在市场上占据有利地位和争夺更多的消费者。

企业间竞争程度受行业增长率影响，如果一个行业保持高速增长率，那么现有企业就无须通过从其他企业夺取市场份额来获得增长。相反，如果在一个行业增长率越低，则企业间竞争越激烈。

企业间竞争程度也受竞争者的集中和均衡程度影响。同行业中的企业数量及其规模决定了该行业的集中程度，进而影响同行业中各企业协调定价和其他竞争方式的程度。行业中竞争者集中度越高，竞争程度越低。假如只有一个控制性企业，那么它可以制定并实施竞争规则；如果行业中只有两三个类似规模的竞争者，那么它们可以通过私下协作以避免恶性价格竞争。如果行业中有许多小规模企业，则价格竞争可能十分激烈。

与此同时，产品的独特性可以降低行业内企业间竞争的激烈程度。如果各种产品十分相似，那么客户可能根据价格的高低随时准备从一家企业转向另一家企业，当转换成本很低时，可能会刺激同行业之间的价格竞争。

规模经济影响现有企业间竞争。如果行业中存在明显的规模经济效应，那么同行业中各企业之间将进行争夺市场份额的激烈竞争。反之则相反。

最后，剩余生产能力和退出障碍也将影响现有企业间竞争。如果行业生产能力饱和，或者超过市场需求，企业就会选择降价以充分利用其生产能力。如果企业从行业中退出存在重大障碍，剩余生产能力问题可能加剧。当资产的专用性很高，或者存在导致退出成本很高的规则时，高退出壁垒会加剧企业间竞争。

二是新进入企业的威胁。潜在的行业新进入者是行业竞争的一种重要力量，这些新进入者大多拥有新的生产能力和某些必需的资源。一方面，新进入者加入该行业将挤占市场占有率，引起与现有企业的激烈竞争，使产品价格下跌；另一方面，新加入者要获得资源进行生产，从而可能使得行业生产成本升高，这两方面都会导致行业的盈利能力下降。

如果存在巨大的规模经济效应，那么在与现有企业的竞争中，新进入者往往面临着明显的成本劣势。行业中现有企业可能通过先行优势来阻止新加入者。先行优势可能包括行业标准、与廉价原材料供应商的特别协议、政府的经营许可、学习成本等。现有分销渠道的有限容量以及开发新渠道的成本也将成为新企业进入行业的障碍。此外，新进入企业所受到的影响也与法律障碍有关，比如专利权和版权。

三是替代产品的威胁。某一行业的企业有时常会与另一行业的企业处于相互竞争的状态中，因为这些企业的产品可相互替代。替代产品的价格如果比较低，它投入市场将影响本行业产品售价，进而限制了本行业的收益。

四是产品买方的议价能力。买方的议价能力主要受价格敏感性和交易地位的影响。价格敏感性决定了买方愿意进行讨价还价的程度。当产品缺乏独特性，或者产品在买方成本总额中占较大比重时，买方对价格越敏感，可能越愿意花费必要的资源来寻找成本较低的产品。而交易地位决定了买方能否成功使价格降低。一般而言，买方的交易地位受供应商数量、单一买方的购买数量、买方可选择的产品数量、买方的产品转换成本等因素的影响。

五是供应商的议价能力。当供应商数量很少且客户可选择的替代品很少时，供应商具有强势地位。当供应商提供的产品或劳务对购买方企业很重要时，供应商也比购买方更有优势。

通过行业分析，可了解行业的竞争程度及市场谈判或议价能力，这些因素进而影响企业盈利水平及盈利潜力。不同行业的盈利能力和盈利潜力均不同，可根据行业分析结果，帮助企业正确选择竞争策略，以期保持明显的竞争优势和高盈利能力。

2. 企业竞争策略分析。企业的竞争策略主要包括低成本竞争策略和产品差异策略。

（1）低成本竞争策略分析。低成本竞争策略是指企业能以较低的成本提供与竞争对手相同的产品或服务。企业要使其成本低于同行业其他企业成本，需要在降低成本方面下功夫，例如，通过优化企业规模、改善资源利用率、提高与供应商的议价能力，或者通过强化管理控制等方式来降低各项费用。当企业所处行业替代产品威胁较少、新企业进入威胁较大时，往往愿意选择低成本竞争策略。

（2）产品差异策略分析。产品差异策略是指企业通过其产品或服务的独特性与其他企业竞争，以争取在相同价格或较高价格的基础上占领更大市场份额，获得超额利润。产品或服务差异包括较高的产品或服务质量、较多的产品或服务类别、良好的销售或售后服务及独特的品牌形象。

【小贴士】

企业选择产品差异策略，必须做好以下工作：第一，明确企业的产品或服务差异将满足哪一部分消费者的需求；第二，使企业的产品或服务差异（特色）与消费者的要求完全一致；第三，企业提供的差异产品或服务，其成本应低于消费者愿意接受的价格。而要做好这些工作，企业要在研究与开发、工程技术和市场容量等方面进行投资，同时鼓励创造与革新。

成功的企业在追求产品差异时，不能忽视成本，同理，追求低成本策略，不能完全忽视产品或服务差异。

企业战略分析是会计分析和财务报告分析的基础与导向，通过企业战略分析，分析人员可深入了解企业的经济状况和经济环境，从而进行客观、正确的会计分析与财务分析。

【走进管理】

不要轻视战略分析

报表数据受经营环境和会计策略的双重影响，其中经营环境及战略的影响是最本质的。不清楚企业的经营环境及所选择的战略、经营范围及采用的经营模式就进行财务分析，得到的分析报告是肤浅的、不负责任的。战略分析，能让我们对某些报表数据有一个直观的了解。比如在比较两家公司的销售毛利率时，甲公司毛利率高达50%，乙公司只有30%，不能因此就轻率判定乙公司产品缺乏竞争力。而事实上，该公司使用的可能是低成本战略，而甲公司使用的是差异化战略。这样直接拿二者进行比对是不合适的。就是说，即便是同业进行分析比较，如果他们的经营范围有明显差异，或者使用的经营战略完全不同，那么在财务分析的时候，也要谨慎下结论。

（资料来源：魏明良，王雪，黎精明. 哈佛框架下的百货业财务报表分析——以王府井百货（600859）为例［J］. 会计之友，2016（7）：82-86）

（二）会计分析

会计分析主要用于评价企业财务报表所反映的财务状况与经营成果是否真实。一方面，可通过企业所选择的会计政策、会计方法、会计披露的评价来揭示企业披露的会计信息质量；另一方面，可通过对会计估计的调整及会计数据的修正，为财务报表分析奠定基础，保证财务报表分析的可靠性。

会计分析是财务报告分析的基础，通过会计分析可发现由于会计原则、会计政策等原因引起的会计信息差异，通过一定方式方法进行调整修正或解释说明，可消除会计信息的失真问题。

会计分析一般包括以下四个步骤。

1. 阅读会计报告。阅读会计报告是会计分析的第一步，在全面阅读会计报告的基础上应仔细阅读注册会计师审计意见与结论、企业采用的会计原则政策及其变更情况的具体内容，关注企业会计信息披露的完整性、真实性，并阅读财务情况说明书。

2. 比较会计报表。在阅读会计报告的基础上，重点对会计报表进行比较。通过比较，揭示财务会计信息的差异及变化，找出需要进一步分析与说明的问题。

3. 解释会计报表。解释会计报表是指在比较会计报表的基础上，考虑企业采取的会计原则、会计政策、会计核算方法等，说明会计报表差异产生的原因。比如会计原则变化影响、会计政策变更影响、会计核算失误影响等，特别重要的是要发现企业经营管理中存在的潜在"危险"信号。

4. 修正会计报表信息。会计分析是财务报告分析的基础，通过会计分析，对发现的由于会计原则或会计政策等原因引起的会计信息差异，应通过一定的方式加以说明或调整，消除会计信息的失真问题。

三、分析实施阶段

在企业战略分析与会计分析的基础上，可进入财务报表信息的实施阶段。该阶段包括财务指标分析及基本因素分析两个步骤。

（一）财务指标分析

该步骤主要是根据目的和要求选择正确的分析指标。债权人关注企业偿债能力，应选择偿债能力指标或流动性指标。潜在投资者需做企业投资决策，应选择盈利能力指标，如资产报酬率、资本收益率，以及股利发放率等。不同的财务指标从不同侧面反映不同的财务状况。正确选择财务指标，正确计算与评价，是判断与评价企业财务状况的关键所在。

（二）基本因素分析

在报表整体分析和财务指标分析的基础上，可对主要指标进行因素分析。财务分析不仅要解释现象，还应对原因进行深入分析。因素分析法针对主要指标，从其影响因素切入进行定量分析，确定各因素对主要指标的影响方向和程度，为企业正确进行财务评价提供最基本的依据。

四、综合评价阶段

财务报表分析综合评价阶段可分为以下三个步骤。

（一）财务综合分析与评价

财务综合分析与评价是在应用各种财务报告分析方法进行分析的基础上，将定量分析结果、定性分析判断及实际调查情况结合起来，以得出财务报告分析结论的过程。财务报告分析结论是财务报告分析的关键步骤。若想得出一个正确的结论，往往需要经过几次反复的过程。

（二）财务分析报告

财务分析报告是财务报表分析的最后步骤。将财务分析的基本问题、分析结论，以及针对问题提出的措施建议以书面形式表示出来，为财务报表分析主体及财务报表的其他受益者提供决策依据。财务分析报告作为对财务报表分析工作的总结，还可作为有参考价值的历史信息，且可保证分析的连续性。

（三）财务预测与价值评估等

应用历史数据及现有资料预测未来企业的财务状况与价值水平是财务报表分析的重要任务之一。财务报表分析不仅满足事后分析原因，得出结论，还需对企业未来发展及价值状况进行分析与评价。当代的财务报表分析已经在范围上实现了不断扩展，包括财务预测、价值评估、证券定价、信用评价、风险防范等领域。

第二节 财务报表分析的方法

一、水平分析法

水平分析法指将反映企业报告期财务状况的信息与反映企业前期或历史某一

时期财务状况的信息进行对比，研究企业各项经营业绩或财务状况的发展变动情况的一种财务报告分析方法。因为水平分析法在对会计报表分析中应用较多，因此也被称为会计报表分析方法。水平分析法的基本要点是，将报表资料中不同时期的同项数据进行对比，对比的方式有以下三种。

一是绝对值增减变动，其计算公式是：

$$绝对值增减变动 = 报告期数 - 基期数$$

二是增减变动率，其计算公式是：

$$增减变动率 = \frac{绝对值增减变动}{基期数}$$

三是变动比率值，其计算公式是：

$$变动比率值 = \frac{报告期数}{基期数}$$

上式中所说的基期，可指上年度，也可指以前某年度。水平分析中应同时进行绝对值和变动率或比率两种形式的对比，因为仅以某种形式对比，可能得出错误的结论。

水平分析法通过将企业报告期的财务会计资料与前期对比，揭示各方面存在的问题，对于全面深入分析企业财务状况奠定了基础。因此水平分析法是会计分析的基本方法。另外，水平分析法可用于一些可比性较高的同类企业之间的对比分析，以找出企业间存在的差距。但是，水平分析法在不同企业应用中，一定要注意其可比性问题，即使在同一企业应用，对于差异的评价也应考虑其对比基础；另外，在水平分析法中，应将两种对比方式结合运用，仅用变动量，或仅用变动率都可能得出片面的，甚至是错误的结论。

二、趋势分析法

趋势分析法通过对比连续数期财务报表中相同指标的数额、计算指标增减变动方向及幅度，分析企业财务状况、经营成果和现金流量变动趋势，分析变化的原因及性质，还可用于预测企业未来发展趋势。

（一）趋势分析法主要运用方式

1. 重要财务指标的比较。将不同时期财务报告的相同指标或比率进行比较，观察其变动数额、方向及幅度，观察发展趋势，并预估未来发展方向。对不同时期财务指标的比较，有定基动态比率及环比动态比率两种方法可供选择。

定基动态比率是将某期数值与固定基期数额相比。

环比动态比率是将某期数值与其前一期数值相比得到的结果。

2. 财务报表的比较。将连续数期的财务报表并列起来，比较各期相同指标的增减变动金额和幅度,判断企业财务状况、经营成果和现金流量的变化。比较时,既要比较有关项目增减变动的绝对值,又要计算该增减变动的百分比。在实务中,也可将编制趋势财务报表的方法与财务报表的比较方法相结合。选择一个年度为基年,将基年财务报表中各数值与本年度相比,结果均为100,后将以后各期财务报表各项目实际值除以基年报表对应项目的金额,并将比值乘以100,计算结果表示基于基年报表项目的各年报表项目。

【例题3-1】举例说明趋势分析法的应用。

假定GM公司损益表趋势分析如表3-1所示。

表3-1　　　　　　　　GM公司损益表趋势分析

项目	2017年定基比率(%)	2016年定基比率(%)	2015年定基比率(%)	2014年定基比率(%)	2013年定基比率(%)	基年值(亿元)
营业总收入	335.56	199.88	130.88	112.68	100	490.68
营业收入	335.56	199.88	130.88	112.68	100	490.68
营业总成本	338.10	199.37	132.00	113.03	100	482.31
营业成本	342.55	201.36	131.24	112.88	100	460.87
税金及附加	219.71	119.71	107.94	60.29	100	6.80
销售费用	178.38	133.05	114.76	105.71	100	10.50
管理费用	188.55	155.73	144.27	135.88	100	1.31
财务费用	735.14	472.97	586.49	441.89	100	1.48
资产减值损失	365.44	177.94	133.82	104.41	100	1.36
其他经营收益	289.34	-20.33	123.93	56.39	100	6.10
公允价值变动净收益	421.11	-274.44	-191.11	-7.78	100	0.90
投资净收益	266.03	23.61	177.93	67.37	100	5.21
其中:对联营企业和合营企业的投资收益	1 085.71	735.71	428.57	257.14	100	0.14
营业利润	235.50	123.96	90.61	77.00	100	14.48
加:营业外收入	40.43	165.96	153.19	100.00	100	0.47
减:营业外支出	821.92	60.27	63.01	56.16	100	0.73
其中:非流动资产处置净损失	0.00	12.50	375.00	12.50	100	0.08
利润总额	198.95	128.62	94.02	78.83	100	14.22
减:所得税	196.11	133.83	112.57	75.45	100	3.34
净利润	199.82	127.02	88.33	79.87	100	10.88

从表 3-1 的趋势分析中可以看出，该企业营业总收入及营业总成本逐年上涨，除了 2016 年以外，营业总成本的增长幅度均大于营业总收入，其他经营收益在 2014 年及 2016 年有所下降，特别是 2016 年下降明显，主要受公允价值变动净收益影响。从总体状况上看，企业营业利润在 2014 年时下挫明显，但自 2014 年起逐年上涨，净利润也呈现相同走势。企业近几年来发展趋势说明，企业的经营状况不断改善，若能持续保持当前发展趋势，未来发展状况较好。

（二）趋势分析法应用注意事项

1. 应用趋势分析需结合企业过去的趋势进行分析判断。

（1）与同行业其他企业的发展趋势进行对比，判断公司在整个行业中竞争地位的变化。

（2）不同发展阶段的企业呈现出不同的发展趋势，分析时考虑企业所处的发展阶段。在初创期，产品的市场接受程度不大，流动资金和固定资金投资需求较大，容易出现资金周转问题，企业面临较高的破产风险。在企业成长期，产品销售额和利润迅速增长，但高速成长不可持续，不久后增速回落。成熟期的企业往往与行业趋势和经济形势趋势趋同。进入衰退期的企业，产品需求逐步减少，公司发生破产、兼并、重组的概率大幅增加。

（3）计算有关发展趋势指标，找出异动值，并分析异动原因。可以针对单一指标分析，也可以结合若干相关指标综合分析，针对后者，可观察与异动指标有关的其他指标是否呈现合理变化。比如，销售收入增长率与应收账款周转率；应付账款周转率与存货周转率；融资规模增长率与融资成本变化等。

2. 应用趋势预测的同时，需对一些会计因素予以关注。

（1）报告期的收益质量。一般而言，收益质量越高，对未来收益的预测就越准确。

（2）销售增长率的预测质量。盈余的预测实质上是以收入的预测作为起点，收入的预测越准确，盈余的预测质量也就越高。

（3）企业产品所处的整个市场规模以及企业收入相对于整个市场规模的比重。一个相对成熟的市场，增长空间较为有限，容易进行预测，而新兴市场，增长速度较难估计，很可能出现意想不到的变化。同时，一个处于行业领先地位的公司的收入增长往往保持与行业相一致的趋势，而行业中的新兴企业的发展速度可能远超过行业整体水平。

（4）注意企业发展其他产品生产线的能力。这里主要关注公司是否具有足够的现实或潜在财务资源支撑企业发展。

（5）是否具有权益性投资。

（6）是否签订大量长期合同。

（7）高新技术企业的研究费用是否充足；生产生活必需品的企业在广告和促销上的投资是否合理而持续；房地产企业是否拥有适应公司财务资源的大量土地储备等。

三、结构分析法

结构分析法又称为垂直分析法、纵向分析法，或者共同比分析法。该种方法以财务报表中某个总体指标为100%，再计算出其各组成项目占总体指标的百分比，以此为依据来比较各个项目百分比的增减变动，判断财务活动的变化趋势。经过结构分析法处理后的会计报表通常被称为同度量报表、共同比报表等。如同度量资产负债表、同度量利润表、同度量成本表。

结构分析法一般的步骤如下。

第一，计算某项目的比重，确定报表中各项目占总额的比重或百分比。

$$某项目的比重 = \frac{该项目金额}{各项目总金额} \times 100\%$$

第二，通过各项目的比重，分析其在企业经营中的重要性。一般而言，比重越大说明重要性越高，对总体的影响越大。

第三，将分析期各项目的比重与前期同项目比重对比，研究各项目比重变动，也可将本企业报告期项目比重与同类企业的可比项目比重进行对比，研究企业与同类企业的差别，探明差别存在的原因，分析可能存在的问题。

四、比率分析法

（一）比率分析法的定义

比率分析法是财务报告分析的最基本、最重要的方法。比率是相对数，计算比率是将某些指标标准化的过程。这种方法实质上是将某些条件下不可比指标变成可比指标，利于比较与分析。通过计算比率，将影响财务状况的两个因素联系起来，反映因素间关系，并以此评价企业财务状况或经营状况。

常见的比率主要包含下述三种。

1. 构成比率。构成比率也可称为结构比率，用来表示某项财务指标中各组成部分在总体数值中的占比，反映部分与总体间的关系。计算公式为：

$$构成比率 = (部分数值 \div 总体数值) \times 100\%$$

如企业资产中流动资产在资产总额中的占比，或负债总额中流动负债或长期负债的占比等。利用构成比率，可以考察总体各个部分价值分布是否合理，以便协调各项财务活动。

2. 效率比率。效率比率是某项财务活动中投入与产出的关系，可以用于比较得失，考察经营成果，评价经济效益。如将利润与营业成本对比，可计算成本利润率；将利润与营业收入对比，可计算营业净利率等利润率指标，可以从不同角度计算企业盈利能力，并观察其增减变化情况。

3. 相关比率。相关比率是将某个项目与其他有关联但又不同的项目进行对比得出的结果，反映相关经济活动的相互关系。相关比率可被用于考察企业关联业务设置是否合理，以保障运营活动顺畅进行。比如，将流动资产与流动负债对比，可计算流动比率，用于分析企业短期偿债能力。

因为比率分析法简明、可比性强，结果容易判断，部分指标可以在不同规模企业之间进行比较，也可以在一定程度上超越行业间差别进行比较，在财务报告分析实践中被广泛使用。

（二）采用比率分析法时，应注意的问题

1. 对比项目的相关性。计算比率的分子和分母之间必须存在一定联系，以确保计算结果有意义，能说明一定问题。在构成比率中，局部指标必须属于总体指标的范畴；在效率比率中，投入与产出必须有因果关系；在相关比率中，相比较的两个指标必须具有内在联系，才能用于评价经济活动之间是否协调均衡，安排是否合理。

2. 对比口径的一致性。计算比率的分子和分母在计算时间、范围等方面须保持口径一致，比如分子和分母均来自同一企业同一期间的财务报表。

3. 选择参照标准。财务比率只有与相应的标准进行比较才具有解释意义，如前期比率、竞争者的比率等。

值得注意的是，不同的分析者可根据切实需要，采取不尽相同的比率体系，涉及不同的比率计算方法。当计算比率的分子和分母一个来自流量财务表（利润表或现金流量表），而另一个来自存量财务报表（如资产负债表）时，一般情况下，资产负债表变量需要计算年度平均值。

五、现金流量分析法

现金流量分析是指对现金流量表上的有关数据进行比较、分析和研究，有助于了解企业财务状况，发现企业在现金流上存在的问题，预测企业未来的财务状况，为各项决策提供充分依据。

现金流量分析可以准确评价公司在筹资活动、投资活动和经营活动中的资金运营状况，从而能够从现金流动的角度评价公司的经营业绩。此外，通过对经营、投资及筹资活动现金流量分析，可以明晰公司现金存量增减变动，分析变动原因，从而改善公司资金管理。同时，因许多虚假会计利润无法带来实际的现金流入，现金流量分析对评估会计利润质量有重要作用。最后，还可将现金流量表和资产负债表及利润表一起结合起来，说明利润的形成与分配、资金的来源与运用的关系，这对分析研究公司总体经营与财务状况有重要的作用。

六、因素分析法

因素分析法是依据分析指标与其影响因素之间的关系，按照一定的程序方

法，确定各因素对分析指标差异影响程度的一种技术方法。

连环替代法是因素分析法的基本形式，其名称由其分析程序的特点决定。

1. 连环替代法。连环替代法的程序由五个步骤组成。

第一，确定分析指标与影响因素之间的关系。这通常采用指标分解法确定，即将经济指标在计算公式的基础上进行分解或扩展。例如：

$$总资产报酬率 = \frac{息税前利润}{平均资产总额} \times 100\% = \frac{销售净额}{平均资产总额} \times \frac{息税前利润}{销售净额}$$

$$= \frac{总产值}{平均资产总额} \times \frac{销售净额}{总产值} \times \frac{息税前利润}{销售净额}$$

$$= 总资产产值率 \times 产品销售率 \times 销售(息税前)利润率$$

第二，根据分析指标的报告期数值与基期数值列出关系式，构建指标体系，确定分析对象。例如：

$$基期总资产报酬率 = 基期总资产产值率 \times 基期产品销售率$$
$$\times 基期销售(息税前)利润率$$

$$报告期总资产报酬率 = 报告期总资产产值率 \times 报告期产品销售率$$
$$\times 报告期销售(息税前)利润率$$

$$分析对象 = 报告期总资产报酬率 - 基期总资产报酬率$$

第三，连环顺序替代，计算替代结果。以基期指标为基础，按顺序用报告期指标体系中的每个因素替代成基期指标体系中的各对应因素，每替代一次，替代后的因素便保留下来，作为下一次替代的基础。并在每次替代后，计算关系式结果。有几个因素就替代几次。例如，原始状态：

$$基期总资产报酬率 = 基期总资产产值率 \times 基期产品销售率$$
$$\times 基期销售(息税前)利润率$$

第一次替代：

报告期总资产产值率 × 基期产品销售率 × 基期销售(息税前)利润率

第二次替代：

报告期总资产产值率 × 报告期产品销售率 × 基期销售(息税前)利润率

第三次替代：

报告期总资产产值率 × 报告期产品销售率 × 报告期销售(息税前)利润率

第四，比较各因素替代结果，确定各因素对分析指标的影响程度。比较替代结果是连环进行的。将每次替代后的计算结果与替代前的结果进行对比，两者间的变动即为替代因素对分析对象产生的影响。

第五，检验分析结果。将各因素对分析指标的影响额相加，其代数和应等于分析指标的变动值，若两者相等，说明分析结果可能正确。若两者不相等，则结果必定有误。

连环替代法的程序及步骤环环相扣紧密相连,尤其是前四个步骤。

【例题3-2】假定DM企业2017年和2018年有关总资产报酬率、总资产产值率及产品销售率和销售利润率的资料如表3-2所示。

表3-2　　　　　　　　　　　财务指标　　　　　　　　　　单位:%

指标	2017年	2018年
总资产产值率	70	73
产品销售率	85	90
销售利润率	25	30
总资产报酬率	14.88	19.71

要求:分析各因素变动对总资产报酬率的影响程度。

报告期指标体系:73%×90%×30%=19.71%。

基期指标体系:70%×85%×25%=14.875%。

分析对象:19.71%-14.875%=4.835%。

并在此基础上,按照前面所述步骤,分步将基期体系中各因素逐项用报告期值替代。

基期指标体系:70%×85%×25%=14.875%。

第一次替代:73%×85%×25%=15.513%。

第二次替代:73%×90%×25%=16.425%。

第三次替代:73%×90%×30%=19.71%。

最后确定各因素变动对分析对象产生的影响。

总资产报酬率变动产生的影响:15.513%-14.875%=0.638%。

产品销售率变动产生的影响:16.425%-15.513%=0.912%。

销售利润率变动产生的影响:19.71%-16.425%=3.285%。

最后,检验分析结果:0.638%+0.912%+3.285%=4.835%。

2. 使用连环替代法应注意的问题。连环替代法在实践中被广泛应用,在应用时需注意下述四个问题。

第一,因素分解的相关性问题。在对分析指标进行分解时,分析指标与其影响因素之间必须存在实际经济意义且真正相关。各影响因素变动与分析指标有一定意义上的联系,影响因素的变动能说明分析指标差异产生的原因。因此在数学上存在等量关系,并存在一定经济意义。此外,有经济意义的因素分解并不唯一,可从不同角度切入,将分析指标拆分成具有经济意义和数学意义的不同分解式。这就要求在进行因素分析时,充分结合分析目的和要求,选择确切的分解方法。

第二,分析前提的假定性。在分析某一因素对分析指标产生的影响时,假设其他因素不变,确保分析指标发生的变化仅由单一因素导致。但在实际上,往往分析指标的变动是多个因素共同作用的结果,共同影响的因素越多,这种假定的准确性就越差,将直接降低分析结果的准确性。因此,在进行分析时,要斟酌分解因素的数量,并非越多越好,应根据具体情况具体分析,避免因因素分解过细而导致因素间共同影响对分析结果准确性的干扰。

第三,因素替代的顺序性。因素分析时,按照不同顺序替代各因素而计算出的结果是不同的。因此在替代前须确定各因素的排列顺序。传统的方法是依据数量指标在前、质量指标在后的原则进行排列;目前也有学者提出将主要因素排前、次要因素排后的方法。一般来说,替代顺序在前的因素对经济指标影响的程度受其他因素影响程度较小,相对独立,排列在后的因素中含有其他因素共同作用的成分较大。

第四,顺序替代的连环性。因素分析时,每次替代后的结果都应该与替代前的结果对比,环环相扣。这样便于检验分析结果的准确性。只有连环替代并确定各因素的影响额,才能保证各因素对经济指标的影响之和与分析对象相等。

七、综合分析法

前面提及的方法大多是进行单一指标的分析和比较,财务报表分析还须对企业财务状况和经营成果进行全面分析和评价,因此需要结合采用系统性、综合性更强的方法,如杜邦分析法、沃尔比重评分法等。

(一)杜邦分析法

杜邦分析法从净资产收益率出发,层层分解为销售净利率、资产周转率和权益乘数,分解后,可衡量净资产收益率增减变化的具体原因,从而满足经营者通过财务分析进行绩效评价的需要。净资产收益率被认为是评价企业绩效最具综合性和代表性的指标,因此分解结果具有一定综合性。

(二)沃尔比重评分法

沃尔比重评分法采用"信用能力指数"概念,将流动比率、产权比率、固定资产比率、存货周转率、应收账款周转率、固定资产周转率、自由资产周转率七项财务比率用线性关系结合起来,给定各自的分数比重,然后通过标准比率进行比较,确定各项指标得分及总分指标的累计分数,从而对企业的信用水平作出评价。沃尔评分法有助于判断财务比率的高低,利于与本企业历史数据比较,评价其在市场中的地位。

八、运用财务分析方法时应注意的问题

(一)指标的选择和计算

实务中,常用的财务分析指标种类繁多,为避免陷入繁复的计算中,须有针

对性地对指标进行选择。比如，须根据分析的主要问题选择不同类型的指标，注意将财务指标与业务指标相搭配；选择的指标并非越多越好，重在能反映切实问题；除了注意年度指标和半年度指标的变化之外，也须重视季度指标的变化等。

（二）异常值的处理

在进行指标计算时常碰到异常值，计算结果特别大或特别小，异于往常。究其原因，可能是：（1）由于计算错误，比如记录时出现差错，或分母接近0；（2）由于会计方法差异；（3）由于经济环境及市场环境出现大的波动，对相关产业、与事发区域关系密切的企业均会产生较大影响；（4）由于公司发生结构改变，如合并等。

出现异常值时，若财务指标对分析结果影响不大，则可不过多考虑；若异常值具有一定的经济合理性，也可作为极端状态予以保留；若异常值对分析结果非常重要，则可对导致异常值的经济或会计等因素予以调整，或采用其他替代比率。

（三）口径保持一致

在进行不同行业或不同时期的指标对比时，很容易出现比较的指标在计算方法或计算口径上不一致的现象，为了增强可比性及比较的可信性，可对差异进行必要的调整。

（四）比较基准的选择

常用的比较基准包括下述四种。

1. 经验标准。经验标准是根据大量历史数据及长期实践经验形成的财务比率值。比如，美国的财务实践经验总结出流动比率经验标准为2∶1，速动比率经验标准值为1∶1等。通常，经验数据倾向认为流动负债对有形净资产的比率超过80%时，企业容易出现经营困难；存货对净营运资本的比率不应超过80%；资产负债率应控制在30%～70%等。

须注意的是，所有这些经验标准主要针对制造业企业，并不适用于一切领域，也不是评判企业状况的绝对标准。对于其他国家或其他市场，这些标准的合理性值得进一步研究。再者，进行财务分析时，还须结合其他具体信息综合判断，如假设A公司流动比率大于2∶1，但其应收款中的大部分被长期拖欠，并持有许多积压存货；而B公司流动比率小于2∶1，但应收账款、存货及现金均有较快的周转速度，那么A公司与B公司的指标评价就不应单纯以经验标准作为依据。

2. 历史标准。历史标准指本企业过去某一时期该指标的实际值。历史标准主要用于评价企业自身经营状况和财务状况是否得到改善。历史标准可以选择企业历史最好水平，也可以选择企业正常条件下的业绩水平，或者选择历年来的平均水平。另外，在财务分析时间中，还经常与上年实际业绩相比较。

历史标准较为客观、可靠，具有较强的可比性，数据取得较容易，但也存在一定的缺陷。比如，历史标准往往较为保守，只能说明企业自身的变化，不能全面评价企业财务竞争能力，适用范围较窄；当企业结构发生重大变化时，历史标准就失去可比性；当企业外部环境发生重大变化时，历史标准的使用效力也将受到影响。

3. 行业标准。行业标准是行业财务状况的平均水平，也可以是同行业中某一较为先进企业的业绩水平。行业标准的优点在于，可以说明企业在行业中所处的地位和水平，也可以用于判断企业的发展趋势。在应用行业标准时，容易出现的问题在于相同行业的企业并不一定可比，企业运营内容综合性越来越强，多元化经营带来较低的可比性。另外，同行业企业可能存在会计差异，而进行财务分析时，会计差异的调整较为困难。

4. 预算标准。预算标准指实行预算管理的企业所指定的预算指标。预算标准在实践分析中应用广泛，尤其是进行预算管理评价时。预算标准更符合企业战略和目标管理的要求，而且特别适用于新建企业和垄断性企业。但是，预算标准具有较强的主观性，且在进行外部分析时常常无法使用。

（五）母公司指标和合并报表指标的对照分析

母公司财务报表和合并报表分别提供潜在有用的信息，两者间的差异可揭示母公司与子公司在盈利能力、经营效率、风险等方面的差异，而这些差异可能预示着公司重组的可能性及方向。分析时，还需注意，若子公司与母公司经营的同质性越强，指标对照比较就越有效。另外，应重视母公司与子公司关联交易对指标的影响。

第三节 数据库及 Excel 在财务报表分析中的应用

一、数据库的应用

有效的财务分析必须基于对宏观经济形势、行业特点、公司业务范围及历史数据进行全面了解，而这些数据非常零散，难以收集。数据库集中系统提供了详尽资料和大量数据，为提高财务分析质量和加快分析速度奠定了良好基础。

在金融财经数据领域，常见的数据库包括万得资讯数据库（Wind）、国泰安数据服务中心（CSMAR Solution）等。Wind 数据内容涵盖股票、基金、债券、外汇、保险、期货、金融衍生品、现货交易、宏观经济、财经新闻等领域。

对财务报表分析而言，以股票模块为例，上市公司公开招股后均有信息披露，Wind 数据库提供了上市公司和股票相关的

万得首页

新闻资讯、行情报价、多维数据、专题统计及专项应用。其主要内容如表 3 – 3 所示。

表 3 – 3　　　　　　　　　　股票资料模块主要内容

1	公司资料	公司介绍
		股本结构
		董事会与高管
		控股或参股公司
		管理层经营分析
		员工构成
2	知识产权	商标、专利、作品著作权、软件著作权、资质认证、网站备案等
3	证券资料	发行股票
		发行债券
		可交换债
		相关权证
		所属行业、所属概念板块等
4	重要股东	十大股东明细
		十大流通股东
		机构投资者
		股东分析、股东户数、限售股解禁时间表
5	交易数据	估值分析
		PE/PB Band
		融资融券
		大宗交易
		重要股东买卖
		交易异动成交营业部
		风险与收益分析
		AH 股价格比较
		沪港深通持股
		每日行情统计
		阶段市场表现
6	财务数据	财务摘要
		财务摘要（单季）
		资产负债表
		利润表
		现金流量表
		利润表（单季）

续表

6	财务数据	现金流量表（单季）
		业绩预警
7	主营构成	主营构成（按指标）
		主营构成（按项目）
8	财务分析	每股指标
		盈利能力与收益质量
		资本结构与偿债能力
		营运能力
		成长能力
		现金流量
		杜邦分析
		Z值预警
		单季度财务指标
9	盈利预测与研究报告	盈利预测
		投资评级
		研究报告
10	新闻公告	
11	分红派息	
12	IPO与再融资	
13	重大事项	并购事件、股权激励、股权质押、诉讼仲裁、裁判文书、开庭公告、违规、担保等
14	同业比较	综合比较
		市场表现比较
		估值分析比较
		盈利预测比较
		财务比率比较
		财务数据比较

表3-3中，1~4项有助于信息使用者了解企业的一般情况。6~9项与财务分析具有直接关系。

第6项财务数据提供了目标企业上市以来的财务摘要及主要报表信息（见图3-1），可通过系统直接计算每一项目指标的结构占比及同比增长率，还可查询附注中的对应内容（见图3-2），供信息使用者对财务报表进行深入分析，有助于财务决策。

报告期 年报　时间范围 3Y 5Y 10Y 上市以来　原始报表 图形分析 销售百分比 资产百分比 同比增长率 ≈收起
类 型 合并报表　单位 亿元　币种 CNY 历史汇率　排序 最新在左　☑ 隐藏空行

万科A[000002.SZ]-资产负债表　　单位：亿元，CN

	2017-12-31	2016-12-31	2015-12-31	2014-12-31	2013-12-31	2012-12-31	2011-12-31	20
报告期	年报	年报	年报	年报	年报	年报	年报	
报表类型	合并报表	合并报表	合并报表	合并报表	合并报表	合并报表	合并报表	合并
流动资产：								
货币资金	1,741.21	870.32	531.80	627.15	443.65	522.92	342.40	
以公允价值计量且其变动计入当期损益的金融资产								
衍生金融资产	0.12	4.59	1.22	0.36				
应收账款	14.33	20.75	25.11	18.94	30.79	18.87	15.15	
预付款项	730.17	502.63	396.47	294.33	286.54	333.74	201.16	
其他应收款	1,632.50	1,054.35	754.86	489.24	348.15	200.58	184.41	
存货	5,980.88	4,673.61	3,681.22	3,177.26	3,311.33	2,551.64	2,083.35	
划分为持有待售的资产	69.10							
其他流动资产	7.22	86.70	79.57	40.76				
流动资产合计	10,175.53	7,212.95	5,470.24	4,648.06	4,420.47	3,627.74	2,826.47	
非流动资产：								
可供出售金融资产	13.41	13.28	11.39	1.33	24.66	0.05	4.41	
长期股权投资	812.24	617.02	335.03	192.34	106.37	70.40	64.26	
投资性房地产	288.11	218.74	107.65	79.81	117.10	23.75	11.26	
固定资产	70.99	68.11	49.17	23.08	21.30	16.12	15.96	
在建工程	10.22	7.65	5.98	18.33	9.14	10.51	7.06	
无形资产	14.38	12.60	10.45	8.78	4.30	4.27	4.35	
商誉	2.06	2.02	2.02	2.02	2.02	2.02		

图3－1　万科企业股份有限公司2011～2017年资产负债表截图

1　货币资金

项目	2017年				2016年			
	原币		折算汇率	折合人民币	原币		折算汇率	折合人民币
现金	人民币	4 198 277.66	1.0000	4 198 277.66	人民币	4 051 189.15	1.0000	4 051 189.15
银行存款	人民币	148 514 255 314.74	1.0000	148 514,255 314.74	人民币	78 178 071 376.68	1.0000	78 178 071 376.68
	美元	3 704 851 650.98	6.5143	24 134 515 109.97	美元	925 745 521.39	6.9761	6 458 093 331.79
	港币	1 341 208 234.95	0.8337	1 118 167 386.39	港币	2 434 614 602.12	0.8988	2 188 230 759.73
	新加坡币	6 132 203.82	4.8755	29 897 559.70	新加坡币	697 137.68	4.8223	3 361 807.06
	英镑	8 064 582.46	8.7994	70 963 486.88	英镑	14 757 998.35	8.5978	126 886 318.25
	马来西亚币	923 296.83	1.6040	1 480 968.12				
小计				173 869 279 825.80				86 954 643 593.51
其他货币资金	人民币	247 531 096.47	1.0000	247 531 096.47	人民币	73 423 427.97	1.0000	73 423 427.97
合计				174 121 009 199.93				87 032 118 210.63

其他货币资金主要为物业管理项目代管基金（见附注五、31）。银行存款中含有受限使用资金为人民币 9 795 001 828.63 元（2016 年：人民币 7 542 103 264.94 元），其中因质押或冻结对使用有限制的资金为人民币 8 265 000 000.00 元（2016 年：人民币 6 182 500 000.00 元）。存放境外货币资金共计折合人民币 26 461 257 390.03 元（2016 年：人民币 11 635 033 629.99 元）。本集团无抵押等对使用有限制的款项。本集团年末存于珠海华润银行及徽商银行的存款分别为人民币 492 765 952.01 元（2016 年：人民币 1 758 089 287.37 元）和人民币 143 008 953.23 元（2016 年：人民币 111 002 979.69 元）。

图3－2　万科企业股份有限公司2017年资产负债表附注

第8项财务分析遵照基本财务技术分析框架，提供了关于公司盈利能力、成长能力、营运能力及偿债能力等不同类别的多项财务指标，并提供了杜邦分析数据，简化了计算过程，增加了准确性，有助于信息使用者进行财务决策。

财务纵比模块可支持单个公司多报告期财务数据的纵比展示(见图3-3)。

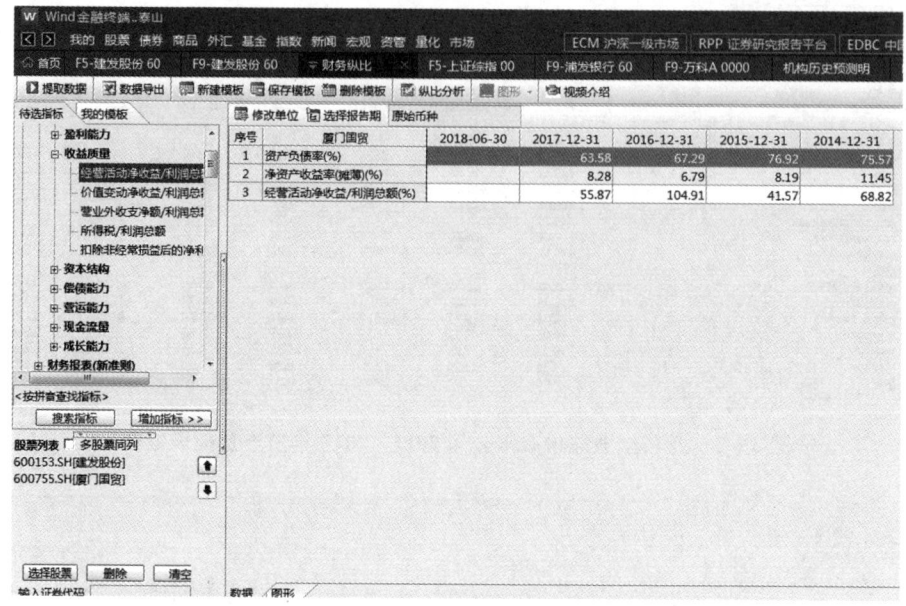

图3-3 厦门国贸多报告期财务数据纵比展示

财务纵比模块也可支持多个公司同报告期的横比展示(见图3-4)。

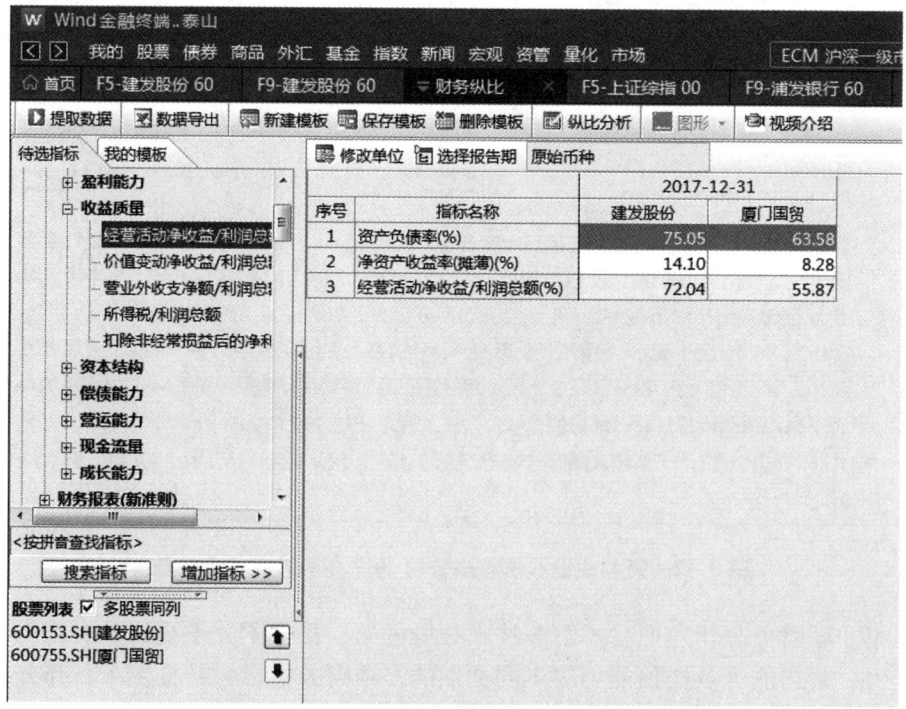

图3-4 厦门国贸与建发股份同报告期横比展示

财务纵比模块也支持多公司多报告期财务数据并列展示（见图3-5），同时提供统计分析功能，辅以图表（见图3-6）。

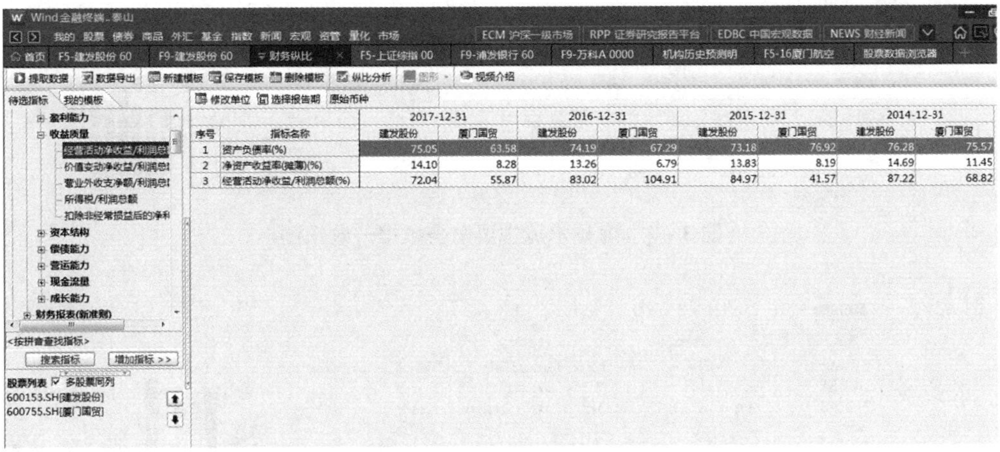

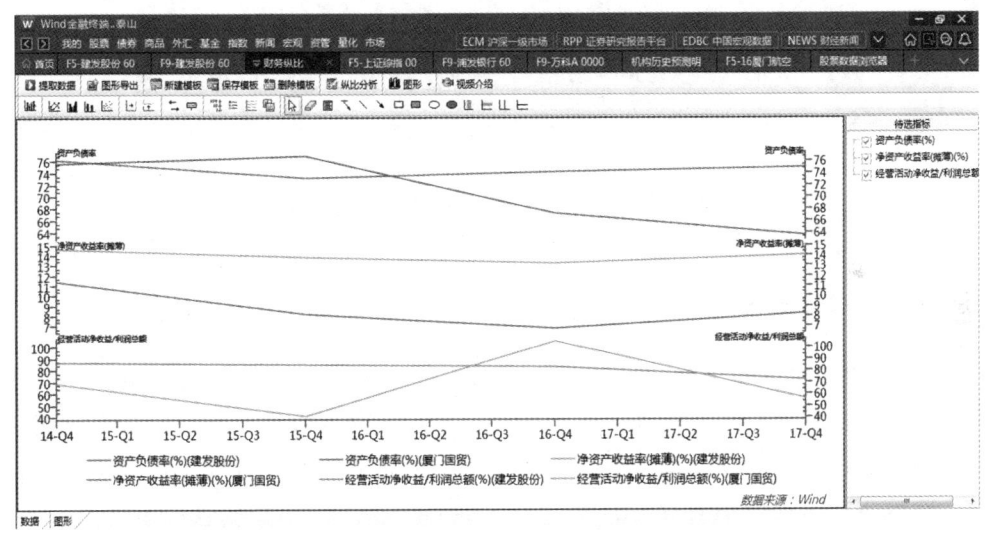

图3-5　厦门国贸与建发股份多报告期财务数据并列展示

图3-6　厦门国贸与建发股份多报告期财务数据线形图

若希望对公司财务指标与行业水平或同行业可比公司进行比较时，财务纵比模块可以提供最大便利。

第9项盈利预测提供了不同证券公司分析师对公司未来三年的营业总收入、归母净利润、每股收益、净利润、ROE、ROA、PE、PEG主营业务等指标的一致预测。图3-7为安徽海螺水泥股份有限公司（海螺水泥［600585.SH］）的财务预测。

此外，还可了解评估机构对海螺水泥未来归属母公司净利润预测值（见图3-8），从中可知目前对该公司进行跟踪分析的机构数量，指导预测的各统计指标，掌握预测机构对该公司在整体上持悲观或乐观估计。这些预测信息可以作为定价依据，也可以作为对公司未来业绩的预判基础。

一致预测							
关键指标	2015A	2016A	2017A	2018E	2019E	2020E	趋势图
营业总收入(百万元)	50 976.04	55 931.90	75 310.82	93 656.72	97 750.83	102 699.89	
增长率(%)	-16.10	9.72	34.65	24.36	4.37	5.06	
归母净利润(百万元)	7 516.39	8 529.92	15 854.67	23 534.49	24 943.44	26 840.97	
增长率(%)	-31.63	13.48	85.87	48.44	5.99	7.61	
EPS(摊薄)	1.42	1.61	2.99	4.44	4.71	5.07	
基准股本(百万股)	5 299.30	5 299.30	5 299.30	5 300.00	5 299.30	5 299.30	
ROE(摊薄)(%)	10.66	11.13	17.73	22.32	20.40	19.02	
ROA(%)	10.14	11.22	18.36	17.31	16.23	15.44	
PE	12.06	10.54	9.80	7.93	7.48	6.95	
PEG	-0.38	0.78	0.11	0.17	1.25	0.91	

图 3-7 海螺水泥主要财务数据一致预测

预测分布变化
关键指标 归属母公司净利润

(单位:百万元)	2015A	2016A	2017A	2018E	2019E	2020E
预测机构数	--	--	--	27	27	23
一致预测值	7,516.39	8,529.92	15,854.67	23,534.49	24,943.44	26,840.97
中值				23,854.60	24,958.00	26,439.20
最大值				28,002.00	30,802.00	33,083.00
最小值				18,100.00	19,900.00	22,190.00
标准差				2,964.93	3,062.89	3,094.03

2018E	最新	1月前	2月前	3月前	4月前	5月前	6月前
预测机构数	27	24	26	26	26	23	22
一致预测值	23,534.49	22,938.83	20,968.44	20,667.90	19,565.02	18,015.03	17,578.71
中值	23,854.60	22,409.00	20,465.28	20,380.20	20,220.50	18,400.00	17,622.00
最大值	28,002.00	27,983.00	24,300.00	24,300.00	23,732.00	21,029.30	21,029.30
最小值	18,100.00	16,774.00	16,274.13	15,876.00	14,870.50	14,533.31	12,885.00
标准差	2,964.93	3,210.16	2,320.07	2,455.56	2,278.13	2,148.76	2,327.01

图 3-8 海螺水泥归属母公司净利润预测

二、Excel 的应用

Excel 提供了极为丰富的数据分析工具，与财务相关理念结合起来，可为企业提供多元的财务分析。例如，进行相关分析界定财务数据之间的相关性，可利用回归分析进行财务预测或进行成本分解等，为企业的财务管理工作提供极大便利，解决很多实际问题。

（一）Excel 财务函数应用

Excel 除了提供一般数学函数及统计函数之外，还提供了丰富的财务函数，有助于快速计算贷款的支付额、投资的未来值或净现值，以及债券或息票的价值等。这些财务函数大体上可分为四大类：投资计算函数、折旧计算函数、偿还率计算函数、债券及其他金融函数，应用时只需填写对应参数值即可算出答案，为财务分析提供了极大便利。

常用的财务函数包括终值 FV、净现值 NPV、求贷款分期偿还额 PMT、求某项投资的现值 PV。

1. 终值 FV。实践中常常碰到计算某项投资终值的情况，此时利用 FV 函数可计算固定利率等额分期付款方式的投资终值,FV 函数还可用于求复利终值。

公式为 FV(RATE,NPER,PMT,PV,TYPE),RATE 为每期利率,PMT 为定期支付或收取的金额,PV 为当下应支付或得到的金额。若省略 PMT,仅对 PV 赋值时,FV 函数可用于求复利终值;若省略 PV,PMT 有赋值,则 FV 函数此时可计算年金终值。TYPE 为数字 0 或 1,赋值为 1,则款项发生在期初,若款项发生在期末,则赋值为 0;若 TPYE 省略,假设其值为 0。

【例题 3-3】 假设为一年后某个项目投资预筹资金。

现将 1 000 元以年利率 6% 存入储蓄账户中,按月计息,公式为:

FV(6%/12,12,,-1 000) = 1 061.68(元)

在以后每个月月初存入 100 元,则一年后账户金额为:

FV(6%/12,12,-100,,1) = 1 239.72(元)

若现将 1 000 元以年利率 6% 存入储蓄账户中,在以后每个月月初存入 100 元,则一年后账户金额为:

FV(6%/12,12,-100,-1 000) = 2 301.40(元)

函数中 PV 与 PMT 的符号为负,代表现金流出;往账户中存钱,函数结果则为正,意味着期末可获取的金额。一般而言,参数值的符号与函数计算结果符号相反。

2. 净现值 NPV。基于一系列现金流和各期固定贴现率,可用 NPV 函数计算一项投资的净现值。投资的净现值是指未来各期支出和收入的现值之和。在财务分析的公司估价中 NPV 公式的使用较为普遍。

公式为 NPV(RATE,VALUE1,VALUE2,…)。RATE 为每期相同的贴现率,VALUE1、VALUE2 代表按时间顺序发生的各期收付款,每期间隔需相等,且每期收付款项的发生时间必须在期末。

【例题 3-4】 假设进行一项投资,初始投资 100 万元,希望未来 5 年中各年收入分别为 20 万元、25 万元、27 万元、24 万元、28 万元。若每年折现率为 7%,单元格 A1 记录初始投资,五年收入分别存储在 B1~F1 中,G1 存储折现率,则投资的净现值公式是:

NPV(G1,B1:F1) + A1 = 0.84(万元)

【小贴士】

该例题中,初始投资发生在零时点,而不符合发生在期末的条件,不包含在 NPV 计算范围内。

3. 求贷款分期偿还额 PMT。PMT 函数基于固定利率及等额分期付款方式,计算投资或贷款的每期付款额。PMT 可以计算为偿还一笔贷款,要求在一定时期内等间隔首付的等额款项。其计算公式为 PMT(RATE,NPER,PV,FV,TYPE)。其中,RATE 为各期相等的利率;NPER 为总投资或贷款的期数;PV 为现值,或一系列未来付款现值的累计额;FV 为终值,或在最后一次付款后希望得到的现金余额,FV 或 PV 如果省略,则默认为 0;TYPE 为数字 0 或 1,赋值为 1 代表款项发生在期初,若款项发生在期末,则赋值为 0;若 TYPE 省略,默认其值为0。

【例题3-5】 例如，需要15年付清的年利率为6%的300 000元住房贷款，则每月付款额为：

PMT(6%/12,15×12,-300 000)=2 531.57（元）

4. 求某项投资的现值PV。PV函数用来计算某项投资的现值，既可用于年金现值计算，也可用于复利现值计算。

其语法形式为PV(RATE, NPER, PMT, FV, TYPE)。其中，RATE为不变的各期利率；NPER为期数；PMT为每期需收付的等额款项；FV为终值，或最后一次支付后希望得到的现金余额，PMT及FV若省略，则默认取值为0；TYPE为数字0或1，赋值为1则款项发生在期初，若款项发生在期末，则赋值为0或省略。

【例题3-6】 假设向银行申请住房贷款，若每月还款1万元，年利率为4.4%，期限为10年，则相当于当下获得一次性借款：

PV(4.4%/12,15×12,-9 000)=1 184 378.13（元）

负值代表现金流出，结果为正值代表现金流入，即借入金额。

（二）Excel在财务预测中的应用

财务数据的预测可借助回归分析，利用企业历史数据确定项目之间的函数关系，建立回归方程，比如资产负债表项目和销售额之间的数量关系，也可以是不同时期销售额之间的关系，依次建立模型，再根据模型对未来的销售进行预测。

进行回归分析时，先收集影响被预测对象相关变量的资料，收集数据，通过回归分析计算相关参数，构建回归方程。计算出的回归方程是否能作为财务预测的依据，取决于相关参数的显著性以及方程的拟合程度。

若检验结果显示回归方程可靠，则可把拟好的相关变量值代入回归方程得出最终的预测结果。

下面以KM公司销售额的多元回归分析预测为例进行简要说明。

第一，猜想该公司每季度销售收入可用其滞后4期的销售收入进行预测，则用滞后四个季度的收入数据预测下期收入值，即未来一个季度的收入不仅受到本季度的影响，而且受到上年同期的影响（见表3-4）。

表3-4　　　　　　　　　　　多元回归数据　　　　　　　　　　单位：元

季度销售收入	滞后1期	滞后2期	滞后3期	滞后4期
6 962 444 721	6 252 161 571	6 107 700 022	7 154 664 663	5 186 263 853
6 252 161 571	6 107 700 022	7 154 664 663	5 186 263 853	5 252 561 575
6 107 700 022	7 154 664 663	5 186 263 853	5 252 561 575	5 317 778 338
7 154 664 663	5 186 263 853	5 252 561 575	5 317 778 338	5 885 720 305
5 186 263 853	5 252 561 575	5 317 778 338	5 885 720 305	4 611 409 269

续表

季度销售收入	滞后1期	滞后2期	滞后3期	滞后4期
5 252 561 575	5 317 778 338	5 885 720 305	4 611 409 269	4 390 281 699
5 317 778 338	5 885 720 305	4 611 409 269	4 390 281 699	4 062 834 305
5 885 720 305	4 611 409 269	4 390 281 699	4 062 834 305	5 002 302 679
4 611 409 269	4 390 281 699	4 062 834 305	5 002 302 679	4 371 892 507
4 390 281 699	4 062 834 305	5 002 302 679	4 371 892 507	3 815 373 571
4 062 834 305	5 002 302 679	4 371 892 507	3 815 373 571	3 565 392 189
5 002 302 679	4 371 892 507	3 815 373 571	3 565 392 189	4 196 530 503
4 371 892 507	3 815 373 571	3 565 392 189	4 196 530 503	3 881 346 037
3 815 373 571	3 565 392 189	4 196 530 503	3 881 346 037	2 783 133 199
3 565 392 189	4 196 530 503	3 881 346 037	2 783 133 199	2 561 882 532
4 196 530 503	3 881 346 037	2 783 133 199	2 561 882 532	2 551 434 522
3 881 346 037	2 783 133 199	2 561 882 532	2 551 434 522	1 807 767 352

第二，定义公式。选择 A21～E24 为结果输出区域，输入公式"= LINEST（A2：A18，B2：E18，TRUE，TRUE）"后同时键入【Ctrl + Shift + Enter】，在 A21～E25 的区域中显示如表 3 – 5 所示。

表 3 – 5　　　　　　　　　回归分析输出结果

区域	A	B	C	D	E
21	0.74696472	0.075723871	– 0.038431106	0.124328624	1 263 185 494
22	0.228882989	0.21222297	0.21010853	0.209571015	602 920 091.1
23	0.824620374	532 006 097.6	#N/A	#N/A	#N/A
24	14.10574979	12	#N/A	#N/A	#N/A

根据计算结果，多元回归方程为：

$Y = 1\ 263\ 185\ 494 + 0.7470X_1 + 0.0757X_2 - 0.0384X_3 + 0.1243X_4$

判定系数为 0.8246。

F 统计值 = 14.1057，自由度 = 12。

LINEST（A2：A18，B2：E18，TRUE，TRUE）中 A2：A18 是回归方程中已知被预测对象 Y 值集合，B2：E18 是方程中除了常数项之外的预测变量值的集合。第一个 TRUE 指明回归方程中常数项将按正常计算，如为 FALSE，则常数项将被设为 0；第二个 TRUE 表示指明返回附加回归统计值，如为 FALSE 则不返回附加统计值。

回归方程可靠性判定。判定系数为 0.8246，表明在当期销售收入和历史销售收入之间存在强相关性。使用 F 统计可以判断因变量和自变量之间是否偶尔发生过可观察到的关系。F 统计量为 14.1057，数值上显示具有显著性，表明偶然发生的可能性小，可得出，此回归方程适用于对季度销售收入的预测。

回归方程可用来预测未来销售额。假设需对第 18 期销售收入进行预测，则根据方程可得：

$Y = 1\,263\,185\,494 + 0.7470 \times 6\,962\,444\,721 + 0.0757 \times 6\,252\,161\,571 - 0.0384 \times 6\,107\,700\,022 + 0.1243 \times 71\,546\,646\,634$

下一期销售收入为 7 592 127 892 元。

上述回归分析还可用于成本的分解。首先还是应建立成本项目和驱动因素之间的回归方程，分析后得到的回归方程中，常数为固定成本，驱动因素的回归系数则变成变动成本。同样，也可适用于预测成本及费用。

【本章小结】

1. 财务报表分析的一般程序分为信息搜集整理、战略分析与会计分析、分析实施及综合评价四个阶段。

2. 财务报表分析的方法包括七种方法。（1）水平分析法，指将反映企业报告期财务状况的信息与反映企业前期或历史某一时期财务状况的信息进行对比，研究企业各项经营业绩或财务状况的发展变动情况的一种财务报告分析方法。（2）趋势分析法，通过对比连续数期财务报表中相同指标的数额、计算指标增减变动方向及幅度，可用于重要财务指标的比较、财务报表的比较及财务报表项目构成的比较。应用趋势分析需结合企业过去的趋势进行分析判断，并对收益质量、销售增长率预测质量等一些会计因素予以关注。（3）结构分析法，以财务报表中某个总体指标为 100%，再计算出其各组成项目占总体指标的百分比，以此为依据来比较各个项目百分比的增减变动，判断财务活动的变化趋势。（4）比率分析法，是财务报告分析的最基本、最重要的方法。比率是相对数，计算比率是将某些指标标准化的过程。采用比率分析法时，应注意对比项目须存在一定相关性、对比口径须一致、正确选择参照标准。（5）现金流量分析，是指对现金流量表上的有关数据进行比较、分析和研究，有助于了解企业财务状况，发现企业在现金流上存在的问题，预测企业未来的财务状况，为各项决策提供充分依据。（6）因素分析法，是依据分析指标与其影响因素之间的关系，按照一定的程序方法，确定各因素对分析指标差异影响程度的一种技术方法，连环替代法是因素分析法的基本形式。使用连环替代法应注意因素分解的相关性问题、分析前提的假定性、因素替代的顺序性及顺序替代的连环性。（7）综合分析法，对企业财务状况和经营成果进行全面分析和评价，如杜邦分析法、沃尔比重评分法。

3. 运用财务分析方法时应注意指标的选择和计算，对异常值须进行特别处理，搜集数据时口径须保持一致，须对母公司指标和合并报表指标进行对照分析。常用的数据比较基准包括经验标准、历史标准、行业标准及预算标准。

4. Excel 提供了极为丰富的数据分析工具，可为企业提供多元的财务分析。例如，进行相关分析界定财务数据之间的相关性，可利用回归分析进行财务预测或进行成本分解等，为企业的财务管理工作提供极大便利，解决很多实际问题。数据库集中系统提供了详尽资料和大量数据，为提高财务分析质量和加快分析速度奠定了良好基础。在金融财经数据领域，常见的数据库包括万得资讯数据库（Wind）、国泰安数据服务中心（CSMAR Solution）等。

【复习思考题】

1. 财务报告分析的四个阶段都有哪些作用？
2. 为什么将财务报告分析分成四个阶段？
3. 常见的财务分析方法有哪些？有哪些优势和劣势？
4. 趋势分析法有哪几种运用方式？
5. 运用因素分析法应注意哪些问题？
6. 财务报告分析的标准有几种？适用于哪些情况？

【计算分析题】

1. 假定某企业2017年和2018年有关总资产报酬率、总资产产值率、产品销售率和销售利润率的资料如表3-6所示。

表3-6　　　　　　　　　　各指标变动表　　　　　　　　　　单位：%

指标	2017年	2018年
总资产产值率	82	80
产品销售率	94	98
销售利润率	22	30
总资产报酬率	16.96	23.52

已知，总资产报酬率为总资产产值率、产品销售率及销售利润率三者的乘积，试分析各因素变动对总资产报酬率的影响程度。

2. 用Wind数据库下载厦门国贸最近三年的财务报表数据及主要财务比率，自行选择自变量及因变量，用Excel做回归分析。

【章末案例】

格力电器企业战略与财务报表

格力电器成立于1991年，属于家用电器中白色家电行业，是国内技术领先的集研、产、销、服务于一体的专业化空调企业，注册资金超过60亿元。格力空调在国内的市场占有率从1995年开始，一直居于第一的位置，2014年格力主营产品空调的营业收入更是达到1 227.45亿元，同比增长14%。除空调外，格力也在寻找新的产品增长点，2014年格力生活电器营业收入达17.86亿元，同比增长10%。根据格力电器年报和其他所有已披露的信息，格力电器在三个战略层次上分别选择了如下战略。

（1）在总体战略上采用相关多元化的发展战略，走以技术为导向的相关多元化发展道路。寻求横向发展相关，即制冷制暖设备多元化，在原有专业化的产品中实现多元化生产。在主业不变的情况下，拓宽上下游的核心业务，加快机电、模具等上下游核心业务的发展，减少企业对单一产品经营的依赖，减小经营风险。

（2）在竞争战略上采用差异化的竞争战略。以空调为主业，扩大市场份额，提高市场占有率。以技术为核心，加大研发投入，走专业化的发展道路，格力电器采用的是差异化的竞争战略而非成本领先战略。

（3）在财务职能战略层面，格力电器利用企业综合优势和品牌地位，通过日常经营活动进行融资，走"高负债"的财务融资战略。面对激烈的竞争环境，格力电器考虑自身在空调生产上的技术优势以及空调市场上潜在的需求能力，选择以空调为主的差异化竞争战略而非成本领先的竞争战略是非常合理的。同时，为摆脱对单一产品的依赖，扩大企业风险承受能力，进行相关多元化也应当是制造新的利润增长点需要考虑的方向。而"高负债"的财务融资战略能够帮助企业以最小成本获取资金来源并且建立与上下游的固化关系，本身就是体现企业实力的一种职能战略。因此，可以判断格力电器所选择的主要战略能够使企业保持竞争优势，且这三种战略如果成功实行，企业未来的发展是很可观的。

（资料来源：李建凤．基于企业战略的财务报表分析——以格力电器为例［J］．财会通讯，2017（8））

请思考：

1. 格力电器采用的企业战略将对其资产负债表、利润表及现金流量表产生哪些影响？

2. 企业战略分析对财务报表分析有哪些积极作用？

第四章　现金流分析

【学习要求】

1. 比较企业现金流和现金流量的概念，领会总结现金流的秘密。
2. 了解现金流量表的意义和局限性。
3. 熟悉影响企业经营、投资、筹资活动现金流量变化的主要因素。
4. 了解企业各生命周期的现金流量特征。
5. 掌握现金流量的质量分析要点。
6. 熟悉现金流量的各个相关财务比率及其含义。
7. 掌握进行现金流量结构分析的思路及其要点。
8. 熟悉自由现金流量及其分类，掌握各自的计算公式及其含义。

【关键术语】

现金流　现金流量表　现金流动负债比　现金债务总额比　现金利息保障倍数　现金流占营业收入比率　销售获现比率　利润现金保证比率　每股经营现金净流量　总资产现金比率　现金流量充足率　现金再投资率　投资比率　成本费用付现率　自由现金流量　整体自由现金流量　股权自由现金流量

【引导案例】

TOP50 上市房企 2023 成绩单：营收超千亿元房企 12 家　现金流普遍紧张

地产行业低迷，大部分房企困局仍未解除。销售额下滑、亏损面加大、现金流减少，成为行业普遍现状。

中国房地产报记者统计，TOP50 上市房企（剔除仍未发布 2023 年度财报的中国恒大、碧桂园）2023 年营业总收入 4.16 万亿元，同比增加 2%；归属母公司净利润 -967.99 亿元，比 2022 年亏损额增加了 492.97 亿元，平均每个月亏损 80.67 亿元。

作为衡量房企盈利能力的两大指标，净利润率和毛利率仍在下滑。中国房地产报记者统计的 48 家 TOP50 上市房企，2023 年平均净利润率为 -11.16%，比 2022 年下降 4.4 个百分点；平均毛利率为 12.25%，比 2022 年下降 1.9 个百分点。

现金流吃紧与高负债仍是房企普遍面临的危机。

中国房地产报记者统计，TOP50 上市房企（剔除中国恒大与碧桂园）2023 年末货币资金共计 1.35 万亿元，比 2022 年减少 1654 亿元，同比下降 10.9%；总负债高达 14.12 万亿元，比 2022 年减少了 1.28 万亿元，这说明房企正在想办法压降负债，但因基数太高，总量依然处在高位。若再加上中国恒大和碧桂园两大房企的高负债，TOP50房企总负债将超过17万亿元。而房企自有资金的主要来源——销售额却同比下滑了18.4%。

截至2023年末，万科、保利发展、绿地控股3家房企总负债均超过万亿元，资产负债率分别为73.22%、76.55%、87.84%。资产负债率超过90%的房企有7家，分别是佳兆业、阳光城、禹洲集团、融创中国、中南建设、金科股份、世茂集团，化债压力依然很大。有3家上市房企手握现金超过1 000亿元，分别是保利发展、华润置地、中海地产，清一色的大央企。2022年末有5家房企现金超过千亿元，其中，万科2022年末手握现金1 372亿元，但2023年末则降至998亿元。

"现金王"依然是保利发展，手握货币资金1 480亿元，但相比2022年减少了285亿元，同比减少16%，这个下滑速度仍是值得注意的。第二名是华润置地，手握现金1 372亿元，同比增长18%，稳健性和安全性更优于保利。第三名中海地产，手握现金1 056亿元，相比2022年微降4%。

在房企2023年业绩发布会上，"现金流安全"取代"增长""规模"等成为高频词。万科董事会主席郁亮表示，现金流安全是第一要务，公司将加大盘活存量、不动产变动产等工作力度，保障更厚的安全垫。华润置地副总裁陈伟表示，2024年房地产市场整体政策会持续为促需求和稳市场注入积极动力，但市场还是存在库存依然比较高、客户短期信心还不稳定、二手房持续分流一手房等挑战，因此市场处在筑底回稳、积蓄向上势能的阶段。

（资料来源：许倩.TOP50上市房企2023成绩单：营收超千亿元房企12家 现金流普遍紧张［N］.中国房地产报，2024－05－13（009））

我们常常会看到这样的情况，利润表体现了丰厚的利润，而实际状况却是公司缺少现金，不久公司就出现财务危机而倒闭清算。相反，一些微利甚至亏损的公司，因为其现金流控制得好，避免了"掉链子"，结果还是顺利渡过了难关。经验教训告诉我们，辨别现金流比识别会计利润更重要，现金流是企业的王道。把现金流量表排在会计报表的老三，着实有失公平。不过，事实胜于雄辩，这丝毫没有影响它的地位和作用。此外，现金流不能等同于现金流量，它的内涵更丰富，外延更广泛，更能体现现金流的战略性、动态性、关联性和持续性。因此，本章有别于其他《财务报表分析》教材把"现金流量（表）分析"放在财务报表具体分析后面的做法，同时，把章名叫作"现金流分析"，而不称为"现金流量分析"或"现金流量表分析"。

对现金流的分析不仅可以让报表分析者或使用者正确评价企业获取现金的能力，并且能对偿债能力和盈利能力的评价更加全面。本章从现金流分析的逻辑起点谈起，首先，阐明现金流的意义、分类及其秘密；简单介绍现金流量表的结构特征，强调企业活动与现金流的联系、现金流量表与其他报表的勾稽关联。其次，分析影响现金流量变化的因素。再次，从企业生命周期视角分析三家典型公司的现金流量。最后，讲解现金流量质量的定性分析和定量分析——财务比率分析；阐述自由现金流量分析,特别强调关注和计算分析它的重要意义及其局限性。

第一节 现金流及现金流量表概述

一、现金流

（一）现金流的意义

对任何企业来说,现金流是其生存的"血液"。纵有再好的战略、优秀的团队、领先的科技,一旦缺少源源不断的资金基础,企业也撑不了多久。创业公司若资金消耗率过大,在盈利前就资金用尽,急需额外资金或者因资金短缺被迫关门,不胜枚举。现金流对公司来说绝对是王道。美国有句谚语:"现金流是一个事实,而收益是一种看法。"美国思科公司高级副总裁兼财务主管戴维·霍兰（David Holland）负责管理与公司500亿美元资产负债表有关的所有资金、风险和资本市场活动,他指出,收益应用会计框架计算,受很多规则制约,很难知道收益告诉投资者什么。现金流的经济含义是很明显的,我们不会怀疑现金是流入还是流出。[①]

（二）现金流的分类

现金流包括现金流出和现金流入的方向、金额、时间、分部（行业或区域）,现金流量只是现金流的一方面,但人们习惯于称呼其为"现金流量"。然而,只有熟悉"现金流"概念才能真正解释现金流的各种配置、协调和顺畅的因果。众所周知,现金流量表把现金流量分为经营活动产生的现金流量、投资活动产生的现金流量和筹资活动产生的现金流量,殊不知,现金流的分类还有很多。有关现金流的分类方法有四种:第一种是按站在权益投资者的角度还是站在整个公司的角度,将现金流区分为权益现金流和公司现金流;第二种是按是否包含预期通货膨胀率因素,将现金流区分为名义现金流和实际现金流;第三种是将现金流分为税前现金流和税后现金流;[②] 第四种是将现金流分为会计现金流量表的现金流、财务投资决策的现金流和自由现金流,目的是进一步把财务与会计的现金流区分开来,同时对资本预算及投资决策中的财务现金流与自由现金流再进一步厘清关系。

（三）现金流的秘密

现金流断了,公司就会死;现金流还在,公司可持续;现金流充裕,公司有财路;现金流自由,公司能发展。现金流是企业的"血液",血液流失了,需要

[①] 乔纳森·伯克,彼得·德玛佐. 公司理财 [M]. 姜英兵,译. 北京:中国人民大学出版社,2014.
[②] 艾斯沃斯·达摩达兰. 达摩达兰论估价 [M]. 罗菲,译. 刘淑莲,审校. 大连:东北财经大学出版社,2010.

输血，缺血需要补血，贫血需要造血……

现金流是客观的、实实在在的真金白银流进来和流出去，是理财家的逻辑起点和落脚点；利润是模糊的应收应付（权责发生制）下的货币计量结果，是会计师的杰作和企业家的艺术品。

现金流具有很强烈的时间性，何时流入多少或流出多少，清清楚楚，明明白白，它为财务决策时考虑时间价值和风险价值提供了客观物质基础。

现金流——公司王道，秘密何在？那就让我们一起来探索吧！

二、现金流量表

（一）现金流量表的意义

1. 现金流量表的概念。现金流量表是会计报表的三大基本报表之一，它反映了一定时期内（如月度、季度或年度）企业经营活动、投资活动和筹资活动对其现金（包含银行存款）及现金等价物的增减变动情形及原因。它可用于分析一家企业在短期内有没有足够现金去应付支出。

现金流量表是原先财务状况变动表或者资金流动状况表的替代物。它详细描述了由公司的经营、投资与筹资活动所产生的现金流。这张表由美国财务会计标准委员会（FASB）于1987年批准生效，因而有时被称为FASB95号表。这份报告显示资产负债表（balance sheet）及损益表（income statement/profit and loss account）如何影响现金及等同现金，以及根据公司的经营、投资和融资角度作出分析。

2. 现金流量表中现金的含义。现金流量表中的现金是指库存现金、可以随时用于支付的存款和现金等价物。库存现金和可以随时用于支付的存款，一般就是资产负债表上"货币资金"项目的内容。准确地说，还应剔除那些不能随时动用的存款，如保证金专项存款等。现金等价物是指在资产负债表上"短期投资"项目中符合以下条件的投资：（1）持有的期限短（一般指从购入日至到期日在3个月或3个月以内）；（2）流动性强；（3）易于转换为已知金额的现金；（4）价值变动风险很小。

3. 现金流量表的意义。现金流量表的主要作用是决定公司短期生存能力，特别是现金支付能力。通过现金流量表，可以概括反映经营活动、投资活动和筹资活动对企业现金流入和流出的影响，对于分析评价企业的利润含金量、财务状况及理财水平，能够比传统的利润表提供更好的基础。

现金流量表提供了一家公司经营是否健康的证据。试想，如果一家公司经营活动产生的现金流无法支付股利与保持股本的生产能力，从而它得用借款的方式满足这些需要，那么这就给出了一个警告，这家公司从长期来看无法维持正常情况下的支出，从而揭示公司内在的生存和发展问题。

一个正常经营的企业，在创造利润的同时，还应创造现金收益，通过对现金流入来源分析，就可以对创造现金能力作出评价，并可对企业未来获取现金能力作出预测。现金流量表所揭示的现金流量信息可以从现金角度对企业偿债能力和支付能力作出更可靠、更稳健的评价。企业的净利润是以权责发生制为基础计算出来的，而现金流量表中的现金流量是以收付实现制为基础的。通过对现金流量和净利润的比较分析，可以对收益的质量作出评价。企业的投资、筹资活动与经营活动密切相关，因此，对现金流量表中所揭示的投资活动和筹资活动所产生的现金流入和现金流出信息，可以结合经营活动所产生的现金流量信息和企业净收益进行具体分析，从而对企业的投资活动和筹资活动作出评价。

概括起来，现金流量表具有以下意义。

（1）弥补了资产负债信息的缺陷。资产负债表是利用资产、负债、所有者权益三个会计要素的期末余额编制的；利润表是利用收入、费用、利润三个会计要素的本期累计发生额编制的（收入、费用无期末余额，利润结转下期）。唯独资产、负债、所有者权益三个会计要素的发生额原先没有得到充分的利用，没有填入会计报表。会计资料一般是发生额与本期净增加额（期末、期初余额之差或期内发生额之差）说明变动的原因，期末余额说明变动的结果。因此，本期的发生额与本期净增加额得不到合理的运用，不能不说是一个缺憾。

"现金＝负债＋所有者权益－非现金资产"这个公式表明：现金的增减变动受公式右边因素的影响，负债、所有者权益的增加（减少）导致现金的增加（减少），非现金资产的减少（增加）导致现金的增加（减少），现金流量表中的内容尤其是补充资料中采用间接法时即利用资产、负债、所有者权益的增减发生额或本期净增加额填报的。如此，账簿的资料得到了充分的利用，现金变动原因的信息得到了充分的揭示。

（2）便于从现金流量的角度对企业进行考核。对于一个经营者来说，如果因没有现金而缺乏购买和支付能力是致命的，会计师向你报告说公司利润不错，但现金短缺，你一定会忐忑不安。因此，经营者由于管理的要求急需了解现金流量信息。另外，在当前商业信誉存有诸多问题的情况下，与企业有密切关系的部门与个人投资者、银行、人力资源和社会保障、财税和工商等政府机关也更需要了解企业的偿还支付能力，了解企业现金流入、流出及净流量信息。

会计核算的利润与现金流量是不同步的，损益表上有利润而银行账户上没有钱的现象经常发生。在这种情况下，坚持权责发生制原则进行会计核算的同时，编制收付实现制的现金流量表，不失为"熊掌"与"鱼翅"兼得的两全其美的方法。

（3）了解企业筹措现金、生成现金的能力。如果把现金比作企业的血液，企业想取得新鲜血液的办法有二：一是为企业输血，即通过筹资活动吸收投资者投资或借入现金。吸收投资者投资，企业的受托责任增加；借入现金负债增加，今后要还本付息。在市场经济的条件下，没有"免费使用"的现金，企业输血后下一步要付出一定的代价。二是企业自己生成血液，经营过程中取得收入并实现利润，在支付利息、缴纳所得税、支付股利后有留存盈余。因此，利润是企业现金来源的主要渠道。

通过现金流量表可以了解经过一段时间经营，企业的内外筹措了多少现金,自己生成了多少现金。筹措的现金是否按计划用到企业扩大生产规模、购置固定资产、补充流动资金上,还是被经营方侵蚀掉了。企业筹措现金、生成现金的能力,是企业加强经营管理合理使用调度资金的重要信息,是其他两张报表所不能提供的。

(4) 为企业实现转型升级和制定战略规划提供决策依据。如前所述,现金流量表的主要作用是决定公司短期生存能力,但如果一家公司的现金流量表连续两三年都显示其处于衰退期,纵使你怎么筹措资金,怎样进行科学而敏锐的投资决策,它就好比严重贫血的人一样,脸色苍白,四肢无力,缺铁贫血。企业财务困境重重,财务危机四伏,经营者不能坐等财务失败。于是,企业要么改弦易辙、弃暗投明,要么创新转型、战略重组,否则将死路一条。

(二) 现金流量表的格式内容、结构特征及逻辑关系

一般来说,在我国,企业现金流量表均采用报告式格式类型,分别反映经营活动所产生的现金流量、投资活动所产生的现金流量和筹资活动所产生的现金流量,然后经过最终汇总反映企业某一期间现金及现金等价物净增加额。现金流量表的具体格式及内容在第一章以及本章其他地方体现,这里不再赘述。

我们有必要进一步来分析现金流量表的结构特征及其与其他财务报表的数据关系。

现金流量表的格式是按会计信息重要性设计的,采用上下结构的报告式,并根据"现金流入 - 现金流出 = 现金净流量"的计算公式,分别计算来自经营活动、投资活动和筹资活动的现金总流入量、现金总流出及各自所产生的净现金流量等相关现金流的信息。现金流量表的结构特征及其数据关系如表4-1所示。

表4-1　　　　　　　　　现金流量表的结构特征及其数据关系

结构特征	数据关系
一、经营活动现金流量 　　经营活动现金流入 　　减:经营活动现金流出 　　= 经营活动现金流量净额	1. 此处用直接法计算的经营活动现金流量净额与附表部分用间接法计算的经营活动现金流量净额有直接对应关系; 2. 与资产负债表中的流动资产有内在联系,但无直接对应关系
二、投资活动现金流量 　　投资活动现金流入 　　减:投资活动现金流出 　　= 投资活动现金流量净额	与资产负债表的长期资产(长期投资、固定资产、无形资产)有内在联系,但无直接对应关系
三、筹资活动现金流量 　　筹资活动现金流入 　　减:筹资活动现金流出 　　= 筹资活动现金流量净额	与资产负债表中的负债(主要是长、短期借款,应付债券)和所有者权益(主要是实收资本、资本公积)有内在联系,但无直接对应关系

续表

结构特征	数据关系
四、汇率变动对现金及现金等价物的影响	对当期发生的外币业务，也可不必逐笔计算汇率变动对现金的影响，可以通过现金表补充资料中"现金及现金等价物净增加额"数额与现金流量表中"经营活动产生的现金流量净额""投资活动产生的现金流量净额""筹资活动产生的现金流量净额"三项之和比较，其差额即为"汇率变动对现金的影响额"
五、现金及现金等价物净增加额 加：期初现金及现金等价物余额	1. 此处按流量法计算的现金及现金等价物净增加额＝第一项＋第二项＋第三项＋第四项； 2. 此处与附表部分按存量法计算的现金及现金等价物净增加额有直接对应关系； 3. 此处期初现金及现金等价物余额与资产负债表中货币资金的期初数有直接对应关系
六、期末现金及现金等价物余额	此项与资产负债表中货币资金的期末数有直接对应关系

从上到下，报表分析者能够发现，首先企业的现金流量表最上部分是反映企业经营活动的现金流量状况，其次是投资活动现金流量状况，最后才是筹资活动现金流量状况。现金流量表的这种从上到下的结构安排，事实上是根据企业的业务活动的重要性大小来考虑的。由于企业生产经营活动是企业最主要也是最重要的业务活动，即重要性最大的安排在最上结构，重要性最小的安排在最下结构。这样使得报表分析者能够发现，现金流量表的上下结构从上到下是按业务重要性大小还是按资产的流动性进行排列的。可见，现金流量表的格式的上下结构安排主要是为了反映出会计信息的重要性程度。

（三）企业活动与现金流量表关系分析

首先，公司从资本市场（股东、债权人及债务人三方构成资本市场）获取现金。其次，将现金投向产品要素市场中购买生产性物资、劳务及经营性资产。最后，通过销售生产过程中所形成的有形产品或劳务，实现现金回笼。这种从现金流入到现金流出再到现金流入的封闭式过程，就称为现金流，如图4－1所示。

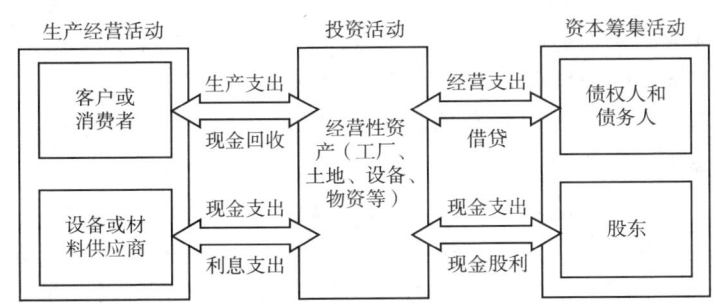

图4－1 企业活动与现金流量表（三部分）的关系

从股东及债权人、债务人获取或支出的现金运动，我们称之为资本筹集活动；投资于设备、厂房、可供出售金融资产的现金收入及现金支出，我们称之为现金投资活动；我们将在产品要素市场的现金收入与支出称为现金经营活动。而现金的这三种运动就形成了现金流量表的主要结构基础。在筹资活动期间形成的现金流入、流出的差额，我们称之为筹资活动现金净流量。即现金净流量＝现金流入量－现金流出量。同理，投资活动、生产经营活动过程中所产生的流入、流出差额也分别被称为投资活动所产生的现金净流量和生产经营活动所产生的现金净流量。

三、现金流量表的局限性

一般认为，经营活动产生的现金流量净额是评价企业偿还能力的重要标志，如短期偿债能力流动比率＝经营活动产生的现金流量净额/流动负债总额，比率越大，偿还能力越强。但是有时也不能绝对，现金不是越多越好。企业可按交易性、预防性和投资性动机持有一定数量的现金，这就是为什么公司理财还要测算最佳货币持有量的原因。超过合理水平的现金就应该安排投资以获取更高的收益。

直观地看，现金流量表就是对比较资产负债表中"货币资金"期初、期末余额变动成因的详细解释。现金流量表编制方法较为复杂，这或多或少地影响到了对它的充分理解和利用，而且人们对其作用和不足也缺乏一种较为全面的认识。许多人对现金流量表抱有很大期望，认为"经营现金流量净额"可以提供比"净利润"更加真实的经营成果信息，或者它不太容易受到上市公司的操纵，等等。

事实上，这些观点是比较片面的。现金流量表和其他财务报表一样，具有其局限性，通常包括以下五点。

第一，现金流量表只能反映企业过去的现金流量状况，并不能反映出企业未来的现金流量状况。而通过现金流量表解读和分析所得出的是否具有偿债能力或盈利能力更多的只能反映企业到目前为止拥有偿债能力或盈利能力，并不能真正反映企业未来具有很强的偿债能力或盈利能力。

第二，由于现金流量表是采取实收实付制编制的，因此当企业能产生足够的净现金流量时，可能企业并没有利润，这就是说现金流量表并不能反映出真实的企业经营状况。企业的当期业绩与"经营现金流量净额"没有必然联系，更不论投资、筹资活动所引起的突发性现金变动了。另外，在权责发生制下，企业的利润表可以正常反映当期赊销、赊购事项的影响，而现金流量表则是排斥商业信用交易的。不稳定的商业回款及偿债事项使得"经营现金流量净额"比"净利润"数据可能出现更大的波动性。

第三，企业资产负债表、利润表在编制过程中可能存在盈余管理和人为操纵因素，现金流量表也同样存在这些方面的问题。比如，关联交易方故意提高采购价格或提前预付更多的资金，在这些情况下编制的现金流量表也是需要报表分析者认真仔细"斟酌"的。不少上市公司采用临时协议还款方式，在年末收取现金，年初又将现金拨还债务人。这样，企业年末现金余额剧增，而应收款项又大幅冲减，从而使资产负债表和现金流量表都非常好看，但现金持有的真实水平却没有变化。相反,在这种情况下,利润表受到的影响不大(除了当期坏账费用减少以外),仍能比较正确地反映当期经营成果。

第四,现金流量表和其他财务报表一样,存在货币无法计量的现金流。根据经济附加值计算出的品牌价值,如发生的增值部分,本身是可以用于偿还债务的,但由于没有实际交易而无法反映到现金流量表中。因此,通过现金流量表所反映的偿债能力得不到真实体现。

第五,编制方法存在问题。在现行会计实务中,"经营现金流量净额"的计算最终取决于"货币资金"的当期变动额,而不是每项业务的真实现金影响。例如,在其计算过程中,收回或核销前期应收款项的效果相同,都会增加"销售商品、劳务收到的现金",这就很容易对投资者形成误导。公司若在年报前,大规模准备计提将导致上市公司平均净利润显著下滑,但现金流量情况却普遍好转。这一奇怪现象正是其编制方法缺陷的典型体现。然而完全相反的情况可能将在下一年年报中出现。

尽管如此,瑕不掩瑜。现金流是王道要从会计报表做起,也要从阅读、理解和分析现金流量表起步和入手。吃透会计现金流量表对于理解资本预算及其投资决策上的财务现金流量非常有用,也对于分析自由现金流量很有帮助。

总之,对企业的现金流量分析,始于现金流量表,而后要跳出现金流量表,最后要自由飞翔于现金流创造企业价值的苍穹。

第二节 影响现金流量变化的因素分析

不论是企业经营活动、投资活动还是筹资活动,在任意会计期间均有可能出现大的波动。那么,哪些因素会导致这些重大变化呢?在进行具体的现金流分析之前,我们必须先对影响企业现金流量变化的因素进行梳理分析。

概而言之,影响企业现金流量变化的主要因素如表4-2所示。

表4-2　　　　　　　　影响企业现金流量变化的主要因素

类型	经营活动现金流量净额	投资活动现金流量净额	筹资活动现金流量净额
发生重大变化的可能原因	行业特点、发展阶段、营销策略、收付异常、关联交易、异常运作	扩张加剧、战线收缩、处置不良、投资收益获取	融资环境、不当融资、理财能力、银行承兑商业汇票结算

一、影响经营活动现金流量变化的主要因素分析

1. 行业特点及计算方式。不同行业的商业惯例不同,其现金流量的模式也

不相同。有的行业采用预收账款方式销售，有的采用赊销方式销售，有的则采用现销方式销售。显然，不同的销售模式会导致不同的经营活动现金流量模式。

2. 企业生命周期。企业处于不同生命周期的发展阶段，其经营活动现金流量的态势也不相同。在发展的初级阶段，为了迅速占领市场，扩大企业的影响力，企业往往会加大现金投入（如研发投入等）。反之，处于成熟的发展阶段且市场竞争优势明显的企业，其现金流量态势可能呈现另外的状况。这一点我们在下一节会展开讨论。

3. 营销策略。即使在同一行业内部，由于企业的竞争优势各不相同，在市场中的营销策略也会有所差异：竞争优势明显、产品供不应求的企业，往往采用预收货款的方式；而销售困难，在市场中处于暂时的竞争劣势的企业，往往会加大赊销的力度。

4. 收付异常。在多数情况下，影响企业经营活动产生的现金净流量的主要因素是其常规的收付过程的控制情况。当企业由于种种原因出现收款或者付款异常时，其经营活动产生的净现金流量也会发生显著变化。

5. 关联交易及其异常运作。关联交易既可以对交易的盈亏进行操纵，也可能对现金流量的流向进行操纵。在企业的经营资金被关联方占用的情况下，即使常规的经营活动的现金流量极大，也难以抵挡关联方的巨额占用对经营活动现金流量的冲击。

二、影响投资活动现金流量变化的主要因素分析

1. 扩张加剧。无论是对外扩张还是对内扩大再生产，在企业扩张加剧的情况下，其投资活动产生的现金流出量会比较大。在这种情况下，企业投资活动产生的现金流量净额往往会远远小于零。

2. 战线收缩和处置不良资产。在企业战线明显收缩和大量处置不良固定资产等情况下，如果还有相应的现金流入，则这种流入将表现为投资活动产生的现金流入量。在这种情况下，企业投资活动产生的现金流量净额会因此增加。

3. 获取投资收益。在企业获得投资收益（收取现金股利和利息）的情况下，这种流入将表现为投资活动产生的现金流入量。同样，企业投资活动产生的现金流量净额会因此增加。

三、影响筹资活动现金流量变化的主要因素分析

1. 融资环境。影响筹资活动现金流量变化的首要因素是融资环境，包括货币政策、信贷环境、利率变动、IPO和再融资监管政策等。企业为降低融资成本，控制融资风险，一般会积极地及时修订融资策略。

2. 不当融资。不当融资与理财能力有关，理财能力较强的企业往往会使自身的现金流量余额保持在较低的水平，不会出现长期超过需求数量举债的不当融

资行为。

3. 银行承兑商业汇票结算。在大量采用银行承兑汇票结算的情况下，企业往往需要向银行支付巨额的承兑保证金，则有可能因此而增加对短期贷款的需求。

第三节 基于企业生命周期的现金流量分析

本节主要从企业生命周期的角度，观察处于生命周期不同阶段的企业报表有哪些显著特征。尤其在现金流量表上，这种特征会体现得非常明显。

一、初创期企业的特征

在创业期内，企业的销售量一般都很低，基本上在市场上没有竞争力。处在这个阶段的企业存在着各种各样的风险，包括经营风险、财务风险等。归纳起来，创业期分析的财务报表特征包括以下几个方面。

（一）资产负债表和利润表的特征

1. 资产负债率低。企业在创业期阶段，由于企业的经营资本几乎全部来自股权投资，企业很难获得金融机构的各种贷款，同时，企业在该阶段的信用体系尚未建立，供应商的货款大部分支付的方式都是现金支付，从而导致企业在该阶段的资产负债率出现较低的情况。

2. 现金储备不足。除了那些资本实力很雄厚的企业外，一般企业在创业期的货币资金规模都较小，由于无法获得更多的外部投资者和金融机构、企业供应商的资金支持，所以，企业的现金储备明显不足，很多时候容易出现支付困难。另外，由于企业产品对客户的吸引力又较弱，还容易造成企业销售货物后无法及时收取现金，这对企业本来就不足的现金储备会带来更不利的影响。

3. 低偿债能力。处在该阶段的企业，由于货币资金不充裕，销售情况不甚理想，这样就容易造成资金紧张。

4. 偏高资产效率。由于受该阶段资金的影响，企业在该阶段的固定资产投资偏少。企业更多的是流动资产，而流动资产的流动性一般都高于固定资产。这样来说，企业在该阶段往往比较容易出现高资产效率。

5. 盈利能力均较差。企业在创业期拥有的全部资产中基本以流动资产为主，所以必然导致盈利能力差。同时，企业的产品竞争力弱，企业的定价策略往往以低价格吸引客户（除高技术含量的产品可以定高价外），再加上较低的管理水平，这样就导致了企业盈利能力较低。

（二）现金流量表的特征

如上所述，初创期（或创业期）企业初入市场，资金有限，利润水平较低。

因此其现金流量表特征表现为以下三点。

1. 企业需要投入大量的人、财、物形成生产能力，开拓市场，经营活动净现金流量为负。

2. 投资活动消耗的现金流量远大于经营活动产生的现金流量，投资活动净现金流量为负。

3. 有筹资需求，但资本供给不足，举债融资不会很多，因此筹资活动净现金流量为负，但其数量不大。

由于初创期公司刚刚起步，羽翼未丰，尚不满足上市条件，财务数据没有公开。而我国 2010 年开启的创业板市场，其上市公司实际上基本不是初创期（创业期）企业，勉强可算作初步进入成长期的企业。因此，此处不再运用具体公司的财务报表数据加以说明。

二、成长期企业的特征

处于成长期的企业，往往具有这样的特点：其商业模式基本得到验证，或者说投资人认为其商业模式值得进一步验证。企业开始大规模投入，进入花钱如流水（或者叫"烧钱"）的阶段。体现在财务报表上，处于成长期的企业往往具有下列特点。

特点一：规模迅速扩张。企业的资产规模增长很快，收入增速也非常快。

特点二：企业往往是亏损的，有可能在成长期中后期实现盈利。

特点三：企业的经营活动现金流量净额往往是负数，由于企业规模急速扩张，各种经营性支出激增，可能在成长期后期转为正数。

特点四：企业的投资活动现金流出往往是巨大的负数，通过跑马圈地、长期资产上的投入激增，推动企业快速发展。

特点五：企业的筹资活动现金流入往往是巨大的正数。

让我们用特斯拉（Tesla）这家公司的财务报表来看看高速成长期企业的特点吧。先来看看其创始人之一——马斯克的经历，你会感慨"强悍的人生不需要解释"。而创新创业，需要百折不挠。

马斯克：站在离谱与靠谱之间——硅谷钢铁侠的传奇人生

特斯拉[①]上市之后的年报，能够搜集到的是从 2009 年至今的数据。这是一家在飞速成长的企业，请看看上面这些特征在它报表中的体现。

（一）规模迅速扩张

如表 4-3 所示，特斯拉的资产规模迅速膨胀，从 2009 年的 1.3 亿美元膨胀到 2015 年的 80.9 亿美元，年增长率均值达到了 106%。

---

① 特斯拉公司（TSLA）的年报资料来源于东方财富网。

表4-3 特斯拉的资产规模

指标	2015年	2014年	2013年	2012年	2011年	2010年	2009年
总资产（万美元）	809 246.0	583 066.7	241 693.0	111 419.0	71 344.8	38 608.2	13 042.4
趋势百分比（%）	6 205	4 471	1 853	854	547	296	100
同比增长（%）	39	141	117	56	85	196	
平均增长率（%）	106						

如表4-4所示，特斯拉的收入规模迅速膨胀，从2009年的约1.1亿美元上升到2015年的约40.4亿美元，年增长率均值达到了109%。其中比较大的增长出现在2013年，收入一下子由2012年的约4亿美元上升至约20亿美元，这应该与2012年开始量产售卖的Model S有关。

表4-4 特斯拉的收入规模

指标	2015年	2014年	2013年	2012年	2011年	2010年	2009年
总收入（万美元）	404 602.5	319 835.6	201 349.6	41 325.6	20 424.2	11 674.4	11 194.3
趋势百分比（%）	3 614	2 857	1 799	369	182	104	100
同比增长（%）	27	59	387	102	75	4	
平均增长率（%）	109						

（二）企业连续亏损

如表4-5所示，特斯拉越亏越多！这是一家资不抵债的企业，从2009年亏损5 574万美元，到2015年亏损约8.8亿美元，但它却成功上市了！

表4-5 特斯拉的净利润

指标	2015年	2014年	2013年	2012年	2011年	2010年	2009年
净利润（万美元）	-88 866.3	-29 404.0	-7 401.4	-39 621.3	-25 441.1	-15 432.8	-5 574.0
趋势百分比（%）	1 594	528	133	711	456	277	100

2013年从财务业绩上来看算是特斯拉相对亮眼的一年，在表4-5中大家看到收入上涨了将近4倍，而亏损是在这几年间唯一一次比上一年亏损额减少的一年。2012年特斯拉亏损近4亿美元，而2013年仅亏损7 000余万美元。特斯拉的股价也正是从2013年发力的，从33.87美元上涨到最高265美元，一年之内上涨了近7倍。

我们来比较一下，2018年10月5日，阿里巴巴（BABA）的股价报收154.63美元，而特斯拉（TSLA）的股价报收261.95美元。为什么特斯拉（TSLA）年年亏损，而股价会涨到如此之高？

（三）经营活动现金净流量为负

如表4-6所示，特斯拉的经营活动现金净流量仅在2013年是正数，这与前面分析的2013年是在其经营层面上讲最好的一年的说法一致，这一年它是赚钱的，产生了约2.6亿美元的现金流。但其他年份无一例外全部是负数，表明该企业在经营活动上的现金投入巨大——它不断地在"烧钱"！经营活动上的现金支出有很多种，美国报表给出的是间接法，没办法看到具体每一项的现金流入和流出。

表4-6 特斯拉的经营活动现金净流量

指标	2015年	2014年	2013年	2012年	2011年	2010年	2009年
经营活动现金净流量（万美元）	-52 449.9	-5 733.7	26 480.4	-26 608.1	-12 803.4	-12 781.7	-8 082.5
趋势百分比（%）	649	71	-328	329	158	158	100

特斯拉采用了直营店的模式销售，这种销售模式相比于骑在代销商背上的传统汽车销售模式，在早期会带来更多的经营活动现金流出，但是就像直营店模式已经被苹果证明是正确的选择一样，笔者也相信这是特斯拉明智的决定。

此外，从结合利润表中披露的研发费用（R&D expenditure）来看，如表4-7所示，对于特斯拉来说，研发费用会构成其经营活动现金流出的一部分（虽然不一定所有研发都是现金支出，但大体趋势应该一致）。

表4-7 特斯拉的研发费用

指标	2015年	2014年	2013年	2012年	2011年	2010年	2009年
研发费用（万美元）	71 790.0	46 470.0	23 197.6	27 397.8	20 898.1	9 299.6	1 928.2
研发费用/收入（%）	18	15	12	66	102	80	17

2010年特斯拉上市之后加大了研发的力度，研发费用从原来的约2 000万美元激增到2010年的约9 000万美元、2011年的约2亿美元、2012年的约2.7亿美元。2013年研发费用出现下降，如果2013年特斯拉继续加大研发支出的话，可能其经营活动现金净流量就会比2.6亿美元少了。2014年和2015年特斯拉继续加大了在研发上的投入。但如果从研发费用占收入的比例上来看，2010～2012年无疑是研发投入力度最大的三年。Model X就是在这期间研发问世的，但Model X的量产是2015年以后的事情了。

（四）投资活动现金净流量为负

如表4-8所示，我们可以看到成长期企业的特点一定是跑马圈地、扩大规模，其投资活动现金净流量是负数，并且越来越大。特斯拉在2014年和2015年表现好得特别明显，其投资活动现金净流量一下子从原来的2亿多美元的规模上升到了近10亿美元！

表 4-8　　　　　　　　　特斯拉的投资活动现金净流量

指标	2015 年	2014 年	2013 年	2012 年	2011 年	2010 年	2009 年
投资活动现金净流量（万美元）	-167 355.1	-99 044.4	-24 941.7	-20 693.0	-16 225.8	-18 029.7	-1 424.4
趋势百分比（%）	11 749	6 953	1 751	1 453	1 139	1 266	100

对于特斯拉来说，它除了投资建厂之外，还需要铺设充电桩等基础设施，因此投资活动现金流出巨大毫不奇怪。与之相伴的一定是资产负债表中固定资产的激增（见表 4-9）。

表 4-9　　　　　　　　　　特斯拉的固定资产

指标	2015 年	2014 年	2013 年	2012 年	2011 年	2010 年	2009 年
投资活动现金净流量（万美元）	340 333.4	182 926.7	73 849.4	55 222.9	29 841.4	11 463.6	2 353.5
趋势百分比（%）	14 461	7 773	3 138	2 346	1 268	487	100
固定资产/总资产（%）	42	31	31	50	42	30	18

如表 4-9 所示，特斯拉的固定资产增速惊人，从 2009 年的 2 300 多万美元激增至 2015 年的 34 亿多美元。我们观察其固定资产每年的增量，基本对应了当年的投资活动现金净流出。特斯拉固定资产占总资产的比重较高，这绝对是重资产型企业，所处的是需要大量资金才能参与的行业。

（五）筹资活动现金净流量为正

如前所述，经营活动和投资活动都是纯耗钱的，筹资活动如果跟不上，就只能关门大吉了。因此筹资活动必须跟上！

如表 4-10 所示，特斯拉在 2009 年时资不抵债，差点倒闭，关键时刻可转债被投资人认购了，得到 2 500 万美元，2010 年 IPO 上市融到 1.9 亿美元，之后特斯拉又多次发行可转债和股票融资。

表 4-10　　　　　　　　　特斯拉的筹资活动现金净流量

指标	2015 年	2014 年	2013 年	2012 年	2011 年	2010 年	2009 年
筹资活动现金净流量（万美元）	152 352.3	214 313.0	63 542.2	41 963.5	44 600.0	33 804.5	15 541.9
趋势百分比（%）	980	1 379	409	270	287	218	100

总体来看，特斯拉在 2009～2015 年经营活动消耗了 9 亿美元，投资活动消耗了 35 亿美元，筹资活动融资到了 57 亿美元（见表 4-11）。这是经典的高速成长期企业的现金流量特点。

表4-11　　　　　　　特斯拉2009~2015年的总体现金流量状况　　　　　　　单位：亿美元

指标	2009~2015年
经营活动净现金流量合计	-9
投资活动净现金流量合计	-35
筹资活动净现金流量合计	57
小计	13
汇率变动的影响	-2
期初现金及现金等价物	1
期末现金及现金等价物	12

现在很多IT企业的财务手法大同小异。不管盈利模式如何，不管亏损多大或者盈利甚微，先把规模做上去，把营业收入冲上去，和投资人就有"故事"（或者"神话"）可讲，下一轮融资只要能谈判成功，就能再挺住一阵子。等到竞争对手都溃败了，以为自己就能盈利了。

这种战略和战术需要"大胆量""大气魄"，因为不一定"熬死"的就是别人。这种情况下，我们需要判断的是该企业是否拥有核心竞争力——掌握某种核心技术或者垄断资源。如果有，那么如此执着还有可能前途光明；如果没有，那是执迷不悟，迟早是死路一条。所以，此时做好行业分析和公司战略分析就显得十分重要了。

对于特斯拉来说，认为未来一定是电动车的天下，并且是自动驾驶电动车的天下。这个市场是足够大的，特斯拉已经占据了先机。TechWeb2020年6月4日消息，据国外媒体报道，特斯拉在4月29日发布的一季度财报中披露，他们在上海超级工厂内的Model Y厂房已开始建设，当时财报中披露的照片显示厂房的钢结构施工正在全面进行，约有一半已经封顶。如此，可以憧憬特斯拉的前景。

三、成熟期企业的特征

成熟期企业财报的特征，我们用沃尔玛的财务报表数据来举例说明，将会不禁感叹：现金牛沃尔玛！[①]

成熟期企业的财报特征有以下五点。

第一，规模增速开始放缓，甚至停止增长。

第二，利润增速放缓，或者停止增长。

第三，经营活动现金流量非常充沛。

第四，投资活动现金流量需要分类仔细分析。

第五，筹资活动现金流量往往是较大的现金流出。

---

① 沃尔玛公司（WalMart Inc.）（NYSE：WMT），是一家美国的世界性连锁企业，以营业额计算为全球最大的公司，其控股人为沃尔顿家族。总部位于美国阿肯色州的本顿维尔。沃尔玛主要涉足零售业，是世界上雇员最多的企业，主要有沃尔玛购物广场、山姆会员店、沃尔玛商店、沃尔玛社区店四种营业方式。2023年美国《财富》杂志世界500强企业排行榜发布，沃尔玛连续第11年蝉联榜首。2024年3月8日，WMT股价报收60.12美元，总市值4 870亿美元。

下面我们用沃尔玛的财务报表数据①来进行效应的分析。

（一）规模增速开始放缓，甚至停止增长

规模可能体现在存量规模（资产）上，也可能体现在流量规模（收入）上。我们先来看看沃尔玛的资产规模，图4-2是沃尔玛1988年以来的部分财务数据（见图4-2）。

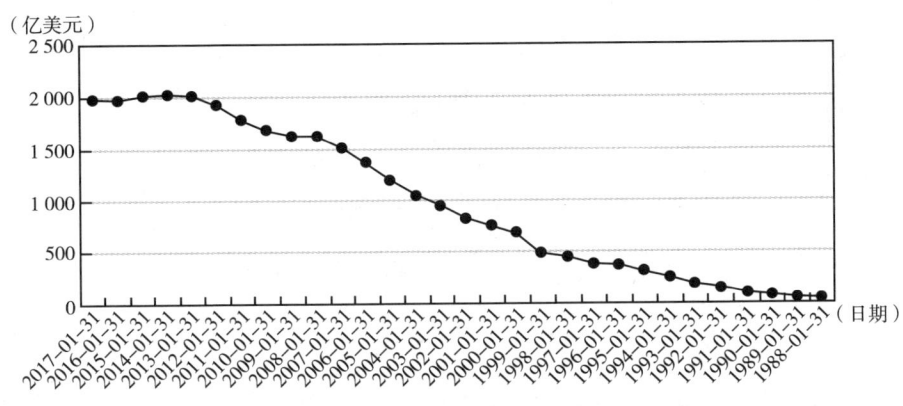

图4-2　沃尔玛的资产规模

我们可以看到，沃尔玛的总资产在2014年1月31日达到最高点2 047.5亿美元，之后再也没有超过这一总资产规模，2017年1月31日的总资产规模是1 988.3亿美元。可见，沃尔玛的资产规模增速开始放缓，甚至停止增长了。

毕竟资产只是存量规模，我们再参照流量规模来进行判断（见图4-3）。沃尔玛的收入规模在2016年首次出现下降，从4 856.5亿美元下降到4 821.3亿美元。2007年之后总体增速有所下降。

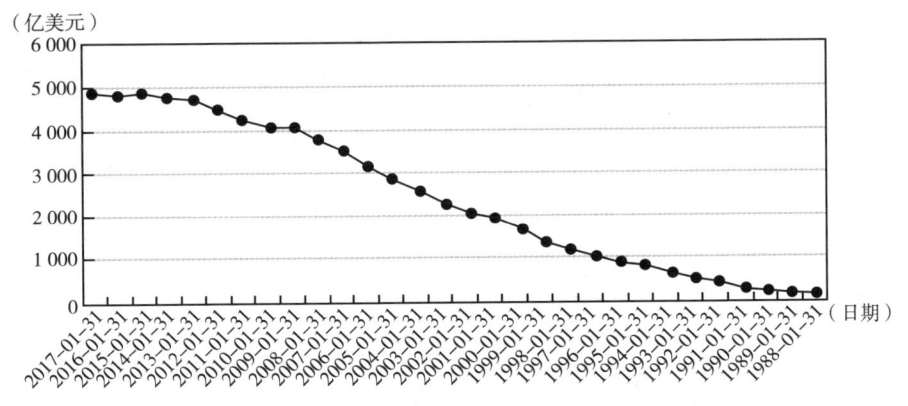

图4-3　沃尔玛的收入规模

---

① 相关资料来自美国证券交易委员会网站的 EDGAR 数据库中的公司年报。

(二) 利润增速放缓，或者停止增长

同样，我们可以从 1988 年以来沃尔玛的利润情况（见图 4-4）得到说明。

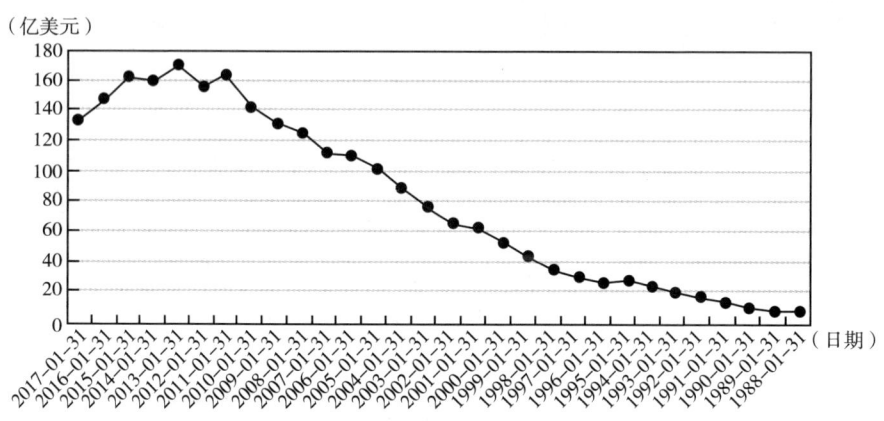

图 4-4　沃尔玛的净利润

沃尔玛的净利润最高值出现在 2013 年，为 170 亿美元。之后再没有超过这个利润数字，2017 年其净利润数字是 136.4 亿美元。可见，沃尔玛盈利水平总体上的增长是下行的。但是对比资产图形、收入图形和净利润图形，我们会发现净利润图形更加戏剧化，呈现一高一低的犬牙交错的形状，这是因为影响净利润的因素更多更复杂。

因为篇幅所限，我们已经略去了资产、收入、净利润 30 年增长率的指标分析，实际上，沃尔玛 30 年来资产的平均增长率是 14.07%，2007 年起其流动资产增长率再没有超过 14.07%；收入的平均增长率是 12.86%，从 2002 年开始其滚动收入增长率再没有超过 12.86%（其中滚动增长率相对较高的有 2003 年的 12.51%、2007 年的 11.62%）；净利润的平均增长率是 11.74%，在 2006 年之前的滚动增长率基本上都超过了该均值，而从 2006 年之后（含 2006 年）的 12 年间，沃尔玛有 10 年的滚动增长率都低于均值。

因此，2007~2016 年沃尔玛资产、收入和净利润的增速均在放缓，其滚动增长率的平均值如表 4-12 所示。

表 4-12　　　　沃尔玛 2007~2016 年相关指标增长率　　　　单位：%

项目	2007~2016 年
总资产平均增长率	3.81
收入平均增长率	4.51
净利润平均增长率	3.01

这说明，沃尔玛处在成熟期内。下面让我们来看看成熟期企业现金流量表的特点。

（三）经营活动现金流量非常充裕

处于成熟期的企业是现金牛，能够从经营活动中产生足够的现金流量用于经营性长期资产的更新改造，如图4-5所示。

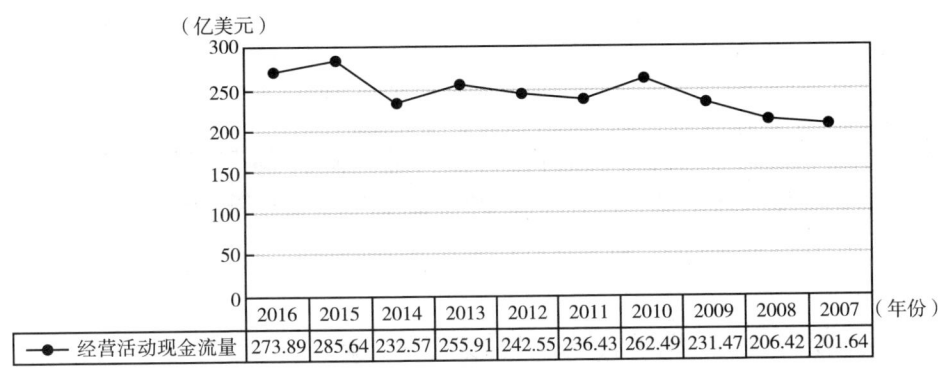

图4-5 沃尔玛的经营活动现金流量

我们可以看到沃尔玛经营活动产生的现金流量在这10年间处于200亿~280亿美元的区间内。如图4-6所示，从滚动增长来看，沃尔玛的经营活动现金流量的增长率在-10%~23%之间，并呈现了正负交替的局面。

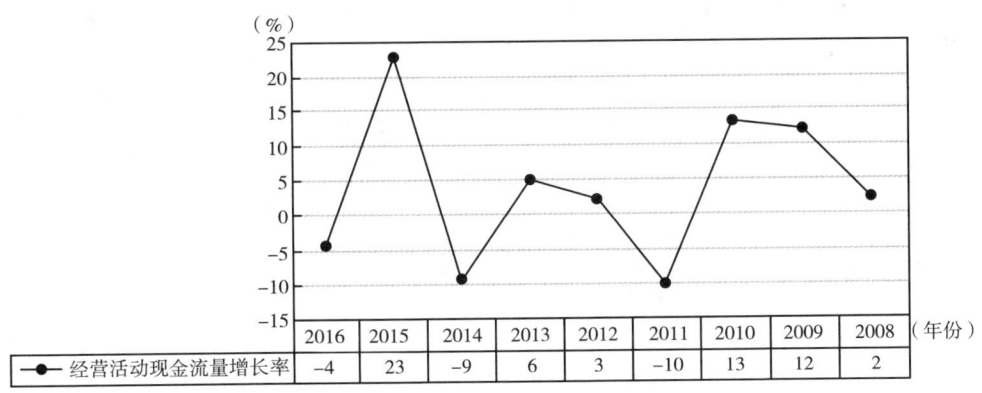

图4-6 沃尔玛经营活动现金流量增长率

现在，让我们来看看经营活动产生的现金流量是否能够满足企业在更新固定资产方面的现金需要。从沃尔玛的投资活动现金流出中找到购买固定资产支付的现金（payments for property and equipment），用经营活动产生的现金净流量减去资本性支出，看看还有没有现金剩下来（见图4-7）。

我们看到沃尔玛的自由现金流非常充裕，在10年间整体趋势是向上的。其经营活动产生的现金净流量在满足了固定资产更新改造的需求之后，还能够再去满足其他方面的现金需求。这就是名副其实的现金牛！

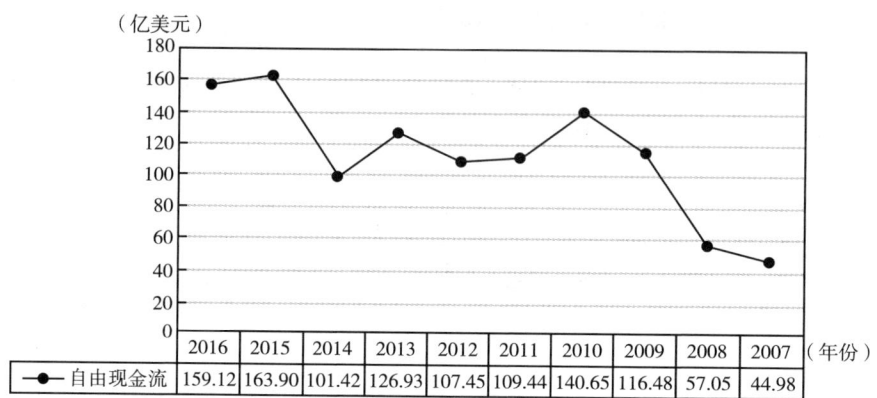

图4-7　沃尔玛的自由现金流

（四）投资活动的现金流量需要分类仔细分析

我们不妨将沃尔玛的投资活动现金流量进行三种不同性质的区分。

第一类，是为了支撑企业主要的经营活动而与经营性长期资产有关的现金流入和流出，例如，购置固定资产、无形资产，处置固定资产、无形资产等。

第二类，是用于并购或者参股持股其他企业与长期股权投资相关的现金流入与流出。

第三类，是利用闲置资金进行纯粹的理财行为而导致的现金流入与流出。

由于准则变化或者企业会计分类的变更，所以以上的划分有可能并不完全准确，此处只是做参考。例如，有些年份当"投资与企业并购"（investments business acquisitions）的数字非常小的时候，就没有单独列示，而是归类为"其他投资活动"（other investing activities），如表4-13所示。

表4-13　　　　沃尔玛投资活动现金流量的分类分析　　　　单位：亿美元

项目	2016年	2015年	2014年	2013年	2012年	2011年	2010年	2009年	2008年	2007年
第一类	-105.96	-109.33	-123.88	-123.66	-19.30	-122.10	-111.82	-99.47	-142.37	-146.62
第二类	0	0	0	-3.16	-35.48	-20.20	0	-15.76	-13.38	-0.68
第三类	-0.79	-1.92	-1.38	0.71	-1.31	2.19	-4.38	7.81	-0.95	2.23
投资活动现金流量	-106.75	-111.25	-125.26	-126.11	-166.09	-121.93	-116.20	-107.42	-156.70	-145.07

我们看到，投资活动在总体上是现金流出。往往处于成熟期的企业是其规模最大、业务最广的时候，此时要维护企业正常运转，在固定资产更新改造上一定是需要大量的资金的。沃尔玛投资活动现金流出的绝大部分是服务于经营活动的

长期资产购建上的。而且第一类的现金流出规模较为稳定,说明企业处于成熟期,而不是加速扩张的成长期。

资产负债表上固定资产的存量规模如图4-8所示。大家可以发现,沃尔玛的固定资产有所增加,总体平缓。

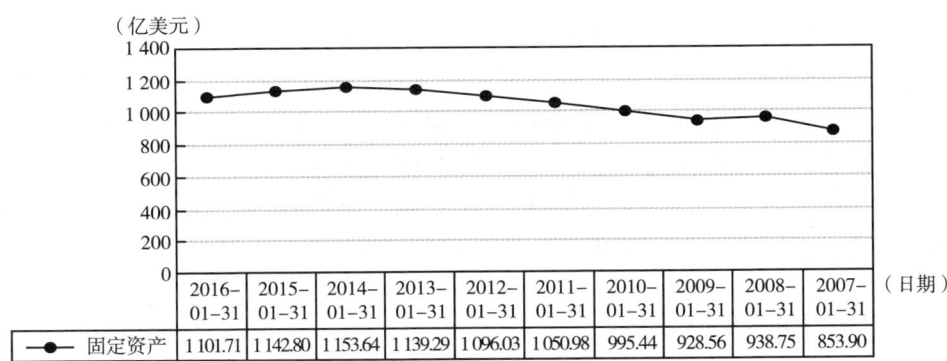

图4-8 沃尔玛的固定资产

沃尔玛的投资活动现金流量主要是与经营性长期资产相关的,用在持股并购上的现金流相对较少,甚至长达两年都没有并购的活动。同时,沃尔玛用在其他方面(投资理财)的现金也很少(这与苹果公司的报表特征不太一样)。

(五)筹资活动往往是比较大的现金流出

现金牛企业的特点是在经营活动上产生源源不断的现金,而企业扩张已经放缓,此时正是回馈股东的好时机。

我们不妨将筹资活动现金流量按照与债权人相关还是与股东相关,进行分类,如表4-14所示。

表4-14　　　　　沃尔玛筹资活动现金流量的分类分析　　　　单位:亿美元

项目	2016年	2015年	2014年	2013年	2012年	2011年	2010年	2009年	2008年	2007年
与债权人	-36.71	-54.27	27.55	9.89	28.88	71.85	-22.62	-26.51	38.55	-3.19
与股东	-124.51	-96.44	-135.44	-129.61	-113.46	-192.13	-19.29	-72.67	-112.77	-45.20
筹资活动现金流量	-161.22	-150.71	-107.89	-119.72	-84.58	-10.28	-141.91	-99.18	-74.22	-48.39

我们可以看到,在沃尔玛的筹资活动现金流出中,绝大部分是用于给股东回报了,包括分红和回购股票等方式。而在与债权人的关系上总体是一个借借还还的关系。沃尔玛通过这种借借还还,将资产负债率控制在60%左右(见表4-15),非常漂亮!这应该是企业认为他们比较合适的一个负债水平,或者说是公司的目标资本结构。

表 4-15　　　　　　　　　　　沃尔玛的资产负债率　　　　　　　　　　单位：%

指标	2016 年	2015 年	2014 年	2013 年	2012 年	2011 年	2010 年	2009 年	2008 年	2007 年
资产负债率	60	60	63	62	63	62	59	60	60	59

以上是以沃尔玛为例来说明成熟期企业的一些财务报表特征。一般来说，这些特征是：规模增速变缓，或者停止增长；会有非常好的盈利水平；在经营活动上能产生充足的现金流量；在满足投资活动现金需求的同时（投资活动现金流出的增速也放缓了），能给予股东丰厚的分红与回报。

感兴趣的朋友，在学完本《财务报表分析》课程后，可以再去计算并分析它的一系列财务比率。沃尔玛的财务比率也是可圈可点的，算是标杆型企业。

四、衰退期企业的特征

衰退期企业的财报可能有以下特征。

第一，规模逐渐萎缩。
第二，盈利状况不佳。
第三，经营活动现金流量告急。
第四，在经营性长期资产上的投资活动现金流量可能变成正数。
第五，给股东回报的筹资活动现金流出会很小。

这里我们用凯马特（Kmart）[①]为例来说明。凯马特是现代超市型零售业的鼻祖，成立于 1962 年，1979 年它的销售额就突破了 10 亿美元。1981 年，凯马特的店铺总数超过了 2 000 家，网点覆盖了全美 50 个州，一时风头无两。但之后，凯马特盲目扩张，导致在竞争中被沃尔玛等对手赶超。2005 年，凯马特并购了西尔斯，两家公司合并后改称西尔斯控股（Holdings），在规模上成为美国第三大零售商。但是并购之后其业绩怎样呢？能够扭转颓势吗？

让我们来看看它的报表吧（请注意，2005 年之前该公司叫凯马特，2005 年之后就叫西尔斯了。由于属于重大并购，报表在并购前后并不完全可比）。

（一）规模逐渐萎缩

我们先来看凯马特的资产规模（见图 4-9）。

此处，我们不妨拿沃尔玛与凯马特进行对比。大家看沃尔玛的情况时，也许对它的业绩并没有太大感觉。但事实是，当我们将凯马特的数据跟沃尔玛的放在一起时，就能清晰地感觉到沃尔玛的业绩是多么出色。20 世纪 80 年代，还是凯马特领先的年代，那时候凯马特的总资产是远超沃尔玛的。例如在 1988 年，凯马特的总资产是 111 亿美元，而同期沃尔玛只有 51 亿美元。但沃尔玛在随后的

[①] 相关资料来自美国证券交易委员会网站的 EDGAR 数据库中的公司年报。

几年间经过了飞速的增长，1992年两家公司的总资产规模基本持平（凯马特是160亿美元，沃尔玛是154亿美元），1993年沃尔玛的总资产规模就超过了凯马特（凯马特是189亿美元，沃尔玛是206亿美元）。注意，凯马特和沃尔玛的资产负债表日都是在1月底。

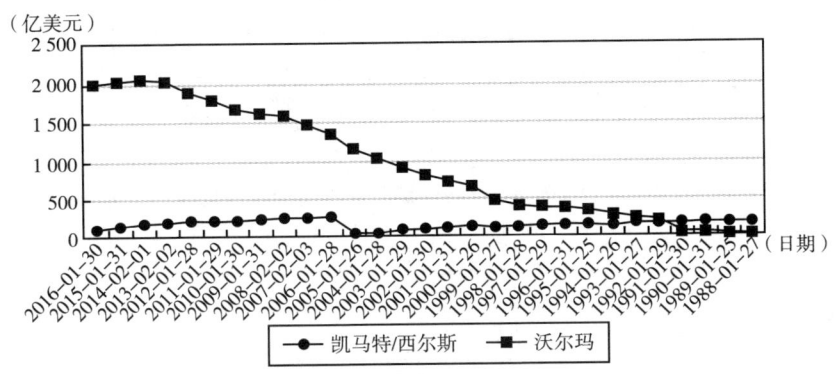

图4-9 凯马特/西尔斯和沃尔玛的资产规模

我们再看看凯马特和沃尔玛总资产的滚动增长率（见图4-10）。

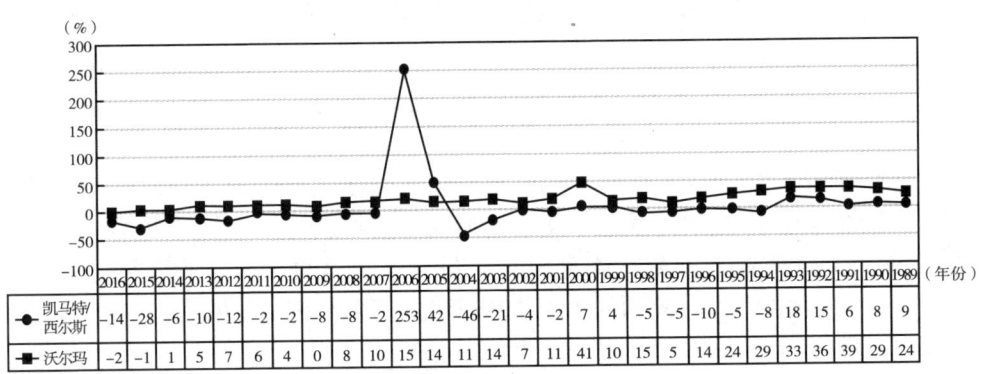

图4-10 凯马特/西尔斯和沃尔玛的总资产增长率

我们看到与沃尔玛保持增长的总体趋势不同，凯马特的总资产增长率在正负之间摇摆。其中2006年的异常值是与西尔斯合并导致的。事实上，并购完成之后的西尔斯总资产规模是一直在缩水的（负的增长率）。

接下来请观察凯马特的收入规模（见图4-11）。

凯马特与沃尔玛收入的趋势与总资产的趋势总体是类似的。20世纪80年代，凯马特的收入是超过沃尔玛的。例如在1988年，凯马特的收入为260亿美元，沃尔玛的收入是160亿美元。但是之后，沃尔玛实现了飞速的增长，到1991年沃尔玛的收入（329亿美元）就超过了凯马特的收入规模（326亿美元）。凯马特在20世纪90年代初失去了昔日的霸主地位，被后起之秀沃尔玛赶超了。

然后我们来看凯马特的收入增长率（见图4-12）。

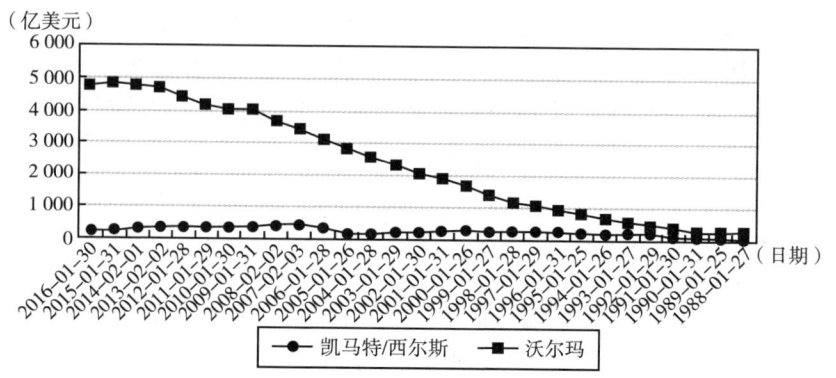

图 4-11 凯马特/西尔斯和沃尔玛的收入规模

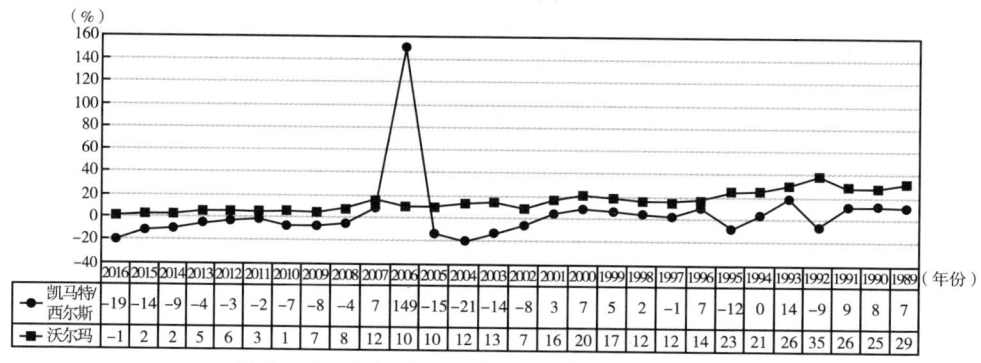

图 4-12 凯马特/西尔斯和沃尔玛的收入增长率

可见,在 20 世纪 90 年代沃尔玛的收入以两位数的速度增长的同时,凯马特的收入在增长与下滑之间摇摆。事实上这期间凯马特进行了大量的并购,进行了多元化的尝试,涉足了家装、体育用品、图书等不同的领域,还进行了跨国并购,在捷克、斯洛伐克、墨西哥和新加坡等地开展业务。但最终的结果是不成功,没几年这些业务就由于亏损而不得不处置掉了。

进入 21 世纪之后,凯马特的日子越发难过起来,由于资金捉襟见肘,它拖欠了给供应商的资金,其最大的供应商弗莱明(Fleming)公司决定全面停止向凯马特供货,这一举措产生了连锁反应,其他中小供应商也纷纷停止向凯马特供货,凯马特不得不申请了破产保护。

2005 年,凯马特并购西尔斯,两个零售商合并之后,成为美国第三大零售商。凯马特一度希望可以扭转颓势,但从其收入的表现上来看,结果并不尽如人意。从 2008 年至今,其收入呈一路下滑的趋势。

(二)盈利状况不佳,经常在微利与亏损之间摇摆

如图 4-13 所示(每年净利润的具体数据不再列表),我们看到 1988 年沃尔玛的净利润(6.28 亿美元)还小于凯马特的净利润(6.92 亿美元)。但 1989 年沃尔玛的净利润(8.37 亿美元)就超过了凯马特的净利润(8.03 亿美元)。自那之后,差距越来越大。

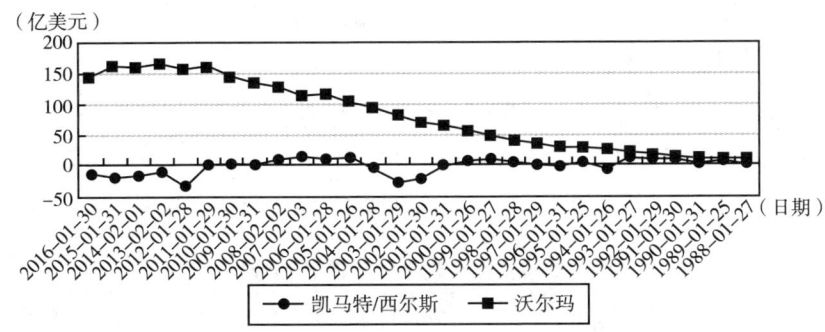

图 4-13 凯马特/西尔斯和沃尔玛的净利润

可以说，在进入 20 世纪 90 年代后，凯马特就迈入了衰退期。凯马特由于战略制定和执行的失误而进入衰退期，要扭转这种局面，就需要高管层大换血，事实上凯马特后来也是这样做的，但将才难求呀！

1994 年凯马特首次报告了亏损。从 1994～2005 年并购西尔斯之前的 11 年间，它有 7 年报告了亏损；而且这 11 年间的平均净利润是不盈利的（-6.28 亿美元）。

在这种局面下，凯马特和西尔斯合并了，并改名叫西尔斯控股。从资产、收入和净利润的统计上看，这次并购在短时间内对报表的改善是非常显著的，但好景不长，从 2012 年开始，西尔斯开始连年亏损。以至于平均来看，从 2005～2016 年这 12 年西尔斯是亏损的（-2.95 亿美元）。

（三）经营活动现金流量告急，出现负数

接下来我们看看西尔斯在现金流量方面的特点，我们同样搜集到了它 2007～2016 年的现金流量数据（注意：2016 年的数据其实是以 2016 年 1 月 30 日作为资产负债表日，而在西尔斯披露的报表上有时被列作 2015 年）。

如图 4-14 所示，与现金牛沃尔玛相比，西尔斯的经营活动现金净流量就不那么好看了。从 2012 年以来的 5 年间，其经营活动现金净流量已经连续 5 年为负数了。这说明什么？说明公司根本就不赚"钱"！

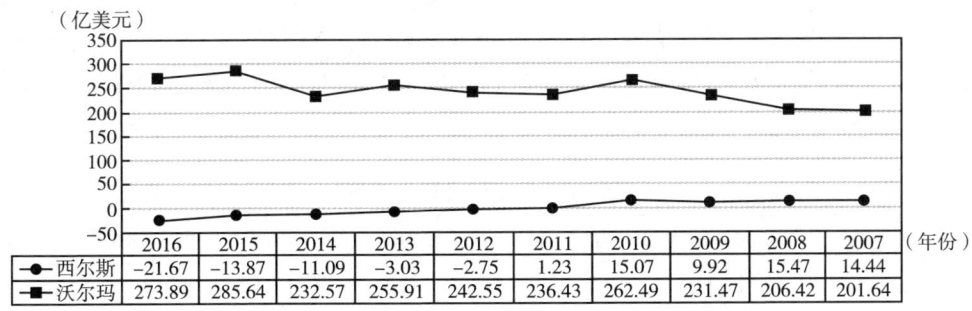

（亿美元）	2016	2015	2014	2013	2012	2011	2010	2009	2008	2007
西尔斯	-21.67	-13.87	-11.09	-3.03	-2.75	1.23	15.07	9.92	15.47	14.44
沃尔玛	273.89	285.64	232.57	255.91	242.55	236.43	262.49	231.47	206.42	201.64

图 4-14 西尔斯和沃尔玛的经营活动现金净流量

(四)企业减少在经营性长期资产上的投资活动现金流出,直至该类现金流净结果变成正数

将西尔斯的投资活动现金流量按照前面的分类方法,分为了三类:第一类是与经营性长期资产相关的现金流量;第二类是与企业并购和股权投资有关的现金流量;第三类是对冗余资金的投资理财,如表4-16所示。

表4-16　　　　　西尔斯投资活动现金流量的分类分析　　　　单位:亿美元

项目	2016年	2015年	2014年	2013年	2012年	2011年	2010年	2009年	2008年	2007年
第一类	25.19	1.54	6.66	1.54	-3.17	-4.06	-3.38	-4.11	-4.75	-3.70
第二类	0	1.73	0	0	0	0	0	-0.37	0	-2.83
第三类	0	0	-0.02	0.37	0.08	0	1.66	-1.89	0.38	-0.10

我们可以看到,西尔斯在2013~2016年对经营性长期资产总体上是处置的做法。我们会发现第一类的现金流开始变成正数,这说明公司正在变卖固定资产,收缩规模,将那些不盈利、不赚钱的部门关闭,给公司"止血"。由于西尔斯缺钱,因此它的第二类和第三类金额也都相对很小。

如表4-17所示,与沃尔玛的第一类现金流相比,西尔斯与沃尔玛的处境大不相同。处于衰退期的企业,由于需要将不赚钱的资产处置掉,因此在第一类现金流上往往是很大的正数。这是公司正在收缩规模的明显信号。

表4-17　　　　与经营性长期资产相关的投资活动现金流量　　　　单位:亿美元

项目	2016年	2015年	2014年	2013年	2012年	2011年	2010年	2009年	2008年	2007年
西尔斯	25.19	3.27	6.62	4.19	-6.53	-7.97	-0.06	-8.26	-3.99	-6.73
沃尔玛	-105.96	-109.33	-123.88	-123.66	-129.30	-122.10	-111.82	-99.47	-142.37	-146.62

(五)筹资活动现金流量是适应性的,给股东回报的现金流量几乎停止

由于企业经营活动是赔钱的,除了变卖家当得到的那点儿钱之外,很可能还需要筹资活动融来足够的资金,以支撑企业的经营。但由于企业已经呈现颓势,此时,它的融资也可能进行得并不轻松。我们来看看西尔斯是如何解决资金问题的(见表4-18)。

表4-18　　　　　　西尔斯的筹资活动现金流量　　　　　　单位:亿美元

项目	2016年	2015年	2014年	2013年	2012年	2011年	2010年	2009年	2008年	2007年	2006年	2005年
与债权人	-3.64	-1.99	11.35	-0.67	1.98	9.71	-5.33	0.35	-5.13	-4.36	-7.82	-0.53
与股东	0	4.84	-2.33	0.40	-2.26	-10.66	-4.18	-6.78	-29.26	-8.16	-11.70	0

我们将西尔斯筹资活动的现金流量按照是与债权人有关还是与股东有关，分为了两类。可见，在经营活动现金流量为正的年份里，西尔斯主要是通过回购库存股的方式给股东回报，也是向市场释放信号，即管理层认为公司还是不错的。但随着经营活动现金流量的恶化，显然打肿脸充胖子的做法已不合适了，于是2013～2016年西尔斯不再有股票回购的行为（2014年的现金流出额主要是子公司加拿大西尔斯分红给少数股东的数额）。所以，为了维持企业的经营，西尔斯的筹资决策是配合性的。

我们看到由于企业亏损严重，所有者权益急剧减少，使得资产负债率飙升，2015～2016年西尔斯已经是资不抵债了（见表4-19）。

表4-19　　　　　　　　　　　西尔斯的资产负债率　　　　　　　　　　　单位：%

指标	2016年	2015年	2014年	2013年	2012年	2011年	2010年	2009年	2008年	2007年
资产负债率	117	107	90	86	80	65	63	63	61	58

可见，西尔斯的危机迫在眉睫。由于电商的兴起和参与市场竞争，所有的零售商都面临业务重组和业态调整的问题。沃尔玛也不例外，采取了关闭实体店，调整公司业态结构的措施；西尔斯进行重组计划，意在甩掉包袱，轻装上阵。商业中，变化是唯一不变的准则。

综上所述，我们可以归纳总结出企业各生命周期的现金流量特征，如表4-20所示。

表4-20　　　　　　　　　企业各生命周期的现金流量特征

三类现金净流量	创业期	成长期	成熟期	衰退期
经营活动现金净流量	-	+	+	-
投资活动现金净流量	-	-	+	+
筹资活动现金净流量	+	+	-	-

第四节　现金流量质量分析

党的二十大报告指出，高质量发展是全面建设社会主义现代化国家的首要任务，没有坚实的物质技术基础，就不可能全面建成社会主义现代化强国，中国式现代化的本质要求也包括实现高质量发展。从微观上看，企业的高质量发展能力包括盈利能力、偿债能力、营运能力、成长能力、现金能力、创新能力等，而现金能力主要通过现金流量质量来体现，它是企业高质量发展的生命线和可持续发展的基本保障。

在前面分析了影响现金流量变化的主要因素和基于企业生命周期的现金流量的变化规律之后，我们还要反向思维，就企业现实的现金流量的变化情况和其他财务报表项目之间的关系，根据企业具体的行业、规模、生命周期、商业（经营）模式、业务特点以及宏观环境（主要是金融环境），对企业的现金流量质量进行分析。显然，财务报表分析者不能仅仅关注现金流量的变化结果，更不能只根据各类活动产生现金流量净额的正负符号直接得出结论，而是应该针对各类活动的现金流量变化过程分别展开分析。由于经营活动、投资活动和筹资活动在企业的资金周转过程中发挥着不同的作用，体现着不同的质量特征，因此，各项活动现金流量质量分析的侧重点也应有所不同。此外，不同的分析主体出于不同的分析目的，所关心的问题和分析的侧重点也会有所差异。

一、经营活动现金流量的质量分析

经营活动产生的现金流量往往受到宏观经济环境、行业特征以及企业的结算方式、信用政策和竞争实力等因素的影响。企业通过经营活动产生现金净流量的能力常被视为企业自身的"造血"功能，一般情况下企业都会主动谋求尽可能多的经营活动现金净流量。在其他因素相对稳定、购销业务较少出现巨幅波动的情况下，企业经营活动现金流量在不同年度间应保持一定的稳定性，否则可能存在人为操纵的情况。

（一）充足性分析

经营活动现金流量的充足性是指企业是否具有足够的经营活动现金流量来满足正常的运转和规模扩张的需要。现金流量状况是影响企业生存发展的关键因素，经营活动是企业经济活动的主体，也是企业获取持续资金来源的基本途径。通常只有在企业的某些特殊发展阶段（如初创期或转型期）或者某些特殊的经济环境下（如金融危机时期），才允许企业产生负的经营活动现金净流量。在其他时期，如果企业的经营活动现金流量仍十分有限，那么一般会认为企业自身的造血功能不强，经营现金流量质量自然也就不会太高。由此可见，充足性是经营活动现金流量的一大质量特征。当然，在企业经营周期超过一年的某些行业（如房地产行业），企业各个会计年度的现金流量的分布可能会出现与核心利润的分布有较大差异的情况。

从绝对量方面来说，企业经营活动现金流量的充足性主要表现在企业经营活动的现金流量能够支持企业正常运营。显然，企业若想仅靠内部积累维持目前的生产经营能力，其经营活动现金流入量必须能够抵补当期的下列支出和费用：(1) 本期经营活动的现金流出量（包括购买商品、接受劳务支付的现金，为职工支付的现金、支付的各项税费以及支付的其他经营活动现金等）；(2) 主要以固定资产折旧、无形资产和其他长期资产摊销额为表现形式的前期支付的需在当期和以后各期收回的长期资产支出。也就是说，企业经营活动现金流量净额不但要远远大于零，还要大于经营活动所获取的成果——核心利润（对于大多数行业的企业来说，由于计算核心利润时均要扣除固定资产折旧、无形资产摊销、资产减值损失等多项非付现费用，因此一般情况下，在企业经营状况正常时，核心利润都要小于经营活动现金净流量），只有这样，其经营活动现金流量才属正常且具有充足性，现有规模下的简单再生产才可能持续。

（二）合理性分析

经营活动现金流量的合理性是指企业经营活动现金流入是否顺畅，经营活动现金流出是否恰当，结构是否合理，经营活动现金流入量与流出量之间是否规模匹配、协调。

（1）经营活动现金流入的顺畅性分析。经营活动现金流入的主要项目是"销售商品、提供劳务收到的现金"，该项目的规模主要取决于企业营业收入的规模、所采取的信用政策和企业实际的回款状况等因素。判断企业经营活动现金流入是否顺畅，可以通过利润表中的营业收入以及资产负债表中的商业债权（应收账款和应收票据）、预收款项等项目的期初、期末余额的变化情况来分析和判断。当然，要考虑企业所处行业的结算特点、企业与经销商和客户之间的议价能力以及市场竞争状况等因素对其造成的不同影响。

（2）经营活动现金流出的恰当性分析。经营活动现金流出的主要项目一般是"购买商品、接受劳务支付的现金"，该项目的规模主要取决于企业营业成本的规模、采购规模、相应的采购政策和企业的实际付款状况等因素。判断企业经营活动现金流出是否合理、有无过度支付行为，可以通过利润表中的营业成本以及资产负债表中的商业债务（应付账款和应付票据）、存货、预付款项等项目的期初、期末余额的变化情况来分析和判断。当然，也要考虑企业所处行业的结算特点、企业与供应商之间的议价能力以及市场竞争状况等因素对其造成的不同影响。

（3）经营活动现金流量结构的合理性分析。由于经营特点不同，管理方式不同，特定企业在年度之间以及不同企业之间在购买商品、接受劳务支付的现金，为职工支付的现金、支付的各项税费以及支付的其他经营活动现金等结构上会有显著不同。例如，人工成本较高、外购原材料和燃料需求不高的企业，其购买商品、接受劳务支付的现金就会显著低于为职工支付的现金；反之，人工成本不高、外购原材料和燃料占生产成本比重较大的企业，其购买商品、接受劳务支付的现金就会显著高于为职工支付的现金。另外，在公司自身主要从事对外投资管理，而子公司的资金又通过本公司提供时，支付的其他与经营活动有关的现金则会成为经营活动现金流出量的主体。

在现金流入量方面也同样存在合理性问题：在企业以产品经营为主，且主营业务的市场竞争力较强的情况下，其购买商品、提供劳务收到的现金就会成为经营活动现金流入量的主体。在企业以对外投资管理为主的情况下，其购买商品、提供劳务收到的现金一般不会有太大的规模。

(4) 经营活动现金流入和现金流出的匹配性分析。为尽量避免现金闲置或现金紧张局面发生，采取有效措施实现现金流入与流出的同步协调也是极其必要的。因此，要求企业设计和采用恰当的信用政策，合理地安排供货支出和其他现金支出，有效地组织销售回款和其他现金流入，使经营活动现金流入和流出在规模与时间上尽量相互匹配、同步协调，这样才能最大限度地提高现金的利用效率，同时减轻企业在现金周转方面的压力。

(5) 经营活动现金流量的年内分布均衡性以及关联方交易的影响程度分析。上市公司经常采用关联方往来款项的方式来虚增当期的经营活动现金流量，为此，应结合有关披露信息，了解关联交易的发生时间和交易规模，分析企业经营活动现金流量的年内分布均衡性，判断关联方交易对企业现金流量的影响程度，特别应关注企业是否存在与关联方进行期末大额款项往来等情况。此外，企业如果存在巨额的"支付其他与经营活动有关的现金"，一定要仔细查看附注，除了正常的对各项费用的支付以外，是否存在向关联方提供资金的情况。如果是向子公司提供资金，则其本质上应属于投资活动产生的现金流量；如果是向自己的母公司和兄弟公司提供资金，则属于关联方占用资金。但是，无论如何，都不应属于企业的正常经营活动范畴。

（三）稳定性分析

经营活动现金流量的稳定性是指企业各会计期间的经营活动现金流量规模是否存在剧烈波动状况，内部构成是否基本符合所处行业特征，以及是否存在异常变化情况。稳定是一家企业持续经营并得以发展的前提，经营活动现金流量主要来自企业自身开展的经营活动，主营业务突出、收入稳定是公司运营良好的重要标志，持续平稳的现金流量则是企业正常运营和规避风险的重要保证。

如果一家企业经营活动现金流入结构比较合理（即企业销售商品、提供劳务收到的现金明显高于其他经营活动流入的现金），且稳定程度较高，一般情况下，这样的企业就较容易进行现金预算管理，有利于避免出现现金闲置或现金紧张状况，从而有利于保持现金的顺畅周转状态，提高企业的资金使用效率，因此认为这样的经营活动现金流量的质量较好。反之，如果一家企业经营活动现金流量的规模和结构经常出现明显波动，则说明企业主营业务的获现能力可能存在很大的不确定性，经营风险较大，这会增加企业现金预算管理的难度，增大企业现金短缺或闲置的可能性，这样的经营活动现金流量的质量就较差。如果某一时期的企业经营活动现金流量出现异常，很可能另有隐情，必须引起足够的重视。如果维持运行和支撑发展的大部分资金由非核心业务活动提供，企业缺少稳定可靠的核心业务的经营现金流量来源，则现金流量的质量会很差，这说明企业的核心竞争力较差或者主营业务的获现能力较差，财务基础较薄弱。企业若想维持正常经营，只能借助筹资活动来应对现金短缺的风险。

二、投资活动现金流量的质量分析

与经营活动现金流量的特点不同,大部分投资的出售变现或者收益获取通常具有一定的滞后性,即本期投资引发的现金流出也许在当期并不能带来相应的回报。因此,各期投资活动现金流入量和投资活动现金流出量之间并不存在直接的对应关系,考察两者的匹配性和协调性一般是没有意义的。正确的做法是对投资活动现金流入量和流出量分别进行质量分析。对投资活动现金流量进行质量分析,应主要关注投资活动现金流量的战略吻合性和现金流入量的盈利性。

(一)投资活动现金流量的战略吻合性分析

从投资活动的目的来分析,企业的投资活动主要有三个目的:第一,为企业正常生产经营活动奠定基础,如购建固定资产、无形资产和其他长期资产等;第二,为企业对外扩张和其他发展性目的进行权益性投资和债权性投资;第三,利用企业暂时不用的闲置货币资金进行短期投资,以求获得较高的投资收益。其中,前两类活动将为企业未来的发展奠定基础,应该体现企业长期发展战略的要求。因此,企业投资活动的现金流量应与企业发展战略相吻合。这种现金流量的战略性是企业投资活动所具备的基本质量特征。

(1)对内扩张或调整的战略吻合性分析。正如企业对经营性资产的结构安排体现了企业经营活动发展的战略要求,通过投资活动现金流出量中"购建固定资产、无形资产和其他长期资产支付的现金"与现金流入量中"处置固定资产、无形资产和其他长期资产收回的现金"之间的规模比较,也可以体现企业经营活动发展的战略要求。

若两者均具有较大规模,即"大进大出",通常表明企业正处在长期经营性资产的大规模置换与优化阶段,这也许是企业战略转型的要求,也许是资产更新换代的要求,往往意味着企业技术装备水平的改善,产品适应市场能力的提高,企业核心竞争力有可能会因此有所增强。当然这种转型或调整的实施效果如何,还要通过以后期间的核心利润和经营活动现金流量的表现来检验。

若前者远大于后者,则通常表明企业正在原有生产经营规模的基础上,试图通过对内扩张战略来进一步提升市场占有率和夯实主业的竞争力。在原有资产结构中经营性资产占主要地位的情况下,这种对内扩张态势也在一定程度上表明了企业坚持经营主导型战略的信心和决心。

若前者明显小于后者,则通常表明企业收缩主业经营战线和规模的战略意图,当然也有可能是企业在资金紧张或者市场前景暗淡情况下的一种被动选择。这种收缩行为的经济后果需要结合市场环境(如产品周期、竞争态势)、宏观经济环境以及对外投资的战略安排等因素作出具体分析。

(2)对外扩张或调整的战略吻合性分析。对外长期股权投资尤其是控制性投资这种对外扩张形式,它的持续拉动效应显现为能够使企业以较少的资源撬动较多的其他企业的资产。因此，投资活动现金流出量的规模和结构分布可以揭示企业的战略信息。而通过投资活动现金流出量中"投资所支付的现金"与现金流入量中"收回投资所收到的现金"之间的规模比较，可以反映企业对外投资发展战略的实施和调整情况。

若两者均具有较大规模，且彼此规模相当，也是"大进大出"，通常表明企业正处在对外投资的结构性调整（至少是投资品种调整）阶段，应密切关注这种投资战略调整对企业未来盈利能力和未来现金流量的影响。

若前者远大于后者，则通常表明当期企业的对外投资呈现总体扩张的态势，应关注企业新的投资方向是否会对企业行业竞争力的提升或者经营风险的进一步分散作出积极贡献，当然这最终会体现在给企业未来盈利能力和未来现金流量带来的影响上。

若前者明显小于后者，则通常表明当期企业的对外投资呈现总体收缩的态势，一方面应关注所收回投资的盈利性，另一方面应关注这种收缩的真正意图，是在主动处置不良资产（主要指效益不好或发展前景暗淡的投资对象），还是企业在资金紧张等情况下的一种被动选择。当然，还要分析这种投资战线的收缩对企业未来盈利能力和未来现金流量的影响。

（3）对内对外投资相互转移的战略吻合性分析。在有些情况下，企业可能会在对内投资和对外投资之间进行某种战略调整，要么在大规模处置固定资产、无形资产和其他长期资产的同时大规模进行投资支付，要么在大规模收回投资的同时大规模购建固定资产、无形资产和其他长期资产。这些情况的出现，往往意味着企业对经营主导型与投资主导型等战略进行调整，以实现盈利模式的转变。分析时应结合行业市场环境和宏观经济环境等因素来判断其对企业未来发展的影响。

（二）投资活动现金流入量的盈利性（效益）分析

投资意味着发展，投资活动的最终目的当然是获取盈利。因此，盈利性是企业投资活动所具备的另一基本质量特征。

简单地说，对于购建固定资产、无形资产和其他长期资产支付的现金，要关注持续增加的固定资产对本企业营业收入与核心利润（效益）的贡献，关注在建工程规模的变化与固定资产规模的变化之间的关系。虽然我们并不指望在建工程能立即完工转换成固定资产，固定资产马上转换成可实际利用的产能，但是从在建工程到固定资产、从形成固定资产到产生效益的时间不能太久，在建工程规模过大、转化成固定资产的时间过长、短时间内企业固定资产原值增长过快，都可能使企业近期的财务效益下降。对于对外投资尤其是控制性投资支付的现金，要特别关注合并报表中购建固定资产、无形资产和其他长期资产支付的现金与合并资产负债表中在建工程、固定资产规模以及营业收入和核心利润之间的关联度。

企业投资活动引起现金流入主要有两个方面的原因：一是收回投资成本或残

值（包括对外投资本金和处置固定资产、无形资产与其他长期资产的变现价值）；二是取得投资收益收到的现金。对于收回投资成本的情况，应重点进行变现价值与投资初始成本的比较，可通过分析报表附注有关投资收益的明细项目中处置各类投资取得的投资收益情况以及营业外收入或营业外支出的明细项目，来考察收回投资成本过程中所体现的盈利性。而对于取得投资收益收到的现金，应主要通过对比投资收益附注中有关"成本法、权益法核算的长期股权投资收益"和现金流量表中"取得投资收益收到的现金"，来分析投资收益的现金获取能力。

三、筹资活动现金流量的质量分析

筹资活动引起的现金流量可以维持企业经营活动、投资活动的正常运转。因此，筹资活动现金流量在总体上应该与企业经营活动现金流量、投资活动现金流量周转的状况相适应，在满足企业经营活动和投资活动现金需求的同时，应尽量降低融资成本，避免不良融资行为。

（一）适应性分析

筹资活动现金流量与经营活动和投资活动现金流量周转状况的适应性，是指在企业经营活动和投资活动现金流量净额之和小于零，企业又没有储备足够的现金可以动用时，筹资活动应该及时、足额地筹集到相应数量的现金，以满足上述两类活动的资金需求；而在企业经营活动和投资活动现金流量之和大于零，需要降低现金闲置余额时，筹资活动应适时地调整筹资规模和速度，并积极归还借款本金，在消耗上述两类活动积累的现金的同时，降低资本成本，提高企业的经济效益。另外，债务融资到期时，在企业没有足够的自有资金积累的情况下，企业应有能力适时举借新的债务或者通过其他渠道筹集到资金，以保证到期债务如期偿还。因此，适应性应成为筹资活动现金流量的一大质量特征。

（二）多样性分析

企业筹资活动中需要考虑的一个主要问题是资本成本问题。目前我国企业主要的筹资渠道及方式包括：吸收直接投资、发行股票和债券、银行借款、民间融资、商业信用、融资租赁等。不同的筹资渠道及方式的成本和风险相差很大，若使资本成本降至较低水平，同时将财务风险保持在适当的范围内，企业必须根据自身实际情况，选择适合企业发展的渠道和方式，确定合理的筹资规模、期限和还款方式，实现筹资渠道和方式的多样化。因此，多样性是筹资活动中现金流量的另一大质量特征。这里需要说明的是，从企业某一期间的现金流量表分析来看，筹资活动现金流量的多样性不可能体现得非常明显。因此，如果有必要，可以考虑将连续几个会计期间的现金流量表联系起来综合分析。

（三）融资行为的恰当性分析

融资行为的恰当性分析，是指考察企业是否存在超过实际需求的过度融资、企业资金是否存在被其他企业无效益占用（如筹资的当期出现合并报表的"其他应收款"大幅增长）等不良融资行为，并进一步分析某种不良融资行为背后真正的融资动机。在筹资活动现金流量大于零的情况下，要着重分析企业的筹资活动是否已经纳入企业的发展规划，是否与企业未来的发展战略相一致。当然，更要判断这是企业管理层以扩大投资和经营活动为目标的主动筹资行为，还是企业因投资活动和经营活动的现金流出失控而被迫采取的筹资行为。

此外，对筹资活动现金流量的质量分析还包括对筹资成本（包括借款利息和现金股利）的现金支付状况、到期债务的偿还状况等方面的分析。

四、现金流量表附注中包含的企业现金流量质量信息

现金流量表附注一般包括：现金流量表补充资料、不涉及现金收支的筹资和投资活动以及现金和现金等价物净变动情况。这三方面的内容都会在一定程度上涉及企业现金流量质量的某些方面的信息。

（一）将净利润调节为经营活动产生的现金流量

将净利润调节为经营活动产生的现金流量揭示的是采用间接法列示经营活动现金流量净额。此法从净利润开始，通过对诸如固定资产折旧、无形资产摊销、公允价值变动损益以及经营性流动资产和流动负债项目的调节，得到经营活动产生的现金流量净额。此项附注将有助于分析利润的含金量，即净利润与经营活动现金流量之间在数量上出现差异的具体原因。

（二）不涉及现金收支的筹资和投资活动

不涉及现金收支的筹资和投资活动，虽然不引起企业本期现金流量的变化，但可能会对企业今后各期的现金流量产生影响。因此，我们也应对其中所包含的现金流量质量信息给予一定的关注，为预测今后各期的现金流量状况提供帮助。

（1）非现金的筹资活动和投资活动有可能意味着企业正面临现金流转困境。尽管这种非现金的筹资活动和投资活动可以帮助企业暂时缓解当期现金紧张的压力，但很有可能会对企业未来的现金流量状况产生负面影响。例如，以固定资产偿还债务，可能是企业在没有足够的现金来偿还到期债务的情况下的一种被动行为，一般会引起企业生产能力的降低，这会给企业未来的生产经营带来负面影响，进而对未来各期的现金流量产生负面影响。又如，以存货偿还债务，会减少未来出售存货获取现金的机会，影响未来的现金流量。再如，债务转为股本，这是企业在当期出现现金支付困难的情况下的一种债务重组行为，虽然当期缓解了现金偿付压力，还有可能带来债务重组收益，但当企业经营状况出现好转迹象后，往往会带来公司

治理的新问题（股权结构往往会随着债务重组而变化）以及股利支付规模的增大，同样会对企业未来的现金流量产生负面影响。至于企业是否真正存在现金流转困难，还应结合现金存量、现金需求以及其他一些财务指标加以综合分析与考察。

（2）非现金的筹资活动和投资活动还可能意味着企业财务管理水平的提高。企业努力提高现有资源的利用效率、拓宽融资途径，一般会对企业未来的现金流量产生正面影响。例如，企业利用固定资产、无形资产甚至存货项目对外投资，反映了企业在提高现有资源利用效率、优化资产结构或者处置不良资产等方面所采取的举措，这很有可能对企业未来的经营状况、盈利能力以及现金流量状况产生正面影响。又如，企业采用融资租赁方式租入固定资产，可避免当期因购置固定资产而发生的现金流出，同时会对企业经营能力的提升、未来现金流入量的增加起到积极的推动作用。

接受所有者非现金注资，往往意味着企业还需通过其他渠道筹集必要的现金以实现预期目标，因此需要关注非现金入资对企业经营能力、融资能力、盈利能力等方面造成的影响，对未来现金流量状况的影响可能存在不确定性。

（三）现金及现金等价物净变动情况

现金及现金等价物净变动情况分别反映了企业现金和现金等价物在当期的增减变动情况。虽然现金等价物属于广义的现金范畴，但其流动性要比现金差，因此了解现金及现金等价物各自具体的变动情况仍有一定的意义。

【案例 4-1】

营业成本高企　债务压力不小　猪八戒报告期内经营性现金流累计流出超 4 亿元

《经济参考报》3 月 14 日刊发的《猪八戒赴港 IPO：主要平台屡被投诉　报告期内亏损超 9 亿元》，对正在冲刺港交所 IPO 的猪八戒股份有限公司（以下简称"猪八戒"）巨额亏损问题进行了报道。记者进一步研读招股书发现，猪八戒巨额亏损原因或与其持续高企的营业成本密不可分。此外，猪八戒的"造血"能力堪忧，IPO 报告期内（指 2020 年至 2022 年及 2023 年 1~6 月，下同），其经营活动产生的现金流量净额均为负数，经营现金流累计流出额高达 4.31 亿元。

营业成本高企

据招股书介绍，猪八戒是中国主要定制化企业服务电商平台。自创立以来，专注于运用科技，通过猪八戒平台智能匹配企业雇主的服务需求与服务商的技能，撮合企业雇主与服务商的交易。

报告期内，猪八戒的总收益分别为 7.57 亿元、7.68 亿元、5.41 亿元和 2.52 亿元，而同期公司销售及营销开支分别为 2.81 亿元、2.82 亿元、2.46 亿元和 1.24 亿元，占总收益的 37.2%、36.7%、45.5% 和 49.3%，占比持续走高。

与此同时，猪八戒的行政开支也不低，报告期内分别为 2.35 亿元、1.55 亿元、1.82 亿元和 0.62 亿元，占总收益的 31.1%、20.2%、33.6% 和 24.5%。至于研发费用，公司报告期内仅有 7 945.5 万元、8 088.9 万元、8 259.1 万元和 3 842.1 万元，明显低于销售及营销开支、行政开支。不过，报告期内，这三项费用开支平均占到猪八戒总收益的超七成。

在业内人士看来，猪八戒营业成本高企或与其客户较为分散、获客成本较高有关。据悉，公司主要客户为各行业的中小企业，具有规模较小及零散化的属性。截至 2023 年 6 月末，猪八戒平台累计注册用户数量达 3 460 万名。报告期内，其前四大客户合计贡献收益分别占总收益的 7.7%、9.2%、7.9% 及 8.5%；前四大供应商费用合计分别占销售成本及开支总额的 7.9%、10.8%、10.7% 及 11.2%。

债务压力不容忽略

一方面是营业成本居高不下，另一方面是收益金额有所下滑。《经济参考报》记者注意到，在"造血"能力方面，猪八戒的表现也并不理想。

报告期内，猪八戒经营活动产生的现金流量净额分别为 -3 496.2 万元、-9 388.6 万元、-2.03 亿元和 -9 941.1 万元。三年半的时间，公司经营性现金流累计流出额高达 4.31 亿元。对于现金流创造能力不佳的原因，猪八戒认为，主要是经折旧及摊销等非现金项目以及营运资金变动的影响调整的除税前期内亏损。

记者还注意到，自成立以来，猪八戒已获得了多轮融资。天眼查显示，2007 年 1 月，易一天使对其投资了人民币 500 万元；2011 年 9 月，IDG 资本对其投资了 660 万美元；2014 年 4 月，重庆文投集团和 IDG 资本对其投资了 1 750 万美元。2015 年 6 月，猪八戒迎来了"高光时刻"，获得了来自赛伯乐投资等多个投资者的共计 26 亿元投资，彼时的公司估值已高达 110 亿元。截至 2023 年 6 月末，猪八戒拥有现金及现金等价物 1.91 亿元。猪八戒认为，公司能够满足自本文件日期（此次招股书提交日期为 2023 年 12 月 7 日）起未来至少 12 个月的营运资金需求。

但通过系列财务数据不难看出，猪八戒所面临的债务压力仍不可忽略。招股书显示，截至 2023 年 6 月末，猪八戒的流动负债总额为 7.70 亿元，非流动负债为 1.79 亿元。在招股书中，猪八戒坦言，流动负债净额令公司面临流动性风险。公司日后的流动性、贸易及其他公司应付款项的支付以及借款到期时的偿还将主要取决于公司自经营活动中产生足够现金流入的能力。若公司遇到经营产生的现金流短缺，流动资金状况可能会使公司受到重大不利影响，进而可能对经营业绩和财务状况产生不利影响。

曾多次谋划上市

事实上，自 2011 年以来猪八戒曾多次谋划上市。

2011 年，猪八戒就计划海外上市，公司当时的股东还于开曼群岛成立了 ZBJ Holdings Limited。鉴于中国股市的增长潜力，猪八戒于 2015 年计划申请在 A

股上市,以筹集资金用于公司的业务发展。猪八戒表示,2011年海外上市计划于2015年取消时,仍处于初步阶段。公司并无就2011年上市计划提交正式申请。到了2019年7月,猪八戒向中国证监会重庆监管局提交上市辅导备案。

不过,这一上市计划也并未成功。猪八戒表示,上市辅导备案不构成向中国证监会提出的上市申请。在筹备A股上市计划的辅导期间,公司并无遇到专业方或中国证监会的任何异议。鉴于A股上市的上市时间表并不确定且相对较长,猪八戒又转战港交所,曾分别于2022年10月和2023年4月提交招股书,但前两次均未在规定时限内通过聆讯。2023年12月,猪八戒再次提交新的招股书。

值得一提的是,在猪八戒融资过程中,还和宁波赛伯乐恒汇股权投资合伙企业(有限合伙)等投资方签署了相关协议,这些协议当中包括一项撤回投资权利。招股书显示,该权利在猪八戒首次向港交所提交招股书前终止,但是若遭撤回、拒绝或退回,撤回投资权利将自动恢复,上述投资方将有权利要求猪八戒实控人、重庆猪八戒实业有限公司及(或)猪八戒回购股份。

(资料来源:谢碧鹭.猪八戒报告期内经营性现金流累计流出超4亿元[N].经济参考报,2024-03-25(003))

第五节 现金流量比率及结构分析

企业一段时期内经营的盈亏已经不再是决定股票价值或企业价值唯一的重要因素。在实务中,财务报表分析中报表分析者运用现金流量的现象越来越被重视,而以往使用利润指标评价的评价标准的重要性则逐渐减弱。从实践角度看,现金流量表就好比是企业的一份"验血化验单",通过这个化验单就可以清楚地评价企业日常营运管理是否正常。

财务报表使用者在分析了企业的战略与风险、所处行业情况、规模与周期影响、商业模式与业务特征变革以及宏观环境对现金流的影响后,即便进行了现金流的质量分析,也仍然需要回答以下问题:现金流和销售收入之间的关系如何?现金流和盈余之间的关系如何?企业偿还债务的能力如何?等等。这些问题可以通过一系列的财务比率进行定量分析来帮助回答。

一、常用的现金流量财务比率分析

(一)现金偿债能力财务比率分析

现金偿债能力是指企业运营现金偿还债务的能力,主要是考察企业经营活动产生的现金流量与债务之间的关系。因为现金流量是一个动态指标,将经营活动现金净流量和债务进行比较可以更好地反映企业偿还债务的能力。这和后面章节内容提到的偿债能力分析有所不同,后面章节更多地使用账面资产、利润等财务指标作为衡量偿债能力的财务指标。

1. 现金流动负债比。现金流动负债比反映企业获得现金偿付短期债务的能力,也称现金流动比率。其计算公式为:

$$现金流量负债比 = 经营活动现金净流量 / 平均流动负债$$
$$平均流动负债 = (期初流动负债 + 期末流动负债) / 2$$

现金流动负债比指标越高,现金流入对当期债务清偿的保障程度越大,表明企业的流动性越好,偿还债务的能力越强;反之,则表明企业的流动性较差。现金流量负债比是衡量企业短期偿债能力的一个重要指标。对于债权人尤其是短期债权人来说,希望该指标越高越好,说明自己的债权有一定的保障。但对于企业的所有者和经营者而言,该指标并非越高越好。因为资产的流动性与其盈利能力成反比,流动性好的资产,往往盈利能力差。保持过高的现金流动负债比,会使资金的获利能力降低,因此该指标不应过长时间保持较高。

2. 现金债务总额比。现金债务总额比是反映企业用经营活动现金净流量偿付所有债务的能力,也称现金杠杆率。其计算公式为:

$$现金债务总额比 = 经营活动现金净流量 / 平均负债总额$$

该比率越大,说明企业承担债务的能力越强,它同样也是债权人所关心的一种现金流量分析指标。该指标与现金流动负债比指标的区别是:现金流动负债比可能最为短期债权人所重视,而现金债务总额比则更为长期债权人所关注。但值得报表分析者注意的是,企业的债务偿还并非到年底才清偿,而是在一年的过程中都需要偿还债务。因此,该指标的分母取值应该以一个月,甚至一周、一旬为期限,这样能随时监控到企业的现金偿还能力。

3. 现金利息保障倍数。现金利息保障倍数所衡量的是企业在一定时期内通过经营活动产生的现金净流量是现金利息支出的多少倍。其计算公式为:

$$现金利息保障倍数 = 经营活动现金净流量 / 现金利息支出额$$

对债权人正常支付利息是企业日常最基本也是最主要的债务压力,一般情况下,一个长期能够正常偿付利息的企业,出现债务逾期支付的可能性较小。因此,该指标越大,说明企业经营活动对债务利息的支付能力越强,企业财务风险越小。

需要说明的是,在这里分析偿债能力时,没有考虑投资活动和筹资活动产生的现金净流量。另外,现金偿债能力是从现金流量的角度考察企业的偿债能力,它是后面章节流动比率、速动比率及现金比率三个财务指标的补充分析工具,可弥补以上三个财务指标的不足。

(二) 获现能力财务比率分析

企业一定时期内的获现能力财务比率分析主要是指企业利润与销售收入之间、利润与企业资产等相互指标之间(产出与投入)的比率并通过比率分析评价企业的获现能力强弱程度。比如,将销售商品、提供劳务所收到的现金除以主营业务收入的比率、将经营活动现金净流量除以净利润的比值等。

1. 现金流占营业收入比率。

现金流占营业收入比率 = 经营活动现金净流量/营业收入

通过比较不同时期经营活动现金流占净营业收入的比率,可以衡量企业将销售转化为现金的能力。如果一家公司的该比率很低,比如6%,说明该公司不算是"现金机器";而微软公司2015年的该比率为31.1%(与2012年42.9%相比有所下降),苹果公司2015年的该比率为34.8%,则它们都是"现金机器"。微软的营业收入在2014~2015年增加7.8%,但是现金及短期投资增加了12.6%,反映了微软将现金进行短期投资以便把握未来机遇的战略举措。2015年,微软291亿美元的经营活动现金流确实良好,给公司经营活动组合提供了很好的机会,平衡了传统产品的缓慢增长。[①] 可见,理解现金流量表确实可以分析出企业的战略决策。

2. 销售获现比率。销售获现比率是指销售商品、提供劳务收到的现金与主营业务收入的比值,它反映企业通过销售产品、提供劳务所能获取现金的能力,用于衡量当期主营业务收入的收现情况。因此,该比率也称为营业收入现金含量。

按照惯常的理解,公司取得了多少营业收入,就应该收到多少现金。但是由于商业信用,公司在出售商品或者提供劳务的同时往往会给予客户信用期,也就是说不一定立即就收到现金。另外,需要注意税金对两个项目的影响:营改增后,我国公司需要缴纳增值税,增值税作为价外税,不包括在营业收入中;但是我们在向客户收取款项的时候,并不对营业收入和税金作出区分,而是全部作为销售商品、提供劳务收到的现金。会计对于收入的确认时点和现金流量表实际收到现金的时点存在着差异,导致了"营业收入"和"销售商品、提供劳务收到的现金"之间的差异,具体来说有如下三种情形。

(1) 会计确认营业收入,公司同时收到了现金,此时营业收入和销售商品、提供劳务收到的现金多于营业收入(考虑增值税的影响)。

(2) 会计确认营业收入,公司尚未收到现金,此时营业收入多于收到的现金。

(3) 会计尚未确认营业收入,公司预先收到现金,此时收到的现金多于营业收入。

以现金为王的分析逻辑来说,如果不考虑其他因素,很明显前两种情形对于公司比较有利:收到现金的时间越早,现值越高。

销售获现比率的计算公式为:

销售获现比率 = [销售商品、提供劳务收到的现金/(1 + 增值税销项税率)]/
　　　　　　　主营业务收入

---

① 美国证券交易委员会网站的 EDGAR 数据库中的公司年报。

该指标反映公司的营业收入中实际收到现金的比例。如前所述，从公司的成长过程来分析，在公司开始从事经营活动的初期或者快速扩张期，由于公司在销售中需要给予客户信用期而产生较大的应收账款，形成营业收入已经确认，但是现金尚未收到的结果，从而有可能使公司在这一时期的营业收入现金含量小于1，这是公司在发展过程中不可避免的正常状态。但是，在公司的平稳经营阶段，剔除增值税的影响后，营业收入现金含量应该在1左右，否则说明营业收入的含金量不够高，存在一些水分。

很多人觉得不可理解，认为公司存在应收账款所以营业收入现金含量会小于1，怎么可能高于1呢？在平稳经营阶段，每年年底的应收账款应该差不多。我们假设一家公司2017年度销售收入的规模为10亿元，年底的应收账款为6 000万元；2018年度销售收入的规模为10.01亿元，在信用政策不变的情况下，年底的应收账款应该在6 000万元左右，而不应该是1亿元；如果营业收入规模差不多而应收账款大幅增加，则意味着公司放宽了信用政策，营业收入里面掺了水分。

3. 利润现金保证比率。利润现金保证比率通过衡量企业当期实现的净利润（或经营利润）所能创造的现金净流量，来分析一家公司经营利润的质量，也称利润现金含量。其计算公式为：

$$经营利润现金含量 = 经营活动产生的现金流量净额/经营利润$$

在一家公司的金融资产收益和股权投资收益不多的情况下，我们也可以计算净利润现金含量。其计算公式为：

$$净利润现金保证比率 = 经营活动现金净流量/净利润$$

这一比率没有绝对的评价标准，应该结合公司战略、行业情况和时间序列加以分析。该比率部分反映了公司折旧和摊销政策的影响，因为产生净利润和经营活动现金流差异的最重要的非现金项目之一就是折旧、摊销和减值费用（其他的非现金项目包括存货、应收账款和应付账款的变动）。在比较两家除了折旧政策外其他条件完全相同的公司时，这个比率可以用来分析加速折旧法带来的现金优势何时终止（与直线折旧法相比）。可见，理解企业的折旧政策对于使用该现金产出率非常关键。

上述两个指标可以衡量一家公司的经营利润和净利润是不是真金白银，比率越高，表明净利润中已经收到现金的程度越高；反之，则越低。对于成熟稳定的公司来说，该指标应该大于1，否则说明经营利润和净利润质量不高。

为什么该指标在一般情况下应该大于1呢？这要从经营活动产生的现金流量的编制方法开始分析。在现金流量表中，我们采用直接法来编制经营活动产生的现金流量；在现金流量表的附注中，我们对经营活动产生的现金流量采用间接法来编制。

间接法就是将净利润调节为经营活动现金流的过程。将净利润调整为经营活动现金流量,一是剔除影响利润但不影响现金收支的因素,如折旧、摊销和减值准备;二是剔除非经营活动的损益变动因素,如固定资产处置或报废损益;三是考虑不影响利润但影响现金收支的经营活动因素,如存货变动、应收和应付变动等。大家可以看到,调整过程就是在净利润(经营利润)的基础上,再加上很多项目后得出经营活动产生的现金流量净额。因此,在多数情况下,经营活动产生的现金流量净额应该大于经营利润和净利润。

在公司从事经营活动的初期或者快速扩张期,公司在营运资本上需要存货、应收账款等净投入,销售时先确认了营业收入和利润,但是现金尚未收到,从而有可能使公司在这一时期经营活动产生的现金流量净额小于经营利润和净利润。而在公司的平稳经营阶段,经营活动产生的现金流量净额应该大于经营利润和净利润。分析师在此时应该认识到这是一个一般规律。

我们以万华化学(600309)2015年的现金流量表为例(请扫二维码,然后按上述公式计算)。可以看出,2011~2015年万华化学的营业收入现金含量基本高于100%,也就是说万华化学的营业收入都是真金白银的收入,不是纸面富贵。万华化学的成本费用付现率很高,甚至高于1,这与万华化学处于扩张期有关。采购设备以及在建工程的职工工资都包括在支付的现金中,但是不包括在营业成本费用中,因此该比率高于正常水平。在万华化学进入平稳经营期后,该比率会下降到正常水平。万

万华化学2015
现金流量表

华化学的经营利润现金含量和净利润现金含量都很高。2015年经营利润现金含量为1.91,表明万华化学有1.91元的现金净额对应1元的经营利润;净利润现金含量为2,表明万华化学有2元的现金净额对应1元的净利润。这是因为收回的现金中包括折旧摊销等因素,另外也表明万华化学利润的质量比较高,是真实可靠的利润。

4. 每股经营现金净流量。每股经营现金净流量反映流通在外的每股普通股平均拥有的现金流量。其计算公式为:

每股经营现金净流量=(经营活动现金净流量-优先股现金股利)/
发行在外的普通股股数

每股经营现金净流量从现金流量的角度分析普通股每股的产出效率与分配水平,由于该指标的计算不涉及会计政策的主观选择,因而具有很强的可比性;同时,在评价公司短期支出与支付股利能力等方面,每股经营现金净流量也更为全面、真实。由于这一比率反映每一普通股所能创造现金净流量的能力,因此,对于以获取现金股利为主要投资目标的投资者来说,显得尤为重要。该指标越大,表明企业进行资本支出和支付股利的能力越强,而且该指标反映出企业最大的分配股利能力,超过此限度,就要借款分红。

使用该指标进行解读与分析时要注意:(1)应对企业的商业信用进行科学评价。在我国,商业信用大量存在,这使得企业的收现能力极大程度地影

响企业获利能力。(2) 对该财务比率进行趋势分析。单期财务比率往往无法客观反映处于动态中的企业财务状况。因此,一方面,要将每股经营现金净流量与同行业的平均水平和优秀企业的水平进行比较;另一方面,还要和本企业的历史水平进行比较,在一定程度上了解每股经营现金净流量的变动趋势,掌握其变动的主要原因。同时,还应考虑企业所处的发展阶段,并充分利用报表以外的相关资料进行分析,才能更恰当地评价每股经营现金净流量的水平。

5. 总资产现金比率。总资产现金比率反映企业运用全部资产获取现金的能力,用于衡量企业总资产的获现能力的强弱。其计算公式为:

$$总资产现金比率 = 经营活动现金净流量 / 平均总资产$$
$$平均总资产 = (期初总资产 + 期末总资产) / 2$$

一般来说,该指标越高,表明企业资产的获现能力越强;同时它也是衡量企业资产综合管理水平的一个重要指标。在进行分析时,应与同行业平均水平对比,评价每元资产获取现金的能力,还要与本企业历史水平相比,通过解读与分析获取现金能力的变化趋势,提高资产的利用效率。

(三) 财务弹性财务比率分析

财务弹性是指企业适应经济环境变化和利用投资机会的能力,用以反映企业自身产生的现金与现金需求之间的适合程度。

1. 现金流量充足率。现金流量充足率是反映经营活动产生的现金满足主要现金需求的程度,用于衡量企业维持或扩大生产经营规模的能力。其计算公式为:

$$现金流量充足率 = 近五年经营活动现金净流量 / (近五年平均资本支出 + 近五年存货平均增加 + 近五年平均现金股利)$$

该比率越大,表明企业资金自给率越高,企业发展能力越强。如果现金流量充足率 = 1,表明企业经营活动所形成的现金流量恰好能够满足企业日常基本需要;若该比率 > 1,意味着企业经营活动所形成的现金流量大于日常需要,无须对外筹资,此时企业可考虑偿还债务以减轻利息负担,扩大生产经营规模或增加长期投资;若该比率 < 1,说明企业经营活动产生的现金流量不能满足需要,不足部分需要外部筹资解决,虽可在一定程度利用财务杠杆,但会加大公司财务风险。如果一个企业的现金流量充足率长期小于 1,这表明其理财政策没有可持续性。但 1 年的数据往往不足以说明问题。为了避免重复性及不确定性活动对现金流量所产生的影响,通常是以 3~5 年的总量为计算单位,可以剔除周期性和随机性影响,得出更有意义的结论。

企业竞争力的增强有赖于生产规模的扩大和先进技术的引进,因此企业必须保证有适量的资金注入生产资本和人力资本上。此外,股利分配的稳定增长则有利于增强权益资本的稳定性。所有这些都有赖于稳定而持续的现金流入,因此在保证这些支出的基础上,现金流量充足率如果能保持在 1 左右,则表明企业的收益质量较好。

2. 现金再投资率。现金再投资率反映经营活动产生的现金流在扣除了股利后有多少留下来,再投入公司用于资产更新和企业发展。其计算公式为:

现金再投资率 =(经营活动现金净流量 − 现金股利)/(固定资产 +
对外投资 + 其他资产投资 + 营运资本)

该比值越高,说明企业用于满足未来发展的现金储备良好;反之,则较差。

为了更全面地了解企业的理财情况,该比率也应根据五年或五年以上的平均数计算。对现金再投资率进行行业比较有着重要的意义。在西方国家,该比率介于 7% ~ 11% 范围内通常认为是令人满意的,但各行业之间是有区别的,即使是同一企业,不同的年份也有区别。如有的年份低一些,可能是因为企业当时处于高速扩张期;有的年份高一些,可能是因为企业当时处于稳定发展期。

3. 投资比率。投资比率(也叫生产性资产投资比率)反映了企业保持竞争的潜能(折旧费用近似为长期资产生产力的损耗)。其计算公式为:

投资比率 = 资本支出/折旧费用

显然,成长型公司该比率大于 1。投资活动现金流可以让分析师估计企业真实的资本支出:企业合并净现金支出 + 购买固定资产支付的现金 + 购买无形资产支付的现金。例如,2015 年苹果公司的资本支出为 118 亿美元,投资比率为 1.0;微软资本支出为 97 亿美元,投资比率为 1.6;2014 年苹果公司投资比率为 1.7,微软投资比率为 2.2。

4. 成本费用付现率。成本费用付现率用于测算公司成本费用中需要支付现金的比例。其计算公式为:

成本费用付现率 =[采购商品、接受劳务支付的现金/(1 + 增值税进项税率) +
支付给职工以及为职工支付的现金]/
(营业成本 + 营业税金及附加 + 销售费用 + 管理费用)

该指标在公司开始从事经营活动的初期或者快速扩张期会高于 1,此时的分析意义不大。其原因有两个:一是公司需要先期支付现金购买原材料,生产产品,但是尚未销售转入营业成本,导致付出的现金多于营业成本费用;二是公司在扩张期需要采购长期资产和支付建设安装的人工费用,该部分现金支出不构成当期的营业成本费用,导致付出的现金多于营业成本。在公司的平稳经营阶段,剔除增值税的影响后(采购商品、接受劳务支付的现金含增值税进项税额,但是营业成本不包含增值税进项税额,因此分析时需要调整),考虑到成本费用中包括无须付现的折旧和摊销,成本费用付现率应该低于 1。在公司的平稳经营阶段,该指标可结合公司发展情况,用于预测一家公司以后期间经营活动中所需支付的现金。

二、现金流量结构分析

（一）概念及公式

现金流量结构是指一定期间的现金流入、流出及净流量总额中，各项目所占的比例或百分比，用于分析企业现金流入的主要来源和现金流出的方向，并评价现金流入流出对净现金流量的影响。现金流量结构是反映企业财务状况的一个重要方面，保持合理的现金流结构是企业发展的基础。其计算公式为：

现金流量结构比率＝单项现金流入（出）量/现金流入（出）量总额

（二）现金流量结构分析的作用

1. 根据现金流入的结构，可以了解企业获取现金收入的途径，据以判断企业获取现金能力的大小，评价现金收入的质量。

一是经营活动产生的现金流入，体现的是一个企业主营业务创造现金流入的能力，只有主业兴旺，才是获取现金的不竭源泉。二是投资活动产生的现金流入，虽然很重要，但对于一般企业，它不应该成为现金增加的主要来源，因为对外投资毕竟只是企业经营活动的延伸而非核心，对外投资资产的所有权虽然在投资公司，但资产的实际控制权或经营权却在被投资公司，因此对外投资产生的现金流量具有不确定性和偶然性，它不能代替经营活动成为创造现金流入的主角。至于内部处置长期资产而产生的现金流入则更可能是不得已而为之，即使正常，也不会经常发生。三是筹资活动产生的现金流入，虽然能反映企业从外部获取现金能力的大小，但它所带来的现金流入是否有利，还取决于其使用效果——是否带来经营活动和投资活动的现金流入的增加，故筹资活动的现金流入同样不能成为创造现金流入的主角。

2. 根据现金流出的结构，可以了解企业现金支出的去向，据以判断企业的理财水平和理财策略。

现金是一项盈利性较差的资产，过多持有现金并非明智之举，因此，现金管理效果的好坏并非在于尽量减少现金支出或者保持较高现金余额，而是应该在保证足够的支付能力的前提下，把现金投放到盈利性更高的资产上。故现金支出的合理性是衡量企业理财水平的一个重要因素。

通常现金支出首先应满足生产经营正常交易的需要，如支付货款、发放工资、缴纳税金等，然后才能用于支付借款利息、分配股息，最后才能考虑对外投资。当然，要评价现金使用的合理性，仅仅根据结构指标很难判断，因为不同时期，现金支出的需要是不同的，通常只要支付能力正常，各类支出的比重高低并不十分重要。但如果把现金支出的结构与上期比较，则可以反映出企业的理财策略。一般来说，如果经营活动现金支出的比重下降，投资活动现金支出比重上升，则说明企业在保证生产经营的基础上，会用更多的资金进行扩大再生产和对外投资，以求进一步发展。而筹资活动现金支出的比重上升，则说明以前举借的债务到期需要偿还或企业打算发放更多的股利以回报投资者。

（三）现金流量结构分析的内容

现金流量结构可以划分为现金流入结构、现金流出结构和现金净流量结构。现金流量结构分析就是以这三类结构中某一类或一类中的某一项目占其总体比重所进行的分析，故也称比重分析。

1. 现金流入结构。反映经营活动、投资活动和筹资活动这三类活动的现金流入在全部现金流量中的构成和所占的比重，以及在这三类活动中的各个项目，在该类全部现金流入中的构成和所占比重。

2. 现金流出结构。反映经营活动、投资活动和筹资活动这三类活动的现金流出在全部现金流出中的构成和所占的比重，以及在这三类活动中的各个项目，在该类全部现金流出中的构成和所占的比重。

3. 现金净流量结构。它是指经营活动、投资活动和筹资活动产生的现金流量净额在现金及现金等价物净增加额中的构成和所占比重，又称为现金余额结构。

（四）现金流量结构分析的方法

现金流量结构分析主要是利用现金流量结构表进行一系列的趋势分析。一般来说，现金流量结构表的第一部分是列示投资活动现金流和融资活动现金流的总和占经营活动现金流的百分比，呈现了管理层在三种现金流来源和使用中的平衡。接下来需要分析每一种现金流活动的各项目明细及其占比。分析师将每一种现金流活动中的每一项列示成该活动现金流的百分比。例如，比较不同时期发行股票收到的现金占融资活动现金流的百分比，可以理解公司有多少融资来源是发行新股及该比重的动态变化。对于投资者来说，理解每种现金流来源占总净现金流增加的百分比是非常重要的。

【例题4-1】ABC公司本期现金流入量为2 100 262元，现金流出量为1 737 367元，现金净流量为362 895元。在全部现金流入量中，经营活动所得现金占74.86%，投资活动所得现金占0.62%，筹资活动所得现金占24.52%。这意味着维持公司运行、支撑公司发展所需要的大部分现金是在经营过程中产生的，这无疑是企业财务状况良好的一个标志。而收回投资、分得股利取得的现金以及银行借款、发行债券、接受外部投资取得的现金对公司的运行和发展都起到了辅助性或补充性的融资作用。在ABC公司本期现金流出量中，经营活动所付现金占74.56%，投资活动所付现金占5.95%，筹资活动所付现金占2.21%。将此与现金流入量分析相结合，可以发现该公司的现金流入与流出主要来自经营活动所得，用于经营活动所费；公司进行固定资产投资，支付投资者利润等现金需要主要来源于外部筹资，特别是举债筹资。

从总体上看，该公司的运行是健康的，发展是稳定的。但应特别注意公司以举债筹资扩大投资所带来的财务风险及其偿还能力。

三、现金流量比率及结构分析应注意的问题

在运用上述财务比率及结构分析现金流量时，还应注意以下三个问题。

1. 不要拘泥于以上有限的财务比率及结构分析，还可以根据公司管理当局的需要适当改善现金流量表，设计更具说服力的指标，获取其他更有意义的信息。

2. 全面、完整、充分地掌握信息，不仅要充分理解报表上的信息，还要重视公司重大会计事项的揭示及注册会计师对公司报表的评价报告，甚至还要考虑国家宏观政策、国际国内政治气候等方面的影响；不仅要分析现金流量表，还要将资产负债表、利润表等各种报表有机地结合起来，这样才能全面而深刻地揭示公司的偿债能力、盈利能力、管理业绩和经营活动中取得的成绩与存在的问题。

3. 特定分析与全面评价相结合。报表使用者应在全面评价的基础上选择特定项目进行重点分析，如分析公司偿债能力的现金流动负债比率，并将全面分析结论和重点分析的结论相互照应，以保证分析结果的有效。

第六节 自由现金流量分析

自由现金流（free cash flow，FCF）作为一种企业价值评估的新概念、理论、方法和体系，最早是由美国西北大学的拉巴波特、哈佛大学的詹森等学者于20世纪80年代提出的，经历了30多年的发展，特别在以美国安然、世通等为代表的所谓绩优（之前在财务报告中利润指标完美无瑕）公司纷纷破产后，自由现金流已成为企业价值评估领域使用最广泛、理论最健全的指标，美国证监会更是要求公司年报中必须披露这一指标。

一、自由现金流量的定义

（一）自由现金流量的内涵及意义

简单地说，自由现金流量就是指企业在满足了再投资需要之后剩余的现金流量，是可以自由支配的现金。它等于企业经营活动产生的现金流量扣除资本性支出（capital expenditures，CE）的差额，即 FCF = CFO − CE。自由现金流是一种财务方法，用来衡量企业实际持有的能够回报股东的现金，指在不危及公司生存与发展的前提下可供分配给股东的最大现金额。

如果自由现金流丰富，则公司可以偿还债务、开发新产品、回购股票、增加股息支付。但是，有时丰富的自由现金流也会使公司成为并购对象。

（二）资本性支出

资本性支出是指通过它所取得的财产或劳务的效益，可以使多个会计期间受益而所发生的那些支出。因此，这类支出应予以资本化，先计入长期资产类科目，然后，按受益原则再分期转入适当的费用科目。在企业的经营活动中，供长期使用的、其经济寿命将经历许多会计期间的资产就叫长期资产，如固定资产、无形资产、递延资产等。这些能产生长期效益的支出先资本化，即形成了固定资产、无形资产、递延资产等，而后随着其为企业提供的效益，在各个会计期间转销为费用，如固定资产的折旧，无形资产、递延资产的摊销等。

二、自由现金流量的分类及计算公式

自由现金流量可分为企业整体自由现金流量（free cash flow of firm，FCFF）和企业股权自由现金流量（free cash flow of equity，FCFE）。整体自由现金流量是指企业扣除了所有经营支出、投资需要和税收之后的，在清偿债务之前的剩余现金流量；股权自由现金流量是指扣除所有开支、税收支付、投资需要以及还本付息支出之后的剩余现金流量。整体自由现金流量用于计算企业整体价值，包括股权价值和债务价值；股权自由现金流量用于计算企业的股权价值。

美国财务专家汤姆·科普兰（1990）比较详尽地阐述了自由现金流量的计算方法："自由现金流量等于企业的税后净营业利润（即将公司不包括利息收支的营业利润扣除实付所得税税金之后的数额）加上折旧及摊销等非现金支出，再减去营运资本的追加和物业厂房设备及其他资产方面的投资。它是公司所产生的税后现金流量总额，可以提供给公司资本的所有供应者，包括债权人和股东。"

即：

自由现金流量（FCF）= 息税前利润（EBIT）×（1 − 所得税税率）+
折旧和摊销（depreciation & amortization）−
营运资本变动（changes in working capital）−
资本支出（capital expenditure）

上述公式是指企业整体（公司）自由现金流量（FCFF）的计算，而股权自由现金流量（FCFE）的计算则不然。

1. FCFF 是公司所有的权利要求者，包括普通股股东、优先股股东和债权人的现金流总和，其计算公式为：

FCFF = 息税前利润 − 税金 + 折旧与摊销 − 追加营运资本 − 资本性支出

其中，息税前利润 = 净利润 + 所得税 + 利息费用 = 利润总额 + 利息费用。

2. FCFE 是公司支付所有营运费用、再投资支出、所得税和净债务支付（即利息、本金支付减发行新债务的净额）后可分配给公司股东的剩余现金流量，其计算公式为：

$$FCFE = 净利润 + 折旧与摊销 - 资本性支出 - 追加营运资本 - 债务本金偿还 + 新发行债务$$

其中，净利润是扣除利息费用和所得税后的利润，资本性支出包含资本化的利息支出。所以，后面的"债务本金偿还"不能写成"债务本金偿还和利息支付"。

三、自由现金流量的优点

自由现金流量是企业通过持续经营活动创造出来的财富，并且涵盖了来自三大报表的资料，与利润、经营活动产生的现金流量等指标存在很大差别。下面就人为操纵、股权投资、持续经营、时间价值、信息综合性五个方面来对比分析自由现金流量较其他财务价值指标的优点。

1. 人为操纵方面。由于会计上遵循权责发生制，操纵利润有较大的空间，而自由现金流量则以收付实现制为基础，一切调节利润的手法都对它毫无影响。此外，自由现金流量认为，只有营业利润才是保证企业可持续发展的源泉，而所有因非正常经营活动所产生的非经常性收益（利得）是不计入自由现金流量的。它反映了企业实际节余和可动用的资金，不受会计方法的影响。所以自由现金流量弥补了利润等指标在反映公司真实盈利能力上的缺陷，是企业在扣除了所有经营成本和当年投资之后剩下来的现金利润。这些利润可以以真金白银的形式全部分配给企业的出资者，包括投资人和债权人。

2. 股权投资方面。会计利润核算有个致命的缺陷，就是未考虑股东的股权投资成本，不扣减因使用权益资本而产生的成本，认为留存收益、通过发行新股获得的资金是可以无偿使用的。这就会造成很多企业的经营者根本不重视资本的有效配置；经营活动产生的现金流量更是没考虑到股东的资本成本。但是，自由现金流量显然是考虑到了股权资本成本。因为自由现金流量指的就是在不影响公司持续发展的前提下，将这部分由企业核心收益产生的现金流量自由地分配给股东和债权人的最大红利，是投资收益的客观衡量依据，消除了可能存在的水分，反映了企业的真实价值。

3. 持续经营方面。自由现金流量最大的特色也就在于其"自由"二字，它是以企业的长期稳定经营为前提，旨在衡量公司未来的成长机会。而拥有了稳定充沛的自由现金流量意味着企业的还本付息能力较强、生产经营状况良好，用于再投资、偿债、发放红利的余地就越大，公司未来发展趋势就会越好。分析者也可将它作为判断财务健康状况的依据，当自由现金流量急剧下降之时，就说明企业的资金运转不顺畅，可能也是财务危机即将来临之日；还可以将它作为判断销售及收现能力的依据，如销售增加而自由现金流量并未变化，说明销售的收现能力下降，存在大量赊销，增大了经营风险。总之，自由现金流量可为投资者、管理者和债权人提供企业在未来一段时间内发展的指向。

4. 时间价值方面。利润在计算过程中采用历史成本，企业的各种资产应按其取得或购建时发生的实际成本进行核算，并在以后的期间保持一致。但资本是有价值的，显然，利润忽略了资本的时间价值。自由现金流量则考虑到了资本的连续运动过程，通过折现反映了资本的时间价值，为指标使用者带来一个更可信的价值。

5. 信息综合性方面。利润来自利润表中，经营现金净流量来自现金流量表中，由于它们的计算局限于各自所在会计报表的编制情况，因而在一定程度上不能代表企业整体特征。自由现金流量则涵盖了来自利润表、资产负债表、现金流量表中的关键信息，比较综合地反映了企业的经营成效，并通过各种信息的结合，甩开上市公司各项衡量指标的"水分"，去伪存真。

综上所述，自由现金流量不受会计方法的影响，受到操纵的可能性较小，可在很大程度上避免净利润和经营活动现金净流量指标在衡量上市公司业绩上的不足，并结合多方信息，综合股东利益及企业持续经营的因素，有效刻画上市公司基于价值创造能力的长期发展潜力。自由现金流量无愧为衡量评价上市公司利润质量的有效工具，具有长盛不衰的生命力。

四、自由现金流量的局限性

自由现金流量有许多优点，但在以未来的自由现金流量作为企业价值评估的基石时，其局限性就显露出来了。这种价值评估方法要有一定的假设：公司在被估价时有正的现金流，并且未来的现金流可以较可靠地加以估计，同时，又能根据现金流相关特征确定恰当的折现率。但现实情况与模型的假设条件往往大相径庭，特别对于以下几类公司，自由现金流量运用存在其局限性。

1. 陷入财务困难状态的公司。其当前的收益和自由现金流量一般为负，并很难断定何时公司会走出困境，而且公司有可能会走向破产。对这类公司估计现金流十分困难。

2. 拥有未被利用资产的公司。自由现金流量折现法反映了产生现金流资产的价值。如果有资产未被利用或未被充分利用，则其价值未体现或较少体现在现金流中。有些上市公司的市盈率偏高，原因之一就是上市公司管理水平较低，企业盈利水平未能充分反映其潜在的盈利能力。此类资产的价值可以单独获得并把它加计或者过滤。

3. 拥有未利用专利或产品选择权的公司。它们在当前并不产生任何现金流量，预计近期也不能产生现金流量，但我们不能否认专利或选择权所具有的价值。这些资产应进行合理估价，然后将其加入现金流量折现模型估价之中。

4. 涉及并购事项的公司。对涉及并购的公司，至少要解决两个重要问题。首先，并购是否会产生协同效应，协同效应的价值是否可估计？如果可单独估计，应将其单独估计，但这种估计极为主观。其次，公司管理层变动对公司现金流量和风险的影响，在敌意并购导致的目标公司管理层大范围离职时，尤其应注意其影响。

5. 对非上市公司。非上市公司的风险难以度量从而难以确定适当的折现率。因为多数风险/收益模型要求根据被分析资产的历史价格来估算风险参数。由于非上市公司的股票不在公开市场上交易，所以这一要求无法满足。解决方法之一就是考察可比上市公司的相关数据来确定。

由于上述局限性的存在，企业价值评估困难较大。要正确使用自由现金流量对企业的价值作出评估，必须充分考虑公司自由现金流量产生的基本因素及其对预期自由现金流量的影响，因此在实际运用时，非常依赖与公司相关的一切财务信息，甚至还需要一些非会计报表信息，并将这些信息所引起的变化反映在预期现金流量及其增长状况中，使估值结果更符合实际。

同时，现有的业绩报告为估价也带来了困难。由于会计准则及其执行的问题，有些企业要时常调整报表数，造成连续几年的数据较难具有可比性。

五、自由现金流量的应用越来越广泛

尽管自由现金流量也不是十分完美，但它的应用却越来越广泛。其实，除了以未来的自由现金流量作为企业价值评估的物质基础外，财务报表分析者更注重的是自由现金流量本身所能诠释的经济价值和公司理财决策的逻辑起点及思路。

企业价值与企业自由现金流量正相关。公司理财是企业价值管理，企业价值指标是国际上各行业领先企业所普遍采用的业绩考评指标，而自由现金流量正是企业价值的最重要变量。企业价值和自由现金流量因其本身具有的客观属性，正在越来越广泛的领域替代传统的利润、收入等考评指标，成为现代企业管理的"香饽饽"。

自由现金流是股东评估公司价值的一个重要测量工具。它是公司给付所有现金开支以及运营投资后所持有的剩余资金，是公司为各种求偿权者尤其是股东所能提供的回报。

许多投资者把公司产生自由现金流的能力摆在考察指标的第一位。利润、股息和资产价值也许是重要的指标，但最终这些指标的增长都是由公司产生现金的能力所决定的。丰富的现金流让一个公司可以提高股息、研发新产品、进入新市场、偿还债务、回购股票，甚至成为被并购对象。

利润和市盈率指标主导公司市场表现的评估和股价的估值。但是，会计方法的轻微变动也会引起收益的变动，从而造成不同时间或不同公司间的利润不可比，实际的现金流可以克服这一不足。

【本章小结】

1. 现金流是王道。现金流不断，企业不死！现金流概念比现金流量更广，不仅包括流量，还包括方向、时间和空间环境（分部报告）及其风险。现金流量表是很重要的财务报表，它弥补了资产负债信息的缺陷，便于从现金流量的角度对企业进行考核，了解企业筹措现金、生成现金的能力，为企业实现转型升级和制定战略规划提供决策依据。然而现金流量表也有其局限性，它不能反映出企业未来的现金流量和真实的企业经营损益状况，也可能存在人为操纵因素，某些潜在现金流无法得到货币计量，采用间接法调整来计算"经营现金流量净额"存在缺陷。

2. 影响企业经营活动现金流量变化的主要原因包括行业特点、发展阶段、营销策略、收付异常、关联交易及异常运作，其质量分析包括成长性、合理性和稳定性分析；影响企业投资活动现金流量变化的主要原因包括扩张加剧、战线收缩、处置不良、获取投资收益，其质量分析包括战略吻合性和盈利性分析；影响企业筹资活动现金流量变化的主要原因包括融资环境、不当融资及理财能力、银行承兑汇票结算，其质量分析包括适应性、多样性、恰当性分析。分析者还要关注现金流量表附注中的质量信息，诸如将净利润如何调整、不涉及现金流的重大投融资、现金等价物。以上影响因素分析及质量分析还要结合企业及其产品所处生命周期发展阶段的经营、投资、筹资活动的现金流特征加以剖析。

3. 现金流量财务比率分析包括现金偿债能力、获现能力和财务弹性三个方面。反映现金偿债能力的比率包括现金流动负债比、现金债务总额比、现金利息保障倍数；反映获现能力的比率包括现金流占营业收入比率、销售获现比率、利润现金保证比率、每股经营现金净流量、总资产现金比率；反映财务弹性的比率包括现金流量充足率、现金再投资率、投资比率、成本费用付现率。现金流量结构分析包括现金流入结构、现金流出结构和现金净流量结构分析，主要是利用现金流量结构表进行一系列的趋势分析。

4. 自由现金流量是企业在经营中产生的、在满足了再投资需要之后剩余的可以自由支配的现金流量，它等于企业经营活动产生的现金流量扣除资本性支出的差额，其实质是用来衡量企业实际持有的能够回报股东的现金，即在不危及公司生存与发展的前提下可供分配给股东的最大现金额。自由现金流量可分为企业整体自由现金流量和企业股权自由现金流量。整体自由现金流量是指企业扣除了所有经营支出、投资需要和税收之后的，在清偿债务之前的剩余现金流量；股权自由现金流量是指扣除所有开支、税收支付、投资需要以及还本付息支出之后的剩余现金流量。整体自由现金流量用于计算企业整体价值，包括股权价值和债务价值；股权自由现金流量用于计算企业的股权价值。自由现金流量这种财务方法具有诸多优点，但也有其局限性。

【复习思考题】

1. 企业现金流的概念包含哪些要素？现金流的秘密是什么？
2. 简述现金流量表会计报表的意义和局限性。
3. 影响企业经营、投资、筹资活动现金流量变化的主要因素各有哪些？
4. 企业各生命周期的现金流量各有哪些特征？
5. 怎样进行现金流量的质量分析？
6. 现金流量财务比率有哪些？各自代表什么含义？

7. 怎样进行现金流量结构的分析？

8. 什么是自由现金流量？自由现金流量有几类？请写出各自的计算公式并加以解释。

【计算分析题】

资料：(1) 某公司2019年末有关资料为：流动负债20 000万元，非流动负债50 000万元，总资产200 000万元。该公司当期固定资产投资额为5 000万元，存货增加200万元。该公司2019年实现净利润80 000万元（其中非经营损益100 000万元，非付现费用150 000万元），分配优先股股利4 500万元，发放普通股现金股利5 000万元。该公司发行在外的普通股股数为5 000万股。2019年经营活动现金净流量为6 000万元。(2) 已知该公司所在行业有关指标的平均值（参照值）如下：现金流动负债比为0.46，现金债务总额比为0.37，总资产现金回收率为12%，每股经营现金净流量为0.41元，净利润现金保证比率为1.26。

要求：(1) 计算该公司的现金流动负债比、现金债务总额比、总资产现金回收率、每股经营现金净流量、净利润现金保证比率；(2) 对该公司的现金流动性（偿债能力）、获现能力进行简要分析。

【章末案例】

案例一 2018年上市公司年报会计监管报告（节选）

截至2019年4月30日，除*ST华泽、*ST长生、*ST新亿、*ST毅达、*ST东南5家公司外，沪深两市共有3 622家公司披露了经审计的2018年年度财务报告。按期披露年报的公司中，219家公司年度财务报告被出具非标准审计意见的审计报告，其中，38家被出具无法表示意见，82家被出具保留意见，99家被出具带解释性说明段的无保留意见。

一、年度财务报告所反映的上市公司问题

二、企业会计准则和财务信息披露规则执行问题

总体来看，上市公司能够较好地理解并执行企业会计准则和财务信息披露规则，但仍有部分上市公司存在执行会计准则不到位、会计专业判断不合理、信息披露不规范的问题，主要集中在商誉减值、收入确认、金融工具、股权投资、合并财务报表、非经常性损益等方面。

……

（七）列报和披露

根据企业会计准则及相关规定，企业应当遵循与财务报表列报相关的准则规定，正确列报企业的财务状况、经营成果和现金流量，并充分披露与理解财务报表相关的重要信息，以向财务报表使用者提供决策有用信息。年报分析发现，部分上市公司在编制财务报表时，存在列报不规范、披露不充分的问题。

……

3. 现金流量表相关问题

……

年报分析发现，部分上市公司在编制现金流量表时存在以下问题：一是未将划分为持有待售类别子公司的非受限货币资金包括在现金和现金等价物中；二是将收到的与资产相关的政府补助、代扣代缴个税手续费返还分类为投资活动现金流量，未分类为经营活动现金流量；三是将与定期存单存入或到期相关的资金收付分类为经营活动现金流量，未分类为投资活动现金流量；四是未综合考虑与关联企业之间是否存在业务往来等因素，简单地将与关联企业之间的资金往来全部分类为经营活动现金流量；五是在合并报表中将购买子公司少数股权支付的现金分类为投资活动现金流量，未分类为筹资活动现金流量。

三、上市公司内控信息披露问题

四、下一步工作安排

（资料来源：中国证监会．证监会发布 2018 年上市公司年报会计监管报告［EB/OL］．［2019-07-26］．http：//www.csrc.gov.cn/pub/newsite/zjhxwfb/xwdd/201907/t20190726_359799.html）

请思考：以上所列 2018 年上市公司在编制现金流量表时存在的问题对现金流量表分析产生哪些影响？

案例二　大名城回复上海证券交易所关于现金流量的问询函

2019 年 4 月 30 日，上海大名城企业股份有限公司（600094：名城）在回复上海证券交易所《关于对上海大名城企业股份有限公司 2018 年年度报告的事后审核问询函》时，就问询函提出的问题作出了回应。

问题：关于经营活动现金流。年报显示，公司 2018 年各季度销售商品、提供劳务收到的现金分别为 29.49 亿元、27.94 亿元、42.33 亿元和 37.00 亿元。但根据公司前期披露的季度经济数据，各季度的销售金额分别为 13.50 亿元、47.60 亿元、82.48 亿元（第三季度、第四季度合计），请公司：（1）分别披露第三、第四季度的销售面积和销售金额；（2）结合行业情况，说明公司各季度销售商品、提供劳务收到的现金与销售数据变化趋势不一致的原因和合理性。

公司回复：

（1）分别披露第三和第四季度的销售面积与销售金额。

第三季度销售金额 43.40 亿元，销售面积 36.07 万平方米；第四季度销售金额 52.16 亿元，销售面积 46.41 万平方米。

（2）结合行业情况，说明公司各季度销售商品、提供劳务收到的现金与销售数据变化趋势不一致的原因和合理性。

公司在季度经营数据中披露的销售面积和销售金额系各季度买房签订认购协议时的认购销售面积和认购销售金额数据的汇总。由于认购协议签署后，尚须完成合同备案、按揭客户申请银行按揭贷款、按揭银行对申请进行审批并根据银行的放款额度区块最终完成放款，因此，认购协议签署至公司实际收到售房款存在一定的时间差，且由于调控政策中限签合同备案，银行按揭额度等情况存在时间的不确定性，因此各季度销售商品、提供劳务收到的现金金额与公司季度经营数据中披露的销售金额变化趋势不一致是合理的。

（资料来源：上海大名城企业股份有限公司 2019 年 4 月 30 日发布的《关于对公司 2018 年年度报告的事后审核问询函的回复公告》）

请思考：

1. 上海证券交易所就此提出问询的理由何在？
2. 如何理解企业经营活动现金流量出现异常背后隐藏的质量信息？

第五章 财务实力与偿债能力分析

【学习要求】
1. 熟悉财务实力与偿债能力的内涵。
2. 熟练掌握短期偿债能力分析。
3. 熟练掌握长期偿债能力分析。

【关键术语】

财务实力　偿债能力　流动负债　非流动负债　资产规模

【引导案例】

安踏体育拟配售1.19亿新股　预计筹款118亿港元偿债

2023年4月18日，安踏体育在港交所发布公告，拟配售1.19亿股新股，配售股份的数目相当于认购事项完成后经扩大的已发行股份总数约4.20%；认购事项的所得款项总额预计约为118亿港元。

受此消息影响，4月19日安踏体育股价报收99.45港元，下跌1.24%，市值2 698.7亿港元。

预计筹款118亿港元

公告披露，4月17日包括安踏国际和安达控股以及安达投资在内的卖方以及配售代理订立了配售及认购协议，卖方拟通过配售代理出售安踏体育合共1.19亿股配售股份，安踏体育将向卖方发行合共1.19亿股认购股份。

公告显示，配售价和认购价均为每股99.18港元。认购事项的所得款项总额预计约为118.02亿港元；认购事项所得净额约117.31亿港元。

配售及认购完成后，安踏体育控股股东安踏国际持股将由44.26%降低至42.40%，安踏国际全资附属公司安达控股（亦为安踏体育控股股东）持股将由5.93%降至5.68%，安踏国际全资附属公司安达投资（亦为安踏体育控股股东）持股将由4.26%降至4.08%，三大股东合计持股由54.45%降至52.16%，下降了2.29%。

对于资金用途，安踏体育称拟将认购事项所得款项净额用于偿还安踏集团未偿付的财务负债，以及作为一般营运资金。具体所得款项用途将根据公司的运营情况、实际需求，以及根据监管机构相关意见进行调整。

"安踏体育此时发布募资其实与其经营盘子过大、资金周转压力有关。"鞋服行业分析师程伟雄对《证券日报》记者表示，当下运动场景消费需求较大，而安踏布局了高、中、低多品牌矩阵，特别是在安踏体育旗下亚玛芬品牌旗下以始祖鸟为代表的高端户外品牌，亟须在扩展中国市场方面做投资。

短期借款骤增

对于安踏体育本次募资情况，广科咨询首席策略师沈萌对《证券日报》记者表示，配股募资是为了降低流动负债，减少安踏体育流动性风险，而流动负债的快速增加不排除是为了增强日常经营的流动资金需要，或许在一定程度上反映了市场方面出现压力。

财报显示，2022年安踏体育陷入了"增收不增利"困境，其营业收入、净利润分别为536.5亿元和75.9亿元，营业收入同比增长8.76%，净利润同比下降1.68%。

同时，安踏体育的毛利率也出现了下滑。财报显示，2022年安踏体育毛利率为60.24%，上年同期为61.64%。针对毛利率下滑，财报称主要是因为疫情影响下适当地加大零售折扣、高端产品创新升级及环球原材料价格上升、存货撇减等影响。

此外，财报显示，2022年安踏体育负债总额313.6亿元，资产负债率45.32%；流动负债合计约为262.07亿元，同比增长64%；短期借款122.0亿元，同比骤增597.83%。

在发布募集资金的同日，安踏体育还发布公告称，对2025年到期的10亿欧元零息有担保可换股债券进行调整，根据债券的条款、条件及基于日期为2023年4月17日的配售和认购协议项下的股份发行事项，换股价将由101.90港元调整为101.46港元。除此之外，债券的所有其他条款及条件保持不变。

（资料来源：许洁. 安踏体育拟配售1.19亿新股 预计筹款118亿港元偿债［N］. 证券日报，2023-04-20（B3））

根据以上案例可知，不仅债权人关注企业的偿债能力，企业各利益相关者也都直接或间接地关注企业的偿债能力。那么，偿债能力包括哪些内容，如何分析企业的短期偿债能力，如何分析企业的长期偿债能力呢？

第一节　财务实力与偿债能力分析概述

一、财务实力与偿债能力的内涵

财务实力是一个相对笼统的概念，在广义上泛指企业在财务方面所具备的能力或优势。从财务活动的角度看，主要包括筹资能力、投资能力、资金运用能力和分配能力；从财务关系的角度看，则主要指企业平衡相关利益者财务关系的能力及其财务网络。狭义的财务实力主要指企业拥有或控制的财务资源，以及通过各种途径获得资金的能力。

财务实力是企业综合实力的重要体现,它能够为企业创造持续的竞争优势。雄厚的财务实力能够为企业创造更多的价值,进而提升企业核心竞争力。

偿债能力是指企业用其资产偿还各种债务的能力。企业的负债按偿还期的长短,可以分为流动负债和非流动负债两大类。其中,反映企业偿付流动负债能力的是短期偿债能力,反映企业偿付非流动负债能力的是长期偿债能力。

企业偿债能力是反映企业财务状况和经营能力的重要标志。静态地讲,就是用企业资产清偿企业债务的能力。动态地讲,就是用企业资产和经营过程创造的收益偿还债务的能力。企业有无支付现金的能力和偿还债务的能力,是企业能否生存和健康发展的关键。

二、财务实力与偿债能力的联系

财务实力与偿债能力关系十分密切。一方面,财务实力是企业能够及时偿付债务的保障,企业的可持续发展以稳定的资金流为支撑,如果企业的资金流动不能正常进行,有可能导致企业破产倒闭;另一方面,偿债能力本身又是企业财务实力的体现,较强的偿债能力进一步促使企业更容易获得资金,进而使企业更好地把握各种获利投资机会。

财务实力直接表现在对财务可控资源的作用力上,对财务可控资源的合理配置,不仅可以大大缓解企业在偿债方面的压力,还将直接推动企业持续竞争优势的形成和核心能力的提升。财务报表是反映企业在某一特定日期财务状况和某一会计期间经营成果、现金流量的文件,企业财务实力可以通过企业财务报表反映出来,包括盈利能力、偿债能力、营运能力和发展能力等,偿债能力是企业财务实力的重要体现。

偿债能力与企业多个方面的因素紧密相关,其中,资产的规模和结构、资本结构、盈利能力和现金流量的影响最为明显。资产负债表呈现企业资产的规模和构成情况,反映企业资产的流动性强弱和企业长期资产的价值。资产流动性在一定程度上决定企业短期偿还债务的能力,而长期资产是维持企业长期偿债能力的保障。结合其他报表,我们可以判断企业的盈利性,盈利能力一定程度上决定了企业偿还长期债务的能力,良好的盈利性能够在未来产生现金流,为将来支付到期债务提供保证。企业偿债能力也受资本结构的影响,负债与所有者权益的比例与具体构成反映了企业资产的来源情况,决定了企业的基本支付义务,对其进行分析可以全面地判断企业的偿债能力。

总之,财务实力是维持企业偿债能力的保障,偿债能力是财务实力的集中体现。分析者应结合企业各个方面分析评价企业的偿债能力,以作出相关合理的决策。

三、偿债能力分析的意义

偿债能力是企业经营者、投资者、债权人等都十分关心的重要问题。站在不同的角度，分析目的也有区别。

投资者重视企业的盈利能力，同时他们也认为良好的财务环境和较强的偿债能力更有助于提高企业的盈利能力。因此，他们同样会关注企业的偿债能力。对于投资者来说，如果企业的偿债能力发生问题，就会使企业的经营者花费大量精力去筹措资金以应付还债，这不仅会增加筹资难度，加大临时性紧急筹资的成本，还会使企业管理者难以全神贯注地进行企业经营管理，使企业盈利受到影响，最终影响到投资者的利益。

债权人对企业偿债能力的分析，目的在于作出正确的借贷决策，保证其资金安全。债权人更会从他们的切身利益出发来研究企业的偿债能力，只有企业有较强的偿债能力，才能使他们的债权及时收回，并能按期取得利息。通过对企业资金的主要来源和用途以及资本结构的分析，再加上对企业过去盈利能力的分析和未来盈利能力的预测，来判断企业的偿债能力。

商品和劳务供应商主要是指赊销商品或劳务给企业的单位和个人。商品和劳务供应商最关心的是能否尽快安全地收回资金。因此，他们必须判断企业能否及时支付商品和劳务的价款。从这个角度来说，商品和劳务供应商对企业偿债能力的分析与债权人类似。

对于公司来说，任何一家公司要想维持正常的生产经营活动，手中必须持有足够的现金或者随时变现的流动资产，以支付各种到期的费用账单和其他债务。其分析目的在于以下四点。

第一，了解公司的财务状况。公司偿债能力的强弱是反映公司财务状况的重要标志。对于小规模公司而言，投资者和经营者对公司的财务状况可以做到了如指掌，而银行和其他债权人则需要通过分析公司的财务资料，了解公司的偿债能力，判断公司的财务状况。大公司由于经营业务繁杂多样，就更加突出了偿债能力分析的重要性。

第二，揭示公司所承担的财务风险程度。公司所承担的财务风险与负债筹资直接相关，负债必须按期归还，而且要支付利息。任何公司，只要通过举债筹集资金，就等于承担了一项契约性质的责任或义务，不管公司的经营是盈是亏，其义务必须履行。这就是说，当公司举债时，就可能会出现债务到期不能按时偿付的可能，这就是财务风险。而且，公司的负债比率越高，到期不能按时偿付的可能性越大，公司所承担的财务风险也越大。

第三，预测公司筹资前景。公司生产经营所需的资金，通常需要从不同渠道，以各种方式取得，当公司偿债能力强时，说明公司财务状况较好，信誉较高，债权人就愿意将资金借给公司。否则，债权人就不愿意将资金借给公司，在这种情况下，将资金借给公司，其债权得不到保障。因此，当公司偿债能力较弱时，公司筹资前景不容乐观，只有公司愿付出较高的代价，才有可能举借到生产经营所需的资金。

第四，为公司进行各种理财活动提供重要参考。公司的理财活动集中表现在筹资、用资和资金分配三个方面，公司在什么时候取得资金，其数额多少，取决于生产经营活动的需要，这里也包括偿还债务的需要。如果公司偿债能力不强，特别是近期内有需要偿付的债务时，公司就必须及早地筹措资金，以便在债务到期时能够偿付，使公司信誉得以维护。如果公司偿债能力较强，则可能表明公司有充裕的现金或其他能随时变现的资产，在这种情况下，公司就可以利用暂时闲置的资金进行其他投资活动，以提高资产的利用效果。

四、偿债能力分析的具体内容

企业偿债能力分析是企业财务报表分析的重要组成部分，主要包括以下两方面内容。

第一，短期偿债能力分析。在分析短期偿债能力影响因素的基础上，结合企业资产和负债的结构、现金流量等，计算并分析反映企业短期偿债能力的主要指标和辅助指标，了解企业短期偿债能力的高低及其变化情况，揭示企业的财务状况和风险程度。

第二，长期偿债能力分析。结合企业资产规模和资本结构、盈利能力和现金流量等，计算并分析反映企业长期偿债能力指标，了解企业长期偿债能力的高低及其变动情况，说明企业整体财务状况和债务负担，以及企业偿债能力的保障程度。

第二节 短期偿债能力分析

一、短期偿债能力的影响因素

短期偿债能力一般也称为支付能力，主要是通过流动资产的变现来偿还到期的短期债务。短期偿债能力的高低对企业的生产经营活动、财务状况、企业信誉等具有重要影响。影响短期偿债能力的因素可以分为企业外部因素和企业内部因素。企业外部因素指与企业所处经济环境相关的因素，如经济形势、证券市场的发育情况和银行的信贷政策等，这些外部因素会影响企业的长期偿债能力。企业内部因素指企业自身的经营业绩、资金结构、资产结构和融资能力等。下面分别加以说明。

（一）企业外部因素

1. 宏观经济形势。宏观经济形势是影响企业短期偿债能力的重要外部因素。当一国经济持续稳定增长时，社会的有效需求也会随之稳定增长，产品畅销。由于市场条件良好，企业的产品和存货可以较容易地通过销售转化为货币资金，从而提高企业短期偿债能力。如果国民经济进入迟滞阶段，国民购买力不足，就会使企业产品积压，企业资金周转不灵，企业间货款相互拖欠，形成所谓的"三角债"，企业的偿债能力就会受到影响，反映短期偿债能力的指标也存在不足之处。

2. 证券市场的发育与完善程度。在企业的流动资产中，常常会包括一定比例的有价证券，在分析企业偿债能力时，有价证券被视为等量现金。事实上，这样计算的偿债能力指标与企业的实际偿债能力是有区别的。这是因为，有价证券是按其历史成本列示在资产负债表中的，与转让价格必然有一定的差异，且转让有价证券时，要支付一定的转让费用。证券市场的发育和完善程度对企业短期偿债能力的影响还表现在，如果证券市场发达，企业随时可将手中持有的有价证券转换为现金；如果证券市场不发达，企业转让有价证券就很困难，或者不得不以较低的价格出售。这些都会对企业的短期偿债能力产生影响，特别是当企业把投资有价证券作为资金调度手段时，证券市场的发育和完善程度对企业的短期偿债能力的影响就更大。

3. 银行的信贷政策。国家为保证整个国民经济的健康发展，必然要采取宏观调控方法，利用金融、税收等宏观经济政策的制定，调整国家的产业结构和经济发展速度。一个企业，如果其产品是国民经济急需的，发展方向是属于国家政策鼓励的，就会较容易地取得银行借款，其偿债能力也会提高。此外，当国家采取较宽松的信贷政策时，所有的企业都会在需要资金时较容易地取得银行信贷资金，其实际偿债能力就会提高。

(二) 企业内部因素

1. 企业的资产结构。在企业的资产结构中，如果流动资产所占比重较大，则企业短期偿债能力就相对大一些，因为流动负债一般要通过流动资产变现来偿还。如果流动资产所占比重较高，但其内部结构不合理，其实际偿债能力也会受到影响。从这个意义上讲，流动资产中应收账款、存货资产的周转速度也是反映企业偿债能力强弱的辅助性指标。

2. 流动负债的结构。企业的流动负债有些必须以现金偿付，如短期借款、应缴款项等，有些则用商品或劳务偿还，如预收货款等。需要用现金偿付的流动负债对资产的流动性要求更高，企业只有拥有足够的现金才能保证其偿债能力。如果在流动负债中预收货款的比重较大，则企业只要拥有充足的存货就可以保证其清偿能力。此外，流动负债中各种负债的偿还期限是否集中，都会对企业偿债能力产生影响。分析时，不仅要看各种反映偿债能力指标的数值，还要根据各种因素考察其实际的偿债能力。

3. 企业的融资能力。单凭各种偿债能力指标还不足以判断企业的实际偿债能力。有些企业各种偿债能力指标都较好，但却不能按期偿付到期的债务；而另一些企业因为有较强的融资能力，如与银行等金融机构保持良好的信用关系，随时能够筹集到大量的资金，即使各种偿债能力指标不高，却总能按期偿付其债务和支付利息。可见，企业的融资能力也是影响偿债能力的一个重要因素。

4. 企业的经营现金流量水平。企业的短期债务通常是用现金进行偿还的，因此，现金流量是决定企业短期偿债能力的重要因素。企业现金流量状况如何，主要受企业的经营状况和融资能力两方面影响。如果没有充足的现金流量，即使是盈利企业也可能因无法及时偿还到期债务而导致信用危机甚至被迫破产。现金流是企业短期偿债能力的"生命线"。海尔公司在内部确定了一个原则:"没有现金流支持的利润就不算利润,没有利润支持的销售额就不算销售额。"

除以上主要因素外,还有许多因素会影响到企业的短期偿债能力,如企业的财务管理水平、母公司与子公司之间的资金调拨等。有些因素对企业偿债能力的影响往往难以通过数量指标来表达,分析时必须结合各有关因素作出综合判断。

二、短期偿债能力的静态分析

短期偿债能力的静态分析,主要指根据资产负债表计算相应的指标,并对其进行分析与评价。根据资产负债表,可以了解一个公司的流动资产和流动负债规模。但资产规模仅仅表明公司资产的流动性,流动负债规模也只能表明公司目前所承担的债务和资金的流动性,不能说明公司偿债能力。最能反映公司短期偿债能力的指标,是建立在对公司流动资产和流动负债关系的分析之上的,主要有流动比率、速动比率和现金比率。

(一)流动比率的计算与分析

由于流动资产减去流动负债后的余额就是公司的营运资本①,所以该指标还可以反映出公司在目前及今后的生产经营中提供现金、偿还短期债务、维护正常经营活动的能力。

【例题5-1】表5-1中两家公司营运资本的绝对数额相等,因此,仅通过对流动资产与流动负债相比,无法比较A、B公司的流动性状况。

表5-1　　　　　　　　　A、B公司营运资本情况　　　　　　　　单位:元

项目	A公司	B公司
流动资产	300 000	1 200 000
流动负债	100 000	1 000 000
营运资本	200 000	200 000

由此,需要引入营运资本的相对数额进行比较分析。在20世纪初,美国某些银行在向公司提供贷款时,通常使用一项相对数指标即流动比率作为判断公司信用的标准,此比率也叫作银行家比率。

流动比率是指流动资产与流动负债的比率,表示每一元的流动负债,有多少流动资产作为偿还保证。计算公式是:

$$流动比率 = \frac{流动资产}{流动负债}$$

---

① 营运资本是指流动资产总额减去流动负债总额后的剩余部分,也称净营运资本,表示企业的流动资产在偿还全部流动负债后还有多少剩余,它是一个绝对数指标。

一般认为,该指标应达到2∶1以上。该指标越高,表示企业的偿债能力越强,企业所面临的短期流动性风险越小,债权人安全程度越高。这是因为较高的流动比率可以保障在流动负债到期日能够有较多的流动资产可供变现偿债。这个比率还表明当企业遇到突然性现金流出,如发生意外损失时的支付能力。

【例题5-2】根据ABC公司2×17年资产负债表资料,可以计算出其流动比率指标,如表5-2所示。

表5-2　　　　　　　　　　　流动比率计算　　　　　　　　　单位:亿元

项目	年初	年末
流动资产	1 069.32	1 150.29
流动负债	1 047.40	1 182.51

$$期初流动比率 = \frac{1\ 069.32}{1\ 047.40} = 1.02$$

$$期末流动比率 = \frac{1\ 150.29}{1\ 182.51} = 0.97$$

该公司期初流动比率为1.02,短期偿债能力具有一定的压力。这种现象在期末进一步下降,表明其短期偿债能力存在一定的问题。从债权人角度看,这当然不是好的趋势,因为其债务的保障程度降低了。但是这是不是就说明该公司的短期债务没有保障了呢?是否就意味着不应借款给这个企业了呢?流动比率为100绝对有保障,但是坚持一个非常高的流动比率标准,企业可能会找不到借款人,也就失去了赚钱的机会。问题在于流动比率指标到底有什么样的优缺点。

1. 流动比率指标的优缺点。流动比率能被普遍采用,作为衡量企业短期偿债能力高低的标准,主要是因为该指标以下优点。

第一,流动比率可以揭示企业用流动资产抵补流动负债的程度,流动比率越大,对流动负债的保证程度越高,就越能保证债权人的权益。

第二,流动比率可以指出一个企业所拥有的营运资本与短期负债之间的关系,可以使指标的使用者了解企业的营运资本是否充足,也可以据以判断企业抵抗经营中发生意外风险的能力,判断企业一旦发生风险,其营运资本是否足以抵偿其损失,而保证按期偿还债务。

第三,流动比率超过1的部分,可以对流动负债的偿还提供一项特殊的保证,显示出债权人安全边际的大小。由于交易性金融资产和存货资产等在变现时可能会发生损失,所以,流动比率超过1的部分越多,债权人的安全边际越大,全额收回债权的可靠程度就越高。

第四,流动比率的计算方法简单,资料来源比较可靠。即使是企业外部关系人也能很容易地计算出企业的流动比率,以对企业的偿债能力作出判断。

但该指标也不可避免地存在一些问题,主要是以下五点。

第一,流动比率所反映的是企业某一时点上可以动用的流动资产存量与流动负债的比率关系,而这种静止状态的资产与未来的资金流量并没有必然联系。流动负债是企业今后短时期内要偿还的债务，而企业现存的流动资产能否在较短时期内变成现金却难以保证。所以，流动比率只反映了企业短期内由流动资产和流动负债产生的现金流入量与流出量的可能途径，企业的经营、销售、利润的取得与分配又与现金流入和流出有直接关系，这些因素在计算流动比率时未加以考虑。

第二，企业应收账款规模的大小，受企业销售政策和信用条件的影响，信用条件越宽松，销量越大，应收账款规模就越大，发生坏账损失的可能性就越大。因此，不同的主观管理方法，会影响应收账款的规模和变现程度，使指标计算的客观性受到制约，容易导致计算结果的误差。

第三，企业现金储备的目的在于防范出现现金流入量小于现金流出量的现象，而现金是不能带来收益的资产，故企业应尽可能减少现金持有量，至于其他存货也应尽可能降低到保证生产正常需要的最低水平。显然，增强企业的偿债能力与节约使用资金、减少流动资产上的资金占用的要求相矛盾。

第四，存货资产在流动资产中占较大比重，而存货的计价方法企业又可以随意选择，不同的计价方式，对存货规模的影响也不同，也会使流动比率的计算带有主观色彩。同时，如果企业存货积压或在管理方面存在问题，反而会表现出较高的流动比率。

第五，企业的债务并不是全部反映在资产负债表上，如与担保有关的或有负债没有列入资产负债表中。但是，如果它的数额较大，并且很有可能发生，就应该将其列入需要偿还的债务。因此，只以资产负债表上的流动资产与流动负债相比较，来判断企业的偿债能力是不全面的。

尽管流动比率存在上述缺点，但在没有更好的指标取代它时，它仍是目前最重要的判断企业短期偿债能力的指标。

2. 分析评价时应注意的问题。运用流动比率指标分析评价企业的短期偿债能力时，应注意以下四个问题。

第一，企业短期偿债能力取决于流动负债与流动资产的相互关系，而与企业规模无关。如果仅以流动比率作为偿债能力的评价标准，企业规模大、流动资产多，并不表明企业短期偿债能力强。反之，企业规模小、流动资产少也不等于说偿债能力弱。能从根本上决定企业短期偿债能力强弱的应该是流动资产与流动负债的相互关系，流动资产与流动负债的变动决定了流动比率的变动。

第二，对企业偿债能力的判断必须结合所在行业的平均标准。不同行业因其资产、负债占用情况不同，流动比率会有较大差别，有些行业其流动比率达1∶1时就可能表示其有足够的偿债能力，而有些行业的流动比率达到或超过2∶1时，也不一定表明其偿债能力很强。例如，商业企业销售商品的绝大部分可以收回现金，其应收账款和存货相对较小，而负债绝大部分的可能是赊购债务，所以比率就很低，但不能因此说其偿债能力不强。而工业企业有较多存货，其应收账款也占相当大的比例，所以流动资产规模越大，流动比率就会越高一些。从图5－1中部分公司流动比率来看，就能发现不同行业的流动比率情况存在较大差异，即使是行业中的佼佼者也无法避免行业所带来的影响。

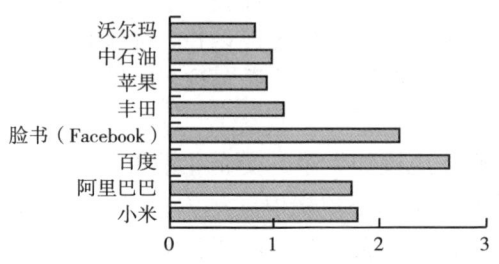

图 5-1 2022 年部分公司的速动比率

资料来源：根据以上公司 2022 年公开披露的年报报告计算绘制。

第三，对企业偿债能力的判断必须结合其他有关因素。即使在同行业内，一些流动比率较低的企业，也不一定表明其偿债能力较低，债权人的利益因此不能得到保障。如果企业有大量充裕的现金，或随时能变现的有价证券，或具有相当强的融资能力等，企业实际的偿债能力要比流动比率指标所表示的偿债能力强得多，债权人的利益还是相当有保障的。

第四，要注意人为因素对流动比率指标的影响。流动比率是根据资产负债表的资料计算出来的，体现的仅仅是账面上的支付能力，企业管理人员出于某种目的，可以运用各种方式进行调整，使以流动比率表现出来的偿债能力与实际偿债能力有较大差异。例如，企业可以以本期期末还贷，下期期初再举债的方式调低期末流动负债余额，或举借长期借款增加流动资产等方式达到调整流动比率、掩盖企业真实财务状况的目的。分析时应注意联系流动资产和流动负债的变动情况及原因，对企业偿债能力的真实性作出判断。

需要强调的是，随着时间的推移，影响公司经营的主、客观因素可能会发生较大的变化。人们的认识也在不断深入，公司对资产的流动性及资产的利用效果更加重视，任何公司都不会牺牲资产的流动性和利用效果来维持较高的偿债能力。因此，近年来流动比率已呈下降的趋势，是否仍以 2∶1 的水平作为判断公司偿债能力高低的标准，值得探讨。如果这一标准发生变化，对公司的评价也会随之改变。

【阅读资料】

如果你是银行家……

国际机器公司（IMC）为了在英国扩展业务，向你提出申请一笔期限为 1 年的 200 万美元短期借款。为了分析 IMC 公司的情况，你计算了该公司的流动比率。该公司流动资产接近 160 万美元，流动比率为 4∶1。同行业竞争对手的流动比率平均水平为 9∶1。根据这些有限的信息，对 IMC 公司的贷款申请，你会做何决定？如果 IMC 公司申请的是一项 10 年期贷款，你的决定是否会改变？

(二) 速动比率的计算与分析

流动比率只能表明企业流动资产与流动负债之间的关系，没有揭示流动资产的构成与质量。如果流动比率较高，而流动资产的流动性却较低，企业的短期偿债能力依然较差。速动比率就是要弥补流动比率的这一缺陷，它又称酸性试验比率，是指公司的速动资产与流动负债的比率，用来衡量企业流动资产中可以立即变现偿付流动负债的能力。该指标的计算公式是：

$$速动比率 = \frac{速动资产}{流动负债}$$

速动资产是指可以立即变现用来偿付流动负债的流动资产。多数研究将速动资产的范围界定为流动资产减存货。本教材认为应该根据速动资产的内涵分析填列，即质量较高能迅速周转与变现的流动资产应包括在速动资产范畴。例如，卖方市场的存货供不应求，也应算作流动资产。

由此，速动资产一般包括货币资金、交易性金融资产、应收票据、应收账款、应收利息、应收股利、其他应收款、一年内到期的非流动资产和其他质量良好的流动资产。计算速动资产之所以要排除存货和预付账款等预付费用，是因为存货是流动资产中变现速度最慢的资产，而且存货在销售时受到市场价格的影响，使其变现价值带有很大的不确定性，在市场萧条的情况下或产品不对路时，又可能成为滞销货而无法转换为现金。至于预付账款，本质上是属于预付费用，只能减少企业未来时期的现金支出，其流动性实际是很低的。

【例题 5-3】根据 ABC 公司 2×17 年资产负债表资料，可以计算出其速动比率指标，如表 5-3 所示。

表 5-3　　　　　　　　　　速动比率计算　　　　　　　　　　单位：亿元

项目	年初	年末
速动资产	780.23	733.29
流动负债	1 047.40	1 182.51

$$期初速动比率 = \frac{780.23}{1\ 047.4} = 0.74$$

$$期末速动比率 = \frac{733.29}{1\ 182.51} = 0.62$$

从计算结果可以看出，该公司年初速动比率为 0.74，年末速动比率为 0.62，说明该企业短期偿债能力较弱。

分析评价时应注意以下三点。

第一，对速动比率的分析，还应结合应收账款的收账期进行分析。因为速动比率的计算隐含着一个十分重要的假设条件，即所有的应收账款都能在其回收期内如数转化为现金，即使有坏账损失，其数额也非常小，可以忽略不计。但事实并非如此，企业可能有相当一部分应收账款不能按期收回，当有些应收账款超过回收期一定期限后，其发生坏账损失的可能性会非常大。换言之，按全部应收账款计算的速动比率含有一定的水分，不能真实地反映出企业的偿债能力。为此，有必要将可能形成坏账损失的应收账款金额从速动资产中剔除，对速动比率进行适当调整。

第二，一个企业的流动比率和速动比率较高，虽然能够说明企业有较强的偿债能力，反映企业财务状况良好，但过高的流动比率和速动比率会影响企业的盈利能力。当企业大量储备存货时，特别是有相当比例的超储积压物资时，流动比率就会较高，从而存货的周转速度会降低，形成流动资金的相对固定化，影响流动资产的利用效率。过高的货币资金存量能使速动比率提高，但货币资金的相对闲置也会使企业丧失许多能够获利的投资机会。所以，对流动比率和速动比率必须辩证分析，进行风险和收益的权衡。

第三，一般认为，在企业的全部流动资产中，存货大约占50%。所以，速动比率的一般标准为1∶1，就是说，每一元的流动负债，都有一元几乎可以立即变现的资产来偿付。如果速动比率低于1∶1，一般认为偿债能力较差，但分析时还要结合其他因素进行评价。例如，零售企业大量采用现金结算，应收账款很少，因而允许保持低于1的速动比率。图5-2同样列举了在行业中处于较高管理水平的企业速动比率，可以将其与图5-1中流动比率情况进行比较。

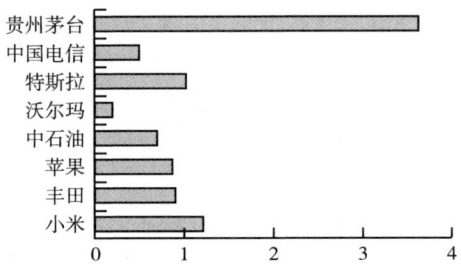

图5-2　2022年部分公司的速动比率

资料来源：根据以上公司2022年公开披露的年报报告计算绘制。

（三）现金比率的计算与分析

有时候，财务报表分析者需要以最保守的观点分析企业的流动性。例如，企业将应收账款和存货进行了抵押，或者财务报表分析者怀疑应收账款和存货存在多种流动性问题。评价企业短期偿债能力的最保守的指标是现金比率。现金比率是指现金类资产对流动负债的比率，该指标有两种表示方式。

1. 现金类资产仅指货币资金。根据这一定义，现金比率的计算公式是：

$$现金比率 = \frac{货币资金}{流动负债} \times 100\%$$

2. 现金类资产除包括货币资金外，还包括货币资金的等价物，即企业持有的期限短、流动性强、易于转换为已知金额的现金以及价值变动风险很小的投资。其理由是,企业进行短期投资只是企业资金调度的一种手段,当企业有暂时闲置的货币资金时,就会投资于价值变动风险很小的有价证券,以提高资金的盈利水平。一旦企业需要现金时,就可以通过转让有价证券将其转化为现金。所以在管理上,现金和现金等价物并无实质区别。因此把有价证券视为现金的等价物,按这种理解,现金比率的计算公式是:

$$现金比率 = \frac{货币资金 + 有价证券}{流动负债} \times 100\%$$

现金比率可以准确地反映企业的直接偿付能力,当企业面临支付工资日或大宗进货日等需要大量现金时,这一指标更能显示出其重要作用。由于现金比率的两种方式都没有考虑企业流动资产中的存货和应收账款,所以,对于应收账款和存货变现存在问题的企业,这一指标尤为重要。

现金比率越高,表示企业可立即用于支付债务的现金类资产越多。由于企业现金类资产的盈利水平较低,企业不可能也没有必要保留过多的现金类资产。如果这一比率过高,表明企业通过负债方式所筹集的流动资金没有得到充分利用,所以并不鼓励企业保留更多的现金类资产。一般认为这一比率应在20%左右,在这一水平上,企业的直接支付能力不会有太大的问题。

(四) 流动比率、速动比率、现金比率相互关系分析

流动比率、速动比率、现金比率是以流动资产和流动负债的相互关系为基础的,是反映企业短期偿债能力的主要指标,三者之间的相互关系可以用图5-3来表示。

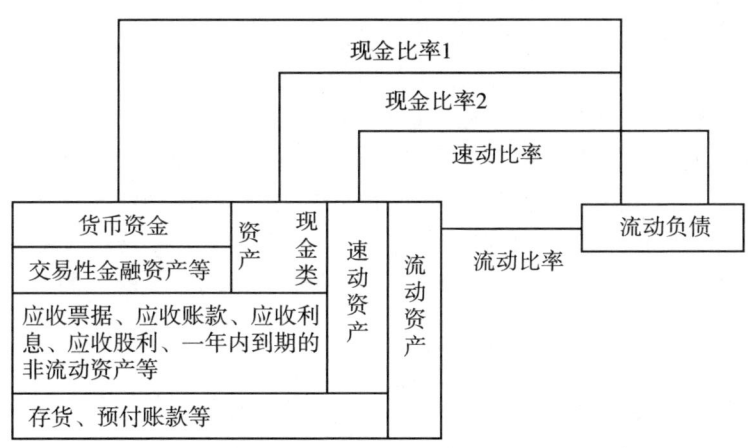

图5-3 流动比率、速动比率和现金比率相互关系

由图5-3可以看出以下三点。

第一,以全部流动资产作为偿付流动负债的基础,所计算的指标是流动比率。它包括了变现能力较差的存货和基本不能变现的预付费用。如果存货中有超储积压物资,会造成公司短期偿债能力较强的假象。

第二，速动比率以扣除变现能力较差的存货和预付费用后的流动资产作为偿付流动负债的基础，它弥补了流动比率的不足。

第三，现金比率以现金类资产作为偿付流动负债的基础，但现金持有量过大会对企业资产利用效果产生负作用，所以该比率不宜过大，因此这一指标相对流动比率和速动比率来说，其作用程度较小。

在分析企业短期偿债能力时，流动负债是计算以上三个指标的基础，流动负债的结构、规模对企业流动资产需要程度的影响是不一致的。例如，预收账款比重较大时，对流动比率的要求就相对高一些；短期借款和应付账款比重较大时，对速动比率和现金比率的要求就相对高一些。从以上三个指标的计算中可以看出，流动负债结构对偿债能力的影响在这三个指标中并没有反映出来，所以分析评价企业偿债能力时，还要结合负债的规模和结构来进行。

三、短期偿债能力的动态分析

企业偿债能力从本质上讲，是衡量企业能否按期归还到期债务的能力，但在计算短期偿债能力的静态指标中所使用的流动负债，是企业某一时点上的债务。它只表明企业在这一时点上仍然承担的流动负债规模，并不表示这些债务已经到期，并且需要在这一时点上偿还，这些债务往往要在这一时点之后的未来某一时点偿还。在计算这些指标时所使用的流动资产或速动资产也只是在这一时点上的资产存量，只是为企业现在承担的债务提供了一份资产保证，反映的是用这些资产偿债的可能性，并不表示这些资产马上就可以用于偿还债务，或一定会在现有负债到期时能转化成现金来偿还这些债务。企业偿还其债务是一个动态过程，其偿债能力也应该是在未来某一时点上的能力。当某一具体债务到期时，企业既可以通过现存资产的变现去偿还，也可以用债务到期前所获得的现金去偿还。所以，对企业短期偿债能力的分析还应该从动态方面进行。

短期偿债能力的动态分析，主要指根据利润表、现金流量表和其他有关资料计算相应的指标，并对其进行分析与评价。主要指标有现金流量比率、近期支付能力系数、速动资产够用天数和现金到期债务比率。此外，应收账款周转率、应付账款周转率和存货周转率也是从动态上反映企业短期偿债能力的辅助性指标。

（一）现金流量比率的计算与分析

现金流量比率是指经营活动现金流量净额与平均流动负债的比率，用来衡量企业的流动负债用经营活动所产生的现金来支付的程度。其计算公式是：

$$现金流量比率 = \frac{经营活动现金流量净额}{平均流动负债}$$

经营活动现金流量净额的大小反映出企业某一会计期间生产经营活动产生现金的能力，是偿还企业到期债务的基本资金来源。当该指标等于或大于1时，表示企业有足够的能力以生产经营活动产生的现金来偿还其短期债务；如果该指标小于1，表示企业生产经营活动产生的现金不足以偿还到期债务，必须采取对外筹资或出售资产才能偿还债务。

分析评价时应注意以下四点。

第一，分子使用的是经营活动现金净额。虽然企业还有筹资活动的现金流量净额，但它是用新债还旧债，并不是企业真实的偿债能力。

第二，流动负债是未来需要偿还的，而现金流量净额是现时期数，会存在差异，但也有联系，可以作为推定的理由。

第三，分母部分使用的是平均流动负债。因为分子经营活动现金净额为流入量减去流出量，分析时需注意与静态短期偿债能力进行区分，其为一个时期数。

第四，分析指标并无绝对标准，一般选取行业标准。

（二）近期支付能力系数的计算与分析

近期支付能力系数是反映企业有无足够的支付能力来偿还到期债务的指标。其计算公式是：

$$近期支付能力系数 = \frac{近期内能够用来支付的资金}{近期内需要支付的各种款项} \times 100\%$$

其中，近期内能够用来支付的资金包括企业现有的货币资金、近期内能取得的营业收入、近期内确有把握收回的各种应收款项等。近期内需要支付的各种款项包括各种到期或逾期应交款项和未付款项，如职工工资、应付账款、银行借款、各项税费、应付利润等。

企业近期支付能力系数应等于或大于100%，且系数越高说明企业近期支付能力越强。如果小于100%，则说明企业支付能力不足，应采取积极有效的措施，从各种渠道筹集资金，以便按期清偿债务，保证企业生产经营活动的正常进行。这个指标可以有效缓解静态指标的缺陷，但是对于外界分析者来说，资料不易取得。

（三）速动资产够用天数的计算与分析

在财务报表分析中，除了通过以流动负债为基础，说明企业的短期偿债能力之外，还可以以营业开支水平说明企业的短期偿债能力，通常用"速动资产够用天数"来表示企业速动资产维持企业正常生产经营开支水平的程度。该指标可以作为速动比率的补充指标，其计算公式为：

$$速动资产够用天数 = \frac{速动资产}{预计每天营业所需的现金支出}$$

从该指标的计算公式中可以看出，如果速动资产较多，而每天营业所需现金开支较少，速动资产够用天数就多；反之，速动资产够用天数就少。企业速动资产够用天数少，表示企业偿债能力低。营业现金支出可以根据历史资料进行预测。同样，外部分析者很难取得相应的资料。

(四) 现金到期债务比率的计算与分析

现金到期债务比率是指经营活动现金流量净额与本期到期的债务的比率，用来衡量企业本期到期的债务用经营活动所产生的现金来支付的程度。其计算公式是：

$$现金到期债务比率 = \frac{经营活动现金流量净额}{本期到期的债务}$$

当该指标等于或大于1时，表示企业有足够的能力以生产经营活动产生的现金来偿还当期的短期债务。如果该指标小于1，表示企业生产经营活动产生的现金不足以偿还当期到期的债务，必须采取其他措施才能满足企业当期偿还到期债务的需要。与现金流量比率相比更加的准确，但是数据同样对于外界分析者来说难以获取。

(五) 反映企业短期偿债能力的辅助指标分析

流动比率、速动比率和现金比率都是以企业某一时点上的流动资产存量和流动负债相比较的，是用来反映企业的短期偿债能力的。而对于各项流动资产和流动负债的流动与周转等动态变化没有加以反映。所以，通过各项流动资产和流动负债周转与流动情况的分析，进一步反映企业短期偿债能力的动态变化，可以弥补流动比率、速动比率和现金比率的不足。

1. 应收账款周转率和应付账款周转率的比较分析。流动资产中的应收账款（包括应收票据），是因为企业赊销商品产生的，其占用额不仅取决于企业的销售政策，而且取决于企业的信用政策和收账政策。在销售政策既定的情况下，企业采取较宽松的信用政策和收账政策，其应收账款占用额就比较大，周转速度也比较缓慢。利用应收账款周转率指标可以反映企业应收账款转化为现金的速度。

流动负债中的应付账款（包括应付票据），是企业赊购商品产生的，其占用额的大小，从主观因素来考察，取决于企业支付货款的速度和企业赊购金额。赊购的金额越大，支付货款的速度越慢，其占用额就越大。利用应付账款周转率指标可以反映企业以现金支付应付账款的速度。

流动比率实际上是企业流动资产和流动负债周转速度的函数。流动资产周转速度越快，企业流动资产规模越小，流动比率越低。流动负债的周转速度越慢，企业的流动负债规模越大，流动比率就越低。在流动资产中，应收账款占有相当的比例在流动负债中，应付账款也占相当的比例，所以将两者联系起来进行比较分析有重要的意义。

企业购入材料等物资的目的，在于通过企业的加工制成产品，然后通过销售收回现金，并实现价值的增值。从这个意义上讲，由赊购商品所产生的应付账款应用赊销商品回收的现金来偿付，在资金周转上，两者与资金周转期有关，而且必须相互配合。应收账款与应付账款这种相互关系会对企业的短期偿债能力产生如下影响。

第一，应收账款与应付账款的周转期相同。在这种情况下，通过赊销商品所回收的现金恰好能满足偿付因赊购业务而产生的债务，无须动用其他流动资产来偿还，企业的短期偿债能力指标不会因应收账款和应付账款的存在而改变。

第二，应收账款的周转速度快于应付账款的周转速度。假定企业应收账款的平均收账期为30天，而应付账款的平均付款期为60天，在这种情况下，企业的流动比率就会降低，以流动比率反映的企业静态短期偿债能力就相对差一些。但是由于流动资产中的应收账款周转速度快，而流动负债中的应付账款周转速度慢，从动态来看，企业的实际偿债能力是较强的，因为在企业的应收账款回收两次的情况下，才用现金一次去偿付应付账款。

第三，应收账款的周转速度慢于应付账款的周转速度。假定企业应收账款的平均收账期为60天，而应付账款的平均付款期为30天，在这种情况下，企业的流动比率就会降低，以流动比率反映的企业静态短期偿债能力就比较强。如果从动态来看，企业的实际短期偿债能力是要低于以流动比率表示的企业短期偿债能力水平的。这是因为，每当企业将其赊销商品所产生的应收账款转化为现金一次，就要两次支付现金去偿付因赊销业务产生的应付账款，这样，只有在动用其他流动资产的情况下，才能按期偿付其因赊购而形成的债务。

以上仅就周转速度进行了分析，当其规模不同时，也会相对增强或减弱因周转速度不同对短期偿债能力的影响。

这种对比不仅可以就流动资产与流动负债之间的对应项目进行分析，也可以按流动资产和流动负债整体进行分析，因为短期偿债能力分析本身就是建立在流动资产与流动负债的关系基础上的。

2. 存货周转率分析。存货周转率是反映企业存货资产利用效率的一个指标，同时也能从动态方面反映企业的短期偿债能力。

存货周转速度对存货规模有较大影响，当其他条件不变时，存货周转速度越快，存货规模越小；反之，存货规模越大。流动比率是按流动资产在某一时点上的规模计算的，当存货规模较大时，其流动比率指标也较大，从静态方面反映的短期偿债能力也较强，实际上这很可能是因为存货周转速度偏低引起的假象。结合存货周转速度对企业短期偿债能力进行评价，就需要对按流动比率作出的评价加以修正。在流动比率一定的情况下，如果企业预期存货周转速度加快，则企业的短期偿债能力将会因此而提高。相反，如果预期存货周转速度减慢，则企业的短期偿债能力将会出现下降趋势。

流动比率是在某一时点上，按既定的流动资产存量和流动负债计算的，这里也包括了一个隐含条件，即存货周转率也是既定的。存货周转率的变化是指在该时点之后，所以存货周转率变化对短期偿债能力的影响是反映在动态上的，是今后企业短期偿债能力可能会发生的变化。换言之，对短期偿债能力的分析，不仅要从静态上反映企业某一时点上的偿债能力，还要分析可能发生的变化及变化趋势，而应收账款周转率、应付账款周转率和存货周转率的分析就为反映偿债能力的动态变化提供了重要的参考。

四、短期偿债能力的行业比较分析

在电子商务行业中,按照万得数据 2×17 年 12 月 31 日选取与 ABC 公司同行业的 4 家上市公司,通过流动比率、速动比率和现金流量比率指标进行比较分析。根据各上市公司年报,计算整理相关指标,如表 5-4 所示。

表 5-4 中从短期偿债能力的静态指标看,ABC 公司的流动比率和速动比率都低于行业均值[①]。从动态指标看,ABC 公司的现金流量比率也小于行业均值[②],这表明其短期偿债能力在同行业中还有待进一步提高。

表 5-4　　　　　　　　短期偿债能力指标的行业比较分析

公司名称	流动比率	速动比率	现金流量比率
ABC	0.97	0.62	0.21
亚马逊	1.04	0.76	0.32
阿里巴巴	1.97	1.86	0.81
携程网	1.40	—	0.17
WAYFAIR INC	1.10	1.07	0.05

注:携程网公司无存货资产,因此不计算其速动比率。
资料来源:根据以上公司 2018 年公开披露的年度报告计算编写。

第三节　长期偿债能力分析

一、长期偿债能力的影响因素

长期偿债能力是指企业偿还非流动负债的能力,或者说企业偿还非流动负债的保障程度。企业的非流动负债包括长期借款、应付债券、专项应付款、递延所得税负债及其他非流动负债。影响企业短期偿债能力的外部因素,同样会影响企业的长期偿债能力,在此不作赘述。影响公司长期偿债能力的内部因素主要有资产规模和资本结构、盈利能力及企业现金流量。

(一) 资产规模和资本结构

资产规模是影响企业偿债能力的最直接因素,是最终物质保障。长期偿债能力主要受企业长期资产规模的影响。资产负债表中的长期资产主要包括固定资产、长期股权投资和无形资产。企业长期资产能够在长期内为企业创造利润或价值,是企业持续经营的基础。长期资产的市场价值最能反映其长期偿债能力,其

---

① 均值是指选取的同行业公司流动比率、速动比率的平均值,流动比率的平均值为 1.296,速动比率的平均值为 1.0755。
② 均值是指选取的同行业公司现金流量比率的平均值,即 0.312。

计价和摊销方法对长期偿债能力的影响也较大。

狭义的资本结构指长期资本的构成及其比例关系。资本结构对企业长期偿债能力的影响一方面体现在权益资本是承担长期债务的基础;另一方面体现在债务资本的存在可能带给企业财务风险,进而影响企业的偿债能力。权益资本是企业创立和发展最基本的因素,是企业拥有的净资产,也是股东承担民事责任的限度,如果借款不能按时归还,法院可以强制债务人出售财产偿债。因此,权益资本就成为借款的基础,权益资本越多,债权人越有保障。同时,企业的债务资本在全部资本中所占的比重越大,财务杠杆发挥的作用就越明显。但是,负债是要偿还本金和利息的,无论企业的经营业绩如何,负债都有可能给企业带来财务风险。

(二) 企业的盈利能力

盈利能力指企业在一定时期内赚取利润的能力,是企业长期偿债能力的根本保证。就一般情况而言,企业的盈利能力越强,长期偿债能力越强。反之,则长期偿债能力越弱。而盈利能力直接受企业投资效果的影响。企业所举借的长期债务,主要用于固定资产等长期投资,投资的效果就决定了企业是否有能力偿还长期债务。因此,要全面深入分析企业长期偿债能力,也应关注企业的投资效果。另外,尽管企业的盈利能力是影响长期偿债能力最重要的因素,但如果企业将绝大部分利润都分配给投资者,权益资金增长很少,就会降低偿还债务的可靠性。对于债权人来说,如果企业将权益资金大部分留在企业,则减少了企业资金外流,这对投资者并没有什么实质的影响,却会增加偿还债务的可靠性,从而提高企业的长期偿债能力。

(三) 企业的现金流情况

企业的债务主要还是要用现金来清偿,只有具备较强的变现能力,有充裕的现金,才能保证具有真正的偿债能力。因此,企业的现金流量状况是决定其长期偿债能力的支付保证。

二、资产规模和资本结构对长期偿债能力的影响分析

负债表明一个企业的债务负担,资产则是偿债的物质保证,单凭负债或资产不能说明一个企业的偿债能力,负债少并不等于说企业偿债能力强。同样,资产规模大也不表明企业偿债能力强。企业的偿债能力体现在资产与负债的对比关系上。由这种对比关系中反映出来的企业整体偿债能力的指标主要有资产负债率、股东权益比率、产权比率(净资产负债率)、固定长期适合率和资产非流动负债率。

(一) 资产负债率的计算与分析

资产负债率是综合反映企业偿债能力的重要指标,它通过负债与资产的对比,反映在企业总资产中,有多少是通过举债获得的。其计算公式是:

$$资产负债率 = \frac{负债总额}{总资产} \times 100\%$$

该指标越大,说明企业的债务负担越重;反之,说明企业的债务负担越轻。对债权人来说,该比率越低越好,因为企业的债务负担越轻,其总体偿债能力越强,债权人权益的保证程度越高。特别是在企业清算时,资产变现价值很可能低于账面价值,而所有者一般只承担有限责任,这一比率越高,债权人蒙受损失的可能性就越大。对企业来说希望该指标大些,虽然这样会使企业债务负担加重,但企业可以通过扩大举债规模获得较多的财务杠杆利益。如果该指标过高,会影响企业的筹资能力。因为人们认识到,该企业的财务风险较大,当经济衰退或不景气时,企业经营活动所产生的现金收入可能满足不了利息支出等开支的需要。所以,人们不会再向该企业提供借款或购买其发行的债券。

究竟多大的资产负债率对企业是适宜的?有的观点声称50%是资产负债率的标准值,并认为:当资产负债率在0与50%之间变化时,属于"绿灯区",表明企业财务状况处于良好状态,经营收益比较好,投资比较安全,偿债能力较强,对债权人比较安全,对投资者有较好的收益。

当资产负债率在50%与100%之间变化时,属于"黄灯区",表明企业负债较重,企业大部分或全部的资产是负债形成的。这类企业的经营和财务风险较大,对投资者和债权人都不利。当企业处于"黄灯区"时,要向企业发出警报,使其改善企业的财务状况,以避免资不抵债情况的发生。

当资产负债率超过临界点,大于100%时,企业便进入"红灯区",财务状况恶化,有可能破产、倒闭。当企业财务状况处于"红灯区"时,应对企业经营理财活动中存在的问题进行分析,找出亏损源,采取积极的对策。

50%是一个美国的经验数值。众所周知,美国是证券或股票市场高度发达的国家,许多企业能够通过发行股票来融资,这是美国企业能够将资产负债率保持在50%或以下的重要条件。这个情况在中国或证券市场还不甚发达的其他国家很难实现或维持。实际上,即使是在证券市场发达的国家,适度的资产负债率水平或适度的负债经营规模也要综合考虑若干因素来确定。

【例题5-4】根据ABC公司2×17年资产负债表资料,可以计算出其资产负债率指标,如表5-5所示。

表5-5   资产负债率计算   单位:亿元

项目	年初	年末
总资产	1 603.74	1 840.55
总负债	1 191.54	1 316.66

$$期初资产负债率 = \frac{1\ 191.54}{1\ 603.74} \times 100\% = 74.30\%$$

$$期末资产负债率 = \frac{1\ 316.66}{1\ 840.55} \times 100\% = 71.54\%$$

通过比较可知，ABC公司期末资产负债率比期初下降，表明该公司债务负担略有减少。但总体来看，该公司的负债水平较高，长期偿债能力风险较大，对投资者和债权人都具有一定风险。

【阅读资料】

<h3 style="text-align:center">郑百文百货</h3>

曾被誉为中国"国企改革一面红旗"的郑州百文股份有限公司（以下简称郑百文）的前身是一家郑州国有百货文化用品批发站。郑百文曾经被戏称为"世界上最烂的垃圾股"。

郑百文从1996年起着手建立全国性的营销网络，在没有一份可行性论证的情况下，大规模投入资金上亿元，建起了40多个分公司，最后把1998年的配股资金1.26亿元也提前花完。

……

公司规定，凡完成销售额1亿元者，可享受集团公司副总待遇，自行购进小汽车一部。仅仅一年间，郑百文的销售额便从20亿元一路飙升到70多亿元；与此同时，仅购置交通工具的费用就高达1 000多万元。为完成指标，各分公司不惜采用购销价格倒挂的办法，商品大量高进低出，形成恶性循环。郑州百文股份有限公司1999年濒临关门歇业时，有效资产不足6亿元，而亏损超过15亿元，拖欠银行债务高达25亿元。

郑百文在上市之初，其资产负债率已达68.90%。上市之后，公司没有及时调整资产结构，反而走上大规模扩张之路。1997年资产规模以60.12%的增速高速发展，但股东权益只增长了24.94%，资产负债率已达87.97%，在当时上市公司中资产负债率排名第四。同期公司的销售利润率只有0.69%，远低于当时商业上市公司的平均水平3.77%。这样低的利润率远不能弥补其高负债所带来的企业潜在的经营风险，为公司今后的亏损埋下了导火线。1998年配股后，如将资金用以偿债或补充自身的流动资金，公司经营情况或许会有所缓和。但郑百文反而在全国9个城市和地区建立12家配售中心，支出达12亿元，更加重了其债务负担。至1999年中期资产负债率达到134.18%，这种杠杆效应加剧了公司的亏损，最终走上了不归之路。

（资料来源：作者根据相关资料整理）

（二）股东权益比率的计算与分析

股东权益比率是所有者权益同资产总额的比率，反映公司全部资产中有多少是投资者投资所形成的。其计算公式是：

$$股东权益比率 = \frac{股东权益}{总资产} \times 100\% = 1 - 资产负债率$$

这是表示长期偿债能力保证程度的重要指标，该指标越高，说明公司资产中由投资者投资所形成的资产越多，偿还债务的保证越大。从"股东权益比率 = 1 - 资产负债率"来看，该指标越大，资产负债率越小，债权人对这一比率是非常感兴趣的。当债权人将其资金借给股东权益比率较高的公司时，由于有较多的公司自有资产做偿债保证，债权人全额收回债权就不会有问题，即使公司清算时资产不能按账面价值收回，债权人也不会有太大损失。例如，公司资产50%来自所有者投资，50%通过负债取得，那么，即使全部资产按一半的价格转换为现金，公司依然在付清所有的负债后还有剩余。可见，债权人利益的保障程度是相当高的。再如，如果公司资产80%来自所有者投资，只有20%是通过负债取得的，那么，只要公司资产价值不暴跌到80%以上，即每1元资产只要转换成0.2元以上的现金，债权人就不会受到任何损失。相反，如果公司资产的80%是通过各种负债资金融通的，只要公司资产价值下跌20%以上，债权人就不能全额收回其债权。由此可见，股东权益比率高低能够明显体现公司对债权人的保护程度。如果公司处于清算状态，该指标对偿债能力的保证程度就显得更重要。

实务中，可将该指标以倒数的形式列示，称为权益乘数。其计算公式是：

$$权益乘数 = \frac{总资产}{股东权益}$$

该指标表示公司的股东权益支撑着多大规模的投资，该指标越大，说明公司对负债经营利用得越充足，财务风险也就越大。

（三）产权比率（净资产负债率）的计算与分析

将负债与股东权益直接对比，称为产权比率。其计算公式是：

$$产权比率 = \frac{负债总额}{股东权益} \times 100\%$$

如果说资产负债率是反映企业债务负担的指标，股东权益比率是反映偿债保证程度的指标，产权比率就是反映债务负担与偿债保证程度相对关系的指标。

它和资产负债率、股东权益比率具有相同的经济意义，但该指标更直观地表示出负债受到股东权益的保护程度。由于股东权益等于净资产，所以这两个指标的计算结果一样，只是角度不同而已。

考虑有些资产在企业结算时其价值会受到严重影响，如清算时商誉价值可能不存在，该指标可以更保守计算，即计算有形净值负债率。其计算公式是：

$$有形净值负债率 = \frac{负债总额}{净资产 - 无形资产} \times 100\%$$

（四）固定长期适合率的计算与分析

固定长期适合率是指固定资产净值与股东权益和非流动负债之和的比率。其计算公式是：

$$固定长期适合率 = \frac{固定资产净值}{股东权益 + 非流动负债} \times 100\%$$

就大多数企业来说，其固定资产方面的投资都希望用权益资金来解决，这样就不会因为固定资产投资回收期长而影响企业短期偿债能力了。当企业固定资产规模较大，而权益资金规模较小，难以满足固定资产投资的需要时，可以通过举借长期债务来解决。一般的标准认为，该指标必须小于1。就是说，当该指标超过1时，说明企业使用了一部分短期资金进行固定资产投资，而流动资产的投资全部由流动负债来解决，这对企业短期偿债能力是一个十分危险的信号。当企业的固定长期适合率小于1时，表明企业有一部分长期资金用于流动资产投资，这可以减轻企业短期偿债的压力。

【例题 5-5】根据 ABC 公司 2×17 年资产负债表资料，可以计算出其固定长期适合率指标，如表 5-6 所示。

表 5-6 固定长期适合率计算 单位：亿元

项目	年初	年末
固定资产净值	93.89	157.71
股东权益	412.2	523.89
非流动负债	144.14	134.16

$$期初固定长期适合率 = \frac{93.89}{412.2 + 144.14} \times 100\% = 16.88\%$$

$$期末固定资产长期适合率 = \frac{157.71}{523.89 + 134.16} \times 100\% = 23.97\%$$

从计算结果上看，ABC 公司的长期资金能够满足固定资产的投资需要，而且回旋余地比较大。从期末来看，有 76.03% 的长期资金用于其他方面，进而可以推断出，公司除用于固定资产的资金需要外，其他方面的资金需要基本上靠长期资金来满足，短期偿债的压力较小。

与固定长期适合率相配合的指标是固定资产与非流动负债比率，该指标对于反映企业清算状态的偿债能力是很有用的。其计算公式是：

$$固定资产与非流动负债比率 = \frac{固定资产净值}{非流动负债} \times 100\%$$

一般认为该指标应超过 100%，其依据是，当公司进入清算状态时，其资产不一定能按账面价值变现，流动负债必须依赖流动资产变现来偿还，非流动负债需依赖固定资产变现来清偿。如果固定资产净值不大于非流动负债，债权人的利益就没有足够的保证。

【例题 5-6】根据 ABC 公司 2×17 年资产负债表资料，可以计算出其固定资产与非流动负债指标，如下所示：

$$期初固定资产与非流动负债比率 = \frac{93.89}{144.14} \times 100\% = 65.14\%$$

$$期末固定资产与非流动负债比率 = \frac{157.71}{134.16} \times 100\% = 117.55\%$$

从计算结果可以看出，期初每 1 元的非流动负债有 0.65 元的固定资产作为偿付保证。因此，如果是在清算状态下，长期债务的清偿是具有一定保障的。在期末，每 1 元的非流动负债有 1.17 元的固定资产可以偿付。可见，只有在期末，如果是在清算状态下，该公司长期债务的清偿才具有一定保障。联系固定长期适合率就可以更清楚地知道，如果该公司真正进行清算，债权人得到保障的可能性较大，而股东得到保障的可能性相对债权人而言存在一定的风险。

（五）资产非流动负债率的计算与分析

资产非流动负债率是非流动负债总额与总资产的比率，反映企业全部资产中有多少是由非流动负债形成的。这是从清算角度计算与分析企业最终清偿能力的保守指标。其计算公式是：

$$资产非流动负债率 = \frac{非流动负债总额}{总资产} \times 100\%$$

该指标越大，说明每 1 元资产中非流动负债所占比重越高，企业主要依赖长期债务进行融资，长期偿债能力风险较大。该指标应结合行业特点进行分析，通常受经济环境变动影响而导致销售额波动较大的企业，一般倾向于避免高负债，因为偿还固定利息会给长期偿债能力带来压力。比如零售业往往通过短期债务进行融资，资产非流动负债率通常较低。

【例题 5-7】根据 ABC 公司 2×17 年资产负债表资料，资产非流动负债率计算如下：

$$期初资产非流动负债率 = \frac{144.14}{1\,603.74} \times 100\% = 8.99\%$$

$$期末资产非流动负债率 = \frac{134.16}{1\,840.55} \times 100\% = 7.29\%$$

从计算结果可以看出，ABC 公司的资产非流动负债率较低，期末每 1 元资产中长期债务只占 0.09 元，长期债务负担较轻，长期债权人的保障程度较高。

但结合该公司资产负债率，发现流动负债所占比例较大，短期偿债能力风险较大，应根据公司的实际情况适当调整长短期债务比例，该指标可以更保守计算，即在总资产中剔除未来变现能力较差的无形资产，计算有形资产非流动负债率。其计算公式是：

$$有形资产非流动负债率 = \frac{非流动负债总额}{总资产 - 无形资产} \times 100\%$$

【例题 5-8】 根据 ABC 公司 2×17 年公司资产负债表资料，公司的有形资产非流动负债率计算如下：

$$期初有形资产非流动负债率 = \frac{144.14}{1\,603.74 - 139.72} \times 100\% = 9.85\%$$

$$期末有形资产非流动负债率 = \frac{134.16}{1\,840.55 - 128.10} \times 100\% = 7.83\%$$

通过计算可以看出，该公司期初、期末有形资产非流动负债率和资产非流动负债率相差不大，说明其长期偿债能力受无形资产的影响较小。

（六）非流动负债营运资本比率的计算与分析

非流动负债营运资本比率是指营运资本与非流动负债的比率。其计算公式是：

$$非流动负债营运资本比率 = \frac{流动资产 - 流动负债}{非流动负债} \times 100\%$$

通常该指标应大于1，说明企业营运资本可以用于偿还非流动负债。但该指标在一定程度上受企业筹资策略的影响，因为，在资产负债比率一定的情况下，流动负债与非流动负债的结构安排因筹资策略的改变而不同。

三、企业盈利能力对长期偿债能力的影响分析

资产固然可以作为偿债的保证，但企业取得资产的目的并不是为了偿债，而是通过利用资产进行经营以获取收益，所以债务的清偿要依赖于资产变现，资产的变现更主要的是要通过产品销售来实现。因此，盈利能力对偿债能力的影响更为重要。从盈利能力角度分析，评价企业长期偿债能力的指标主要有销售利息比率、已获利息倍数、债务本息保证倍数和固定费用保证倍数。

（一）销售利息比率的计算与分析

销售利息比率是指一定时期的利息支出与营业收入的比率。其计算公式是：

$$销售利息比率 = \frac{利息支出}{营业收入} \times 100\%$$

这一指标可以反映企业销售状况对偿付债务的保证程度。在公司负债规模基本稳定的情况下，销售状况越好，偿还到期债务可能给公司造成的冲击越小。指标越小，说明通过销售所得现金用于偿付利息的比例越小，公司的偿债压力越小。该指标的数据主要来自利润表和报表附注，但作为外部分析者来说，难以获

取企业的利息支出,分析时常用财务费用来进行替代。

(二)已获利息倍数的计算与分析

任何公司为了保证再生产的顺利进行,在取得营业收入后,都需要首先补偿公司在生产经营中的耗费。所以,营业收入虽然是利息支出的资金来源,但利息支出的真正资金来源是营业收入补偿生产经营中的耗费之后的余额,若其余额不足以支付利息支出,公司的再生产就会受到影响。因此,已获利息倍数比销售利息比率更能反映出公司偿债能力的保证程度。已获利息倍数也称利息保障倍数,是指公司息税前利润与利息支出的比率。其计算公式是:

$$已获利息倍数 = \frac{利润总额 + 利息支出}{利息支出}$$

公式中的利息支出,包括财务费用中的利息支出和资本化利息。公式中的分子之所以包括利息支出,是因为利息已经从营业收入中予以扣除,利润总额是扣除了利息之后的余额。

该指标是反映公司偿付债务利息的保证程度指标,该指标越高,说明公司支付利息的能力越强,债权人按期取得利息越有保证。该指标究竟达到什么水平才能说明支付利息的保证程度强,并没有具体的标准,应根据历史经验结合行业特点判定,也可以结合同行业标准来评价。

【例题 5-9】根据 ABC 公司 2×16 年和 2×17 年公司利润表有关资料,对已获利息倍数进行计算分析,如表 5-7 所示。

表 5-7　　　　　　　　　已获利息倍数计算分析

项目	2×16 年	2×17 年	差异
利润总额(亿元)	-32.34	1.21	31.13
利息支出(亿元)	2.6	9.64	7.04
息税前利润(亿元)	-29.74	10.85	40.59
已获利息倍数(倍)	-11.44	1.13	12.57

从表 5-7 中可以看出,ABC 公司 2×16 年生产经营所得不能满足支付利息的需要,2×17 年已获利息倍数为 1.13 倍,公司支付利息的保证程度有很大程度的上升。2×17 年已获利息倍数上升的主要原因是本年生产经营业绩较好,从根本上对支付利息提供了保证。

(三)债务本息保证倍数的计算与分析

根据企业的经营状况来反映偿债能力的保证程度,债务本息保证倍数比利息保证倍数能更精确地体现出企业偿债能力的保证程度。对债权人来说,如果连本金都不能收回,就不敢奢求利息了。债权人借款给企业,目的虽然是获取利息收入,但基本前提是能够按期收回本金。而企业的偿债义务是按期支付利息和到期归还本金，所以其偿债能力的高低不能仅看偿付利息的能力，更重要的是还要看其偿还本金的能力。在企业正常经营条件下，本金的偿还必须以企业经营所赚取的利润来支付。

债务本息保证倍数是指企业一定时期息税前利润与还本付息金额的比率，它是现金流入量对财务需要（现金流出）的保证程度的比率，通常用倍数来表示。其计算公式是：

$$债务本息保证倍数 = \frac{息税前利润}{利息支出 + \dfrac{年度还本额}{1-所得税税率}}$$

企业偿还本金与支付利息是有区别的，利息是所得税前开支项目，支付1元的利息，只需1元的营业收入，或者说是减少1元的利润额，偿还本金则需动用企业的净收入，即企业偿还1元钱的本金将需要更多的税前利润，所以要将偿还的本金数还原到所得税前的水平。

该指标最低标准为1，该指标越高，表明企业偿债能力越强。如果该指标低于1，说明企业偿债能力较弱，企业会因为还本付息造成资金周转困难，支付能力下降，使企业信誉受损。

（四）固定费用保证倍数的计算与分析

固定费用是指类似利息支出的固定支出，是企业必需的固定开支。任何企业，如果不能按期支付这些费用，就会发生财务困难。固定费用保证倍数就是企业息税前利润与固定费用的比率，通常用倍数表示，该指标是利息保证倍数的演化，是一个比利息保证倍数更严格的衡量企业偿债能力保证程度的指标。该指标的计算公式是：

$$固定费用保证倍数 = \frac{息税前正常营业利润}{利息+租金+\dfrac{优先股股利}{1-所得税税率}+\dfrac{偿债基金}{1-所得税税率}}$$

固定费用包括的内容较多，一般有以下四种。

1. 利息支出。在一定的资产负债率条件下，企业总要按期支付相对固定的利息，只要企业采取举债经营的方式，这项支出就不可避免。

2. 偿债基金提取额。企业为了偿还一些长期债务，如发行长期债券，为了确保企业的偿债能力，往往通过设立偿债基金的方法，在长期债务偿还期内，按期提存一定数额用来偿付利息和归还本金的专用款项，这种按期提取的专用款项称为偿债基金。企业这样做的结果会形成一项按期、固定的支出。由于这种支出和利息支出不同，必须是在税后的基础上提存，不能起到减税作用，或者说，每提存1元钱的偿债基金，就需要更多的税前利润。所以，要将其还原到税前利润水平上。

3. 租金费用。企业采取租赁方式租入资产，不管企业的经营成果如何，都必须根据租赁合同按期支付租金。在租赁期内，其租金支出也是相对固定的，和利息支出并没有什么本质区别,而且也属于在营业收入中开支的项目。由于租金的支付已抵减了税前利润,所以还应包括在分子之中。

4. 优先股股利。优先股股利虽属利润的分配项目,但优先股股利与普通股股利不同,普通股股利的分配可视企业盈利情况而定,既可以支付,也可以不支付。优先股股利则不管企业经营成果如何,都需要按期支付。就这一意义而言,优先股兼有负债性质,所以说优先股股利也是企业的一项固定支出。优先股股利是用税后利润支出的,不具有减税效应,因此,要将其调整到税前利润水平。

总之,不管固定费用包括多少项内容,其原则是一致的,包括的内容越多,指标就越保守。

该指标必须超过1,而且越高越好,分析时,可以采用前后期对比的方式,考察其变动情况,也可以同其他同行业企业进行比较,或与同行业的平均水平进行比较,以了解企业偿债能力的保证程度如何。该指标没有一个固定的判断标准,可根据企业的实际情况来掌握,评价时还应结合其他指标进行。

四、现金流量对长期偿债能力的影响分析

企业的盈利质量如何,还要结合现金流量状况进行判断,运用现金流量指标,可以比较真实地反映出企业的偿债能力。因此本章将现金流量与负债相比较,评价企业的长期偿债能力,主要指标有到期债务本息偿付比率、强制性现金支付比率、现金债务总额比率和利息现金流量保证倍数。

(一)到期债务本息偿付比率的计算与分析

到期债务本息偿付比率用来衡量企业到期债务本金及利息可由经营活动创造的现金来支付的程度。其计算公式是:

$$到期债务本息偿付比率 = \frac{经营活动现金流量净额}{本期到期债务本息} \times 100\%$$

经营活动现金流量净额是企业最稳定、经常性的现金来源,是清偿债务的基本保证。如果这一比率小于1,说明企业经营活动产生的现金不足以偿付到期债务和利息支出,企业必须通过其他渠道筹资或通过出售资产才能清偿债务。这一指标数值越大,表明企业长期偿债能力越强。

【例题 5-10】根据 ABC 公司 2×16 年和 2×17 年公司资产负债表及现金流量表相关资料,对公司的到期债务本息偿付比率进行计算分析,如表 5-8 所示。

表 5-8　　　　　　　　到期债务本息偿付比率计算分析

项目	2×16 年	2×17 年	差异
经营现金流量净额(亿元)	87.67	248.21	160.54
到期本金*(亿元)	177.23	128.85	-48.38

续表

项目	2×16年	2×17年	差异
利息支出（亿元）	2.6	9.64	7.04
到期债务本金及利息（亿元）	179.83	138.49	−40.84
到期债务本息偿付比率（％）	48.75	179.23	130.48

注：*假设2×16年到期本金为177.23亿元，2×17年到期本金为128.85亿元，此数据均来自当年末资产负债表中的短期借款及长期借贷当期到期部分。

从表5-8中可以看出，ABC公司2×16年到期债务本息偿付比率为48.75%，说明公司经营活动现金净流量不能满足支付到期的本金和利息的需要。2×17年到期债务本息偿付比率为179.23%，说明经营现金净流量完全能满足偿债的需要。到期债务本息偿付比率大幅增加的主要原因是本年经营现金净流量的大幅增加。可见，根据现金流量分析所得出的结论更符合该公司的实际。

（二）强制性现金支付比率的计算与分析

在企业经营中，有些现金流出带有强制性，是必须支付的，如生产经营活动中必须支付的现金，偿还本金、支付利息等必须支付的现金等。企业现金流入必须满足这种需要，才能保证生产经营活动正常进行，保证企业保持良好的信誉。强制性现金支付比率就是反映企业是否有足够的现金履行其偿还债务、支付经营费用等责任的指标。其计算公式是：

$$强制性现金支付比率 = \frac{现金流入量}{经营现金流出量 + 偿还到期本息付现} \times 100\%$$

该指标至少应等于1，即现金流入量能满足强制性项目的支付需要。这一指标越大，表明企业偿债能力越强，其超过100%的部分，可用来满足企业其他方面的现金需求。

（三）现金债务总额比率的计算与分析

现金债务总额比率是指经营活动现金流量净额与期初、期末负债平均余额的比率，用来衡量企业的负债总额用经营活动所产生的现金来支付的程度。其计算公式是：

$$现金债务总额比率 = \frac{经营活动现金流量净额}{负债平均余额} \times 100\%$$

企业真正能用于偿还债务的是现金流量，通过现金流量和债务的比较可以更好地反映企业的偿债能力。现金债务总额比率能够反映企业生产经营活动产生的现金流量净额偿还长短期债务的能力。该比率越高，表明企业偿还债务的能力越强。

（四）利息现金流量保证倍数的计算与分析

利息现金流量保证倍数是指企业生产经营净现金流量与利息支出的比率。该指标反映生产经营活动产生的现金流量净额是利息支出的多少倍。其计算公式是：

$$利息现金流量保证倍数 = \frac{经营活动现金流量净额}{利息支出}$$

利息现金流量保证倍数比已获利息倍数更能反映企业的偿债能力。当企业息税前利润和经营活动净现金流量变动基本一致时，这两个指标结果相似。但如果企业正处于高速成长期，息税前利润和经营活动净现金流量相差很大时，使用利息现金流量保证倍数指标更稳健。

（五）长期偿债能力的行业比较分析

对于长期偿债能力的行业分析，我们主要选取了资产负债率和已获利息倍数指标。根据同行业公司 2×17 年公司资产负债表、利润表和现金流量表等相关资料，计算整理所得的相关指标如表 5-9 所示。

表 5-9　　　　　　　　同行业公司长期偿债能力比较分析

公司名称	资产负债率（%）	已获利息倍数（倍）
ABC	71.54	1.13
亚马逊	78.90	5.48
阿里巴巴	39.57	29.78
携程网	46.64	3.68
WAYFAIR INC	103.98	-24.96

由表 5-9 可以看出，从长期偿债能力的指标看，ABC 公司的资产负债率高于行业均值，已获利息倍数低于行业均值[①]。结合其短期偿债能力指标来看，ABC 公司的偿债能力较弱，但从现金流量指标来看其具有一定的长期偿债能力，并且与往年度相比有较大幅度的改善。

【本章小结】

1. 偿债能力是企业偿还各种债务的能力，财务实力是维持企业偿债能力的保障，偿债能力是财务实力的集中体现。企业的负债按偿还期的长短，可以分为流动负债和非流动负债两大类。其中，反映企业偿付流动负债能力的是短期偿债能力；反映企业偿付非流动负债能力的是长期偿债能力。

2. 短期偿债能力一般也称为支付能力，主要通过流动资产的变现来偿还到期的短期债务。影响短期偿债能力的因素，总的来说可以分为企业外部因素和企业内部因素。企业短期偿债能力可以从两个方面进行分析评价：一是根据资产负债表进行静态分析评价；二是根据现金流量表和其他有关资料进行动态分析评价。

3. 长期偿债能力是指企业偿还非流动负债的能力。影响企业长期偿债能力的

---

① 均值是指选取的同行业公司资产负债率和已获利息倍数的平均值，资产负债率的平均值为 68.13%，已获利息倍数的平均值为 3.02。

主要因素有企业资产规模和资本结构、盈利能力和投资效果、企业现金流量等。

【复习思考题】

一、单项选择题

1. 债权人最关心企业的（　　）。
   A. 盈利能力　　　　　　　　　B. 营运能力
   C. 偿债能力　　　　　　　　　D. 增长能力

2. 影响企业短期偿债能力的企业内部因素不包括（　　）。
   A. 银行信贷政策　　　　　　　B. 资产结构
   C. 负债结构　　　　　　　　　D. 经营现金流量水平

3. 某企业现在的流动比率为2∶1，下列经济业务会引起该比率降低的是（　　）。
   A. 用银行存款偿还应付账款　　B. 发行股票收到银行存款
   C. 收回应收账款　　　　　　　D. 开出短期票据借款

4. 如果流动比率大于1，则下列结论成立的是（　　）。
   A. 速动比率大于1　　　　　　 B. 现金比率大于1
   C. 营运资金大于0　　　　　　 D. 短期偿债能力绝对有保障

5. 在企业速动比率是0.8的情况下，会引起该比率提高的经济业务是（　　）。
   A. 银行提取现金　　　　　　　B. 赊购商品
   C. 收回应收账款　　　　　　　D. 开出短期票据借款

6. 某企业年初流动比率为2.2，速动比率为1；年末流动比率为2.4，速动比率为0.9。发生这种情况的原因可能是（　　）。
   A. 存货增加　　　　　　　　　B. 应收账款增加
   C. 应付账款增加　　　　　　　D. 预收账款增加

7. 如果流动资产大于流动负债，则月末用现金偿还一笔应付账款会使（　　）。
   A. 营运资金减少　　　　　　　B. 营运资金增加
   C. 流动比率提高　　　　　　　D. 流动比率降低

8. 影响企业短期偿债能力的最根本的原因是（　　）。
   A. 企业的资产结构　　　　　　B. 企业的融资能力
   C. 企业的权益结构　　　　　　D. 企业的经营业绩

9. 运用资产负债表可计算的比率是（　　）。
   A. 应收账款周转率　　　　　　B. 总资产报酬率
   C. 利息保障倍数　　　　　　　D. 现金比率

二、多项选择题

1. 偿债能力分析的主体可能包括（　　）。
   A. 企业管理层　　　　　　　　B. 投资者
   C. 潜在投资者　　　　　　　　D. 债权人
   E. 供应商

2. 下列项目中，属于速动资产的有（　　）。

A. 现金   B. 应收账款
C. 其他应收款   D. 固定资产
E. 存货

3. 下列各项指标中，反映短期偿债能力的指标有（   ）。
A. 流动比率   B. 速动比率
C. 资产负债率   D. 净资产负债率
E. 赚取利息倍数

4. 企业采取备抵法核算坏账损失，如果实际发生一笔坏账，冲销应收账款，则会引起（   ）。
A. 流动比率提高   B. 流动比率降低
C. 流动比率不变   D. 速动比率不变
E. 营运资金不变

5. 计算速动资产时，把存货从流动资产中扣除的原因有（   ）。
A. 存货的变现速度慢   B. 存货的周转速度慢
C. 存货的成本与市价不一致   D. 有些存货可能已经报废
E. 有些存货可能已经被抵押

6. 某企业流动比率为2，以下业务会使该比率下降的有（   ）。
A. 收回应收账款   B. 赊购商品与材料
C. 偿还应付账款   D. 从银行取得短期借款已入账
E. 赊销商品

7. 反映短期偿债能力的动态指标有（   ）。
A. 近期支付能力系数   B. 流动比率
C. 现金比率   D. 期末支付能力系数
E. 现金比率

三、简答题

1. 简述偿债能力分析的目的与内容。
2. 流动比率的优点与不足是什么？
3. 盈利能力如何影响整体偿债能力？
4. 简述现金流量对企业偿债能力的影响。

【案例分析】

1. 请选择一家上市公司，并对短期偿债能力进行分析。
（1）静态分析（见表5-10）。

表5-10   甲公司2013~2017年部分偿债能力指标

指标	2017年	2016年	2015年	2014年	2013年
流动比率	1.24	1.23	1.41	1.25	1.25
行业均值	1.1925	1.3925	1.485	1.49	1.67

续表

指标	2017年	2016年	2015年	2014年	2013年
速动比率	0.94	0.94	1.12	0.95	1.05
行业均值	0.9075	1.055	1.1075	1.15	1.37
现金比率	0.40	0.37	0.47	0.31	0.40
行业均值	0.3675	0.38	0.56	0.46	0.63

（2）动态分析。

现金流量比率

现金到期债务比

（3）应收账款、应付账款和存货周转率。

2. 典型案例分析。

A公司为钢铁制品公司，具有30多年的生产历史，产品远销国内外市场。但是，近5年中，国外同类进口产品不断冲击国内市场，由于进口产品价格较低，国内市场对它们的消费持续增长；国外制造商凭借较低的劳动力成本和技术先进的设备，使得其产品的成本也较低。同时，市场上越来越多的日用制品都采用了铝、塑料等替代性材料，A公司前景并不乐观。对此，公司想通过一项更新设备计划来增强自身的竞争力，拟投资400万元。投产后，产量将提高，产品质量将得到进一步的改善，并降低了产品单位成本。公司20×2年（上一年）有关财务资料如表5-11~表5-13所示。

表5-11　　　　　　　　20×2年A公司利润表　　　　　　　　单位：万元

项目	金额
销售收入	507 500
减：销售成本	370 400
毛利	137 100
减：营业费用	
销售费用	65 000
管理费用	41 600
折旧费用	15 200
营业费用合计	121 800
营业利润	15 300
减：利息费用	9 300
税前净利润	6 000
减：所得税（40%）	2 400
税后净利润	3 600

表 5－12　　　　　　　　　　20×2 年 A 公司资产负债表　　　　　　　　单位：万元

资产	年初数	年末数	负债和所有者权益	年初数	年末数
流动资产：			流动负债	37 000	31 100
货币资金	2 410	2 500	应付票据	40 050	23 000
应收账款	76 390	80 555.6	应付账款	10 090.2	7 500
存货	76 344.5	70 062.5	流动负债合计	87 140.2	61 600
流动资产合计	155 144.5	153 118.1	长期负债	70 000	116 525
固定资产：			负债合计	157 140.2	178 125
固定资产原价	169 170.7	209 381.9			
减：累计折旧	34 800	50 000			
固定资产净值	134 370.7	159 381.9	所有者权益		
			股本	15 000	15 000
			资本公积	19 375	19 375
			留存收益	98 000	100 000
			所有者权益合计	132 375	134 375
资产总计	289 515.2	312 500	负债和所有者权益总计	289 515.2	312 500

表 5－13　　　　　　　　　　20×2 年 A 公司历史财务比率

财务比率	20×0 年	20×1 年	20×2 年	行业平均值
流动比率	1.7	1.8		1.5
速动比率	1	0.9		1.2
存货周转次数	5.2	5.0		5.2
平均收账期（天）	50	55		46
资产负债率（%）	45.8	54.3		24.5
已获利息倍数	2.2	1.9		2.5
毛利率（%）	27.5	28		26
净利率	1.1	1.0		1.2
总资产报酬率（%）	1.7	1.5		1.4
净资产收益率（%）	1.1	1.3		1.2

资料来源：王化成. 中国人民大学工商管理案例——公司财务与会计卷 [M]. 北京：中国人民大学出版社，1998：74－78.

要求：

（1）计算 20×2 年公司各财务比率。

（2）通过横向与纵向对比分析公司的总体财务状况，对公司的经营能力、负债状况、流动性、偿债能力和盈利性分别进行分析。

（3）对公司更新设备的决策作出评价，它会给公司财务带来何种影响。你认为应采用何种筹资方式？

【章末案例】

海底捞调整债务结构　拟回购最高 2.4 亿美元本金额度的 2026 年票据

2022 年 10 月 10 日，海底捞发布公告，计划回购最高 2.4 亿美元本金额度的 2026 年票据。

2021 年 1 月 7 日，海底捞与摩根士丹利、中金公司、招银国际及瑞士信贷就票据发行订立认购协议。在完成若干条件规限下，将发行本金总额 6 亿美元的票据，除非根据票据条款提前赎回，否则票据将于 2026 年 1 月 14 日到期。票据自 2021 年 1 月 14 日（包括该日）起以未偿还本金额按年利率 2.150% 计息，并应自 2021 年 7 月 14 日开始每半年期末于每年 1 月 14 日及 7 月 14 日支付，惟须受票据的条款及条件规限。

公告显示，在本次回购计划启动前，即至 2022 年 10 月 9 日，海底捞已从公开市场购回本金额合共为 6 071 万美元的 2026 年票据，有关票据将全部注销。截至公告日，2026 年票据的未偿还本金总额为 5.39 亿美元。

对此，有行业人士对《证券日报》记者表示，从大环境来看，近期人民币对美元汇率贬值，此时回购会产生大额汇兑损失；在此背景下仍大量回购，或侧面反映了海底捞的财务结构出现问题，且带有急需改善的紧迫性，从而达到利用该回购降低资金成本的可能性。

海底捞在公告中表示，此举系承诺积极管理其资产负债表负债以及优化债务结构之其中一项举措，使用其内部资源为要约提供资金。海底捞 2022 年半年报显示，截至 6 月末，海底捞持有的现金及现金等价物约为 63.28 亿元，去年同期约为 35.24 亿元。

广科咨询首席策略师沈萌在接受《证券日报》记者采访时表示："海底捞自 2021 年下半年开始的内部结构优化，重新调整了企业发展策略，大范围缩减门店规模，加强对盈利结构的注重，因此对于大规模资本支出的需求发生变化，为了提高资金使用效率、降低资金成本，选择提前赎回部分票据，既可以改善现有现金资产的收益率，也可以降低利息成本对业绩表现的影响，让资产负债结构和业绩结构都更加符合当前环境。"

2022 年以来海底捞动作不断。除了将至今仍未盈利且过去三年亏损持续扩大的特海国际（海底捞海外业务分拆公司）从海底捞拆分出来，并向港交所递交上市申请外，2022 年年初，海底捞高层"大换血"，杨利娟接任 CEO 并继续推动"啄木鸟"计划，持续关注经营业绩不佳的门店。截至 2021 年底，已有 260 家海底捞餐厅在"啄木鸟计划"下永久关闭，32 家餐厅暂时停业休整。2022 年上半年，海底捞 26 家门店再次因"啄木鸟计划"关停。

或受"啄木鸟"计划影响，海底捞 2022 年整体翻台率有所提升。尤其是 2022 年 6 月份以来，海底捞整体翻台率月度环比已经明显好转。据中信证券研报，海底捞 2022 年 6 月份整体翻台率同比增加 20%，7 月份整体翻台率环比进一步提升，同比增加 15%。

国庆假期,海底捞全国门店共接待顾客超850万人次。海底捞相关负责人介绍,9月30日到10月7日,海底捞共接到家业务订单超19万笔,同比增长195%。

(资料来源:王君. 海底捞调整债务结构 拟回购最高2.4亿美元本金额度的2026年票据[N]. 证券日报,2022-10-11(B2))

第六章 资产管理与营运能力分析

【学习要求】

1. 理解资产运用效果与营运能力的概念。
2. 熟练掌握总资产营运能力分析。
3. 熟练掌握流动资产营运能力分析。
4. 熟练掌握固定资产营运能力分析。

【关键术语】

资产管理　营运能力　总资产营运能力　流动资产营运能力　总资产产值率　总资产收入率　总资产周转率　流动资产周转率　流动资产垫支周转率　流动资产周转期　存货周转率　存货周转期　应收账款周转率　应收账款周转期　现金周转期　流动资产节约额

【引导案例】

"6·18"美妆交卷：国产品牌拿下半壁江山

在2023年"6·18"大促中，美妆产品成为主力，全网成交额突破600亿元，其中，外资美妆品牌继续"霸榜"。

值得关注的是，今天"6·18"，国产美妆品牌杀出重围，在各大平台的销售榜单中夺下半壁江山。不过，多位业内人士对中国商报记者表示，线下消费已经逐渐恢复，未来美妆品牌或越来越倾向于发力线下渠道。

星图数据显示，今年"6·18"，仅美妆领域，天猫加京东平台的成交额即超过400亿元。根据相关数据，抖音美妆总成交额突破156亿元，同比增长约69%；快手平台美妆成交额为48.16亿元，同比增长14.8%。这也意味着，仅在四大主力平台上，美妆品牌总销售额即突破600亿元。

值得关注的是，在"6·18"之前，美妆品牌存货较多，这轮大促或为其解决了库存压力。根据2022年财报，华熙生物存货达到11.62亿元、巨子生物存货为1.84亿元，珀莱雅存货达到6.69亿元，毛戈平的存货周转率已超过200天。

（资料来源：马嘉. "6·18"美妆交卷：国产品牌拿下半壁江山［N］. 中国商报，2023-06-27（06））

请思考：通过哪些指标反映企业的营运能力，如何对企业的营运能力进行分析并作出评价，营运能力与资产管理能力之间的关系是什么呢？

第一节 资产管理与营运能力概述

一、资产管理与营运能力的内涵

企业资产管理,是指通过管理企业各种资产的规模、配比、消耗、组合,进而形成企业的产能,形成一定比较优势的过程。资产管理的对象为资产,主要指企业拥有或者控制的能以货币计量的经济资源。企业资产管理的职能,是使企业的效益最优,资产能够得到合理的利用。

资产管理是财务管理的重要内容。在企业财务活动中,投资活动的过程与结果都与资产的形成和使用状况紧密相关;经营活动中的成本与收入也与资产的消耗及资产增值相关。因此,通过对企业资产的管理,对有效组织财务活动,正确处理财务关系,搞好企业财务管理是十分重要和有益的。

资产管理与企业生产管理、营销管理、会计管理、人力资源管理密切相关。企业的存货管理、固定资产管理与生产技术管理和采购管理关系紧密;企业的现金管理、应收账款管理与企业的营销管理直接相关;企业的无形资产管理与人力资源管理密切关联。因此,搞好企业资产管理,对提升企业管理整体水平是有着重要价值的。

营运能力主要指企业营运资产的效率与效益。营运资产,主体是流动资产和固定资产。尽管无形资产是企业资产的重要组成部分,并随着工业经济时代向知识经济时代转化,在企业资产中所占比重越来越高,而且在提高企业经济效益方面发挥巨大的作用,但无形资产的作用必须通过或依附于有形资产才能发挥出来。

二、资产管理与营运能力的联系

资产管理与营运能力是紧密联系的。一方面,企业资产管理以提高资产的营运能力为核心,提升资产获利能力的关键在于增强企业营运资产的效率与效益。另一方面,营运能力的增强是资产管理水平提升的集中体现,企业应该对营运能力进行综合全面的分析,以更好地实现资产管理目标。

提高资产配置与使用的效率和效果是资产管理的根本目标所在。资产配置与使用效率是资产投入与产出之间的比率。资产的投入表现为资产的占用,资产的产出表现为资产经营的回报,即息税前利润。反映资产管理核心目标的指标可以用总资产报酬率来表示,即:

$$总资产报酬率 = \frac{息税前利润}{总资产}$$

从总资产报酬率的计算公式可推导出以下关系式:

$$总资产报酬率 = \frac{总收入}{总资产} \times \frac{息税前利润}{总收入} = 总资产周转率 \times 销售利润率$$

根据上述关系式，可以更直接地看出资产管理与营运能力的关系，即企业要搞好资产管理，提高总资产报酬率，一方面要搞好资产配置与使用，提高总资产的周转速度，即营运能力，另一方面要搞好商品经营，提高销售利润率或商品的盈利能力。

总之，资产的有效管理形成了企业良好的营运能力，营运能力反映资产管理的水平，分析企业的营运能力可以得知企业资产的运用和管理情况。

三、营运能力分析的意义

企业营运能力分析就是要通过对反映企业资产营运效率与效益的指标进行计算与分析，评价企业的营运能力，为企业提高经济效益指明方向。对企业进行营运能力分析，主要有以下三个目的。

（一）评价资产的流动性

资产的两大基本特征是收益性和流动性。企业经营的基本动机就是获取预期的收益。从一定意义上讲，流动性是比收益性更重要的概念。当企业的资产处在静止状态时，根本就谈不上什么收益；当企业运用这些资产进行经营时，才可能有收益的产生。企业的营运能力越强，资产的流动性越高，企业获得预期收益的可能性越大。流动性是企业营运能力的具体体现，通过对企业营运能力的分析，就可以对企业资产的流动性作出评价。

（二）评价资产利用的效益

提高企业资产流动性是企业利用资产进行经营活动的手段，其目的在于提高企业资产利用的效益。企业资产营运能力的实质，就是以尽可能少的资产占用，尽可能短的时间周转，生产出尽可能多的产品，实现尽可能多的销售收入，创造出尽可能多的利润。通过企业产出额与资产占用额的对比分析，可以评价企业资产利用的效益，为提高企业经济效益指明方向。

（三）挖掘资产利用的潜力

企业营运能力的高低，取决于多种因素，通过企业营运能力分析，可以了解企业资产利用方面存在哪些问题，尚有多大的潜力，进而采取有效措施，提高企业资产营运能力。

总之，通过对企业营运能力的分析，可以评价企业资产管理的水平，发现企业在资产营运中存在的问题，这也是对盈利能力分析的补充，是偿债能力分析的基础。

四、营运能力分析的具体内容

具体地看,企业营运能力分析的主要内容包括以下三方面。

第一,总资产营运能力分析。通过对总资产产值率、总资产收入率和总资产周转率的分析,揭示总资产周转速度和利用效率变动的原因,评价总资产营运能力。

第二,流动资产营运能力分析。通过对流动资产周转率、流动资产垫支周转率、存货周转率和应收账款周转率的分析,揭示流动资产周转速度变动的原因,评价流动资产的利用效率和资产的流动性。

第三,固定资产营运能力分析。通过对固定资产产值率和固定资产周转率的分析,揭示固定资产利用效果变动的原因,评价资产的效益。

另外,在具体营运能力指标分析过程中,同样需要对总体资产或者单项资产形成营运能力的原因进行因素分析,以找到资产管理中存在的结构问题,找出其配置不合理的资产,从而促进资产的优化配置,提高资产的利用效率。

第二节 总资产营运能力分析

一、营运能力指标的一般计算

资产周转速度是衡量企业营运能力的主要指标。资产周转速度越快,表明资产可供运用的机会越多,使用效率越高。反之,则表示资产利用效率越差。资产周转速度,通常使用资产周转率(次数)和资产周转期(天数)两个指标来衡量。该指标是一定时期资产平均占用额与周转额的比率,是用资产的占用量与运用资产所完成的工作量之间的关系来表示营运效率的指标。

资产周转速度的计算方法如下:

$$周转率(次数) = \frac{资产周转额}{资产平均余额}$$

$$周转期(天数) = \frac{计算期天数}{周转率(次数)} = \frac{计算期天数 \times 资产平均余额}{资产周转额}$$

资产周转次数和周转天数从两个不同的方面表示资产的周转速度。资产周转次数表示在一定时期内完成几个从资产投入到资产收回的循环,而周转天数则表示完成一个从资产投入到资产收回的循环需要多长时间。资产周转次数和周转天数呈相反方向变动,在一定时期内,资产周转次数越多,周转天数越少,周转速度越快,营运效率就越高;反之,则周转速度就越慢,营运效率越低。

虽然以上两种形式均可以表示资产周转速度,但在实务上则更多地使用周转天数这一形式。这是因为,当企业为提高生产技术水平,改善生产组织等而使资产周转速度加快时,明显地表现为资产占用时间的缩短,用周转天数来表示易于看出资产周转对生产技术和生产组织的依存关系。此外,如果采用周转次数,不同时期(如年度、季度和月度)的周转速度不能直接加以比较。而采用周转天数则可以消除期限长短对周转速度的影响,可以使用不同计算期间的周转速度直接进行比较。

以上计算公式中的有关数据说明如下。

1. 计算期天数,从理论上说应使用计算期间的实际天数,但为了与金融管理上的计算期天数一致,全年按360天计算,季度按90天计算,月度按30天计算。

2. 资产平均占用,也称资产平均余额或平均运用额。资产平均余额是反映企业一定时期资产占用的动态指标,从理论上说,应是计算期内每日资产余额的平均数,但为了计算方便,通常按资产负债表上的资产平均余额计算。具体计算公式是:

$$某月份某项资产平均余额 = \frac{该项资产月初余额 + 该项资产月末余额}{2}$$

$$某季度某项资产平均余额 = \frac{该季度三个月份该资产平均余额之和}{3}$$

$$某年某项资产平均余额 = \frac{该项资产一至四季度平均余额之和}{4}$$

$$= \frac{该项资产全年各月份月末余额之和}{12}$$

3. 资产周转额,是指计算期内企业有多少资产完成了周转。不同资产周转率的计算所使用的周转额是不同的,即存在对不同周转额的选择问题。以流动资产为例,其周转额是指从货币到商品再回到货币形态这一循环过程的数额。计算存货周转率时,使用营业成本作为周转额是用来说明垫支的流动资产周转速度;使用营业收入作为周转额则既反映了存货的周转速度,又反映了资产的利用效果。而计算应收账款周转率时,周转额应选择一定时期的赊销收入,以反映应收账款的周转速度。在实际选择资产周转额时,应根据对资产的具体分析目的而选择合适的指标。

二、总资产营运能力指标的计算与理解

企业总资产营运能力主要指企业总资产的效率和效益。总资产周转率可以反映出企业总资产的效率,即总资产的周转速度。总资产产值率可以反映出企业总资产的效益,即投入或使用总资产所取得的产出能力。

(一)总资产产值率

总资产产值率反映了企业总资产与总产值之间的对比关系。其计算公式是:

$$总资产产值率 = \frac{总产值}{平均总资产} \times 100\%$$

该指标数值越高,说明企业资产的投入产出率越高,企业总资产运营状况越好。在利用该指标评价企业总资产利用效果时应该注意到,企业总产值在按不变价格计算时,可以把总产值理解为企业在一定时期内生产的按价值计算的全部产品总量,是企业利用全部资产为社会创造的物质产品。但由于总产值中既包括完工产品,又包括在产品,所以总产值仅仅表示出本期生产了多少,并不表明是否得到了社会的承认。企业生产出来的产品如果得不到社会的承认,那么,生产出来的产品再多,也没有任何价值。分析时,要将该指标与固定资产收入率结合起来,才能作出正确的评价。

企业产出与总资产之间的关系,还可以从另一个角度来反映,即百元产值占用资金,该指标本质上是总资产产值率的倒数,反映每百元产值占用的资产。其计算公式是:

$$百元产值占用资金 = \frac{平均总资产}{总产值} \times 100\%$$

其中,总产值=当期营业收入+期末存货余额-期初存货余额,反映企业一定期间内的总的产出水平。

(二) 总资产收入率

总资产收入率反映了企业总资产与总收入之间的对比关系。其计算公式是:

$$总资产收入率 = \frac{营业收入}{平均总资产} \times 100\%$$

该指标越高,说明企业总资产营运能力越强。如果说总资产产值率仅仅反映了企业生产过程中资产的利用效果,总资产收入率则反映出整个经营过程中资产的利用效率。收入的实现,表明企业的产品得到了社会的承认,满足了社会的某种需要,是企业资产的真正有效利用。因而,该指标能比总资产产值率更准确、更真实地反映出企业总资产营运能力。

(三) 总资产周转率

总资产收入率从资产周转角度看,亦称总资产周转率(次数)。尽管这两个指标的计算方法相同,但总资产周转率却是从资产流动性方面反映总资产的利用效率。其计算公式是:

$$总资产周转率 = \frac{总周转额(收入)}{平均总资产}$$

该指标越高,说明企业总资产营运能力越强。如果说总资产产值率仅仅反映了专业生产过程中资产的利用效果，总资产周转率则反映出企业整个经营过程中资产的利用效率。

三、总资产营运能力的因素分析

用因素分析法，能够准确计算各个影响因素对分析指标的影响方向和影响程度，有利于企业进行事前计划、事中控制和事后监督，提高企业经营管理水平。

（一）总资产产值率的因素分析

由前面关于总资产产值率的计算可知，百元产值占用资金本质上是总资产产值率的倒数，即：

$$百元产值占用资金 = \frac{平均总资产}{总产值} \times 100\%$$

该指标越低，说明每一单位产出所占用的资产越少，表明企业资产营运能力越高。对该指标的具体变动原因的分析可依据以下分解式进行。

$$百元产值占用资金 = \left(\frac{流动资产}{总产值} + \frac{固定资产}{总产值} + \frac{其他资产}{总产值}\right) \times 100\%$$

从以上分解式中可以看出，百元产值占用资金受各类资产营运效率的影响，分析时可采用连环替代法，分别说明各类资产营运效率变动对百元产值占用资金的影响。

（二）总资产收入率的因素分析

同样，根据总资产收入率的计算公式，可将其作如下分解：

$$\begin{aligned}总资产收入率 &= (营业收入/平均总资产) \times 100\% \\ &= (总产值/平均总资产) \times (营业收入/总产值) \times 100\% \\ &= 总资产产值率 \times 产品销售率\end{aligned}$$

从以上分解式可以看出，提高总资产收入率取决于两大方面：一是要提高资产的生产效率，这是提高企业资产营运能力的基础，没有产品，就谈不上销售，更谈不上效益；二是要提高产品销售率，把生产出来的产品尽快、尽可能多地销售出去。

（三）总资产周转率的因素分析

企业资金循环包括短期资金循环和长期资金循环，长期资金循环必须依赖短期资金循环，因此，流动资产周转速度的快慢是决定企业总资产周转速度的关键性因素，下面的分解式可以反映出这种关系，也为进行总资产周转率分析，提高总资产周转速度指明了方向。

$$总资产周转率 = \frac{营业收入}{流动资产平均余额} \times \frac{流动资产平均余额}{总资产平均余额}$$
$$= 流动资产周转率 \times 流动资产占总资产的比重$$

上面的分解式表明，总资产周转速度的快慢取决于两大因素：一是流动资产周转率。流动资产的周转速度要高于其他类资产的周转速度，加速流动资产周转，就会使总资产周转速度加快；反之，则会使总资产周转速度减慢。二是流动资产占总资产的比重。由于流动资产周转速度快于其他类资产周转速度，所以，企业流动资产所占比例越大，总资产周转速度越快；反之，则越慢。

【例题6-1】根据ABC公司财务报表的有关资料，计算该公司总资产周转率有关指标，如表6-1所示。

表6-1　　　　　　　　　　　总资产周转率分析资料

项目	2×16年	2×17年	差异
营业收入（亿元）	2 601.22	3 623.32	1 022.10
平均流动资产（亿元）	827.00	1 109.76	282.76
流动资产周转率（次）	3.15	3.26	0.11
总资产平均余额（亿元）	1 227.7	1 722.15	494.45
流动资产占总资产比重（%）	67.36	64.44	-2.92
总资产周转率（次）	2.12	2.10	-0.02

注：该公司2×16年初总资产为851.66亿元；流动资产为584.68亿元。

根据表6-1可知，ABC公司2×17年总资产周转速度比上年慢了0.02次，其原因是流动资产周转速度上升，使总资产周转速度上升：

(3.26 - 3.15) × 67.36% = 0.074（次）

因为流动资产占总资产比率下降，使总资产周转下降：

3.26 × (64.44% - 67.36%) = -0.095（次）

计算结果表明，ABC公司本年总资产周转速度下降，主要原因是流动资产占总资产的比重下降。

四、总资产营运能力综合对比分析

总资产营运能力综合对比分析，就是将反映总资产营运能力的指标与反映流动资产和固定资产营运能力的指标结合起来进行分析。依据各类指标之间的相互关系进行综合对比分析，主要包括以下内容。

（一）综合对比分析反映资产占用与总产值之间的关系

反映两者之间关系的有3个指标，即固定资产产值率、流动资产产值率和总资产产值率，这些指标主要说明各类资产在公司生产过程中的利用效果。从静态上分析这 3 个指标，可分别反映固定资产、流动资产和总资产的利用效果。从动态上进行分析，可分别反映总产值增长与各类资产的关系。

（二）综合对比分析反映资产占用与收入之间的关系

反映两者之间关系的有 3 个指标，即固定资产周转率、流动资产周转率和总资产周转率，这些指标主要用于评价各类资产营运效益和周转速度。从静态上分析，可以反映整个公司经营过程中的资产营运效率和营运效益。从动态上分析，可以反映销售收入增长与各类资产增长的关系。

（三）综合对比分析总资产营运能力与盈利能力之间的关系

提高资产营运能力最终要为盈利能力这个目标服务，通过综合对比分析总资产营运能力与盈利能力之间的关系，可以解释总资产盈利能力变动的原因，为提高总资产盈利能力指明方向，因为总资产盈利能力是资产营运能力与产品盈利能力共同作用的结果。

第三节 流动资产营运能力分析

一、流动资产营运能力指标的计算与分析

企业的营运过程，实质上是资产的转换过程，由于流动资产和固定资产的性质和特点不同，决定了它们在这一过程中的作用也不同。企业经营成果的取得，主要依靠流动资产的形态转换。尽管固定资产的整体实物形态都处在企业营运过程之中，但从价值形态上讲，相当于折旧的那部分资金参与企业当期的营运，它的价值实现（或者说是价值回收）要依赖于流动资产的价值实现。一旦流动资产的价值实现（或者说是形态转换）出现问题，不仅固定资产价值不能实现，企业所有的经营活动都会受到影响，因此可以说，流动资产营运能力分析是企业营运能力分析最重要的组成部分。

【阅读资料】

营运资本管理指标的背景

在公司的资产中，关键的营运资本账户、存货和应收账款，通常会引起特别关注。用于分析它们的比率试图表述存货和应收账款的相对管理效果。这些比率可以帮助分析师探查价值破坏的信号，或者存货和应收账款的过度积累。资产负债表中列示的数额一般都与衡量活动水平的单个最优指标相关联，比如销售收入或销货成本，因为人们假设资产和指标之间存在一定程度的密切关系。

如果不进行真正的盘点、核实，并评估当前价值，那么就不可能精确地判断

存货水平。因为外部分析师几乎不可能进行这项工作，所以次优的方法就是将账面存货价值与销售收入或销货成本联系起来，以观察随着时间的推移，这种关系是否会转变。通常，计算时使用存货平均余额（期初存货和期末存货的平均值）。有时，人们可能想仅使用期末存货，尤其在迅速增长的公司，为了支持急剧上升的销售，存货必然大幅增加。

而且，我们有必要密切关注公司使用的存货成本核算方法，比如后进先出法（LIFO）、先进先出法（FIFO）、平均成本法，以及在分析所跨的时间段内发生的任何变更，因为这些会显著影响资产负债表上报告的数额。

（资料来源：埃里克·赫尔弗特. 财务分析技术——价值创造指南 [M]. 刘霄仑，朱晓辉，译. 北京：人民邮电出版社，2013）

（一）流动资产周转速度指标

流动资产完成从货币到商品，再到货币这一循环过程，表明流动资产周转了1次，以产品实现销售为标志。表示销售实现的指标有两个，即营业收入和营业成本。一般说来，使用营业成本这一指标作为周转额是用来说明垫支的流动资产周转速度，反映流动资产的纯粹周转速度。如果使用营业收入这一指标，由于营业收入中包括了垫支资金以外的部分，如税金和利润等，因此计算出来的流动资产周转速度是一种扩大形式的周转速度，既反映了流动资产的纯粹周转速度，又反映了流动资产利用的效果。实务中，在计算流动资产周转速度指标时，究竟是使用营业收入还是营业成本，应视分析的具体目的而定。流动资产周转速度指标的具体计算公式如下：

$$流动资产周转率 = \frac{营业收入}{流动资产平均余额}$$

$$流动资产周转期 = \frac{流动资产平均余额 \times 计算期天数}{营业收入}$$

$$流动资产垫支周转率 = \frac{营业成本}{流动资产平均余额}$$

$$流动资产垫支周转期 = \frac{流动资产平均余额 \times 计算期天数}{营业成本}$$

（二）各项流动资产营运能力指标

1. 存货周转速度。

（1）存货的计价方法。大部分企业面临的关键问题是确定使用哪一种成本价格，因为成本价格通常在一定时间内是会变化的。如果我们能够确定每一项特定存货的成本，那么该成本就是可使用的最好数据，这样也就减少了存货的计价问题。实践中，因为有很多不同的存货项目，这些存货不停地流动，所以要确定具体每一项存货的成本是不现实的（除非是体积巨大或者非常贵重的存货）。例如，在汽车零售商的展销厅里，可以个别确定新车成本，或者在珠宝行里，贵重钻石的成本也可以个别确定。使用个别确定特定存货成本的方法,我们称为个别辨认法(specific identification)。

由于特定存货成本通常在实践中难以确定,并且还需要考虑其他问题,因此,企业一般都使用成本流动假设。最普遍使用的成本流动假设便是先进先出法(FIFO)①、后进先出法(LIFO),或者一些平均法。

【阅读资料】

表6-2汇总列出了《会计趋势与技术》中600家企业存货计价方法的使用情况。该表包括了4年的数据(注意表中企业数之和不等于600家,因为有些企业使用一种以上的存货计价方法)。表中显示的最为普遍使用的存货计价方法是先进先出法和后进先出法,可以看出使用后进先出法比使用先进先出法需要更多的管理成本。在通货膨胀率相对较低的时期,后进先出法的使用就不那么普遍了,而在高通货膨胀时期,后进先出法被普遍采用,因为在后进先出法下,以最近的成本与收入配比。正是因为用最近较高的成本与收入配比,后进先出法可以使企业得到税收方面的利益。

表6-2   确定存货成本   单位:家

项目	企业数目			
	20×3年	20×2年	20×1年	20×0年
先进先出法(FIFO)	384	380	382	386
后进先出法(LIFO)	251	255	265	283
平均成本法	180	167	180	180
其他	31	28	46	38
使用后进先出法				
所有存货使用	26	17	17	23
50%或50%以上的存货使用	120	121	130	148
50%以下的存货使用	77	88	88	82
不能确定使用比例	28	29	30	30
使用后进先出法的企业数	251	255	265	283

资料来源:李玉环.国际财务报告准则导读[M].北京:经济科学出版社,2016.

表6-2汇总列示了全部存货、50%或50%以上的存货、50%以下的存货以及无法确定存货百分比四种情形下使用后进先出法的企业分布情况。从中可以看出,只有一小部分企业的全部存货使用后进先出法。

无论采用什么成本计价方法,计算出来的存货成本都不等于存货重置成本,因此,在确定企业的短期偿债能力时,还需要考虑另一个问题,即为了获得利

---

① 按照中国会计准则的规定,企业不得使用后进先出法进行存货的计价。

润，存货必须以高于成本的价格出售。从某种程度上说，存货只要以高于成本的价格出售，短期偿债能力就被低估了，但低估的程度会因为以下三个因素而大大减小：第一，企业除了发生存货成本外，还会发生大量的销售和管理费用，因而，减少了净利润，也就降低了对流动性的低估；第二，存货重置成本通常超过报告的存货成本，即使采用先进先出法也是如此，因而，需要用更多的资金购买已销售的存货，这将降低企业未来的短期偿债能力；第三，由于会计人员支持稳健性原则，因此，他们宁愿稍微低估企业的短期偿债能力，也不愿意将其高估。

必须了解不同存货计价方法对企业带来的影响。由于后进先出法和先进先出法是存货计价的两个极端，因此，下面对这两种方法进行总结。这里的总结假设企业处于通货膨胀时期。如果企业处于通货紧缩时期，那么得出的结论可能相反。

①一般情况下，根据后进先出法计算的利润低于根据先进先出法计算的利润，因为后进先出法计算的销售成本较高。这种差别可能很大。

②一般情况下，根据后进先出法计算的利润比根据先进先出法计算的利润更接近于实际，因为后进先出法计算的销售成本更接近于重置成本。这点无论是通货膨胀时期还是通货紧缩时期都一样。

③根据先进先出法报告的期末存货金额较高（更接近于实际），然而这个数额还是低于真实的重置成本。

④后进先出法下的现金流量大于先进先出法下的现金流量，因为两种方法的税负不同。这也是为什么企业愿意选择后进先出法的重要原因。

⑤有些企业使用定期盘存制，存货总分类账户每年只结账一次。根据后进先出法，期末购入的存货成为销售成本的一部分。如果该期间价格上升了，利润便会下降。如果在接近年末时购入大量的存货且采用定期盘存制，那么，会计人员应该及时告诉管理人员利润可能会下降。这一点非常重要。

⑥如果企业销售减少，或者正常的存货储备数额受到限制，那么，使用后进先出法的企业可能面临严重的纳税和现金流量问题。存货数量的下降将使早期的存货成本与现时的销售收入配比，从而高估了利润，而高估的利润又使所得税增加。当企业需要补充存货时，就需要额外的现金。只有周密地计划并监督生产和购货活动，才能使这些问题得到解决。使用后进先出法的企业目前经常使用货币价值后进先出法。这种方法以与存货有关的物价指数代替存货数量和单位成本。使用这种方法，每个期间的存货以存货价值总额确定。

⑦对于周转率很高的存货也可能不使用后进先出法，因为使用先进先出法和后进先出法得出的结果差别不大。

⑧使用后进先出法计算的利润比使用先进先出法低，而销售成本比较高。

（2）存货周转率（期）的计算。存货周转速度通常用存货平均余额与营业成本的比率来表示，以反映企业存货规模是否合适，周转速度如何。其表示方式有两种：

$$存货周转率 = \frac{营业成本}{存货平均余额}$$

$$存货周转期 = \frac{存货平均余额 \times 计算期天数}{营业成本}$$

【小贴士】

如果企业是季节性经营或者使用自然营业年度，那么，存货平均余额以期初和期末的存货数为基础计算就会产生误导。解决这个问题的方法类似于应收账款周转率计算时使用的方法，使用每月的余额，甚至每周的余额计算存货平均余额。内部分析者可以取得月度的存货估计数，但对外部分析者则难以得到。外部分析者可以得到季度数字。如果不能得到满意的信息，就应避免将采用自然经营年度的企业与采用日历年度的企业进行比较。采用自然经营年度的企业趋于高估存货周转率，从而高估存货的流动性。

但存货周转速度偏高也不一定代表企业的经营出色，当企业为了扩大销路而降价销售或大量赊销时，营业利润会受到影响或产生大量的应收账款。一个适度的存货周转速度除参考企业的历史水平之外，还应参考同行业的平均水平。

当存货周转速度偏低时，可能由以下原因引起。

（1）经营不善，产品滞销。
（2）预测存货将升值而故意囤积居奇，以等待时机获取重利。
（3）企业销售政策发生变化。

【走进管理】

分析观点：你是顾问

皇后娱乐公司聘你作为其管理顾问，你的任务之一是帮助公司降低存货成本。通过研究以前的业绩及存货报告，你提出通过改进存货管理从战略的角度降低存货。你希望公司的存货周转率可以由目前的20%提升至25%。减少存货资金占用可以降低流动负债——持有流动负债的年平均成本为10%。如果预测的销售收入为1.5亿美元，预测的销售成本为1亿美元，你估计成本节约额将是多少？

2. 应收账款周转速度。应收账款周转率是指企业一定时期赊销收入净额与应收账款平均余额的比率，用以反映应收账款的收款速度，一般以周转次数来表示。其计算公式是：

$$应收账款周转率 = \frac{赊销收入净额}{应收账款平均余额}$$

【小贴士】

如果企业是一个季节性波动的企业或者使用自然营业年度，以年初或者年末数额计算应收账款平均余额可能会出现偏差。为了避免季节性波动带来的问题，同时，为了使采用自然营业年度的企业与采用日历年度的企业具有可比性，应该使用应收账款的月末余额（甚至周末余额）计算该指标。这在内部分析时是可行的,但对于外部分析却难以做到。对于后者可以使用季度数,以便解决这些问题。如果不能解决这些问题,处于不同基础的企业就没有可比性。使用自然年度的企业趋于高估应收账款周转率,从而高估其流动性。

应收账款是指因商品购销关系所产生的债权资产,而不是单指会计核算上的应收账款科目,一般包括应收账款和应收票据。

应收账款周转率说明年度内应收账款转化为现金的平均次数,体现了应收账款的变现速度和企业的收账效率,一般认为周转率越高越好,因为它表明:①收款迅速,可节约营运资金;②减少坏账损失;③可减少收账费用;④资产流动性高。

反映应收账款周转速度的另一个指标是应收账款周转期,也称作应收账款账龄或应收账款平均收账期。其计算公式是:

$$应收账款周转期 = \frac{计算期天数}{应收账款周转率}$$

或 $$= \frac{应收账款平均余额 \times 计算期天数}{赊销收入净额} = \frac{应收账款平均余额}{平均每日赊销净额}$$

分析时,通过以上指标本期数与前期数、计划数、同类企业先进水平的比较,可以了解应收账款周转率的变动情况、计划完成情况、与先进水平的差距等。

在分析计算应收账款周转率时,还应注意以下两个问题。

第一,计算公式中所采用的周转额从理论上说应采用赊销净额,不包括现销收入,但赊销净额作为企业的商业秘密并不对外公布,所以,外部分析者难以取得赊销收入的资料,因此一般用营业收入代替。即:

$$应收账款周转率 = \frac{营业收入}{应收账款平均余额}$$

$$应收账款周转期 = \frac{应收账款平均余额 \times 计算期天数}{营业收入}$$

第二,为了消除季节性的影响,最好采用月度应收账款平均余额计算,但企业外界分析人员只能根据资产负债表上的期初、期末数来计算应收账款平均余额,这样就可能造成应收账款周转率的虚增或虚减。

【走进管理】

下面举例说明,如果企业以自然营业年度作为会计年度,应收账款与日销售额之比如何被低估。

全年平均日销售额　　　　　　2 000 美元
自然营业年度末日销售额　　　　1 000 美元
年末应收账款余额　　　　　　　100 000 美元
根据公式计算的应收账款与日销售额之比:
100 000 ÷ 2 000 = 50(天)

以自然营业年度末日销售额为基础计算的应收账款与日销售额之比：
100 000÷1 000＝100（天）

采用自然营业年度的企业，其流动性容易被高估。但是，要知道企业是否采用了自然营业年度只能通过调查。这种信息可能不是现成的。

季节性经营企业不太可能将会计年度截止于营业高峰期。在营业高峰，企业员工的工作非常繁忙，应收账款也很可能处于最高水平。如果企业在业务高峰时结束会计年度，应收账款与日销售额之比这个指标将被高估，而流动性将被低估。

企业应收账款的时间长度反映了企业收账的可能性。财务报表分析者应该将几年的应收账款与日销售额之比这个指标进行连续比较。企业的应收账款与日销售额之比还应与同行业的其他企业以及行业平均数进行比较。财务报表分析者在进行内部分析和外部分析时都可以进行这类比较。

如果企业应收账款与日销售额之比这个指标没有因为季节性经营或者使用自然营业年度而被歪曲，那么，出现应收账款与日销售额之比偏高的原因可能是：(1) 年末销售数量剧增。(2) 应收账款未收回并且应该被冲销。(3) 企业季节性地签发账单（比如说，玩具制造商通常8月装船发货，而应收账款在12月底到期）。(4) 大部分应收账款是分期应收账款。

如果企业应收账款与日销售额之比这个指标的偏差不是因为季节性经营或者使用自然营业年度引起的，那么，出现应收账款与日销售额之比这个指标偏低的原因可能是：(1) 年末销售数量剧减。(2) 大量地采用现销。(3) 企业签订了保理协议，出售了大部分的应收账款（根据保理协议，应收账款将销售给公司外部的集团）。

财务报表分析者在进行外部分析时，如果不能或没有取得内部信息，就难以确定许多引起应收账款与日销售额之比这个指标出现异常的原因。

（资料来源：[美] 查尔斯·H. 吉布森. 财务报告与分析 [M]. 胡玉明，主译. 大连：东北财经大学出版社，2005）

3. 现金周转速度。现金周转期是指企业一定时期从货币资金采购到实现销售收回货币资金所需的天数。现金周转期与存货、应收款项与应付款项周转速度密切相关，具体关系可简单表达为：

现金周转期＝存货周转期＋应收账款周转期－应付账款周转期

现金周转期越短，则流动资产中货币资金的周转速度就越快，其营运能力就越强。对于现金周转期的理解应注意三个方面。

(1) 公式中的时间要素。在信息技术和网络技术飞速发展的时代，低成本竞争战略逐渐被营运速度战略替代，时间已成为现代企业竞争中的战略要素。在考虑和实施某个投资项目、产品、新技术时，企业更重要的是关注时间与成本之间的有效均衡，在有效均衡中寻找企业价值最大化实现的有效途径，企业无论是采购材料、加工产品、开发新产品，还是将产品推向市场、提供服务，业务流程越长越复杂，越需要迅速灵敏地对用户的需求作出反应，也就越能形成高附加值的战略竞争优势。产品变现的速度和现金周转速度就是这些能力的综合体现。

（2）应收账款周转与存货周转要素。存货周转管理与应收账款周转管理的不同之处在于存货周转管理存在于企业的内部或可控；应收账款周转管理存在于企业外部或相对不可控，是涉及客户关系的管理。内部管理相对容易把握，受市场变化影响较小，各种物流管理技术和信息技术的发展为存货周转管理提供了强有力的支撑；如何在物流管理和信息管理方面进行投资，也是企业战略经营的集中体现。现金周转期模式将现金流量与存货管理、销售管理联动，将流动资金投入与流动负债融资结合起来，为企业价值创造提供了战略线索。如何加速存货和应收账款的周转不仅是企业日常管理需要解决的问题，更是企业战略经营的集中体现。

（3）应付账款周转要素。应付账款周转管理属于企业如何应用供应商商业信用管理，获得更长时间的免费信用而需要其他企业资源支持的问题，如市场品牌、竞争地位、核心能力、财务实力等这些是企业长期战略经营所形成的，有了这些强有力的资源支撑，企业在与供货商的博弈中就可以处于优势地位，从而可以延长付款时间，以致可以对存货实现零库存管理，甚至达到现金周转期的负数管理。

【阅读分析】

冗余现金与企业价值

最近几年，许多学者开始关注冗余现金对企业价值的影响问题，并且从中发现很多支持代理成本理论的经验证据。

哈佛德（Harford, 1998）发现，现金充裕的公司更有可能实现并购，而且更多的是多元化并购；同时，如果企业被现金充裕的公司并购，其价值会发生下降。可见，大量的现金持有降低了对投资过程的监督程度，进而会破坏股东的价值。

卡尔切娃和林斯（Kalcheva & Lins, 2005）发现，当管理层及其家族实质上控制上市公司时，公司持有的现金较多；当对外部投资者的保护不力时，现金持有量与管理层对公司控制程度之间的正相关关系更强；存在管理层代理问题的公司会持有更高的现金水平，而更高的现金持有水平和较差的公司治理往往会与更大的公司价值折扣联系在一起。

迪特玛和斯密斯（2005）发现，公司治理因素会影响其现金持有决策，进而会对公司价值产生很大影响：相对于治理水平好的公司，治理水平差的公司更快地浪费了冗余现金，其市场价值下降了50%；同时，治理水平差的公司把冗余现金投资于低回报率的资产，而对于治理水平好的公司，冗余现金投资对营运绩效的负面影响则会被消除。

平克威兹、塞达尔和威廉姆森（2005）发现，现金持有量和公司价值的关系在投资者保护差的国家更弱；同时，在投资者保护差的国家，中小股东会对现金折价、对股息溢价;这进一步支持了代理理论,即在不同国家,其冗余现金的边际价值是不同的,因为不同国家代理问题的严重程度有所不同。

罗琦(2006)考察了日本企业股权结构、现金持有和企业价值三者之间的关系,他发现,日本企业的经营者与安定投资者(银行股东及关联企业股东)串谋实施内部控制,通过有意识地在企业中积累过多的现金,从而实现他们侵占其他股东利益的目的。当然,也有一些文献并不支持代理成本理论,如马契尔森和帕奇(2003)发现,高现金持有量的公司会伴随更大规模的投资支出,尤其是在研发支出和资产规模扩张方面;而反映管理层激励问题的治理特征衡量指标并没有任何异常,也不能解释高额现金持有公司之间的绩效差异。其结论是,持续持有高额现金的政策并不会导致不良绩效,而且并不反映管理层和股东之间的利益冲突。

(资料来源:罗宏,郝以雪. 财务冗余与企业价值创造:内在机理与实现方式 [D]. 厦门:厦门大学,2013)

请思考:结合企业的管理实际,你对这些学者的上述观点有何看法。

二、流动资产营运能力的因素分析

(一)流动资产周转率的因素分析

为了分析流动资产周转速度变动的原因,找出加速流动资产周转的途径,根据流动资产周转速度指标的经济内容和内在联系,可将流动资产周转速度指标作如下分解:

$$流动资产周转率 = \frac{营业收入}{流动资产平均余额} = \frac{营业成本}{流动资产平均余额} \times \frac{营业收入}{营业成本}$$
$$= 流动资产垫支周转率 \times 成本收入率$$

以上分解式表明,影响流动资产周转率的因素,一是流动资产垫支周转率,二是成本收入率。流动资产垫支周转率反映了流动资产的真正周转速度,成本收入率说明了所费与所得之间的关系,反映出流动资产的利用效果。加速流动资产垫支周转速度是手段,提高流动资产利用效果才是目的。因此,加速流动资产垫支周转速度必须以提高成本收入率为前提。当成本收入率大于1时,流动资产垫支周转速度越快,流动资产营运能力越强。反之,如果成本收入率小于1,企业所得补偿不了所费,流动资产垫支周转速度越快,企业亏损越多。

根据上面的分解式,采用差额计算法,可以分别确定这两个因素变动对流动资产周转率的影响程度。分析公式是:

流动资产垫支周转率的影响
  =(报告期流动资产垫支周转率-基期流动资产垫支周转率)×
   基期成本收入率

成本收入率的影响
  =报告期流动资产垫支周转率×(报告期成本收入率-基期成本收入率)

【例题 6 - 2】 根据相关资料（见表 6 - 3），计算 ABC 公司流动资产周转率。

表 6 - 3　　　　　　　　流动资产周转率分析资料

项目	2×16 年	2×17 年
营业成本（亿元）	2 206.99	3 115.17
平均流动资产（亿元）	827	1 109.76
其中：平均存货（亿元）	247.25	353.05
流动资产垫支周转率（次数）	2.67	2.81
营业收入（亿元）	2 601.22	3 623.32
成本收入率（%）	117.86	116.31
流动资产周转率（次数）	3.15	3.26

注：2×16 年初存货为 205.4 亿元。

计算结果表明，本期流动资产周转速度上升是流动资产垫支周转速度上升和成本收入率下降的结果，流动资产垫支周转速度上升是主要原因。而流动资产垫支周转率上升的原因在于营业成本的相对下降，这是公司管理者未来可以继续改进的地方。

（二）流动资产周转期的因素分析

对流动资产周转速度的分析，还可以根据流动资产周转期进行。其分解式如下：

$$\text{流动资产周转期} = \frac{\text{流动资产平均余额} \times \text{计算期天数}}{\text{营业收入}}$$

$$= \frac{\text{流动资产平均余额} \times \text{计算期天数}}{\text{营业成本}} \times \frac{\text{营业成本}}{\text{营业收入}}$$

$$= \text{流动资产垫支周转期} \times \text{营业收入成本率}$$

以上分解式表明，影响流动资产周转率的因素：一是流动资产垫支周转率；二是成本收入率。流动资产垫支周转率反映了流动资产的真正周转速度，成本收入率说明了所费与所得之间的关系，反映出流动资产的利用效果。加速流动资产垫支周转速度是手段，提高流动资产利用效果才是目的。因此，加速流动资产垫支周转速度必须以提高成本收入率为前提。当成本收入率大于 1 时，流动资产垫支周转速度越快，流动资产营运能力越强；反之，如果成本收入率小于 1，企业所得补偿不了所费，流动资产垫支周转速度越快，企业亏损越多。

下面以存货为例，对其进行周转期的因素分析。

存货按其性质可以分为材料存货、在产品存货和产成品存货。所以，存货周转期又可以分为材料周转期、在产品周转期和产成品周转期三项分指标。其计算公式分别为：

$$材料周转天数 = \frac{库存材料平均余额 \times 计算期天数}{本期材料费用}$$

$$在产品周转天数 = \frac{在产品平均余额 \times 计算期天数}{本期生产成本}$$

$$产成品周转天数 = \frac{产成品平均余额 \times 计算期天数}{本期营业成本}$$

企业存货的周转是从投入货币资金购入生产经营所需的材料物资开始,形成材料存货;然后投入生产经营过程中进行加工,形成在产品存货;当加工结束之后则形成产成品存货,通过销售取得货币资金,表示存货的一个循环完成。当存货从一种形态转化为另一种形态的速度较快时,存货的周转速度就快。

此外,各类存货周转额占存货周转额的比重大小也会对存货周转速度产生影响。

各类存货周转期和各类存货周转额占存货周转额的比重之间的关系可表示为:

存货周转天数

$$= \frac{(材料平均余额 + 在产品平均余额 + 产成品平均余额) \times 计算期天数}{营业成本}$$

$$= 材料周转天数 \times \frac{材料费用}{生产成本} + 在产品周转天数 \times \frac{生产成本}{营业成本} + 产成品周转天数$$

上述分解式表明,存货周转速度的快慢除受到三个阶段周转速度影响外,材料耗用额的比重、生产均衡状态和产销平衡状态也会对其产生影响。

在企业产销平衡情况下,即 $\frac{生产成本}{营业成本} = 1$,存货周转期与三个阶段周转期之间的关系可表示为:

$$存货周转天数 = 材料周转天数 \times \frac{当期材料费用}{生产成本} +$$
$$在产品周转天数 + 产成品周转天数$$

(三) 流动资产垫支周转速度的因素分析

在流动资产周转速度分析的基础上,进一步分析流动资产垫支周转速度,可将流动资产垫支周转率作如下分解:

$$流动资产垫支周转率 = \frac{营业成本}{流动资产平均余额} = \frac{营业成本}{平均存货} \times \frac{平均存货}{流动资产平均余额}$$
$$= 存货周转率 \times 存货构成率$$

【例题 6-3】 根据表 6-3 的资料,运用连环替代法,对流动资产垫支周转率变动原因做如下分析。

存货周转率:

$$基期 = \frac{2\,206.99}{247.25} = 8.926$$

$$报告期 = \frac{3\,115.17}{353.05} = 8.824$$

存货构成率：

$$基期 = \frac{247.25}{827} = 29.90\%$$

$$报告期 = \frac{353.05}{1\,109.76} = 31.81\%$$

存货周转率下降对流动资产垫支周转率的影响：

$(8.824 - 8.926) \times 29.90\% = -0.03$（次）

存货构成率上升对流动资产垫支周转率的影响：

$(31.81\% - 29.90\%) \times 8.824 = 0.17$（次）

计算结果表明，流动资产垫支周转率上升的主要原因是存货构成率上升。

三、流动资产周转加速效果分析

流动资产周转加速的效果体现在：第一，一定的产出需要的流动资产减少；第二，一定的流动资产取得更多的收入。

（一）流动资产周转加速对流动资产的影响

加快流动资产周转，可以使企业在销售规模不变的条件下，运用更少的流动资产，形成流动资产节约额。其计算公式是：

流动资产节约额

$$= 报告期营业收入 \times \left(\frac{1}{报告期流动资产周转次数} - \frac{1}{基期流动资产周转次数} \right)$$

当报告期流动资产周转次数大于基期流动资产周转次数时，说明流动资产周转速度加快，计算结果为负数，表示因周转加速而节约的流动资金数；反之，则结果为正数，表示因流动资产周转速度缓慢而浪费的流动资金数。

流动资产周转速度加快所形成的节约额，可以区分为绝对节约额和相对节约额两种形式。流动资产绝对节约额是指企业由于流动资产周转加速，可以减少流动资产占用额，因而可能腾出一部分资金。流动资产相对节约额是指企业由于流动资产周转加速，在不增资或少增资的条件下扩大企业的生产规模。流动资产的绝对节约额和相对节约额的区别只在于运用情况的不同，前者是在生产规模不变的情况下减少资产占用额，后者是将其节约额用于自身的扩大再生产。

区别与计算流动资产绝对节约额和相对节约额可分三种情况进行。

（1）由于加速周转所形成的节约额都是绝对节约额。如果企业流动资产周转加快而营业收入不变，这种情况下形成的节约额就是绝对节约额。

(2) 由于加速周转所形成的节约额都是相对节约额。当企业流动资产周转加速，而流动资产实际存量大于或等于基期流动资产存量时，这种情况下形成的节约额就是相对节约额。

(3) 由于加速周转所形成的节约额既包括绝对节约额，又包括相对节约额。

当企业流动资产周转加快，同时营业收入增加，流动资产占用量减少，这种情况下形成的节约额既包括绝对节约额，又包括相对节约额。可以按下式将两者加以区分：

绝对节约额 = 报告期流动资产占用额 - 基期流动资产占用额

相对节约额 = 流动资产总节约额 - 绝对节约额

如果以上条件相反，则为资金浪费额。

【例题6-4】根据相关资料（见表6-4），计算ABC公司流动资产节约额。

表6-4　　　　　　　　　流动资产周转率资料

项目	基期	报告期1	报告期2	报告期3
营业收入（元）	3 600	3 600	5 400	4 800
流动资产周转率（次）	4	6	6	6
流动资产平均余额（元）	900	600	900	800

报告期1与基期的差异300元的节约额全是绝对节约额，因为营业收入并没有发生变化。

报告期2与基期，虽然流动资产平均余额并没有发生变化，但它引起了营业收入的增加，是流动资产周转率引起的。因此，要产生5 400元的营业收入，若周转率不变，仍为4，那么所占用的流动资产 = 5 400/4 = 1 350（元），因此，节约额 = 1 350 - 900 = 450（元），全是相对节约额。

报告期3与基期，营业收入、周转率均发生了变化，使得流动资产的平均余额变为800元，与基期相比绝对节约额为100元。而在4 800元的营业收入下，周转率仍为4时，所占用的流动资产 = 4 800/4 = 1 200（元），总节约额 = 1 200 - 800 = 400（元），那么相对节约额 = 400 - 100 = 300（元）。

（二）流动资产周转加速对收入的影响

流动资产周转加速，可以使企业在流动资产规模不变的条件下，增加企业的收入。其计算公式是：

营业收入增加额
= 基期流动资产平均余额 × (报告期流动资产周转率 - 基期流动资产周转率)

当报告期流动资产周转率慢于基期流动资产周转率时，计算结果为负数，是营业收入的减少数。

四、营运能力的行业比较分析

营运能力的行业比较分析,则以本章前面所述的营运能力指标为主,选择行业目标企业标准,或者行业平均或现金标准进行比较。为了便于对企业进行评估,以下选取与 ABC 极为相近的 4 家同行业公司进行行业比较分析。

【例题 6 – 5】根据各公司资产负债表及利润表相关资料,对同行业公司营运能力的核心指标进行比较分析,如表 6 – 5 所示。

表 6 – 5　　　　　　2×17 年营运能力的同行业比较分析　　　　　单位:次

项目	总资产周转率	流动资产周转率	存货周转率
ABC	2.1	3.26	8.82
亚马逊	1.66	3.36	8.14
阿里巴巴	0.31	0.84	—
携程网	0.17	0.51	—
WAYFAIR INC	4.78	7.30	154.62

资料来源:根据以上各公司公开披露的年度报告计算整理。

由表 6 – 6 中的信息可知,ABC 公司的总资产周转率和流动资产周转率都高于行业均值①。总的来看,ABC 公司的资产管理水平相对较高,其资产利用效果相对较好。

第四节　固定资产营运能力分析

一、固定资产营运能力指标的计算与分析

企业资产利用的直接成果是产品产量或销售量,通过产量(产值)和销售量(营业收入)与资产的对比,可以反映出企业资产的利用效率。这种对比,可以产生许多有价值的指标,其中固定资产产值率和固定资产收入率是比较重要的指标,将是本节分析的重点。

(一)固定资产产值率

固定资产是企业主要的劳动手段,固定资产的利用效率可以直接通过所生产的产品(产值)表现出来,将一定时期按不变价格计算的产值与固定资产平均

---

① 均值是指选取的同行业公司总资产周转率、流动资产周转率和存货周转率的平均值,总资产周转率的平均值为 1.804,流动资产周转率的平均值为 3.054,存货周转率的平均值为 57.19。

总值进行对比，就可以计算出固定资产产值率。其具体计算公式是：

$$固定资产产值率 = \frac{总产值}{固定资产平均总值} \times 100\%$$

公式中的分母既可以使用固定资产原值，也可以使用固定资产净值，究竟采用什么数值取决于分析的目的和要求。如果从固定资产规模和生产能力方面来分析，应使用原值指标，如果从固定资产资金占用方面分析，则以净值为宜。该指标意味着每一元的固定资产可以创造出多少元的产品。不同的行业，由于技术装备不同，每元固定资产创造的产值也有很大差别，所以该指标在不同行业不具有可比性。

固定资产产值率由于计算基础的不同，有以下三种不同的表达方式：

$$生产设备产值率 = \frac{总产值}{生产设备平均总值} \times 100\%$$

$$生产用固定资产产值率 = \frac{总产值}{生产用固定资产平均总值} \times 100\%$$

$$全部固定资产产值率 = \frac{总产值}{全部固定资产平均总产值} \times 100\%$$

（二）固定资产收入率分析

固定资产收入率是指一定时期实现的营业收入与固定资产平均总值的比率。其计算公式是：

$$固定资产收入率 = \frac{营业收入}{固定资产平均总值} \times 100\%$$

该指标同固定资产产值率一样，其分母既可用原值表示，也可以用净值表示。该指标意味着每一元的固定资产所产生的收入。由于营业收入反映产品的数量和质量已得到社会承认，避免了总产值计算中存在的问题，所以该指标能比固定资产产值率更好地反映固定资产的利用效率。

二、固定资产营运能力的因素分析

（一）固定资产产值率的因素分析

固定资产产值率由于计算基础的不同，有三种不同的表达方式：生产设备产值率、生产用固定资产产值率、全部固定资产产值率。三者之间的相互关系如下：

$$生产用固定资产产值率 = \frac{总产值}{生产设备平均总值} \times \frac{生产设备平均总值}{生产用固定资产平均总值}$$
$$= 生产设备产值率 \times 生产设备占固定资产的比重$$

从以上分解式可以看出，影响生产用固定资产产值率的因素有两个：第一，生产设备产值率的高低。除人的因素外，生产设备的利用效率是决定产品产量的最根本原因，只有提高设备利用率，才能创造出更多的产品，提高生产用固定资产产值率。第二，生产设备占生产用固定资产的比重。该因素反映了固定资产的结构，即使生产设备的利用效率再高，如果固定资产结构不合理，生产设备所占比重低，生产用固定资产产值率也不会高。所以要想提高生产用固定资产的利用效率，应在提高生产设备利用效率的同时，优化固定资产内部结构。

$$全部固定资产产值率 = \frac{总产值}{生产用固定资产平均总值} \times \frac{生产用固定资产总值}{全部固定资产平均值}$$

$$= \frac{总产值}{生产设备平均总值} \times \frac{生产设备平均总值}{生产用固定资产平均总值} \times \frac{生产用固定资产总值}{全部固定资产平均总值}$$

$$= 生产设备产值率 \times 生产设备占生产固定资产的比重 \times 生产用固定资产占全部固定资产的比重$$

从以上分解式可以看出，全部固定资产产值率的变动原因有两方面：生产设备的利用效率和固定资产结构状况。其中，固定资产结构通过生产设备占生产用固定资产比重和生产用固定资产占全部固定资产比重两个指标来表示，这说明在全部固定资产中，应首先提高生产用固定资产比重，降低非生产用固定资产比例，使企业的固定资产大部分用于生产经营。其次要注意在提高生产用固定资产比重时，重点放在增加生产设备方面。

（二）固定资产收入率的因素分析

固定资产收入率变动原因的分析，可依据下面的分解式进行：

$$固定资产收入率 = \frac{总产值}{固定资产平均总值} \times \frac{营业收入}{总产值}$$

$$= 固定资产产值率 \times 产品销售率$$

由此可见，要想提高固定资产收入率，在提高固定资产产值率的基础上，还要做到产销均衡。

【本章小结】

1. 企业营运能力主要指企业营运资产的效率与效益。资产的有效管理形成了企业良好的营运能力，营运能力反映资产管理的水平，分析企业的营运能力可以得知企业资产的运用和管理情况。营运能力分析的目的是评价企业资产的流动性；评价企业资产的利用效益；挖掘企业资产利用的潜力。企业营运能力分析的主要内容包括总资产营运能力分析、流动资产营运能力分析和固定资产营运能力分析。

2. 反映总资产营运能力的指标包括总资产产值率、总资产收入率和总资产周转率。总资产产值率反映了企业生产过程中资产的利用效果。总资产收入率反映出企业整个经营过程中资产的利用效率，总资产收入率受总资产产值率和产品销售率两个因素的影响。总资产周转率是从周转速度角度反映总资产利用效率的指标，总资产周转速度取决于流动资产周转的快慢和流动资产比重的高低。通过以上指标的分析，可以评价企业总资产的营运能力。

3. 反映流动资产周转速度的主要指标是流动资产周转率、存货周转率、应收账款周转率和现金周转期。流动资产周转速度指标既可以按营业收入计算，也可以按营业成本计算，为了区别，按营业收入计算时，称之为流动资产周转率；按营业成本计算时，称之为流动资产垫支周转率。流动资产周转率受流动资产垫支周转率和成本收入率两个因素影响，流动资产垫支周转率则受存货周转率和存货构成率两个因素影响。存货周转率的快慢取决于供、产、销三个阶段的周转速度，此外，材料费用的比重、生产均衡状态和产销均衡状态也会影响存货的周转速度。应收账款周转率反映企业回收赊销货款的平均速度，应收账款周转率高，表明企业收款迅速，可以减少坏账损失，节约收账费用，提高资产流动性。现金周转期与存货、应收款项和应付款项周转速度密切相关，现金周转期越短，则流动资产中货币资金的周转速度就越快，其营运能力就强。流动资产加速周转可以节约流动资产的占用，也可以扩大营业收入规模。流动资产周转加速所形成的节约可以区分为绝对节约和相对节约。通过以上指标的分析，可以评价企业流动资产的营运效率。

4. 固定资产的利用效果主要通过固定资产产值率和固定资产收入率来表示。影响固定资产产值率的核心因素是生成设备的利用效率，此外是固定资产的内部结构。固定资产收入率的高低受固定资产产值率和产品销售率两个因素影响。通过以上指标的分析，可以评价企业固定资产的利用效果。

【复习思考题】

一、计算题

1. 流动资产周转速度指标的计算，资料如表6-6所示。

表6-6　　　　　　　某企业流动资产周转指标分析资料　　　　　　单位：万元

项目	上年	本年
产品销售收入		31 420
产品销售成本		21 994
流动资产合计	13 250	13 846
其中：存货	6 312	6 148
应收账款	3 548	3 216

要求：

(1) 计算流动资产周转速度指标。

(2) 计算流动资产垫支周转速度指标。

(3) 计算存货周转速度指标。

(4) 计算应收账款周转速度指标。

2. 流动资产周转速度分析，资料如表6-7所示。

表6-7　　　　　某企业流动资产周转分析资料　　　　　单位：万元

项目	上年	本年
产品销售收入	80 862	90 456
产品销售成本	52 560	54 274
流动资产合计	42 810	43 172
其中：存货	19 265	20 723

（当需要平均余额时，假定当期余额即为平均余额）

要求：

（1）分析流动资产周转率变动的原因。

（2）分析流动资产垫支周转率变动的原因。

3. 存货周转速度分析，资料如表6-8所示。

表6-8　　　　　某企业存货周转分析资料　　　　　单位：万元

项目	上年	本年
产品销售收入	98 880	116 800
产品销售成本	93 936	117 968
总产值生产费	95 815	115 610
当期材料费用	62 280	71 682
存货平均余额	16 480	17 520
其中：材料存货平均余额	5 768	5 606
在产品存货平均余额	6 922	8 410
产成品存货平均余额	3 790	3 504

要求：根据以上资料对存货周转期进行分析。

二、简答题

1. 反映总资产营运能力的指标有哪些？
2. 简述总资产周转率与流动资产周转率之间的关系。
3. 固定资产产值率应如何计算与分析？
4. 营运能力与其他能力的关系如何？

【案例分析】

1. 请选择一家上市公司，并对其流动资产周转加速效果进行分析。

（1）流动资产周转对流动资产的影响。

①应收账款周转速度对应收账款的影响。

②存货周转速度对存货的影响。

（2）流动资产周转对收入的影响。

2. 房地产行业投资经营期长，市场容易受政策影响，加之行业现在由黄金时代转为白银时代，已过了繁荣发展时期，房地产行业到底是应该保持库存以应对变化莫测的市场，还是应该去库存以应对白银时代的挑战？

请在房地产行业选择一家上市公司，并对上述问题进行分析。

【章末案例】

中际旭创的隐忧：存货高企 销售高度依赖单一客户

中际旭创，一家电机绕组制造装备公司，通过并购苏州旭创成功切入光通信领域，得益于5G建设和云计算的发展，中际旭创扭转了上市后主营业务接连下滑的尴尬。

翻阅公司2018年年报，不难发现该公司的存货占总资产的1/4。新旧产品难以分清，对于高科技行业，存货科目都必须是投资者应该注意的事项。为什么呢？因为高科技行业技术换代较快，如果行业存在产品的换代，那么上代产品的减值和滞销是一定的，例如，全面屏手机的诞生必然会影响手机厂商上代非全面屏手机的销售。

同时高存货也引起了审计注意，把其当作审计的重点关注对象。相关审计报告如下："我们在审计中识别出的关键审计事项汇总如下：

（1）商誉的减值评估。

（2）存货跌价准备的评估。……"

根据行业研究报告，发现2018年下半年100G的光通信模块已成行业主流，亚马逊和谷歌都于2018年下半年全面启用100G光通信模块，所以中际旭创40G的存货可能已经属于落后产品，需要计提一定的损失。但在统计口径中新浪财经发现中际旭创是把40G和100G共同统计计提，因此难以识别新旧产品的具体存货占比。

（资料来源：根据中际旭创2018年公开披露的年度报告计算编写）

请扫一扫：中际旭创2018年公开披露的年度报告，针对其营运能力与资产管理的内容进行分析，谈一谈你的看法。

第七章　投资回报与盈利能力分析

【学习要求】

1. 要求学生熟悉投资回报和盈利能力的含义，明确资本经营、资产经营和商品经营的关联与区别。
2. 掌握利用盈利能力指标分析企业盈利能力。
3. 了解盈余质量的内涵和特征。
4. 综合运用盈利能力评价指标分析上市公司的盈利能力。

【关键术语】

投资回报率　资本经营　资产经营　商品经营　盈利能力分析　净资产回报率　每股收益　市盈率　股利支付率　成本利润率　收入利润率　核心利润率　营业利润率　盈余质量

【引导案例】

航空公司2023年盈利能力明显改善

截至1月31日，A股七家航空公司2023年业绩预告已全部公布。随着2023年大众出行意愿回升，民航市场显著复苏，各航司2023年盈利能力都明显改善。其中，民营航空公司业绩更为突出，春秋航空、海航控股、吉祥航空三家航司实现扭亏为盈，春秋航空盈利创历史新高。

2023年，春秋航空预计实现归属于上市公司股东净利润21亿~24亿元，预计实现扣非净利润20亿~23.5亿元。这意味着春秋航空2023年归属于上市公司股东的净利润已超过此前2019年的18.4亿元，创下历史新高。

海航控股公告称，2023年预计实现净利润3亿~4.5亿元，但扣除非经常性损益事项后净利润预亏4亿~6亿元。

吉祥航空2023年业绩转盈，预计实现归属于上市公司股东净利润6.8亿~8.8亿元。

春秋航空、海航控股、吉祥航空三家航司均表示，公司利润改善得益于2023年国内经济持续复苏、大众出行意愿高涨带来的民航市场恢复。从公开数据看，三家航司2023年客座率均达到80%以上。

根据民航局数据，截至2023年底，我国国际客运定期航班已恢复至每周4 782班，约为疫情前的62.8%。其中，中方航空公司执行3 223.5班，占比

67%，恢复至疫情前约 73.5%。

惠誉评级表示，2024 年中国航空业全面复苏在很大程度上将取决于国际航线的表现，而国内客运量增速将随着疫情影响消退，逐步放缓至正常水平。

2024 年全国民航工作会议提到，2024 年民航将加强国际合作，推动国际市场加快恢复，举措包括：推进中美直航航班增加；扩大与"一带一路"共建国家航权安排；提升现有三、四航权资源使用效率，支持航空公司根据航线网络拓展需要，用好境外第五航权；推动优化签证和出入境政策，提高通关便利化水平，提升国际航班出入境效率。

（资料来源：李嫒嫒，王婧涵. 航空公司去年盈利能力明显改善［N］. 中国证券报，2024-02-01（A05））

请思考：航空公司盈利能力提升源于哪些原因？

第一节 投资回报与盈利能力概述

一、投资回报与盈利能力的内涵

广义的投资指经济主体为了取得预期收益，投入经济要素以形成资产的经济活动。根据投资主体不同，投资可分为以下三类。

第一，所有者投资，是指出资者向企业投入资本金，并按其投入资本金额享有资产收益、重大决策和选择管理者等所有者权益。所有者投资是企业存在的先决条件，从根本上决定企业的发展方向。

第二，公司投资，是指为实现其目标或发展战略而投入人力、物力、财力，以期在未来获取收益的行为。按照与企业生产经营的关系划分，公司投资可分为直接投资和间接投资。直接投资是指把资金投放于生产经营环节来获取收益的投资。间接投资也称证券投资，是指把资金投放于证券等金融性资产用以获得股利或利息收入的行为。随着我国证券市场的完善和快速发展，企业的间接投资越发广泛。公司投资还可按投资的方向和范围，分为对内投资和对外投资；按对未来生产经营前景的影响，可以分为发展性投资和维持性投资。

第三，项目投资，是一种以特定项目为对象，与新建项目或更新改造项目有关的长期投资行为。按涉及的内容，项目投资可以分为单纯固定资产投资和完整工业投资项目。完整工业投资项目指以新增工业生产能力为主的投资项目，投资内容包括固定资产投资及流动资金投资。按项目之间关系，可分为独立投资和互斥投资。

不同层次的投资内涵不同，但均以获得相应投资回报为目的，通常以投资回报率来衡量公司的投资回报水平。

计算公式为：

$$投资回报率 = \frac{收益}{投入资本}$$

盈利能力是企业在一定时期内赚取利润的能力，是投资回报的首要决定因素，是通过利润与投入资源相比较而获得的相对概念。一般而言，回报率越高，盈利能力越强，利润率越低，盈利能力越差。

二、盈利能力分析的意义

盈利能力分析对报表使用者而言非常重要。对资本投资者而言，收益是证券价值变动的重要决定因素，投资者在决定是否投资之前的重要任务是计量和预计收益。对债权人来说，收益和经营活动现金流是本金和利息偿付的重要来源。因此，盈利能力分析是企业利益相关者了解企业、认识企业，改进企业经营管理的重要手段。

（一）有利于投资者进行投资决策

投资者总是倾向于将资金投向盈利能力强的企业。盈利能力分析有助于投资者判断企业获利能力强弱，盈利水平是否稳定持久，以及盈利能力在未来的变化趋势等。投资者往往认为企业的盈利能力甚至比财务状况、营运能力更重要。企业的盈利能力增强，投资者的直接利益就会提高，还将推动股票价格上升，从而增加资本收益。

（二）有利于债权人评估投入资金的安全性

利润是企业偿债的重要来源。债权人通过分析企业的获利能力来评估收回本息的可能性，确认资金安全，从而使借贷资金流向安全且收益率高的生产部门。

短期债权人对企业的基本要求是在短期内还本付息，因而主要分析企业当期或短期内的盈利水平，盈利水平越高，短期债权人的利益就越有保证。

长期债权人的利益依赖于企业长期债务到期时及时还本付息。长期债务的偿还以高水平、稳定和持久的盈利能力为基础，因此，长期债权人往往侧重于分析企业长期盈利水平的高低、盈利的稳定性和持久性，并以此预测长期借款本息足额收回的可靠性。

（三）有利于政府部门行使社会职能

政府行使管理职能需要有充足的财政收入作保证。税收是财政收入的主要来源，而大部分的税收来自企业。企业获利能力强，就意味着实现的利润多，对政府税收贡献大。各级政府聚集的财政收入越多，就有越充足的资金可用于基础设施建设、科技教育发展、环境保护以及各项公益事业开展，可以更好地行使社会管理职能，推动社会发展。

（四）有利于企业经理人员对企业进行管理

企业从事生产经营活动，根本目的是最大限度地赚取利润并维持企业持续稳定发展。对于企业经理人员来说,分析企业的获利能力具有重要意义。用已达到的获利能力指标与标准、基期、同行业平均水平、其他企业水平相比较,可衡量经理人工作业绩,评价工作成果;通过对获利能力的因素分析,可发现经营管理中存在的重大问题,进而采取措施解决问题,并提高企业受益水平。

【阅读资料】

近几年,石油公司在获得巨额利润的同时,又从政府获得巨额的财政补贴,例如,2012 年中石油实现净利润 1 153 亿元,仍从政府获得 94 亿元的补贴,这受到很多人的不解,他们认为对于中石油这样获得大量利润的公司,不应该提供财政补贴。另外,很多公司通过政府补贴才实现净利润由负转正,"咸鱼翻身"。这给我们提出一个疑问:政府对上市公司的补贴到底偏向何种情况,是补贴效益不佳的公司实现"雪中送炭",还是补贴给中石油类似的盈利公司而"锦上添花"?媒体报道国有上市公司获得的财政补贴占政府财政补贴款的大多数,2012 年获得政府补贴前十名单中,包括了中国石油、中国石化、重庆钢铁、东方航空、南方航空、中国铝业等国有上市公司,这被《新京报》称为"财政补贴乱象"。这又给我们提出了一个问题,财政补贴真的偏向于国有上市公司吗?

余明桂等 (2010) 从财政补贴的绩效考虑了上市公司财政补贴问题,认为民营上市公司通过政治关联获得财政补贴,但财政补贴并没有提高公司的绩效。这也是前面的媒体经常讨论的问题,他们认为财政补贴不能提高公司绩效,那应该停止补贴给上市公司。在此不讨论由于财政补贴绩效差是否应该补贴给上市公司的问题,我们只考虑政府对上市公司的财政补贴偏向哪种情况,是发挥了"雪中送炭"的作用,还是起到了"锦上添花"的效果?财政补贴是真的偏向国有上市公司,而没有"一碗水端平"吗?张洪辉 (2015) 利用中国上市公司的数据,研究发现上市公司获得的财政补贴金额和公司盈利能力呈负相关的关系,公司盈利能力越强,获得的补贴金额越少,并且随着盈利能力的增强,补贴金额呈"加速度"下降的趋势,中国上市公司的财政补贴情况基本上符合"雪中送炭"的情形。考虑公司性质时,国有上市公司的财政补贴金额和盈利能力是负相关的;民营上市公司的补贴金额与盈利能力是正相关的,体现出"锦上添花"的作用。但这种"锦上添花"的作用随着民营上市公司的盈利能力增加而消失。财政补贴并没有体现出偏好国有上市公司的特点,相反,当国有上市公司和民营上市公司同时获得补贴时,国有上市公司的补贴金额更小。此外,财政补贴存在偏好于 ST 类财务困境的公司的现象;财政补贴有助于盈利状况不佳的国有上市公司实现净利润的"数字反转"。

(资料来源:张洪辉.上市公司的财政补贴:"雪中送炭"还是"锦上添花"?[J].经济评论,2015 (3):134-146)

三、盈利能力分析的基础

不同企业的经营方式不同,反映企业盈利能力的指标形式也不同。按照经营方式划分,可以分为资本经营、资产经营和商品经营三种类型。

(一) 资本经营

资本经营是指企业以资本为基础,通过优化配置来提高资本经营效益的经营活动,通过围绕资本进行经营管理,以资本收益为管理核心,以达到保值增值的目的,其活动领域包括资本流动、收购、重组、参股和控股等能实现资本增值的领域,从而使企业以一定的资本投入,取得尽可能多的资本收益。

(二) 资产经营

资产经营的基本特点是企业把资产作为资源投入,围绕资产的配置、重组、使用等进行管理。在资产经营情况下,产品经营或商品经营要以资产经营为基础,以追求资产的增值和资产盈利能力最大化为目的,围绕资产经营进行商品经营和产品经营。因此,资产经营的基本内涵是合理配置与使用资产,以一定的资产投入,取得尽可能多的收益。

(三) 商品经营

商品经营与生产经营型的企业经营方式紧密相连。生产经营型企业主要围绕产品生产进行经营管理,包括供应、生产和销售各环节的管理以及相应的筹集与投资管理。生产经营型企业管理的目标是追求供产销的衔接及商品的盈利性。因此,商品经营的基本内涵是企业以市场为导向,组织供产销活动,以一定的人力、物力消耗,生产与销售尽可能多的社会需要的产品。

第二节 资本经营盈利能力分析

一、资本经营盈利能力的内涵与指标

资本经营盈利能力,是指企业的所有者通过投入资本经营取得收益的能力。企业投资报酬的高低直接影响现有投资者的投资决策。资本经营盈利能力的讨论是站在股东等投资者角度进行分析,特别对上市公司,股东普遍关心财务和业务状况是否正常,投资的安全是否有保障,是否能平稳按时发放优厚股息等。资本经营盈利能力的主要分析指标包括净资产收益率、每股收益、每股净资产、市盈率、股利支付率等。

(一) 净资产收益率

反映资本经营盈利能力的基本指标是净资产收益率。计算公式为:

$$净资产回报率 = \frac{净利润}{平均净资产}$$

净资产收益率从净资产角度衡量投资回报率；分母为投入资本，即净资产的平均额，是指企业资产减去负债后的资本，是资产负债表中所有者权益部分。

【小贴士】

计算时，一般情况下，分母取期初及期末净资产的平均值，但如果欲通过该指标来观察时点盈利分配能力，则取年末的净资产更为恰当。分子收益为净利润，即所有者可支配的剩余收益。

基于企业以所有者权益或股东价值最大化为根本目标，净资产收益率是反映盈利能力的核心指标。净资产收益率反映企业所有者获得投资回报的能力及资本增值能力，体现投资收益水平，指标越高，意味着企业盈利能力越好。通过净资产收益率的分析可以判断企业的投资效益，将影响所有者的投资决策和潜在投资人的投资倾向，进而方便企业选择合适的筹资方式、筹资规模、影响企业的发展规模及发展趋势。另外，净资产收益率体现企业管理水平高低、经济效率优劣及财务成果好坏，特别是所有者投资效益的好坏，是所有者考核企业资本保值增值能力的基本指标。一般情况下，评价净资产收益率高低可以社会平均利润率、行业平均利润率或资本成本作为参考标准。

1. 净资产收益率分解。

（1）可将净资产收益率分解为总资产报酬率、负债利息率、产权比率及所得税等因素。

净资产收益率：

$$= \left[总资产报酬率 + (总资产报酬率 - 负债利息率) \times \frac{负债}{净资产} \right] \times (1 - 所得税率)$$

其中，

$$总资产报酬率 = \frac{利润总额 + 利息支出}{总资产}$$

$$负债利息率 = \frac{利息支出}{负债}$$

$$产权比率 = \frac{负债}{净资产}$$

【例题7-1】 根据表7-1的数据，以A公司为例进行分析。

表7-1　　　　　　　资本经营盈利能力因素分析　　　　　　　单位：万元

项目	2017年	2016年
利息支出	21 645.60	12 622.80
平均负债	822 229.80	603 117.35
平均总资产	1 970 526.00	1 596 247.40

续表

项目	2017 年	2016 年
平均净资产	1 148 296.20	992 007.50
利润总额	135 262.40	142 365.30
营业收入	1 604 588.40	1 416 605.30
总资产报酬率（%）	7.96	9.71
负债利息率（%）	2.63	2.09
产权比率（%）	71.60	60.80
所得税税率（%）	25	25
净资产收益率（%）	8.83	10.76

根据表 7-1 的信息，进行因素分析。

2017 年净资产收益率为：

$[7.96\% + (7.96\% - 2.63\%) \times 71.60\%] \times (1 - 25\%) = 8.83\%$

2016 年净资产收益率为：

$[9.71\% + (9.71\% - 2.09\%) \times 60.80\%] \times (1 - 25\%) = 10.76\%$

分析对象 = 8.83% - 10.76% = -1.92%

第一次替代，用报告期总资产报酬率替代基期值，即：

$[7.96\% + (7.96\% - 2.09\%) \times 60.80\%] \times (1 - 25\%) = 8.65\%$

第二次替代，用报告期负债利息率替代基期值，即：

$[7.96\% + (7.96\% - 2.63\%) \times 60.80\%] \times (1 - 25\%) = 8.40\%$

第三次替代，用报告期产权比率替代基期值，即：

$[7.96\% + (7.96\% - 2.63\%) \times 71.60\%] \times (1 - 25\%) = 8.83\%$

总资产报酬率变动的影响是 8.65% - 10.76% = -2.11%

负债利息率变动的影响是 8.40% - 8.65% = -0.25%

产权比率变动的影响是 8.83% - 8.40% = 0.43%

(-2.11%) + (-0.25%) + 0.43% = -1.92%

由此可得，该公司报告期比基期净资产收益率下降了 1.92%，其中，总资产报酬率变动使之下降了 2.11%，负面影响较大；负债利息率的增加加重了企业的资本成本，使净资产负债率下降了 0.25%；产权比率上升，代表财务杠杆发挥了作用，负债比例增加，带来的影响使之上升了 0.43%，虽然有正面影响，但是影响有限，总量指标仍然为负值。

净资产收益率必然受到企业总资产报酬率的影响，在利率及资本结构恒定的情况下，总资产回报率越高，剥离债权人的固定收益，投资者的回报率也将提高。

净资产收益率也与负债利息率及产权比率有关，当利息率变动使总资产报酬率高于负债利息率时，每借入一单位资金获得的收益偿还利息后还有剩余，意味着当负债比重增加，即产权比率提高时，净资产收益率将受到有利影响；反之，当负债利息率高于总资产报酬率时,负债比重增加将对净资产收益率产生不良影响。

所得税税率被认为是影响净资产收益率的重要因素,净利润为税后利润,若税率提高,则税后利润降低,净资产收益率降低;反之则相反。

(2) 净资产收益率同时也受到营业净利润率、总资产周转率以及权益乘数的影响,即:

$$净资产收益率 = 营业净利润率 \times 总资产周转率 \times 权益乘数$$

具体内容详见第十章杜邦分析的相关内容。

2. 净资产收益率的分析要点。

(1) 净资产收益率是一个综合性极强的投资报酬指标,净资产收益率作为杜邦分析的核心指标,常被一步步拆分,通过层层分解将其增减变化具体分析更具有实际意义。

(2) 在相同的总资产报酬率水平下,由于企业采用不同的资本结构方式,会造成不同的净资产收益率。一般而言,净资产收益率与财务杠杆有关,若总资产报酬率相同,财务杠杆越高则说明企业净资产收益率越高,因为股东用较少的资金实现了同等的收益能力。净资产收益率也是上市公司年度报告中的重要分析内容。

(二) 每股收益

每股收益是净收益扣除优先股股利后与流通在外普通股加权平均股数的比率,反映企业平均每股普通股获得的收益,是衡量上市公司获利能力最重要的财务指标。该指标反映了企业获利能力,决定了股东的收益质量,每股收益值越高,每一股份所获得利润越多,股东的投资效益越好,企业获利能力越强,反之则越差。另外,在其他因素不变的情况下,每股收益越高,股票的市价上升空间越大。

每股收益包括基本每股收益和稀释每股收益两类。

1. 基本每股收益。基本每股收益是归属于普通股股东的当期净利润与发行在外的普通股加权平均数的比值,即:

$$基本每股收益 = \frac{净利润 - 优先股股息}{发行在外的普通股加权平均数}$$

派发股利时,优先股股东的股利受领权优先于普通股股东,因此,在计算普通股股东可获得的收益额时,应先将优先股股利扣除。公式中分母采用加权平均数,是因为本期内发行在外的普通股股数只能在发行后的这一段时间内产生权益;减少的普通股股数在减少前的期间内仍产生收益,所以必须采用加权平均数反映本期内发行在外的股份数额,计算结果才准确。发行在外的普通股股数加权平均数按下列公式计算。

发行在外的普通股加权平均数：

= 期初发行在外的普通股数 + 当期新发行的普通股数

$\times \dfrac{\text{已发行时间}}{\text{报告期时间}}$ − 当期回购普通股股数 $\times \dfrac{\text{已回购时间}}{\text{报告期时间}}$

= $\sum$ [发行在外股票数额 × (发行在外月份数 ÷ 12)]

【例题 7 - 2】 假设 ABC 公司今年年初发行在外的普通股股数为 20 万股，该年 8 月初又发行 6 万股，并且年内再无发行或回购股票，则该年度普通股流通在外的加权平均股数为 22.5 万股。计算公式为：

普通股流通在外的加权平均股数 = $20 + 6 \times \dfrac{5}{12} = 22.5$（万股）

2. 稀释每股收益。稀释每股收益是指以基本每股收益为基础，假设企业所有发行在外的稀释性潜在普通股全部转为普通股，从而分别调整归属于普通股股东的当期净利润以及发行在外普通股的加权平均数计算的每股收益。仅当企业存在稀释性潜在普通股时，才计算稀释每股收益。潜在普通股是赋予持有者在报告期或以后期间享有取得普通股权利的一种金融工具或其他合同。稀释性潜在普通股是指假设当期转换为普通股会减少每股收益的潜在普通股。目前我国企业发行的潜在普通股主要包括可转换公司债券、认股权证和股份期权等。

计算稀释每股收益时，一方面，应当根据下列事项对归属于普通股股东的当期净利润进行调整：当期已确认为费用的稀释性潜在普通股的利息；稀释性潜在普通股转换时将产生的收益或费用；同时应当考虑相关的所得税影响。另一方面，是对当期发行在外普通股的加权平均数的调整，调整后的股数应当为计算基本每股收益时普通股的加权平均数与假定稀释性潜在普通股转换为已发行普通股而增加的普通股股数的加权平均数之和。计算稀释性潜在普通股转换为已发行普通股而增加的普通股股数的加权平均数时，以前期间发行的稀释性潜在普通股应当假设在当期期初转换；当期发行的稀释性潜在普通股，应当假设在发行日转换。

【例题 7 - 3】 假设某公司于某年初发行利率为 5% 的可转换债券，面值为 1 000 万元，每 100 元债券可转换为 1 元面值普通股 90 股。当年净利润 4 500 万元，该年发行在外的普通股加权平均数为 4 000 万股，所得税税率 25%，计算基本每股收益及稀释每股收益，即：

基本每股收益 = $4\,500 \div 4\,000 = 1.125$（元）

可转换债券被转换后，债务减少，利息支出减少，税后净利润增加，同时普通股股数增加：

净利润增加 = $1\,000 \times 5\% \times (1 - 25\%) = 37.5$（万元）

普通股股数增加 = $1\,000 \div 100 \times 90 = 900$（万股）

稀释的每股收益 = $(4\,500 + 37.5) \div (4\,000 + 900) = 0.926$（元）

每股收益降低表明企业的盈利能力减弱。在运用每股收益判断企业盈利能力强弱时，应将计价不同企业或者同一家企业不同时期的每股收益进行比较，才能得出正确的认识。

【小贴士】

财务报表分析者运用每股收益分析盈利能力时，要注意以下三点。

第一，每股收益不反映股票内含的风险。例如，假设某公司原来经营日用品的产销业务，最近转向房地产投资，公司的经营风险增大了许多，但每股收益可能不变或提高，并没有反映风险增加的变化。

第二，股票是一个份额概念，不同股票的"每股"在经济上不等量，它们所含有资产和市价不同，即换取每股收益的投入量不相同，限制了每股收益在企业之间的比较。

第三，每股收益大，并不意味着多分红，还要看企业现金流量状况和股利分配政策。

（三）普通股权益报酬率

普通股权益报酬率是指净利润扣除应发放的优先股股利后的余额与普通股权益之比。普通股权益报酬率直接反映公司普通股股东的投入获取公司经营的收益的水平，是从普通股所有者角度计量投资回报率，其计算公式为：

$$普通股权益报酬率 = \frac{净利润 - 优先股股息}{普通股权益平均额}$$

一般情况下企业优先股股息较为稳定，普通股权益报酬率主要受净利润及普通股权益平均额两个因素影响，该指标从普通股股东的角度反映公司的盈利能力，指标值越高，说明普通股股东回报越高，盈利能力越强。普通股权益报酬率应作为独立指标对公司盈利能力、投资收益水平进行分析。

（四）股利支付率

股利支付率是普通股股利与每股收益的比值，反映普通股股东多持有一股股票将新增的获利份额。计算公式为：

$$股利支付率 = \frac{每股股利}{每股收益} \times 100\%$$

公式中每股股利是指公司实际发放给普通股东的股利与普通股股数的比值。股利的发放受公司股利政策影响，发放率高低要根据公司对资金需要量的多少而定，没有固定的参照标准。

股利支付率可进行以下分解：

$$股利支付率 = \frac{每股股利}{每股收益} \times 100\% = \frac{每股市价}{每股收益} \times \frac{每股股利}{每股市价} \times 100\%$$
$$= 价格与收益比率 \times 股利报偿率$$

上述分解式显示，股利支付率受价格与收益比率及股利报偿率影响。长期投资者比较注重前者，短期投资者比较注重后者。

从稳健性出发，计算股利支付率时分母可采用稀释的每股收益。根据公司的股利支付率可以算出留存收益率，即：

$$留存收益率 = 1 - 股利支付率$$

留存收益率越大，表明公司累计的资金越充裕，公司未来发展的财务实力越强，财务风险越小。但过高的留存收益率可能导致股东对低股利的不满，尤其是长期低股利会使投资者丧失信心，由此影响公司股票价格。通常，新企业、发展中企业和外界认为前景较好的企业均有较高的留存收益率。

股东或投资者的构成也会影响股利支付率，有些股东或投资者对现金股利感兴趣，他们把股利支付率看作是投资决策的重要考虑因素。行业特征也会影响股利支付率。例如，公用事业收入较稳定，举债较容易，很可能获得举债经营的利益，因而股利支付率较高。

(五) 市盈率

市盈率是指普通股每股市价与普通股每股收益的比值，反映了投资者对每元收益所愿支付的价格，可以用来判断公司股票的潜在价值，是上市公司市场表现指标中最重要的指标之一。

计算公式为：

$$市盈率 = \frac{普通股每股市价}{普通股每股收益} \times 100\%$$

市盈率是投资者衡量股票潜力，借以投资入市的重要指标，能够表明公司盈利能力的稳定性，在一定程度上反映公司管理部门的经营能力和公司盈利能力及潜在的成长能力。指标计算出的数值结果表明当前每股市价相对每股收益的倍数，指标比值越大，说明市场对公司的未来越看好，投资者认为企业获利潜力越大，预期能获得很好的回报，表明公司具有良好的发展前景。数值越高也说明投资者愿意付出更高的价格购买该公司的股票，预示着投资风险较高。因此，过高的市盈率同时提示有较高的市场风险。

市盈率高低的评价必须根据资本市场平均市盈率进行分析。股票市价是随着企业获利能力上升而上升的。在健全、完善的资本市场上，一般而言，发展前景较好的企业市盈率较高，反之则相反。必须注意的是，当全部资产利润率很低或公司发生亏损时，每股收益可能为零或负数，因而价格与收益比率很高。在特殊情况下，仅仅利用这一指标来分析公司的盈利能力往往造成对公司发展前景的错误估计，所以必须结合其他指标综合判断。

市盈率指标对投资者进行投资决策的指导意义是建立在健全资本市场的假设上。倘若资本市场不健全，就很难依据市盈率对企业作出中肯的分析评价。另外，作为影响市盈率变动的因素，股票市场的价格升降本身受到多方因素的影响，例如，经济环境、政府宏观政策、行业发展前景以及其他偶然因素。必须对股票市场形势做全方位的了解和分析才能对市盈率的升降作出正确评价。而且，市盈率的高低与行业发展有密切关系，不同行业的发展阶段不同，市盈率高低差异也大，充满扩张机会的新兴行业市盈率普遍较高，成熟产业的市盈率水平普遍较低，因此，市盈率不适用于不同行业企业的比较。市盈率同时也受净利润影响，净利润又受制于会计政策影响，因此，公司之间的比较也因而受到限制。

【例题 7-4】 假设某公司 2016 年及 2017 年两年市盈率如下，判断其变动原因。

2016 年市盈率 = 8.98/0.78 = 11.513

2017 年市盈率 = 8.65/0.66 = 13.106

2017 年市盈率比前一年增加了 1.593，变动原因可用因素分析法进行分析。

每股市价的变动对市盈率的影响：

$(8.65 - 8.98)/0.78 = -0.423$

每股收益的变动对市盈率的影响：

$8.65/0.66 - 8.65/0.78 = 2.0163$

每股市价的变动导致市盈率降低 0.423，每股收益的变动使市盈率增加 2.0163，在每股收益和每股市价的共同作用下，市盈率增加了 1.593。总体上看，该公司盈利能力较为稳定。

（六）托宾 Q 分析

托宾 Q 指标是指公司的市场价值与其重置成本之比，可用来衡量一项资产的市场价值是否被高估或低估。

若某公司的托宾 Q 值大于 1，说明市场上对该公司的估计水平高于自身的重置成本，该公司的市场价值较高。例如，构建新厂房设备的资本要低于企业的市场价值，这对企业购买新生产的资本产品更有利，企业倾向发行较少的股票用于购买更多的投资品，将增加企业的投资需求。

托宾 Q 值小于 1，则表明市场上对该公司的估价水平低于其自身的重置成本，该公司的市场价值较低。如果公司想获得资本，它将购买其他较便宜的企业而获得旧的资本品，这样投资支出将会降低。经营者将倾向于通过收购来实现企业扩张，因而投资支出便降低，将减少资本需求。

通常，人们用总资产的账面价值替代重置成本，普通股的市场价格和债务的账面价值之和表示市场价值，则：

$$\text{托宾 Q 值} = \frac{\text{股权市场价格} + \text{长、短期债务账面价值合计}}{\text{总资产账面价值}}$$

不过，在运用托宾 Q 值判断公司盈利能力和市场价值时，由于股票价格影响因素的多样性，托宾 Q 值有可能不能真实地反映公司的价值。例如，市场出现投机性炒作时，市场在乐观情绪以及资金的推动下往往会出现非理性上涨，因而在用托宾 Q 判断公司盈利能力和市场价值时，要根据资本市场的显示状况作出一定的判断或调整。

（七）每股经营现金流量分析

每股经营现金流量是指经营活动净现金流量与发行在外的普通股股数的比率，反映每股发行在外的普通股平均占有的经营净现金流量。这个指标越大，说明公司经营活动能带来丰富现金流，进行资本支出和支付股利的能力越强，即：

$$每股经营现金流量 = \frac{经营活动净现金流量}{发行在外的普通股股数} \times 100\%$$

其中，分母指的是全年发行在外的加权平均普通股股数。

若每股经营现金流量为负值，说明该公司当年现金流状况较差，可用于资本支出和股利支付的资金不足。

二、现金流量指标对资本经营能力的补充

对资本经营盈利能力发挥补充作用的现金流量指标主要包括净资产现金回收率和盈利现金比率。

净资产现金回收率是对净资产收益率的有效补充，对部分提前确认收益、长期未收现的公司，可以用净资产现金回收率与净资产收益率进行对比，从而观察盈利质量，作为净资产收益率的补充，即：

$$净资产现金回收率 = \frac{经营活动净现金流量}{平均净资产} \times 100\%$$

盈利现金比率，也称为盈余现金保障倍数，这一比率反映公司本期经营活动的现金净流量与净利润之间的比率关系，即：

$$盈利现金比率 = \frac{经营活动净现金流量}{净利润} \times 100\%$$

一般情况下，盈利现金比率越大，公司盈利质量越高。如果比率小于1，说明本期净利润中存在尚未实现的现金收入。在这种情况下，即使公司盈利，但现金流的支撑度有限，也可能发生现金短缺。

【例题7-5】根据表7-2的内容分析净资产现金回收率及盈利现金比率。

表7-2　　　　　　　　　　　GM公司财务信息

项　目	2017年	2016年	2015年
经营活动产生的现金流量净额（亿元）	-84.23	22.88	31.61
净利润（亿元）	21.74	13.82	9.61
平均净资产（亿元）	219.58	134.645	87.14

续表

项　目	2017 年	2016 年	2015 年
净资产现金回收率（%）	-38	17	36
盈利现金比率（%）	-387	166	329

从表 7-2 中数据可得，GM 公司净资产现金回收率近 3 年来逐渐降低，并在 2017 年出现负值，究其原因主要是经营活动产生的现金净流量逐年减少，2017 年净流量甚至为负，在平均净资产逐年上升的情况下，净资产现金回收率降低，需增强对经营活动现金流管理。盈利现金比率近 3 年也呈现下降趋势，2015 年及 2016 年比率大于 1，说明经营活动产生的现金净流量对净利润的支撑程度良好，但 2017 年由于经营活动现金流净值为负，现金流质量较差，净利润甚至无法填补经营活动的现金流出，企业日常资金周转大部分靠投资活动和筹资活动支撑，利润质量不够理想。

第三节　资产经营盈利能力分析

一、资产经营盈利能力的内涵与指标

资产经营盈利能力，是指企业运营资产而产生利润的能力。

（一）总资产报酬率

反映资产经营盈利能力的指标是总资产报酬率，即息税前利润和平均总资产之间的比率，该比率从资产投入的角度考虑投资回报率。投入资产包括有形资产和无形资产，也就是包括所有者投入和举债投入；收益为息税前利润，包括利润总额和利息支出，也就是所有资产产生的收益总和，即股东获得报酬及债权人获得报酬的加总。

运用资产负债表和利润表资料，可以计算出总资产报酬率。该比率计算公式为：

$$总资产报酬率 = \frac{利润总额 + 利息支出}{平均总资产} \times 100\%$$

$$平均总资产 = \frac{期初资产总额 + 期末资产总额}{2}$$

总资产报酬率高，说明企业资产的运用效率好，意味着企业的资产盈利能力强。该指标还可以用于评价特定企业的举债经营是否对企业产生有利影响，即评价财务杠杆是否对企业有利，有助于企业进行筹资决策及资本结构选择。在评价总资产报酬率时，需要与企业前期的比率、同行业其他企业的这一比率等进行比

较，并进一步找出影响该指标的不利因素，以利于企业加强经营管理。

（二）总资产报酬率分解分析

根据总资产报酬率指标的经济内容，可将其做以下分解：

$$总资产报酬率 = \frac{营业收入}{平均总资产} \times \frac{(利润总额 + 利息支出)}{营业收入} \times 100\%$$

$$= 总资产周转率 \times 营业息税前利润率 \times 100\%$$

上述分解式表明影响总资产报酬率的因素可分为总资产周转率和营业息税前利润率。总资产周转率表示企业每一元资产能带来的收入，反映企业资本运营能力强弱，用于说明其资产运用效率，是企业资产经营效果的直接体现。营业息税前利润率反映每 1 元收入所带来的利润额，反映企业商品生产经营的盈利能力，营业利润越高，产品盈利越强。可见，资产经营盈利能力受商品经营盈利能力和资产运营效率两个方面影响。

【例题 7-6】 根据表 7-3 的内容，以 GM 公司财务数据为例进行因素分析。

表 7-3　　　　　　　　　　　GM 公司财务信息

项目	2017 年	2016 年
利润总额（亿元）	28.29	18.29
利息支出（亿元）	10.186	6.71
营业收入（亿元）	1 646.51	980.77
平均资产（亿元）	630.77	469.13
总资产周转率（%）	2.6103	2.0906
营业息税前利润率（%）	2.337	2.549
总资产报酬率（%）	6.100	5.330

根据表 7-3 中资料，总资产报酬率变动值 = 6.10% - 5.33% = 0.77%，其中，由总资产周转率变动产生的影响 = (2.6103 - 2.0906) × 2.549% = 1.325%，由营业息税前利润率变动产生的影响 = 2.6103 × (2.337% - 2.549%) = -0.553%。

分析结果表明，该公司报告期资产报酬率相较于上一年增长了 0.77%，是由于总资产周转率和营业息税前利润率共同作用而成。其中，总资产周转速度提高使总资产报酬率增加了 1.325%，营业息税前利润率的下降，使总资产报酬率降低了 0.553%。由此可见，要提高公司的总资产报酬率，增强公司的盈利能力，就要从提高公司的总资产周转率和营业息税前利润率两个方面入手。

（三）总资产报酬率的分析要点

第一，总资产来自所有者投入资本和债务资本两个方面，利润多少与资产结构有密切关系。在评价总资产报酬率时，需要与企业资产结构、经济周期、企业特点以及企业战略结合起来才行。

第二，总资产报酬率的分子选择目前有不同观点。一种是采用税后净利润，在杜邦体系中总资产报酬率分子是选择净利润来计算，并可拆分为总资产报酬率＝销售净利率×总资产周转，从而进一步分析并显示经营获利能力和资产周转速度对总资产报酬率的影响。但税后净利是扣除负债利息后的结果，必然会受到资本结构的影响，导致不同时期、不同企业的总资产报酬率缺乏可比性。另一种是分子采用"息税前利润"。原因有三，其一，利息支出的本质是企业收入的分配，利息本身是企业创造利润的一部分，所以将利息支出加回利润中。其二，权益融资成本是股利，股利以税后利润支付，利润中包含股利；债务性融资成本是利息支出，在利润总额中已经扣除，为了使分子分母计算口径一致，分子中应包括利息支出。其三，息税前利润可避免不同资本结构对利润带来的影响，能较好体现资产的总值变化，便于企业之间横向比较。

第三，仅仅分析企业某一个会计年度的总资产报酬率，不足以对企业的资产管理状况作出全面评价。应进行连续几年的总资产报酬率比较分析，才有利于判断变动趋势，在此基础上再进行同业比较，有利于提高分析结果的准确性。

二、现金流量指标对资产经营能力的补充

对资产经营盈利能力发挥补充作用的现金流量指标主要是全部资产现金回收率。全部资产现金回收率是指经营活动产生的净现金流量与平均总资产之间的比率。该指标可以作为总资产报酬率的补充，反映企业利用资产获取现金的能力，可以衡量企业资产获现能力的强弱。其计算公式为：

$$全部资产现金回收率 = \frac{经营活动净现金流量}{平均总资产} \times 100\%$$

【例题7-7】假设某公司2017年和2016年相关资料如表7-4所示，分析资产现金回收率。

表7-4　　　　　　　　　　　某公司财务数据

科目	2017年	2016年
经营活动净现金流量（万元）	87 907	18 651
平均总资产（万元）	1 786 372	179 973
全部资产现金回收率（％）	4.921	10.363

与该公司2016年全部资产现金回收率指标相比，2017年回收率较低，产生的经营活动净现金流量对盈利的支撑力不足，说明盈利质量较前一年有所降低。

通过现金流量指标的计算来修正和补充盈利能力指标，更有利于对公司盈利状况进行多视角、全方位综合分析，从而反映公司获取利润的现金保障。

第四节 商品经营盈利能力分析

一、商品经营盈利能力分析的内涵与指标

商品经营盈利能力分析从成本或收入与利润的关系反映投资回报关系。商品经营是企业盈利的基本过程，也是企业投资回报的基本形式。商品经营是相对资产经营和资本经营而言的。商品经营盈利能力不考虑企业的筹资或投资问题，只研究利润与收入或成本之间的比率关系。

一般而言，反映商品经营盈利能力的指标可分为成本利润率与收入利润率。成本利润率是指各种用利润额与成本之间的比率，收入利润率是指各种利润额与收入之间的比率。

二、成本利润率分析

成本利润率分析中常见的指标包括营业成本利润率、营业费用利润率、全部成本费用利润率等。运用各种成本利润率指标评价盈利能力时，注意成本与利润的配比，即不同成本支撑哪些利润。

（一）营业成本利润率

营业成本利润率指营业利润与营业成本之间的比率，即：

$$营业成本利润率 = \frac{营业利润}{营业成本} \times 100\%$$

（二）营业费用利润率

营业费用利润率指营业利润与营业费用总额的比率，即：

$$营业费用利润率 = \frac{营业利润}{营业费用} \times 100\%$$

营业费用总额包含营业成本、税金及附加、期间费用和资产减值损失等。期间费用包括销售费用、管理费用及财务费用。

（三）全部成本费用利润率

该指标可分为两种形式。

1. 全部成本费用总利润率：

$$全部成本费用总利润率 = \frac{利润总额}{营业成本 + 营业费用 + 营业外支出} \times 100\%$$

2. 全部成本费用净利润率：

$$全部成本费用净利润率 = \frac{净利润}{营业成本 + 营业费用 + 营业外支出} \times 100\%$$

上述指标均反映企业投入产出水平，指标数值越高，说明产品每1元成本及费用取得更高利润，劳动消耗效益高；反之，则说明产品每1元成本及费用取得利润较少，劳动消耗效益较低。所以成本利润率是综合反映企业成本效益的重要指标。

成本费用利润率是正指标，指标越高越好。在对企业成本利润率进行分析时，可将各指标的实际值与标准值进行对比。标准值的选择要基于分析的目的及管理要求。

三、收入利润率分析

收入利润率的主要指标包括营业收入利润率、营业收入毛利率、总收入利润率、营业净利润率、营业息税前利润率等。不同收入利润率解释的收入与利润关系不同，在分析评价中的作用也不同。

（一）营业收入毛利率

营业收入毛利率，即毛利率，是指营业收入与成本之差与营业收入之间的比率：

$$营业收入毛利率 = \frac{营业收入 - 营业成本}{营业收入} \times 100\%$$

该指标说明销售毛利占收入的百分比，表明每一个单位收入可以创造的毛利，是企业最终实现利润的基础。销售毛利率是多种因素共同影响的结果，影响因素包括销售价格、购货或生产成本及销售结构。就单一商品而言，影响营业收入毛利率的因素是销售价和销售成本，但对企业而言，销售结构也不容忽视。营业收入毛利率具有一定的分析价值。

（二）营业收入核心利润率

营业收入核心利润率，即核心利润与营业收入的比率。其中，核心利润是营业收入减去营业成本、销售费用、管理费用、财务费用、税金及附加之后的余额。

（三）总收入利润率

总收入利润率，是指利润总额和企业总收入之间的比率，企业总收入包括营业收入、投资净收益和营业外收入。

（四）营业收入净利润率

营业收入净利润率（营业净利润率），是指净利润和营业收入之间的比率，即净利润占收入的百分比,反映 1 元销售收入将带来多少净利润,表示销售收入的收益水平。

净利润包含非营业项目,导致营业利润率计算公式的分子与分母口径不一致,不能充分反映企业的经营实力。因此,如果销售利润率的升降主要受投资收益和营业外收支项目的影响,就不能简单地归因于经营管理水平提高或下降,因而需要进一步考察企业的销售营业利润率。

(五)营业收入利润率

营业收入利润率(营业利润率,也称销售营业利润率),是指营业利润与营业收入之间的比率。

(六)营业收入息税前利润率

营业收入息税前利润率(营业息税前利润率),是息税前利润与企业营业收入之间的比率。

收入利润率指标都是正指标,指标越高代表被分析企业盈利能力越强。分析时应根据分析的目的与要求,确定适当的标准值。

四、现金流量指标对商品经营能力的补充

销售获现比率是对商品经营盈利能力的补充指标,反映企业通过销售获取现金的能力。销售获现比率是销售商品、提供劳务收到的现金与营业收入之比,即:

$$销售获现比率 = \frac{销售商品、提供劳务收到的金额}{营业收入} \times 100\%$$

若销售获现比率超过 100%,且相邻年份相差较小,表明公司通过销售获取现金的能力强且基本稳定,可以初步判定产品销售形势好,信用政策合理,能及时收回货款,收款工作得力,效率高。使用该指标进行分析时,应注意当期收到的预收账款和收回前期的应收账款的影响。

五、盈利能力的行业比较分析

同行业比较分析是指将企业指标的实际值与同行业平均标准值进行比较分析。盈利能力的行业比较分析应以盈利能力指标为主,涵盖资产盈利能力、资本盈利能力以及销售盈利能力等多个方面或多个角度进行分析比较,选择行业目标企业标准,或者行业平均或先进标准进行比较。

【走进管理】

随着市场经济的逐步成熟，在市场环境瞬息万变的今天，企业需要面对的内外部不确定性因素日益增多。这些风险给企业经营造成极大的冲击，并直接影响整个国家的经济发展和社会稳定。因此，企业要在激烈的市场竞争中求生存、谋发展，就必须自觉地从实际出发，对企业的未来作出总体运筹和谋划，制定并实施企业发展战略。

提高企业盈利水平的策略包括以下三个方面。

第一，完善财务管理。从某种意义来说，管理出效益。良好的管理制度，需要执行者不折不扣地去全面贯彻落实。否则，无论多么完善和健全的管理制度只能流于形式，达不到预期的管理目标和无法实现企业预期的经营业绩。因此，要做到事前预测、事中控制、事后分析，制定奖罚措施，建立健全激励机制，调动各部门、各成本责任中心降低成本费用的积极性。

第二，实施科学决策。市场经济的不断发展及经济全球化为我国企业提供了投资机会，因而企业要树立投资风险意识，整合优化各项资源并合理配置，充分发挥并运用自身经济、技术、资源、人才、区域、管理等各项优势，适应市场需求的变化，投资有发展前景、利润较高、风险较小的项目。

第三，完善盈利管理。企业扩大盈利不外乎两种途径：一是提高售价；二是降低成本费用。我国企业只有不断开发质优价廉的新产品，取得丰厚的回报。另外，成本费用管理涉及企业经营的全过程，涉及每个员工，因此，在营销部门确定产品价格和收入之后，财务成本费用管理部门应从各个环节对成本把关，以使企业获得较低的采购价格和稳定的供应渠道及货源。

第五节 企业盈余质量与分析

一、企业盈余质量

所谓盈余是指从收入中扣减掉所有生产要素的成本之后的剩余，通常又称为利润或收益，是财务报告中最为重要的数据。按照字面含义，盈余质量就是指企业盈余的优劣。

【阅读资料】

盈余质量在公司质量中扮演着重要角色。会计信息是管理者与外部利益相关者交流的有效工具，而盈余质量是投资者等外部利益相关者最为关注的会计信息。盈余质量有定价功能和治理功能的作用，高质量的会计盈余可有效缓解企业内部与外部投资者之间的信息不对称，同时降低代理成本，减少企业中投资不足或投资过度等非效率投资行为。

（资料来源：纪慧丽，姚芊. 盈余质量对投资效率影响的路径分析 [J]. 经济研究导刊，2019，387（1）：90-92）

企业盈余质量是关于盈余的综合性评价，在很大程度上决定了会计盈余的决策有用性。高盈余质量较好地反映了企业目前的经营业绩和未来前景，同时表明管理层对企业的经济现实评价较为乐观。通常认为，高质量的盈余需要满足以下三个条件：第一是反映现在的运营状况；第二是未来运营状况的良好指标；第三是真实地反映企业的内在价值。高质量的盈余与未来现金流的实现和公司股价或市场价值更为相关。

低质量的盈余质量不仅无法帮助经济决策，甚至可能会产生误导作用。

在投资决策中，企业盈余信息所占的比重要远远大于其他信息。这是因为，从理论上讲，企业的价值是未来现金流（盈余）的折现，所以盈余在价值评估和价值变动中占据核心的地位；从实践上来讲，投资者最关心的财务会计数据即是企业每年、每季披露的当期盈余水平，而企业股票价格的变化往往发生在盈余披露后以分钟计的很短时间内，如果错过了这个很短的时间窗口，投资者就可能遭受重大投资损失。例如，根据过去和现在的盈余水平预测未来盈余水平的准确性高，则可以认为盈余的质量好。反之，盈余的质量比较差。此外，盈利质量的高低还体现在稳定性、可持续性和波动性上。

（一）稳健性

稳健性在会计学原理中是指在处理企业不确定的经济业务时，应持谨慎的态度，凡是可以预见的损失和费用都应予以记录和确认，而没有十足把握的收入则不能予以确认和入账。盈余质量稳健，意味着在会计上尽量早地确认费用与负债。

费用和负债的确认主要受会计方法选择的影响。影响会计方法选择的客观因素包括：（1）符合法规要求。许多公司在解释会计方法变化时，往往是遵守了有关法规和会计标准。法规的变化直接影响盈余计量的稳健性，每一次制度变革，均增加了会计稳健性。（2）符合会计基本概念。会计的确认与计量建立在许多原则和假设基础上，在准则对某些事项缺乏明确规定时，或企业改变会计方法时，在不同的经济环境适用的原则不同，将影响企业在会计方法上的选择。（3）同一产业的其他公司的可比性。同一行业的公司通常会选择相同的会计政策，而不同行业的会计稳健性存在显著区别。

（二）持续性

股东投资通常着眼于企业长远的发展，需要盈余长时间持续，能延续到未来。持续越久，盈余质量越高。一个值得长期投资的对象应该是盈余能够保持持续增长的公司。判断企业是否具有持续性可借助收益结构来辅助判断。

在评价盈利持续性时，可参照表7-5所示内容，并结合其他信息综合判断。

表 7-5 六种典型的企业收益结构

项目	A	B	C	D	E	F
毛利润	亏损	亏损	盈利	盈利	盈利	盈利
营业利润	亏损	亏损	亏损	亏损	盈利	盈利
净利润	亏损	盈利	亏损	盈利	亏损	盈利
说明	接近破产状况	若状态持续将破产		视亏损情况决定		经营状况良好

从盈利分布状态来看，可观察企业海外盈利份额。海外盈利虽然降低企业盈余透明度，但一定程度上有助于企业分散经营风险。另外，海外经营风险普遍较高，不确定性更强，若企业过分依赖海外收入，可能导致盈余持续性降低。

从收益对客户的依赖性来看，若企业的收益过分依赖于某个行业，若该行业受到负面影响，整体形势下滑，则公司利润将受到沉重打击。若企业过分依赖同一客户，其盈余持续性同样值得怀疑。

持续性受发展能力影响。持续性的分析除了观察企业历史盈余记录，也应关注未来可能对企业发展带来影响的因素。首先，看发展能力。对发展能力的评价主要看技术优势的保持时间，企业拥有的技术优势越明显，越容易获得超额的收益。其次，看产品创新能力。创新能力强弱可用企业研发费用数额占收入的比重来评价，也可对研究质量进行定性分析。最后，看品牌的推广和维持能力，可通过销售与广告费用的数额与收入的比重来衡量。在分析时注意广告费用逐年变动情况，并对这些变动对未来销售和盈利的影响进行判断。

持续性受经营策略影响。企业的经营策略决定了经营风格，有的企业倾向于稳健经营，有的企业追求快速增长。决定企业盈利持续性的重要因素是观察企业的成长是否具有合理的基础。超出企业财务和管理支撑能力的跨越式发展只会给企业的发展带来致命性的打击。

持续性受物价水平影响。通胀程度越高，企业成本压力越大，企业发展的持续性减弱。

持续性受管制政策影响。要对企业未来发展作出判断，就必须对管制政策的调整变动进行预测。通常，越是宽松的政策环境下，企业之间的竞争越剧烈。但是政策的调整通常伴随着企业经营机制的改革，也为企业的发展带来动力。对那些获得市场准入资格的新的竞争者而言，则将拥有更大的成长空间。

（三）波动性

企业盈余的波动性与盈利的风险息息相关，既受系统性风险影响，也受非系统性风险影响。系统风险是宏观经济的波动带来的不确定性，非系统风险是由于公司自身经营上的变动带来的不确定性，例如火灾带来的损失等。这些因素使公司的销售收入发生变动，从而影响盈利。

企业的经营风险与经营杠杆有关。经营杠杆由于固定性经营成本的存在而产生，企业的固定性经营成本越高，承受的经营杠杆就越大，经营费用就相对更为刚性，盈余波动性越强。

财务杠杆是由固定融资成本产生，这类固定成本来自负债所产生的利息支出或优先股股利。固定性融资成本的存在增加企业每期的财务负担，产生了财务风险，从而加剧盈利的波动性。

对企业盈利波动性的分析，就需要对系统风险与非系统风险，经营杠杆与财务杠杆这几方面进行分析。分析时注意，企业的风险和杠杆均与行业有密切关系。某些行业受宏观经济影响较小，系统风险就小，例如公用事业或基础设施建设单位。反之，容易受宏观经济影响的企业，系统风险就大。类似地，固定资产比重大的行业，固定成本高，经营杠杆较高，增加了企业的经营风险。风险的增加都会增加盈利的波动性。

另外，企业系统风险与非系统风险，经营杠杆与财务杠杆彼此并不独立，具有一定关联性，相互影响。例如，公共事业行业，系统风险小，固定资产持有量多，因而经营风险大；而固定资产可用来进行抵押贷款，增加企业负债，所以也增加财务杠杆。

企业抵抗风险、控制风险、管理风险的能力若是越强，其盈余质量也就越高。波动性的分析有助于预测企业未来的盈利水平。

【阅读资料】

早有学者发现，有公司为了取得上市资格、提高股价、避税，或出于政治目的，趋向于利润操纵、粉饰财务报表。在资本市场上，通过关联交易、虚构交易有意粉饰财务报表的行为屡见不鲜。例如，中国的科龙电器通过虚构主营业务收入、少计坏账等手段编制虚假财务信息；南京江宁经济技术开发总公司存在偷税漏税、违规发放补贴的行为。然而，这些只是冰山一角，上市公司的各种盈余舞弊现象，令人触目惊心。这些过度的盈余管理行为加剧信息不对称，从而难以发挥盈余质量对投资效率的积极作用。

（资料来源：纪慧丽，姚芊. 盈余质量对投资效率影响的路径分析 [J]. 经济研究导刊，2019，387（1）：90-92）

二、企业盈余管理分析

被普遍认可的是海蒂（Hedy）和瓦伦（Wahlen）于1999年所作出的解释：当管理者在编制财务报告和构建经济交易时，运用判断来改变企业财务报告，从而误导一些利益相关者对公司根本经济收益的理解，或者影响根据报告里会计数据形成的契约结果，于是盈余管理就产生了。要理解盈余管理，必须明确以下两点。

第一，盈余管理的主体是企业的管理当局。无论是董事会、总经理还是高级管理人员，他们作为企业信息的加工者和披露者，有权力选择会计政策和方法，有权力变更会计估计，有权力安排交易发生的时间和方式等。而信息的不对称和信息披露的不完全为他们进行盈余管理提供了条件。

第二，管理当局进行盈余管理的目的在于获得自身利益。虽然盈余管理的直接结果是使得一些利益相关者对企业的经济收益产生误解，但其最终的目的是使得自身利益最大化。

【阅读资料】

请读者扫一扫二维码，看一看 Bio Clinic 公司的案例。

案例：Bio Clinic 公司

【本章小结】

1. 广义的投资指经济主体为了取得预期收益，投入经济要素以形成资产的经济活动。根据投资主体不同，投资可分为所有者投资、公司投资以及项目投资。不同层次的投资内涵不同，但均以获得相应投资回报为目的，通常以投资回报率来衡量公司的投资回报水平。

2. 盈利能力分析对报表使用者而言非常重要。对资本投资者而言，收益是证券价值变动的重要决定因素，投资者决定是否投资的重要任务是计量和预计收益。对债权人来说，收益和经营活动现金流是本金和利息偿付的重要来源。因此，获利能力分析是企业利益相关者了解企业，认识企业，改进企业经营管理的重要手段。

3. 不同企业的经营方式不同，反映企业盈利能力的指标形式也不同。按照经营方式划分，可以分为资本经营、资产经营和商品经营三种类型。

4. 资本经营盈利能力，是指企业的所有者通过投入资本经营取得收益的能力。企业投资报酬的高低直接影响现有投资者的投资决策。资本经营盈利能力的讨论是站在股东等投资者角度进行分析。资本经营盈利能力的主要分析指标包括净资产收益率、每股收益、每股净资产、市盈率、股利支付率。必要时还需结合现金流量指标对资本经营能力的分析进行补充。

5. 资产经营盈利能力，是指企业运营资产而产生利润的能力。资产经营盈利能力的主要分析指标包括总资产报酬率及全部资产现金回收率。

6. 商品经营盈利能力分析从成本或收入与利润的关系反映投资回报关系。商品经营是企业盈利的基本过程，也是企业投资回报的基本形式。商品经营是相对资产经营和资本经营而言的。商品经营盈利能力不考虑企业的筹资或投资问题，只研究利润与收入或成本之间的比率关系。

7. 企业盈余质量是关于盈余的综合性评价，在很大程度上决定了会计盈余的决策有用性。高盈余质量较好地反映了企业目前的经营业绩和未来前景，同时表明管理层对企业的经济现实评价较为乐观。低质量的盈余质量不仅无法帮助经济决策,甚至可能会产生误导作用。盈利质量的高低主要体现在稳定性、可持续性和波动性上。

当管理者在编制财务报告和构建经济交易时,运用判断来改变企业财务报告,从而误导一些利益相关者对公司根本经济收益的理解,或者影响根据报告里会计数据形成的契约结果,于是盈余管理产生了。

【复习思考题】

1. 资本经营、资产经营和商品经营的主要区别是什么?
2. 净资产利润率受哪些因素的影响?
3. 净资产收益率的分析要点包含哪些内容?
4. 基本每股收益和稀释每股收益的主要区别是什么?
5. 如何对总资产报酬率进行因素分析?
6. 总资产报酬率的分析要点是什么?
7. 盈余质量如何体现?

【计算分析题】

GLDQ 从 2011~2014 年的盈利状况数据如表 7-6 所示,表 7-7 为该公司盈利能力数据。

表 7-6　　　　　　　　　　　盈利状况数据　　　　　　　　　　单位:万元

项目	2011 年	2012 年	2013 年	2014 年
营业总收入	8 351 700	10 011 000	12 004 300	14 000 500
营业利润	454 200	802 600	1 226 200	1 608 900
净利润	529 700	744 600	1 093 500	1 425 300
期末现金及现金等价物余额	633 900	2 458 300	3 340 500	5 037 200

表 7-7　　　　　　　　　　　盈利能力数据　　　　　　　　　　单位:%

指标	2011 年	2012 年	2013 年	2014 年
总资产利润率	6.22	6.92	8.18	9.12
主营业务利润率	17.47	25.70	31.43	35.11
净资产报酬率	45.07	40.50	43.36	43.70
总资产报酬率	9.72	10.39	11.50	12.63
销售毛利率	18.07	26.29	32.24	36.10
净资产收益率	29.74	27.59	31.43	32.06

根据上述数据对该公司盈利能力进行分析。

【章末案例】

从莲花健康的坏账计提看其盈余质量

单就应收账款计提坏账这一项调整利润表，莲花健康近10年都是亏损。

一般企业销售总会有些赊销，账上表现为应收账款。对应收账款的分析，核心关注点是，第一，在于判断其是否是真实发生的；第二，如果是真实发生的，是否是与关联方发生的？第三，考虑应收账款的可收回性问题。

莲花健康（600186.SH）上市近20年，自2003年首次出现亏损，公司业绩难有起色。更值得注意的是，其应收账款的账龄越拖越长，但坏账计提却异常宽松。就莲花健康的案例，以下重点分析上述第三种问题。

第一，不断受到监管关注。

莲花健康此前的证券简称"莲花味精"，1998年8月上市，主营味精、鸡精、面粉、小麦蛋白粉、氨基酸有机无机复合肥等产品的生产与销售。2003年首次出现亏损，从那之后就是一个转折点。企业开始走下坡路，并在加速下滑。

公司的实际控制人在这个过程中一再变更，2009年底由莲花集团换成了农开公司，2014年底再换成睿康投资，着实也经历了很大的变化。

回顾公司从2003年以来的历年公告，累计收到了14次的监管关注（包括上交所的公开谴责、证监会的立案调查、年报监管函、行政处罚决定书、警示函、问询函等），这个频率基本上是每年都受到监管关注。其间还有两次更正报表的事项发生。基本上，莲花健康可以说是一再犯错了。

考虑到2007年准则转换的影响，在此采用2007年之后公司的财报数据。2007年、2008年和2009年的报表在2010年8月被追溯调整，因为被证监会立案调查了。2007年和2008年由原来的微利被调整成为巨亏；2009年则调整为较大的盈利。

2013年的年报也被追溯调整过，因为在2015年4月发现了重大的会计差错，调整后净利润减少了大约320万元。

可见，2007年之后，公司业绩在盈利和亏损之间摇摆，一高一低非常有规律。而且，2010年以后，微利—巨亏—微利—巨亏—微利—巨亏—微利，就这样深一脚浅一脚地在资本市场上生存下来。2007~2016年，平均每年亏损1.4亿元。

第二，应收款占用企业大量资金。

将公司应付款合计数（应付票据和应付账款的合计数）与预付款比较一下，发现总体还是应付。其差额最高是2009年和2011年，超过2.8亿元；最低是2014年，仅0.8亿元。10年平均值是1.8亿元。

再将公司应收款合计数（应收票据和应收账款的合计数）与预收款比较之后，发现总体还是应收。其差额最高是2010年的近5.7亿元，最低是2016年的近0.7亿元。事实上，0.6亿元是2015年和2016年对应收款计提巨额减值之后才出现的。2007~2014年，应收都居高不下，与预收的差额平均值高达4.8

亿元。

由此可知，莲花健康在与上下游的往来上，总体还是应收大于应付，也就是在应收上占用了企业很多的资金。按理说，几亿元的应收款对一家总资产20多亿元的公司也许不是什么大的事情。但这些应收款的结构是有问题的，并且除了经营性应收款之外，莲花健康的其他应收款金额也较大，从2007年的4亿元慢慢降到2016年的7 000万元。

莲花健康对应收账款的主要会计政策是：一是使用备抵法对坏账进行核算；二是区分单项金额重大的应收账款（500万元以上）单独进行减值测试；对单项金额非重大的按照账龄组合计提坏账，并披露每个账龄组合的坏账计提比例。分类和列报格式在这些年经过一些变化。

同行业梅花生物（600873.SH）对单项金额重大的认定是100万元，门槛更低，更加谨慎（2011年梅花集团借壳五洲明珠上市）。

对比莲花健康和梅花生物历年来的坏账计提政策，可以看出，2015年之前，莲花健康对坏账的计提过于宽松了。2009年之前对3年以上的应收账款只计提15%的坏账，随后一点一点地调增，但是就是舍不得大额计提！直到2015年一次计提巨额的坏账准备和减值损失。即使2015年调整之后的计提比例，1~2年和2~3年的计提比例也低于同行业的梅花生物。

第三，应收账款的账龄结构不合理。

为了搜集莲花健康应收账款的账龄结构，翻阅了公司2007年至今的年报报表附注，遇到各种各样的问题。例如，2009年没有披露账龄，于是用2010年的期初数字代替；披露方式发生了变更；2015年5月1日起账龄结构发生变化等。通过发现，3年以上的应收款占总应收款的比例越来越大，应收账款的账龄结构极不健康。而在3年以上的应收账款当中，绝大多数都是5年以上账龄的应收款，一直拖着没有计提减值。公司直到2015年才将5年以上应收账款按100%计提坏账，导致2015年巨亏。但直至2016年底，应收账款中仍然有相当比例的长期逾期应收款需要处理。

根据搜集的数据，笔者简单就应收账款计提坏账这一项调整了利润表。数据采用莲花健康更正后的合并财务报表数据。笔者先是将2007年所有3年以上账龄的应收账款的账面价值全部算作坏账，随后每一年坏账的计提都以上一年2~3年账龄的应收账款的账面价值全额计提来计算。考虑到企业当年也计提了部分3年以上账龄应收款的坏账（期末坏账准备－期初坏账准备），减去企业已经计提的，得到估算的应当调整计提的坏账损失金额（这只是大致估算，不是精确调整）。

调整后发现，除了2014年和2016年利润总额是正的，其他年份统一为负，并且整体来看是下移了。2014年和2016年也只不过是靠巨额的营业外收入实现利润总额为正。进一步扣除营业外收入之后，公司这10年来都是亏损的。

（资料来源：续芹. 从莲花健康的坏账计提看其盈余质量 [J]. 证券市场周刊, 2018 (3): 40-41）

第八章 可持续发展与成长能力分析

【学习要求】

1. 了解可持续发展与成长能力的内涵。
2. 熟悉发展能力分析的目的和内容,掌握各种增长率指标的计算方法和分析要点。
3. 领会单项发展能力和整体发展能力的关系。
4. 熟悉整体发展能力的分析框架。

【关键术语】

持续发展能力　成长能力　资产增长率　销售增长率　收益增长率　单项发展能力　整体发展能力　企业并购融资方式　并购融资风险

【引导案例】

海尔发布创新战略:以无界生态共创无限可能

2024年1月27日,海尔集团召开2023年工作总结表彰大会。会上发布了海尔集团2023年度创新成果:全球收入3 718亿元,全球利润总额267亿元,收入利润双双实现6%增长。

置之于瞬息万变的市场大环境下,这是一份足以用"逆势上扬"来概括的成绩单。对在时代的风浪中勇立潮头近四十年的海尔而言,数字上显性的"逆势上扬",其实是长久以来察势、驭势、成势的结果,这在相当程度上来自海尔坚定的创新"内核"——成为"时代的企业"。

"创新"是不变的关键词。会上发布的"海尔集团2023年度创新成果"的更多细节,从多个剖面透露了海尔2023年发展的"含新量"。

在模式创新上,海尔全球首创的人单合一模式,吸引了来自全球75个不同国家和地区的41.7万家企业争相学习,持续赢得国际管理学界广泛认可。2023年11月,海尔集团创始人、董事局名誉主席张瑞敏荣获Thinkers50"全球最具影响力的50大管理思想家"最高奖项——Thinkers50终身成就奖,成为获得该奖项的唯一中国人、唯一企业家。

在科技创新上,海尔抓住产业和数字科技革命的窗口机遇,加快形成新质生产力。海尔先后突破磁控冷鲜、空调可变分流等行业性科技难题,攻关的超高速离心机突破核心技术填补国产空白,自主研发了BaaS数字工业操作系统、行业首个智慧家庭垂直领域模型 HomeGPT 等数字科技产业关键技术，高频 PFC、压机驱动、风机驱动等核心算法技术达到国际领先水平。

科技创新带来的收获远不止丰硕的科技成果，更有经过层层严苛考验的市场表现。在国内，海尔大家电的市场份额达到 28.1%，4 倍于行业增长。海外市场同样呈现高增长态势，继 2022 年海尔智家海外收入占比首超国内之后，如今在北美，通用家电连续 7 年成为北美市场增长最快的家电公司；在日本，冰箱和洗衣机年度份额位居行业第一；在欧洲，海尔连续 8 年成为当地增长最快的品牌。

战略聚焦：在不确定性中创造确定性

作为首个物联网生态品牌，海尔的生态力量早已奔涌出人们所熟知的"家电"的边界，形成了智慧住居和产业互联网两大赛道，前者的目标是成为全球第一品牌、第一规模、第一市值的智慧住居生态型企业，后者包含卡奥斯、海创汇、海永顺 3 个平台，以及大健康产业互联网、城市治理产业互联网、汽车产业互联网、新能源产业互联网 4 个垂直领域，持续在破界中培育新的增长点。

两大赛道的战略聚焦是基于海尔对时与势、危与机的判断。在周云杰看来，数字经济已成为重组要素资源、重塑经济结构、重构竞争优势的关键力量，要抢占未来发展的制高点，必须抓住数字经济所延伸出的更多、更大的发展机遇。而智慧住居和产业互联网恰恰是充分发挥海尔比较优势，将丰厚的产业底蕴和数字经济的领先探索充分释放的领域。

升级品牌口号：以无界生态共创无限可能

海尔自创业之初，就坚持自主创牌，不做代工。欧睿国际显示，海尔已连续 15 年蝉联全球大型家用电器品牌零售量第一；海尔作为全球唯一物联网生态品牌，已连续 5 年入选"BrandZ 全球最有价值品牌百强"榜单。海尔自主创牌的发展之路已成为中国家电企业出海创牌的典范。

海尔集团董事局主席、首席执行官周云杰在会上强调，2024 年，海尔将推动转型升级，实现更有质量的发展。

转型升级的关键，依然是"创新"。落到实践上，海尔将继续推动企业全方位转型升级。

在科技创新层面，海尔将聚焦突破原创技术，强化科技引领，以国创中心、全国重点实验室等国家级创新平台为载体，加强原创性、引领性科技攻关，布局芯片、算法、OS、机理等一系列基础技术。

在模式创新层面，海尔将探索新时代的新管理模式，深化布局大规模定制这一智能交互引擎的核心抓手，从赋能海尔到赋能产业经济。

在全球协同创新层面，海尔将以全球化服务全球化，发挥 10 + N 全球研发体系、全球供应链、全球品牌的协同优势，利用多品牌策略满足不同用户的需求，从高端品牌到场景品牌再发展成生态品牌。

在组织变革层面，海尔要建立学习型组织，持续深化组织变革，让每个人成为自己的CEO，激发组织的活力与潜能；要持续探索创客制，创新激励空间，创造更大价值。

2024年，海尔还将继续以人为本，实现更有温度的发展；践行ESG理念，实现更有责任的发展。

在任何一个时代，海尔始终是品牌的领创者。会上，周云杰发布了海尔在生态品牌阶段新的品牌口号——以无界生态共创无限可能。

"无界生态"，表明了海尔致力于构建身份无界、知识无界、地域无界的开放生态的决心。

"共创"，代表海尔坚持"人的价值最大化"，让生态伙伴和用户在海尔生态中共创价值、共享价值。

"无限可能"，意味着当更多界限被打破，更多个体和组织的创造力被激发，新的价值也将不断涌现和持续裂变，美好生活和产业发展也将迸发出无限可能。

这是海尔作为"时代的企业"的进击姿态。

身处时代的浪潮中，对企业引领力和成长力最好的评价，莫过于"时代的企业"——只有踏准时代的节拍，才能具备十足的发展定力和长足的发展动力，乘风破浪，勇往直前。

（资料来源：杨光. 海尔发布创新战略：以无界生态共创无限可能［N］. 青岛日报，2024-01-28（001））

请思考：为什么党的二十大精神提出"进入创新型国家行列"，特别强调创新精神？创新对企业成长能力有哪些推动作用？

第一节　可持续发展与成长能力概述

一、可持续发展与成长能力的内涵

企业持续发展能力，是指在一个超过行业内平均企业寿命的较长时间内，企业在追求自我生存和永续发展的过程中，既能实现经营目标，确保市场地位，又能使企业在已经领先的竞争领域和未来的扩展经营环境中保持优势、不断提高业绩，并在相当长的时间内稳健成长、拥有持续发展的能力。可持续发展型企业是以不断变革与创新为依托，且市场竞争力具有持续提高趋势的企业。

企业可持续发展能力在财务上的一个重要表现就是成长能力。企业可持续发展能力的分析，实质上也是企业如何成长、怎样提升企业竞争能力的分析。企业成长能力通常是指企业未来生产经营活动的发展趋势和发展潜能，也可以称为企业发展能力。企业的发展是在较长时间内由小变大、由弱变强的过程。从过程来看，企业主要是通过自身的生产经营活动来实现扩张，并依靠不断增加的资金投入、不断增长的营业收入和不断创造的利润等逐步扩大积累。从结果来看，一个成长能力强的企业，其资产规模应不断增加，股东财富应持续增长。因此，企业成长能力是提高盈利能力最重要的前提，也是实现权益和价值最大化的基本保证。

可持续发展与成长能力两者密切相关。可持续发展能力包括两个最基本的方面，即成长能力与发展的可持续性。成长能力是可持续发展的前提和基础。两者相辅相成，要实现可持续发展不仅要有发展能力，还要保持发展的可持续性。没有持续性，发展能力就将终止。企业扩张时，增长率达到最大化不一定能实现企业价值最大化，增长率并非最大化才是最佳选择。很多企业，限制增长率以便在财务上积蓄能量，这是非常必要的。从财务角度上说，企业的发展必须具有可持续性的特征。因此，发展能力分析对于企业的可持续发展至关重要。

传统的财务分析仅仅是从静态的角度出发来分析企业的财务状况，也就是只注重分析企业的盈利能力、营运能力、偿债能力，缺乏对于企业发展能力的动态分析，不够全面也不够充分。发展能力是企业目标与财务目标的具体体现，也是企业盈利能力、营运能力、偿债能力的综合呈现。企业价值在很大程度上取决于其未来，而不是过去或者目前所得。无论是增强企业的盈利水平和资产运营效率，还是提高企业的风险控制能力，都是为了其未来生存和发展。因此，我们要从动态的角度分析和预测企业的发展能力。

【小贴士】

企业的成长性通常与企业产品的生命周期紧密相关。产品生命周期理论认为，产品都有一定的生命周期，包括导入、增长、成熟和衰退四个阶段。导入阶段，产品销售收入增长缓慢，一旦产品符合市场需求，有一定市场占有率，就进入了快速增长阶段。然后销售增长开始停滞，进入成熟阶段。最终，当新的替代品出现时，产品销售将逐步衰退。

企业的成长过程也可以用产品生命周期理论来描述。首先是导入期，此时企业主要致力于新产品的研究与开发、生产和市场的开拓。此阶段的主要特征是资金投入大、投资活动现金流出量大于经营活动现金流入量、利润少甚至亏损。其次是成长期，处于此阶段的企业特征是产品开始走向成熟、经营活动现金流量开始大幅增长、开始盈利。再其次是成熟期，该阶段的主要特征是企业增长速度放慢、获利水平稳定、扩展能力有限、产生剩余现金流量。最后是衰退期，该阶段的主要特征是销售收入可能出现负增长、获利能力下降、现金流量较多、再投资机会枯竭。

企业若要想保持持续的增长，就应该在同一个时期使得不同的业务处于不同的成长阶段。该业务可以是企业的产品或服务，也可以是企业的销售市场。总之，企业要可持续发展，就必须使自己的产品、服务或销售处在不断发展之中，而不是随着产品、市场的衰亡而衰亡。

企业的投资者、债权人和其他利益相关者都非常关注企业的成长能力，这是因为企业的成长性将直接影响他们未来在企业的利益。投资者与企业关注的是企业未来的盈利能力，其回报也直接相关。债权人的债务清偿资金来自企业未来的盈利，他们非常关注企业未来的成长性。正因为对企业成长能力的评价如此重要，成长能力的评价非常必要。

成长能力评价的目的具体体现在以下两个方面。

第一，利用成长能力的有关指标衡量和评价企业的实际成长能力，分析影响企业成长能力的因素。

第二，企业战略研究表明，在企业市场份额和行业分析既定的情况下，如果企业采取一定的经营战略和财务战略，就能够使企业的价值最大化。也就是说，企业经营战略和财务战略的不同组合能够影响企业的未来增长能力。因此，在评价企业目前盈利能力、营运能力、偿债能力和股利政策的基础上，通过分析影响企业持续增长的相关因素，并根据企业的实际经营情况和发展战略，确定企业未来的增长速度，相应调整其经营战略和财务战略，能够实现企业的持续增长。

二、发展能力分析的目的

企业经营活动的根本目标就是不断增强企业自身持续生存和发展的能力。反映企业增长能力的主要指标包括资产增长率、销售增长率和收益增长率。通过实际的增长能力指标与计划、同行业的其他企业同类指标进行比较，可以评价企业增长能力的强弱；将企业不同时期的增长能力指标进行比较，可以评价企业在资产、销售收入、收益等方面的增减速度和增长趋势。

企业能否持续发展对股东、潜在投资者、经营者、债权人以及其他利益相关团体非常重要，因而有必要对企业的发展能力进行深入分析。

股东可以通过发展能力分析衡量企业为股东创造价值的能力，从而为采取下一步战略行动提供依据。

潜在的投资者可以通过发展能力分析评价企业的成长性，从而选择合适的投资目标并作出正确的投资决策。

经营者可以通过发展能力分析评价企业的实际成长能力，发现影响企业未来发展的关键因素，从而采取正确的经营策略和财务策略促进企业的可持续增长。

债权人可以通过发展能力分析判断企业未来的盈利能力和到期偿债能力，从而作出正确的信贷决策。

三、发展能力分析的意义

发展能力的分析有助于保证企业长远发展，控制企业经营中的短期行为。在对企业进行财务评价时，将发展能力纳入考核范围，将有助于完善现代企业制度和理财目标，具有一定意义。

（一）有利于抑制短期行为

企业短期行为的主要表现包括：追求眼前利润，忽视企业资产的保值与增值。为了企业短期的收益，部分企业不惜拼耗设备，少计费用和成本。考虑了企业发展能力之后，不仅要估计目前可实现的利润，还要考虑当下的财务决策对企业未来的影响,对企业保值增值是否有促进作用,是否有助于企业实现价值最大化,这在一定程度上抑制了企业的短期行为,可有效增强企业的经济实力,完善现代企业制度。

(二) 有利于完成现代企业的理财目标

现代企业以实现企业价值最大化为财务目标,一方面要求企业追求利润,扩大财务成果;另一方面需不断改善财务状况,增强经营成果的稳定性。为此,不仅要分别对企业的财务状况和财务成果进行考核,更重要的是,要通过增强企业的发展能力来巩固财务成果,增强稳定性和可持续性。

四、发展能力分析的内容

企业必须依赖于股东权益、利润、收入和资产等方面的不断增长才能实现价值增长。企业发展能力的大小是一个相对概念,各个分析期的股东权益、利润、收入和资产是相对于上一期而言的。仅仅利用增长额只能说明相对于过去企业某一方面的增减变化,既不利于不同规模企业之间的横向对比,也不能准确反映时期内企业的发展能力。因此,在实践中通常是使用增长率来进行企业发展能力分析。当然,企业不同方面的增长率相互作用、相互影响。因此,只有将各方面的增长率进行交叉比较分析,才能全面分析企业的整体发展能力。

基于以上分析,企业发展能力分析的内容可分为以下两个部分。

第一,单项发展能力分析。单项发展能力分析就是为通过计算和分析股东权益增长率、利润增长率、收入增长率、资产增长率等指标,分别衡量企业在各方面所具有的发展能力,并对其发展趋势进行评估。

第二,整体发展能力分析。企业要获得可持续增长,就必须在股东权益利润、收入和资产等各方面谋求协调发展。企业整体发展能力分析就是通过对股东权益增长率、利润增长率、收入增长率、资产增长率等指标进行相互比较与全面分析,综合判断企业的整体发展能力。

第二节 企业单项发展能力分析

一、股东权益增长率计算与分析

(一) 股东权益增长率计算

股东权益增加反映了股东财富的增加,分析时常用比率表示。股东权益的增长率就是本期股东权益增加额与股东权益期初余额的比值,也叫作资本累计率。该比率反映了企业所有者权益在当年的变动水平,体现了企业的资本累计情况,

是企业发展水平的标志,也是扩大再生产的依托,是评价企业发展能力的重要指标,计算公式为:

$$股东权益增长率 = \frac{本期股东权益总额 - 基期股东权益总额}{基期股东权益总额}$$

股东权益增长率反映了投资者投入企业资本的保全性和增长性,增长率越高,表明资本积累越多,资本保全性越强,应对风险、持续发展的能力越强,权益增长越快。该指标若为负值,则表明企业资本受到侵蚀,所有者权益受到损害。

【例题 8-1】GM 公司 2012~2017 年股东权益增长率,如表 8-1 所示。

表 8-1　　　　　GM 公司 2012~2017 年股东权益增长率

项目	2017 年	2016 年	2015 年	2014 年	2013 年	2012 年
股东权益合计（亿元）	260.00	179.16	90.13	84.15	65.02	56.76
股东权益增长额（亿元）	80.84	89.03	5.98	19.13	8.26	—
股东权益增长率（%）	45.12	98.78	7.11	29.42	14.55	—

表 8-1 数据表明,GM 公司 2012~2017 年股东权益连续 5 年实现增长,2016 年股东权益增长率高达 98.78%,资本保全性较强,有较好的持续发展能力。

(二) 股东权益增长率的分析

通过对股东权益增长率的分解分析可得:

股东权益增长率

$$= \frac{本期股东权益增加额}{基期股东权益总额}$$

$$= \frac{净利润 + (股东新增投资 - 股东股利) + 直接计入股东权益的利得和损失}{基期股东权益总额}$$

$$= \frac{净利润 + 股东净投资 + 直接计入股东权益的利得和损失}{基期股东权益总额}$$

= 净资产收益率 + 股东净投资率 + 净损益占股东权益比率

股东权益变动表反映了股东权益在会计期间发生的增减变化的原因,因此,可以结合股东权益变动表对股东权益增长率进行分析。股东权益的增加来自经营活动产生的净利润、融资活动产生的股东净支付以及直接计入股东权益的利得和损失。三个因素中,净利润对股东权益的增加贡献程度最大。需要注意的是,净利润的计算需是扣除非经常性损益后的部分。利得和损失通常是由于正常经营以外的因素引起的,一般和企业管理程度及管理效率无关,不能反映真实的盈利能力,因此,在计算净资产收益率时也应该将非经常性损益从分子中扣除。

股东权益增长率指标受净资产收益率、股东净投资率及净损益占股东权益比率等因素驱动。净资产收益率反映了企业运用股东投入资本创造收益的能力，股东净投资率反映了企业利用股东新增投资的程度，净损益占股东权益比率则反映了直接计入股东权益的利得和损失在股东权益中所占的份额。

股东权益增长率反映了投资者投入企业资本的保全性和增长性，指标越高，表明企业资本积累越多，资本保全性越强，应对风险、持续发展的能力也越大。指标若为负值，则体现企业资本受侵蚀，所有者权益受到损害。从会计报表上看，股东权益主要来自企业净利润的留存和股东追加的投资，前者更能体现资本积累的本质。

为正确判断和预测企业股东权益规模发展趋势和发展水平，应将企业不同时期的股东权益增长率加以比较，这类发展趋势分析除了评价企业的发展能力以外，还可用于预测分析，并为其他价值评估提供参考依据。

二、企业利润增长率的计算与分析

一般而言，企业的价值体现和发展能力主要取决于盈利水平，因而企业的利润增长是反映企业发展能力的重要方面。

（一）利润增长率计算

企业的利润增长是投资者进行决策时的重要参考指标，反映企业发展能力，即：

$$利润增长率 = \frac{本期利润额 - 基期利润额}{基期利润额}$$

利润按照不同范围可分为净利润、营业利润及息税前利润等多个层次，因此，相应的利润增长率也有不同形式。

1. 净利润增长率。净利润是企业经营业绩的综合结果，因此，净利润的增长是企业成长速度的基本表现。净利润增长率的计算公式为：

$$净利润增长率 = \frac{本期净利润 - 基期净利润}{基期净利润}$$

该比率说明净利润变动值占基期水平的百分比。值得注意的是，一般增长率结果的正负号说明指标变动方向，正值代表增加，负值代表减少。实践中，若净利润为负，据此计算出的增长率水平符号容易受到干扰，因而分母应取其绝对值。

净利润增长率越大，说明企业收益增长快，表明企业经营业绩突出，市场竞争能力强；相反，若企业净利润增长率小，说明收益增长越慢，经营业绩不佳，市场竞争能力弱。

【例题8-2】GM公司2012~2017年净利润增长率如表8-2所示。

表 8-2　　　　　　　GM 公司 2012~2017 年净利润增长率

项目	2017 年	2016 年	2015 年	2014 年	2013 年	2012 年
净利润（亿元）	21.74	13.82	9.61	8.69	10.88	5.58
净利润增长额（亿元）	7.92	4.21	0.92	-2.19	5.30	—
净利润增长率（%）	57	44	11	-20	95	—

表 8-2 数据显示，2012~2017 年来，除 2014 年净利润下跌 20% 出现负增长以外，GM 公司净利润持续上涨，且从 2014 年开始，连续 3 年净利润增幅持续上升，反映企业经营业绩突出，市场竞争力强，持续发展能力较好。

2. 营业利润增长率。营业利润增长率是本期营业利润增长额占上期营业利润值的百分比，反映企业营业利润的变动水平，从另一个角度反映企业发展能力，计算公式为：

$$营业利润增长率 = \frac{本期营业利润 - 基期营业利润}{基期营业利润}$$

营业利润率越大说明营业利润率增长越快，业务扩张能力越强，具有一定竞争优势；营业利润增长率越小说明企业营业利润增长慢，反映营业发展停滞，业务扩张能力弱。同前，计算营业利润增长率时，分母应取绝对值，避免受到负营业利润的影响。

【例题 8-3】GM 公司 2012~2017 年营业收入增长率如表 8-3 所示。

表 8-3　　　　　　　GM 公司 2012~2017 年营业收入增长率

项目	2017 年	2016 年	2015 年	2014 年	2013 年	2012 年
营业利润（亿元）	34.10	17.95	13.12	11.15	14.48	7.13
营业利润增长（亿元）	16.15	4.83	1.97	-3.33	7.35	—
营业利润增长（%）	90	37	18	-23	103	—

表 8-3 数据显示，2013 年企业营业利润出现大幅增长后，2014 年下跌 23%，此后营业利润持续 3 年上涨，且增长率稳步上升，体现企业业务扩张能力强，业务发展势态良好。

3. 息税前利润。息税前利润增长率是指本期息税前利润变动额与基期息税前利润值相比较的结果。息税前利润是扣除利息及所得税之前的利润，不受企业资本结构或所得税率的影响，反映总资产创造的总收益，通过其增长率的计算可考察企业发展能力，计算公式为：

$$息税前利润增长率 = \frac{本期息税前利润 - 基期息税前利润}{基期息税前利润}$$

息税前利润增长率越大，说明增长速度越快，表明企业资产盈利能力高，扩张能力强，反之则相反。再则，为了保持增长率符号反映变动方向，计算式分母取绝对值。

（二）利润增长率的分析

在进行利润增长率分析时，应首先关注利润增长的来源。从利润表来看，利润增长由三部分组成：一是企业正常经营活动带来的利润增长，这种增长具有可持续性；二是不构成企业日常经营活动的投资活动产生的收益，在利润表中体现在公允价值变动损益、投资收益等项目，分析时应对这部分收益导致营业利润增长的合理性保持警惕，因为企业有可能会通过投资收益操纵利润；三是非经常性收益项目，指那些具有较大偶然性和意外性的收益，例如，资产重组收益、债务重组收益、财政补贴等。这些收益会导致净利润增加，但它们并不能代表企业真实的盈利能力，由此带来的增长也无法持续。

分析营业利润增长情况时应结合企业的营业收入增长情况一起分析。如果企业的营业利润增长率高于企业的收入增长率，则说明企业正处于成长期，业务不断拓展，具有一定规模效应，收入增幅大于成本增幅，企业的盈利能力不断增强。反之，如果企业的营业利润增长率低于营业收入增长率，则反映企业营业成本、营业税费、期间费用等成本费用上升超过了营业收入的增长，说明企业的商品经营盈利能力并不强。

分析企业净利润增长率时，应结合企业的营业收入增长率或营业利润增长率共同分析。如果企业的净利润增长高于营业收入增长或营业利润增长率，则表明企业产品盈利能力不断提高，具有良好发展能力；相反，如果企业营业收入增长，但利润没增长，从长远来看，它并没增加股东权益；若企业净利润增长，但营业收入并无明显增长，说明净利润的增长并非来自营业收入，很可能来自非经常性收益项目，那这具有较大偶然性和意外性。因此，需进行综合分析。

为了更客观地反映企业净利润和营业利润的成长趋势，应将企业连续多期的净利润增长率和营业利润增长率指标进行对比分析，这样可以排除个别时期偶然性或特殊性因素的影响，从而更加全面、真实地揭示企业净利润和营业利润的增长情况。如果企业的净利润增长率、营业利润增长率和息税前利润增长率连续3年增长，说明企业利润增长较为稳定，就有良好的发展趋势；反之，如果企业上述三项利润连续3年大幅度下降，或两年无增长，则说明企业的盈利能力不稳定，不具备良好的发展势头。

利润增长率分析的意义在于揭示了企业未来获利能力的发展趋势，同时也为预测分析以及价值评估提供了有益的参考数据。考虑企业实际情况后对利润增长率进行适当调整就能大概地预测企业下一年或者以后多年的利润值，从而为判断预测利润表中计算得出的数值的合理性提供依据，由于预测利润表是预测资产负债表股东权益变动表以及现金流量表的基础，而这些预测性报表又是价值评估的数据来源，因此，提高预测利润表的准确性对提高后续分析的科学性至关重要。

三、企业收入增长率计算

(一) 收入增长率计算

收入是利润的重要支撑,对利润增长的分析还需要结合收入的增长变动。企业的收入情况越好,市场占有率越高,企业生存和发展的空间就越大。营业收入增长越快,说明生存能力和发展能力也越强。因此,可以用营业收入增长率反映企业在营业收入方面的发展能力。收入增长率计算公式为:

$$收入增长率 = \frac{本期收入 - 基期收入}{基期收入} \times 100\%$$

该公式反映企业整体销售增长情况,若收入增长率为正数,说明企业本期销售规模增加,且增长率越大,说明增加速度越快,销售情况越好。若收入增长为负数,则说明本期销售规模缩减,发展能力弱。

【例题8-4】分析GM公司2012~2017年营业收入增长变动,如表8-4所示。

表8-4　　　　　　　　　GM公司营业收入增长变动

项目	2017年	2016年	2015年	2014年	2013年	2012年
营业收入(亿元)	1 646.51	980.77	642.20	552.88	490.68	418.3
营业收入增长额(亿元)	665.74	338.57	89.32	62.20	72.33	—
营业收入增长率(%)	67.88	52.72	16.16	12.68	17.29	—

表8-4显示,GM公司2012~2017年营业收入增长率均为正数,除2014年增速有所放缓外,4年来增速不断上升,企业销售规模不断增加,销售情况越来越好,可持续发展能力强。

(二) 收入增长率分析

收入增长率计算公式为:

$$某种产品收入增长率 = \frac{本期收入 - 基期收入}{基期收入} \times 100\%$$

在利用收入增长率来分析企业在销售方面的发展能力时,应该注意以下四点。

第一,要判断企业在销售方面是否具有良好的成长性,必须分析销售增长是否具有效益性。如果营业收入的增加主要依赖于资产的相应增加,体现为收入增长率低于资产增长率,说明这种销售增长对资产过于依赖,不具有效益性,持续发展能力较弱。正常情况下,一个企业的收入增长率应高于其资产增长率,只有在这种情况下,才说明企业在销售上具有较强实力,可持续发展。

第二,要全面、正确地分析和判断一个企业营业收入的增长趋势和增长水平，必须将一个企业不同时期的收入增长率加以比较和分析。因为收入增长率仅仅就某个时期的销售情况而言，某个时期的收入增长率可能会受到一些偶然的和非正常因素的影响，而无法反映出企业实际的销售发展能力，做趋势分析更具实际意义。

第三，可以利用某种产品收入增长率指标来观察企业产品的结构情况，进而分析企业的成长性。

【小贴士】

产品都有一定的生命周期，包括投放、增长、成熟和衰退四个阶段，根据产品生命周期理论，每种产品在不同的阶段反映出的销售情况也不同，例如，在投放期，某种产品收入增长率往往较低；在成长期，市场份额扩大，销售量扩大，占有率提高，产品收入增长率较高；在成熟期，由于市场已经基本饱和，产品销售将不再有大幅度的增长，收入水平基本稳定，增长幅度放缓，增长率逐渐降低，销售增长开始停滞；在衰退期，由于新产品开始出现，该产品的市场开始萎缩，某种产品收入增长率较上一期变动非常小，甚至表现为负数。

根据产品在不同阶段的收入增长特征，分析增长率指标，大致可以分析企业生产经营的产品所处的生命周期阶段，据此也可以判断企业发展前景。如果一个企业所有产品都处于成熟期或者衰退期，那么它的发展前景就不容乐观。对一个具有良好发展前景的企业来说，想要保持持续增长，较为理想的产品结构是相互交错，同一时间不同产品所处不同阶段，不断发展。

第四，注意分析收入增长的来源。通过分析收入增长的来源，断定企业在销售上是否具有发展能力。企业的收入增长可能受外汇汇率变动影响，也可能源于债务重组产生的利润，还有可能是因为会计政策或会计估计变更引起的变动。如果是由于上述原因引起的收入增加，那这种增长不具有可持续性，即便保持上扬势头，仍不能说明企业的销售能力很强。另外，收入的质量也值得关注，有些收入造成的坏账准备数额较大，或是缺乏有效现金流作为支撑，这种收入并没有给企业带来发展的动力。

收入增长率不仅是体现企业销售发展能力的重要比率，也是进行预测分析时的关键参考数据。预测分析的起点是预测利润表，而该表大多数报表项目的预测都依赖于预计营业收入，因此，营业收入预测的合理性对后续的一系列预测分析以及基于预测分析展开价值评估的有效性起到决定性的作用。对于某种产品收入增长率的分析应结合企业所处经济环境的定性分析，这样将有助于修正预测的营业收入，使之尽可能接近企业实际发展情况。用类似的方法可以得出之后连续多年的财务预测数据，这也为价值评估奠定了基础。

四、资产增长率分析

（一）资产增长率的计算

企业收入的增加离不开资产的投入，对收入进行分析的同时也要关注资产的

投入情况。为了反映企业在资产投入方面的增长情况,可以利用资产增长率指标。其计算公式为:

$$资产增长率 = \frac{本期资产 - 基期资产}{基期资产} \times 100\%$$

资产增长率是用来考核企业资产投入增长幅度的财务指标。资产增长率为正说明资产规模不断增长,增长率越大,说明幅度增速越快;资产增长率为负,说明企业本期资产规模减少,增长率绝对值越大,说明资产规模缩减速度越快。

【例题 8-5】根据表 8-5 分析 GM 公司增长能力。

表 8-5　　　　　　　　GM 公司资产增长变动

项目	2017 年	2016 年	2015 年	2014 年	2013 年	2012 年
总资产（亿元）	713.81	547.73	390.53	344.42	283.65	241.13
总资产增长额（亿元）	166.08	157.20	46.11	60.77	42.52	—
总资产增长率（%）	30.32	40.25	13.39	21.42	17.63	—

表 8-5 所示的公司资产增长变动表明 GM 公司 2012～2017 年资产持续增长,2016 年增幅达 40.25%,增速较快,说明资产规模不断增长,成长能力良好。

（二）资产增长率分析

分析资产增长率时需注意以下三点。

第一,在评价资产增长率时,不能一味追求资产规模增长速度,增长越快不见得越好。在分析时应从总体上判断,与销售增长、利润增长率结合起来综合分析。只有在销售增长、利润增长率超过资产规模增长速度时,资产增长才算是效率型增长。

第二,分析资产增长率时需注意企业资产来源。一般情况下,企业的资产来源于负债和所有者权益,在其他条件不变的情况下,无论是负债增加或者是所有者权益增加,都会增加资产总量,实现资产增长。若从企业自身角度来看,企业资产的增长应主要由企业日常经营实现盈利来贡献。如果企业的资产增长依赖负债,而所有者权益增长有限或出现负增长,则说明企业的发展潜力欠佳。当然,资产增长也受企业股利政策影响,股利发放数量越多,资产增长越慢。

第三,分析企业资产规模增长趋势及增长水平时,应将不同时期的资产水平进行比较。处于成长期的企业,资产规模应不断增长,若资产规模增长持续时间较短,或者资产规模有增有减,但减少时下降幅度大,说明企业业务水平不够稳定,盈利能力不强,不具备良好的发展能力。所以只有将一个企业不同时期的资产进行综合比较,才能正确评价企业资产规模的发展能力。

分析资产增长的意义在于资产增长率除了能够衡量企业发展能力以外,也是预测分析和价值评估的基础数据之一。在必要定性分析前提下,将资产增长率进行调整后，可以直接用来预测企业未来资产规模，也可以用来检验其他预测方法的结果。

第三节 企业整体发展能力分析

一、企业整体发展能力分析框架

对企业进行整体发展能力评价时，若仅从股东权益增长率、利润增长率、收入增长率和资产增长率等指标对单项能力进行评估，评估内容过于单一，不能涵盖企业发展能力。再则，上述各个单项能力并不独立，存在相互影响、相互推动、相互作用的关系，不能完全分开。因此，在进行整体发展能力分析时，应将四个方面有关的指标互相关联，构成综合指标体系。只有进行综合分析，才可对企业整体发展能力进行全方位的评价。

分析企业整体发展能力的具体思路是：首先，从计算股东权益增长率、利润增长率、收入增长率及资产增长率四个方面入手，分别计算实际指标值；其次，将上述四个方面的指标值进行横向及纵向对比，即与前期指标计算增长率，并与同行业平均水平进行比较，分别分析企业在股东权益、收益、营业收入和资产等方面的发展能力；再次，比较股东权益增长率、利润增长率、收入增长率和资产增长率等指标之间的协同关系，判断不同方面增长的效益型及相互协调性；最后，根据上述分析结果，运用一定的分析标准，判断企业的整体发展能力。一般而言，当一个企业四个方向上均能保持同步增长，且不低于行业平均水平，才可认定企业具有良好的发展能力。

运用上述思路进行企业发展能力分析，通过不同角度的影响因素综合进行比较分析。

二、企业整体发展能力分析框架应用

应用企业整体发展能力分析框架分析企业整体发展能力时应注意以下四方面。

第一，关于股东权益增长。股东权益增长主要来自净利润及股东净投资。其中，净利润应主要受营业利润影响，营业利润应取决于营业收入，并且营业收入的增长在资产使用率一定的条件下主要依赖于资产投入。对于另一因素，净投资除了受制于本期股东追加资本数额，还受本期对股东的股利发放的影响，与企业股利政策有关。

第二，关于利润增长。利润增长主要表现为净利润增长，对于发展良好的企业来说，净利润应持续增长，并且应主要来自营业利润，而营业利润又应主要来源于营业收入的增加，也就是利润变动与营业收入有关。

第三，关于销售增长：销售变动与营业收入紧密相关，销售增长主要来自收入增长。当企业开拓市场，占有更大市场份额，扩大收入，盈利增加，则股东权益将逐渐上涨，并为企业扩大市场，开发新产品、进行技术改造，进行产品升级更新换代提供资金来源，促成企业进一步发展。

第四，关于资产增长。企业资产是取得营业收入的保障，要实现营业收入增长，在资产利用效率一定的条件下需要扩大资产规模。要扩大资产规模，一方面可以通过负债融资实现；另一方面可以依赖股东权益增长，进而实现净利润和净投资增长。

因此，运用这一框架进行发展能力分析时，一定注意四种增长率之间的相互关系，以便作出整体判断。

第四节 企业并购财务分析

一、企业并购财务分析基础

企业收购是风险性很高的投资活动，能否成功会直接影响公司今后的发展。在并购中，必须进行财务分析，以确保将并购风险减少到最低水平。财务分析贯穿了并购整个过程。并购的财务分析包括并购前、并购过程和并购后三个阶段的财务分析。具体而言，包括目标企业财务状况分析、目标企业的价值估价、并购成本收益分析、并购的融资分析，以及并购后目标企业和企业集团的财务分析。

二、企业并购前的财务分析

为了确保并购交易的成功，并购前并购方必须对目标企业进行全方位的尽职调查，尤其是财务状况的审查。通过对其会计资料真实性调查，了解其真实的财务状况，发现其财务方面的缺陷以及可能存在的财务陷阱，进一步确认目标企业出售的动机，这不仅便于并购方依据事先确定的财务标准和要求进行动态的取舍，筛选出与之相匹配的目标企业，而且可降低并购风险和成本。

（一）目标企业的财务分析

对目标企业财务状况的分析主要是通过分析其财务报告进行的。财务报告分析的原始信息来自目标企业公布的年度报告、中期业绩报告等。并购方通过对目标企业财务报告的审查，确认目标企业所提供的财务报表和财务资料的真实性及可靠性，以便正确估算潜在目标企业的真实价值。出于保护其自身利益的角度，着重分析目标企业在生产经营中存在重大问题，通过运用比率分析法、趋势分析法，对目标企业在资本结构合理性、盈利能力、未来发展潜力、偿债能力、资金利用的有效性等进行评价。

通过目标企业财务状况的分析与评价，确认目标企业的经营范围、主营业务、经营风险程度；从行业相关性分析是否与并购方匹配，即能否实现经营协同效应；通过对其资产负债表右边的分析，确认其股权结构、负债权益比率、短期负债与长期负债之间比率，计算其资本成本的高低和财务风险程度的大小，倘若并购发生，能否使资金成本降低或通过风险冲抵实现财务协同效应；通过对目标企业的资产结构分析，其是否存在独特的资源，例如商誉、专有技术等，而这项独特的资源正好是并购方所缺少的；通过现金流量表的分析，计算以前年度的自由现金流量，与其自身的投资机会所需的现金需求量相比较，目标企业是否能实现可持续的发展；若目标企业是上市公司的话，分析其股价是被高估了还是被低估。

（二）目标企业的价值评估

目前公司价值评估常用的有成本法、市场法和收益法三种。不同的评估方法，往往体现着不同的估价思想；而选用不同的方法，就会导致对目标企业评估值的不同。

1. 成本法。成本法是指在评估资产时按被评估资产的重置或再生产的现行成本扣减其各项有形损耗和无形损耗来确定被评估资产价值的方法。也就是说，首先估测被评估资产的重置或再生产成本；其次估测被评估资产已经发生的各种价值损耗，包括实体性损耗，功能性损耗及经济性损耗，并从其重置成本中予以扣除，得到的差额作为被评估资产的评估值。

$$资产的评估价值 = 资产的重置成本 - 各种价值损耗$$

2. 市场法。市场法是基于类似资产应该具有类似价格的理论推断，其理论依是"替代原则"。市场法比较法实质就是在市场上找出一个或几个与被评估企业相同或近似的参照企业，在分析、比较两者之间重要指标的基础上，修正、调整企业的市场价值，最终确定被评估企业的价值。运用市场法的评估重点是选择可比企业和确定可比指标。

首先在选择可比企业时，通常依靠两个标准：一是行业标准；二是财务标准。其次确定企业价值可比指标时，要遵循一个原则即可比指标要与企业的价值直接相关。通常选用三个财务指标：EBIDT（利息、折旧和税前利润）、无负债净现金流量和销售收入。其中，现金流量和利润是最主要的指标，因为它们直接反映了企业盈利能力，与企业价值直接相关。

市场法通过参照市场对相似的或可比的资产进行定价来估计目标企业的价值。由于需要企业市场价值作为参照物，所以市场法较多地依赖市场效率，比现金流量贴现所需信息少。

3. 收益法。资产评估的收益法又称收益还原法或收益本金化法，是国际上公认的资产评估基本方法之一。

资产评估是通过估算被评估资产对象在未来期间的预期收益,选择使用一定的折现率,将未来收益一一折成评估基准日的现值,用各期未来收益现值累加之和作为评估对象重估价值的一种方法。其适用条件要求是:评估对象使用时间较长且具有连续性,能在未来相当年内取得一定收益;评估对象的未来收益和评估对象的所有者所承担的风险能用货币来衡量。显然地,资产评估的收益法涉及预期收益额、未来收益期、折现率这三个基本参数。

(1) 预测期的确定:除了有明确的规定,通常是 3~5 年,之后采用永续,但是却都没考虑内在约束条件:对并购企业来说,评估的是某时点目标企业资产规模不变的价值,而在资产规模一定的情况下,企业未来收益的决定取决于成本减少和收入增加,即影响未来收益的是产量、价格和成本。而任何企业都有不同的成长阶段,在资产规模一定的情况下,价格产量实现的规模都有一定的度,不可能无限增长,而预测 3~5 年就是预测资产规模不变的度。

(2) 简单应用企业发展规划:一般企业的规划比较乐观,特别是作为被并购企业,为了卖得高价,是将所有的想法都融于规划中,而并未考虑未来增长是由什么因素造成。如果规划假设未来市场充分实现等,这就需要分析收入增长是否是由于投资扩大引起。

(3) 折现率:这是非常重要的,敏感度也是最高的。首先是资本市场定价模型:主要是 β 系数的判断:通常出现的问题是虎头蛇尾,前面收益法评估前景很好,而到后面的按历史数据分析的结果却与前面无法对应,反映在 β 系数上就是会被人为调控。所以在实际应用中较少用到。其次是简单应用行业平均收益水平:行业平均水平这个指标是反映这个行业的平均经营风险,在评估目标企业的时候,就需要根据目标企业在行业中的竞争优势和地位加以修正。但是在实践中往往简单运用行业平均收益水平,而没有对行业风险的内涵进行分析,也没有对目标企业在这个行业中的地位、竞争程度、发展水平等具体情况进行分析。虽然简单但是有效,应用较广。

三、企业并购过程中的财务分析

(一) 企业并购成本收益分析

并购的成本有广义和狭义两种解释,以下的论述主要采用狭义的并购成本概念。

并购收益是指并购后新公司的价值超过并购前各公司价值之和的差额。例如,A 公司并购 B 公司,并购前 A 公司的价值为 V_a,B 公司的价值为 V_b,并购形成的新公司的价值为 V_{ab},则并购收益 (S) 为:

$$S = V_{ab} - (V_a + V_b)$$

如果 S>0,表示并购在财务方面具有协同效应。

在一般情况下,并购方将以高于被并购方价值的价格 P_b 作为交易价,以促使被并购方股东出售其股票,$P = P_b - V_b$ 称为并购溢价。并购溢价反映了获得对目标公司控制权的价值,并取决于被并购企业前景、股市走势和并购双方讨价还价的情况。

对于并购方来说,并购净收益(NS)等于并购收益减去并购完成成本、实施并购前并购方公司价值的差额。

设 F 表示并购费用,则:$NS = S - P - F = V_{ab} - P_b - F - V_a$。

【例题 8-6】 A 公司的市场价值为 5 亿元,拟收购 B 公司,B 公司的市场价值为 1 亿元。A 公司估计合并后新公司价值达到 7 亿元。B 公司股东要求以 1.5 亿元价格成交。并购交易费用为 0.2 亿元。由此得到:

并购收益 $S = 7 - (5 + 1) = 1$(亿元)
并购完成成本 $= 1.5 + 0.2 = 1.7$(亿元)
并购溢价 $P = 1.5 - 1 = 0.5$(亿元)
并购净收益 $NS = S - P - F = 1 - 0.5 - 0.2 = 0.3$(亿元)
$\quad\quad\quad\quad\quad = V_{ab} - V_a - P_b - F = 7 - 5 - 1.5 - 0.2 = 0.3$(亿元)

上述并购使 A 公司股东获得净收益 0.3 亿元。可以说这一并购活动对 A、B 两个公司都有利。这是并购活动能够进行的基本条件。

(二)企业并购融资分析

1. 企业并购融资方式。融资仍然是一大痛点,并购融资是一个非常重要的环节,也是并购中的一个难点。并购融资方式根据资金来源渠道可分为内部融资和外部融资。内部融资是从企业内部开辟资金来源,筹措所需资金。如果收购方在收购前有充足的甚至过剩的闲置资金,则可以考虑使用这种方式。但是,由于并购活动所需的资金数额往往巨大,而企业内部资金毕竟有限,利用并购企业的营运现金流进行融资有很大的局限性,因而内部融资一般不能作为企业并购融资的主要方式。

并购中应用较多的融资方式是从外部开辟资金来源,通过与其他投资人联合投资,或以股权、债权、混合融资等方式筹集资金。企业的合作伙伴、产业/并购基金、大型金融机构、长期合作的银行等,都可能成为潜在的出资方。一般来说,企业并购的融资渠道可以分为债务性融资、权益性融资、混合性融资。

(1)债务性融资。债务融资是指企业按约定代价和用途取得且需按期还本付息的一种融资方式。债务融资往往通过银行、非银行金融机构、民间资本等渠道,采用申请贷款、发行债券、利用商业信用、租赁等方式筹措资金。那么作为并购融资方式的企业债务融资也主要包括三种方式,分别是贷款融资、债券融资、租赁融资。

(2)权益性融资。权益性融资指的是企业通过直接吸收投资或发行股票或利用权益资本融资筹集资金。权益资本是投资者投入企业的资金。企业并购中最常用的权益融资方式包括吸收直接投资、权益资本融资、发行股票融资。发行股票融资包括普通股融资和优先股融资两种。

（3）混合性融资。混合性融资并购指的是企业通过发行混合性融资工具筹集资金而进行的并购。常见的混合性融资工具主要有可转换债券和认股权证。

2. 企业并购融资风险。

（1）资金的支付方式、时间和数量安排不合理。目前我国企业间的并购主要还是依赖现金支付，主要是因为目标企业所有者抱有"现金为王"的信条。对于并购方而言，增加了企业的融资难度，特别是采用银行信贷的方式，还本付息压力过大就是财务危机来临的前奏。此外，由于融资时机掌握不好，会使企业因而处于十分被动的局面。

不能准确预算企业并购融资所需的资金数量，已成为企业融资时面临的最直接的问题。企业在支付并购资金时大多显得过于草率，经常缺少科学的计算和合理的安排，对由此而来的风险估计不足就有可能导致并购的失败。大多数企业为了尽快筹到并购所需资金，忽略了企业自身所处发展时期，对融资策略的安排也并非讲究，盲目求多导致很多的浪费，徒增融资成本。

（2）融资渠道过于单调。合理的融资方式，可以使并购企业达到事半功倍的效果。若融资方式选择不当，就有可能背上沉重的财务负担，甚至会影响并购企业正常的生产经营活动。

目前适合并购企业的融资方式主要有内部股留存、增资扩股、发行债券、杠杆收购和无偿划拨等方式。但由于市场经济起步较晚和我国金融工具落后，使上述并购企业可采用的融资方式中仍存在许多问题，进而限制了我国企业的并购行为。

从内部融资来看，企业往往难以在短时间内积累到并购其他企业所需要的大量资金。在增资扩股方面，我国层层审批的股票发行机制，即使是已上市的企业在增资扩股中仍然受到一系列的法律制约。在发行债券方面，我国发行债券的主体通常是上市公司和重点国有企业，允许发行债券的国有企业大多是一些关系国计民生的大企业和基础产业。至于可转换债券在我国也只能称为"试验"阶段。

虽然"小吃大"式的企业并购在我国也有发生，但大部分并购资金都是通过融资负债取得的，真正意义上的杠杆收购几乎没有，我国目前尚不具备实行杠杆并购的条件。至于行政手段无偿划拨，虽在当前产权交易中还有身影，但这种具有中国特色的操作方式终究是真正市场经济所抵触的。

（3）投资银行媒介作用的弱化。并购活动的融资，往往要涉及投资者、金融机构、政府和外商等多方主体，而投资银行的优势在于在长期交往中，它与各类投资者及有关部门建立了多维度的联系，是将各方投资者、机构联系在一起的媒介，通过它可以有效地进行资金的融通和协调。从跨国并购业务来看，多由投资银行来扮演收购经纪人和金融顾问的角色，特别是在资金的筹措方面，后者角色尤为重要。目前，在我国企业并购中，无论是在广度上还是深度上，投资银行的参与力度均不够。

（4）对汇率变动风险分析力度不足。国际金融市场是复杂多变的，在进行跨国并购时，随时会有各种变化的发生，汇率变动就是其中的一种。未来汇率的变动将直接影响融资成本的大小。如何准确预测汇率变化，也就成为影响净现值大小进而影响并购方案本身取舍的一个重要因素。然而，汇率变动风险本身是有其内在规律的，在一定程度上是可以预测甚至是掌控的，只是囿于我国涉足汇率变动的研究领域较晚，重视程度低，专业人员少，经验不足，对因汇率变动而导致的融资风险控制力比较薄弱，因而承担了更大的汇率变动风险。

四、企业并购后的财务分析

公司并购效果的好坏并非取决于并购过程，而重要的是并购后，作为并购方和目标公司所进行的一系列整合。

（一）并购后目标企业的财务评价

作为并购方，必须对投资的经济效果加以评价，一方面是评估并购后已实现的资本经营收益；另一方面是评估目标公司是否使并购方股东获得增值收益。评价指标主要有三个。

一是投资回报率（ROI）。该指标是指并购方并购目标公司后取得的年净收入增加额与兼并总投资之比，即：

$$ROI = 年净收入增加额 \div 并购总投资 \times 100\%$$

其中，年净收入增加额是并购方并购后取得集团的年净收入扣除并购前并购方年净收入的余额。

二是剩余收益。该指标是指目标公司的营业利润超过其预期最低收益的部分。这个预期最低收益是根据对目标公司的投资占用额和并购方所预期的最低报酬率确定的，即：

$$剩余收益 = 目标公司营业利润 - 投资占用额 \times 预期最低报酬率$$

三是市场增加值（MVA）。计算公式为：

$$市场增加值 = 期末公司调整后的营业净利润 - 按期末公司资产的市场总价值$$

加权平均资本成本市场增加值和经济增加值都是从资本收益中扣除资金成本，但经济增加值中的资本收益率及资本收益是以会计意义上的经营利润为依据计算的。而市场增加值是以资产的市场价值为基础对企业经营业绩的衡量。该指标认为公司用于创造利润的资本价值总额既不是公司资产的账面价值，也不是公司资产的经济价值，而是其市场价值。经济增加值指标比较适合于评价某个年份的资本经营效益；而市场增加值是以未来预期现金流量作为计算依据，反映市场对公司整个未来经营收益的预期，是一种价值评估指标，更适合于评价公司的中长期资本增加能力。

(二) 并购后集团公司的财务评价

1. 资金成本降低率评价。资金成本降低率是一种财务协同效应，是指当一个需求增长低于整个经济增长行业中的企业并购另一个需求高速增长行业中经营的企业时，通过兼并和使用并购企业低成本的内部现金达到降低合并后投资成本，从而抓住目标企业所在行业中可以获得的投资机会。这里隐含的一个假设是两家企业的现金流量不完全是正相关。现在我国许多传统企业，例如，彩电、空调、电力等行业向网络和电信产业转移就存在这种低成本的财务效应。

2. 资本积累增加率评价。通过并购，分散的小资本凝聚成统一的较大的资本。并购是加速资本积聚的重要条件。尤其是杠杆收购的兴起，使得企业通过扩大外部规模增加资本积累的速度大为加快。

3. 超常收益评价。企业的最终目的就是价值增值。并购的所有动因都在于获取超常收益。按照现代财务理论，并购的中心是增加股东财富，即并购后股票的价值增加。确定并购对上市公司价值的影响，主要有三种方法：一是以价格—收益比率为基础，分析并购对价格—收益比率和每股收益的影响；二是以剩余价值分析为基础，分析并购是否带来非正常超额收益；三是以资本结构理论为基础，并购是否使双方的资本结构达到最优状态，从而使公司的价值最大化。由于我国股市的市盈率大多处于不正常状态，不能客观地反映每股收益，因而在实际分析中很少使用。

【本章小结】

1. 企业持续发展能力是指在一个超过行业内平均企业寿命的较长时间内，企业在追求自我生存和永续发展的过程中，既能实现经营目标，确保市场地位，又能使企业在已经领先的竞争领域和未来的扩展经营环境中保持优势、不断提高业绩，并在相当长的时间内稳健成长、拥有持续发展的能力。企业成长能力通常是指企业未来生产经营活动的发展趋势和发展潜能，也可以称为企业发展能力。

2. 企业经营活动的根本目标就是不断增强企业自身持续生存和发展的能力，反映企业增长能力的主要指标包括资产增长率、销售增长率和收益增长率。发展能力的分析有助于保证企业长远发展，有利于抑制短期行为，有利于完成现代企业的理财目标。

3. 企业发展能力分析的内容包括单项发展能力分析和整体发展能力分析。单项发展能力分析就是为通过计算和分析股东权益增长率、利润增长率、收入增长率、资产增长率等指标，分别衡量企业在各方面所具有的发展能力，并对其发展趋势进行评估。企业整体发展能力分析就是通过对股东权益增长率、利润增长率、收入增长率资产增长率等指标进行相互比较与全面分析，综合判断企业的整体发展能力。在进行整体发展能力分析时，应将权益增长率、利润增长率、收入增长率和资产增长率等的指标互相关联，构成综合指标体系，进行综合分析，才可对企业整体发展能力进行全方位的评价。

4. 财务分析贯穿了并购整个过程。并购的财务分析包括并购前、并购过程和并购后三个阶段的财务分析。具体而言,包括目标企业财务状况分析、目标企业的价值估价、并购成本收益分析、并购的融资分析,以及并购后目标企业和企业集团的财务分析。

【复习思考题】

1. 静态和动态分析分别从哪些角度分析企业的财务状况?
2. 哪些财务指标用于分析企业的发展能力?
3. 对利润增长率指标进行分析时,应注意哪些内容?
4. 对总资产增长率指标进行分析时,应注意哪些内容?
5. 简述企业整体发展能力分析框架。
6. 应如何对并购后集团公司进行财务评价?

【计算分析题】

根据表 8-6 及图 8-1 的内容,简要分析企业整体发展能力。

表 8-6　　　　　　　GM 公司财务比率　　　　　　单位:%

项目	2013 年	2014 年	2015 年	2016 年	2017 年
净利润增长率	95	-20	11	44	57
营业利润增长率	103	-23	18	37	90
股东权益增长率	15	29	7	99	45
营业收入增长率	17	13	16	53	68
资产总计增长率	18	21	13	40	30

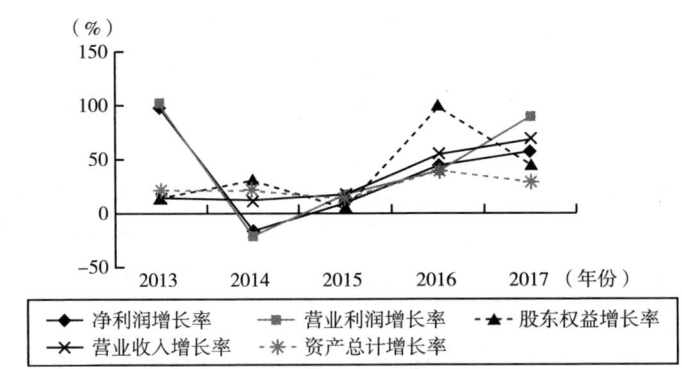

图 8-1　GM 公司财务比率折线图

【阅读分析题】

新常态下上市公司可持续发展实践与对策

2017 年 9 月 28 日,矽亚投资第七届经济分析与预测财经年会在上海市开幕。会议邀请众多专家学者,以及百家上市公司、专业机构与财经媒体代表共聚一堂，探讨新形势下上市公司的机遇与挑战。

黄运成：关注企业并购策略。

证监会研究中心原正司局级研究员、博士生导师黄运成指出，在当下的节点上，企业实现腾飞的过程中有一个关键角色，就是怎样做好并购、怎样做好上市公司并购的发展。

顾斌：上市公司并购应从产业整合入手。

在并购市场上，自 2013 年起，上市公司层面的并购金额增长迅速。2014 年、2015 年并购金额将近两万亿元以上，2016 年略有下降。2016 年很多行业的上市公司总体数据在 1.5 万亿元左右，比 2015 年下降将近 26%。顾斌表示，并购金额的下降一方面由于证监会监管要求的加强，最主要缘于并购质量的提升。其展示了一组数据，证监会在 2017 年上半年审核了 78 单，比 2016 年同期下降了 30%，但是过会率达到 90%。"从这个数据来看，虽然数量上是下降的，但是重组方案的质量提升了很多，有 60% 左右的并购案例是没有任何的保留意见、无条件过会的，这也反映了整个市场并购的质量在上升"。顾斌如是说。

顾斌强调，企业的并购应更多地注重技术、产品、渠道或者市场方面的协同效应，如果过多关注标的公司的业绩、利润，而不是注重产业整合，往往会带来商誉减值的风险。"上市公司产业并购一定要从产业整合入手，同时要注重规范的要求"。

范金洪：坚定信心，做好产业转型发展。

均胜电子副董事长、总裁范金洪认为，经济转型时候有高潮也有低潮，资本市场也有好和不好的时候，但对于上市企业而言都存在机会，因而要坚定信心、认清自身的发展优势。范金洪指出，上市企业应该着眼于从战略上、从更远的角度看清产业的发展现状，以及产业的发展路径，是垂直一体化还是横向一体化。"抓住当下的机会才是最好的机会。等未来回头来看，会发现当下的成本也是最优化的"。范金洪表示。

刘云志：鼓励利用香港的资本市场优势进行跨境并购。

香港联交所华东首席代表刘云志认为，跨境并购往往存在资金出不去或是标的买不到的问题，从这点来看，利用香港的资本市场便具有相当的优势。此外，在刘云志看来，A 股市场上市企业并购动作频繁，但结果常常会背离并购预期，关键还是战略不充分。因此，可以多多借助行业专家或专业机构的力量，这也有利于公司的长远发展，同时保护投资者的利益。

张兰田：用好上市公司平台。

国浩律师事务所合伙人张兰田认为，解决上市公司转型期发展问题，首要就是利用好资本市场的平台。当下上市公司并购重组过会的概率达到 90% 以上，也体现了政府的大力支持。张兰田直言道："在正常年份里，上市公司并购重组从市场募集的资金大概是 IPO 从市场上面募集资金的 8~10 倍。也因此，作为上市公司如何利用好这一平台具有重要意义。"事实上，我国上市公司资本市场运作的方式也是多种多样的，不一定拘泥于定向增发。张兰田表示，从具体并购重组项目而言，要重视程序和规范，同时也要及时规避风险，注意细节性问题。这将有助于提高项目的成功率。

（资料来源：佚名．圆桌讨论：新常态下上市公司可持续发展实践与对策［EB/OL］．［2017-09-30］．http：//finance.jrj.com.cn/2017/09/30174323194568.shtml）

请思考：

1. 并购对于企业可持续发展具有哪些积极意义？
2. 用好上市公司平台的具体方法有哪些？

【章末案例】

宁波建工第三季度营收同比增1.48%　成长能力减弱

从宁波建工近期发布的2023年三季报来看，截至报告期末，该公司营业总收入151.6亿元，同比上升2.22%；归母净利润2.37亿元，同比上升4.64%。其中，第三季度营业总收入47.41亿元，同比上升1.48%；归母净利润6 197.39万元，同比上升12.37%。

营业收入、利润双增长，盈利能力却下降了。2023年前三季度，宁波建工毛利率为8.33%，同比上升0.20个百分点；净利率为1.62%，同比下降0.01个百分点。单看第三季度，该公司毛利率为8.58%，同比下降0.62个百分点，环比下降1.50个百分点；净利率为1.36%，同比上升0.01个百分点，环比下降0.38个百分点。

回顾宁波建工近一年的财务表现，也可见上市公司的成长能力趋弱。其中，运营成本的增长，是净利率下跌的关键因素。2023年前三季度，宁波建工销售费用、管理费用、财务费用等几项主要成本费用总计4.99亿元，三费占营业收入比3.29%，同比增长8.03%。

报告期内，宁波建工每股净资产增长的同时，每股经营性现金流却呈现大幅下跌。数据显示，宁波建工每股净资产3.87元，同比增长5.18%；每股经营性现金流-0.03元，同比下降304.62%；每股收益0.2元，同比增长1.41%。

基建行业商业模式常年稳定，大多数企业通过项目规模扩张寻求业绩增长空间。由于近年来房地产行情下行，收窄了基建企业的扩张之门。

宁波建工2011年上交所上市，是一家区域基建龙头企业，过往承建了宁波奥体中心、中国银行大厦、宁波财富中心等一系列宁波老百姓耳熟能详的地标性建筑工程。

近几年，宁波建工逐步扩展市外业务，但与各类央企建筑集团及省属建工企业相比，品牌认可度与项目能力有待提升。拆分来看，宁波建工的房屋建筑业务对宁波市依赖度较高，部分商品房施工面临回款压力；市政工程当前回款情况良好，但PPP项目未来面临较大投资需求；其他建筑工程板块专业优势较强，建材生产对内自销为主，但客户集中度偏高。

2023年前三季度，宁波建工新签合同359个，合同金额累计约人民币44.69

亿元，同比下降42.98%。房屋建设中标规模下滑32.62%的同时，基建工程项目中标规模也大幅下滑了59.15%。

基建企业的资产变现能力对短期借款的覆盖程度决定了"能走多远"。而基建企业能否在较长工程周期内实现资金链周转是判断其信用资质的关键。基建企业普遍存在账款清收压力。一方面，在建商品房项目规模较大，下游大型地产商挤占了大量资金；另一方面，合作方涉及诉讼纠纷较多，已建项目计提坏账比例较高，加剧了公司应收账款清收风险。宁波建工也不例外，最明显的表现为，货币现金不能覆盖短期债务。

早在2021年第一季度，宁波建工现金流就出现趋紧苗头。2021年3月末，宁波建工货币资金为20.1亿元，较上年年末下降22.52%，其中受限货币资金2.43亿元（主要为法院冻结资金及保证金），占比超过10%；应收账款方面，公司应收账款主要为应收业主方工程款，2020年末账面价值为35.23亿元，应收账款规模前五名占比11.78%，分布较分散；其他应收款主要是应收往来款以及工程保证金，2020年末其他应收款按照会计准则共计提坏账1.27亿元。

流动资金受限，应收账款与计提坏账规模上升，是宁波建工成长性减弱的主要因素。

自今年上半年开始，宁波建工新签合同量就有所下滑，公司及下属子公司累计新签合同684个，合同金额累计约74.89亿元，较上年同期下降31.06%。

截至2023年6月末，其合同负债达到47.87亿元，同比增长23.68%。与此同时，公司应收票据及应收账款也达到44.86亿元，同比增长15.65%。

三季报显示，截至2023年9月末，宁波建工应收账款余额约47亿元，比2022年12月末约41亿元增加了6亿元左右。货币现金却只增长了2亿元。面对业绩承压与公司发展存在的隐性风险，外界也鲜少听到宁波建工在经营管理上有所动作，这家老牌区域龙头建工企业将如何穿越周期成谜。

（资料来源：唐韶葵. 宁波建工第三季度营收同比增1.48% 成长能力减弱［N］. 21世纪经济报道，2023-11-02（012））

请思考：成长能力减弱会给企业带来哪些影响？导致成长能力减弱的具体原因包括哪些？

第九章　财务报表其他信息的利用与分析

【学习要求】

1. 通过本章的学习，使学生掌握审计意见的基本类型及其对企业财务信息的影响。
2. 掌握财务报表的附注概念及其基本内容。
3. 掌握资产负债表日后事项及其对财务报表分析的影响。
4. 掌握关联方交易的概念及其关联方交易对企业财务分析的重要性影响。
5. 掌握非财务信息的内容及其影响分析。

【关键术语】

审计报告　鉴证作用　证明作用　审计意见　财务报表附注　资产负债表日后事项　关联方交易　非财务信息

【引导案例】

金沙江投资信息披露违法违规案

2022年11月7日，中国证监会云南监管局对金沙江投资及公司法人采取了行政罚款及证券市场禁入的处罚措施。

林艳和系云南生物谷药业股份有限公司（以下简称"生物谷"）的法定代表人和实际控制人，时任生物谷董事长兼总经理，同时亦是金沙江投资的实际控制人，金沙江投资是生物谷的控股股东，根据《非上市公众公司信息披露管理办法》的规定，林艳和、金沙江投资依法构成生物谷的关联方。

为满足金沙江投资资金需求，2021年8月至2022年3月，林艳和安排时任生物谷董事会秘书兼财务总监贺元以实施委托理财名义，通过银丰泰基金管理有限公司及金沙江投资控制的深圳市本道机械设备有限公司等多家公司累计向金沙江投资提供非经营性资金2.77亿元，其中2021年度占用资金1.22亿元，2022年1~3月占用资金1.55亿元，截至2022年7月19日审理日已归还占用资金0.2亿元，未归还占用资金2.57亿元。

2021年11月至2022年1月，林艳和安排贺元以开展票据贴现业务名义，先后将生物谷银行承兑汇票7 876.44万元背书给北京伟鸿科技有限公司等3家机构，但3家机构并未将贴现资金转给生物谷，而是转给了金沙江投资，形成资金占用，金沙江投资以占用贴现资金的方式实际占用了生物谷的银行承兑汇票，其中2021年度占用 6 711.52 万元，归还 3 906.13 万元，2022 年 1 月占用 1 164.91 万元，归还 3 970.31 万元。截至 2022 年 7 月 19 日审理日，上述被占用票据已全部归还。

上述被占用资金主要用于金沙江投资日常营运、为金沙江投资控制的旅游项目提供资金等用途。林艳和、金沙江投资隐瞒上述非经营性资金占用并关联交易事项，未将上述关联交易书面通知生物谷，导致生物谷未依法及时披露。

生物谷 2020 年 7 月 27 日在全国中小企业股份转让系统精选层挂牌，2021 年 11 月 15 日平移至北京证券交易所上市。根据规定，挂牌（上市）公司与关联法人发生的成交金额占公司最近一期经审计总资产或市值 0.2% 以上且超过 300 万元的交易应及时披露，根据生物谷披露的 2020 年年度报告及审计报告，生物谷触发临时信息披露义务的关联交易金额为 300 万元。2021 年 8 月 27 日，生物谷经银丰泰基金管理有限公司向金沙江投资控制的深圳市本道机械设备有限公司账户转入 1 965 万元，涉及关联交易金额已达到披露标准，按照规定，林艳和及金沙江投资应书面通知生物谷，由生物谷及时披露关联交易。因林艳和及金沙江投资隐瞒了上述关联交易，导致生物谷未能及时按照规定履行信息披露义务，后续委托理财及票据贴现相关交易应履行的信息披露义务也因相同原因一直未按照规定及时履行。

林艳和、金沙江投资实施和隐瞒非经营性资金占用并关联交易事项，未书面通知生物谷，配合其履行信息披露义务，导致生物谷未及时披露关联交易，其行为违反《证券法》的规定，构成"发行人的控股股东、实际控制人隐瞒相关事项导致发生上述情形的"的行为。

（资料来源：中国证券监督管理委员会云南监管局. 行政处罚决定书（林艳和、贺元、金沙江投资）［EB/OL］．［2022 - 11 - 07］. http://www.csrc.gov.cn/yunnan/c104786/c6335367/content.shtml）

请思考：金沙江投资造成的问题带来的启示是什么？

【走进管理】

财务报表中的数据是对企业发生的经济业务经过分类、简化、汇总和浓缩后的结果，如果没有说明形成这些数据所使用的会计政策及披露理解这些数据所必需的表外信息，财务报表分析就不能充分发挥让报表使用者清晰了解企业财务状况、经营成果和现金流量的效用。表外信息是指会计报表的提供者不能或不便在法定会计报表内反映的，但却能帮助报表使用者全面、正确理解会计报表内容、企业财务状况、或有事项和未来发展的重要信息，它是会计报表的补充和说明。这里所讲的表外信息包括审计报告、会计报表附注、日后事项和关联方交易等财务信息，也包括非财务信息。

第一节　审计报告分析

一、审计报告的含义

审计报告是指注册会计师根据中国注册会计师执业准则的要求，在实施了必要的审计程序后出具的，用于对被审计单位财务报表是否恰当地反映了企业的财务状况和经营成果发表审计意见的书面文件。

现代企业普遍采用经营权与所有权相分离的形式。企业的所有者向企业注入资本后，由经营者经营企业，使企业的资产增值并获利，向所有者分配股利。大多数所有者不参与企业的经营活动，他们只能通过阅读其投资企业的财务报表来了解企业的经营状况，作出自己的决策（持有或转让股票）。受各种因素的制约，企业的经营者往往在报表的编制中粉饰企业的财务状况与经营成果，对所有者的投资决策造成误导。因此，企业的所有者只能聘请公正的第三者——注册会计师对企业所编制的具有粉饰财务状况、误导读者倾向的财务报表进行审计，并对报表编制是否恰当地反映了企业的财务状况和经营成果出具报告。

这就是说，企业财务报表审计的委托者是企业的所有者或股东，财务报表审计的目标是对被审计企业的报表是否恰当地反映了财务状况发表意见，形成审计报告。

二、审计报告的作用

审计报告是审计工作的最终成果，具有法定证明效力。一般认为，注册会计师签发的对企业年度财务报表出具的审计报告，具有鉴证作用和证明作用。

（一）鉴证作用

注册会计师是以超然独立的第三者身份签发审计报告，对被审计单位的财务状况和经营成果阐述自己的意见，这种客观的意见具有鉴证作用。这种鉴证作用得到了各国政府和社会各界的普遍认可。政府有关部门，例如财政部门、税务部门及有关综合管理部门，需要通过企业财务报表来了解企业的财务状况和经营成果。股份制企业的股东，主要依据注册会计师的审计报告来判断被投资企业的财务状况和经营成果作出准确的投资决策等。财务报表是否合法、公允，需要审计报告提供证明。因此，审计报告是财政、税务机关等政府和投资者了解企业真实情况的重要依据。

（二）证明作用

审计报告是对注册会计师审计任务完成情况及其结果所做的总结，它可以对审计工作质量和注册会计师的审计责任起到证明作用。因此，审计报告可以对审计工作质量和注册会计师的审计责任起证明作用。通过审计报告，可以证明注册会计师在审计过程中是否实施了必要的审计程序，是否以审计工作底稿为依据发表审计意见，发表的审计意见是否与被审计单位的实际情况相一致，审计工作的质量是否符合要求。通过审计报告，可以证明注册会计师审计责任的履行情况。

三、审计意见的基本类型

注册会计师在完成其报表审计任务后,按照我国独立审计准则的规定,可以视实际情况形成五种不同的基本类型的审计报告,即标准的无保留意见、带强调事项段的无保留意见、保留意见、否定意见、无法表示意见。

(一)标准的无保留意见

说明审计师认为被审计者编制的财务报表已按照适用的会计准则的规定编制并在所有重大方面公允反映了被审计者的财务状况、经营成果和现金流量。会计报表反映的内容符合被审计单位的实际情况;会计报表内容完整,表达清楚,无重要遗漏;报表项目的分类和编制方法符合规定要求,因而对被审计单位的会计报表无保留地表示满意。

由于无保留意见是认为被审计单位的经营活动和会计报表不存在重要错误或问题而给予的一种肯定的评价。因此,注册会计师在认为被审计单位会计报表的编制同时符合下述情况时,应出具无保留意见审计报告。

1. 会计报表的编制符合《企业会计准则》及国家其他有关财务会计法规的规定。
2. 会计报表在所有重大方面公允地反映了被审计单位的财务状况、经营成果和资金变动情况。
3. 会计处理方法的选用符合一贯性原则。
4. 注册会计师已按照独立审计准则的要求,实施了必要的审计程序,在审计过程中未受限制和阻碍。
5. 不存在应调整而被审计单位未予调整的重要事项。
6. 不存在影响会计报表的重要的未确定事项。

(二)带强调事项段的无保留意见

说明审计师认为被审计者编制的财务报表符合相关会计准则的要求并在所有重大方面公允反映了被审计者的财务状况、经营成果和现金流量,但是存在需要说明的事项,例如,对持续经营能力产生重大疑虑及重大不确定事项等。

(三)保留意见

说明审计师认为财务报表整体是公允的,但是存在影响重大的错报。注册会计师经过审计后,认为被审计单位会计报表的反映就其整体而言是公允的,但存在下述情况之一时,应出具保留意见的审计报告。

1. 个别重要财务会计事项的处理或个别重要会计报表项目的编制不符合《企业会计准则》及国家其他有关财务会计法规的规定,被审计单位拒绝进行调整。

2. 因审计范围受到重要的局部限制，无法按照独立审计准则的要求取得应有的审计证据。

3. 个别重要会计处理方法的选用不符合一贯性原则。

4. 存在对财务报表反映有重要影响的个别未确定事项。

注册会计师在出具表示否定意见的审计报告时，应于"意见段"之前段"说明段"，说明所持否定意见的理由，并在"意见段"中使用"除存在上述问题以外"、上述问题造成的影响以外、"由于受到前段所述事项的影响"或"除上述情况待定以外"等专业术语，除使用保留意见的特定术语之外，其余应该使用无保留意见的审计报告的术语，表示其他事项已做了恰当的反映。

（四）否定意见

说明审计师认为财务报表整体是不公允的或没有按照适用的会计准则的规定编制。注册会计师经过审计后，认为被审计单位会计报表存在下述情况之一时，应出具否定意见的审计报告。

1. 会计处理方法的选用严重违反《企业会计准则》及国家其他有关财务会计法规的规定，被审计单位拒绝进行调整。

2. 会计报表严重歪曲了被审计单位的财务状况、经营成果和资金变动情况，被审计单位拒绝进行调整。

注册会计师在出具表示否定意见的审计报告时，应于"意见段"之前增加"说明段"，说明所持否定意见的理由，并在"意见段"中使用"由于上述问题造成的重大影响""由于受到前段所述事项的影响"等专业术语，并指出财务报表"不能恰当地反映""不符合……规定"等问题。

（五）无法表示意见

说明审计师的审计范围受到了限制，且其可能产生的影响是重大而广泛的，审计师不能获取充分的审计证据。

独立审计准则要求审计意见应以足够的有效证据为基础。如果未能获取充分有效的审计证据，审计就受到了范围限制。典型的范围限制有以下四种情况。

1. 未能对存货进行监盘。

2. 未能对应收账款进行函证。

3. 未能取得被投资公司的会计报表。

4. 内部控制极度混乱，账面记录缺乏系统性、完整性。

注册会计师在出具表示无法发表意见的审计报告时，应于"意见段"之前增加"说明段"，说明所持否定意见的理由，并在"意见段"中使用"由于审计范围受到严重限制""由于无法实施必要的审计程序""由于无法获取必要的审计证据"等专业术语，并指出"我们无法对上述财务报表整体表示审计意见"。

必须强调的是，审计意见是注册会计师判断的结果。而这种判断受多种因素的制约，既有注册会计师主管业务水平方面的因素，也有企业客观对注册会计师意见形成的影响因素。

【走进管理】

2023年5月10日，中注协发布上市公司2022年年报审计情况快报（第十期），全文如下：

一、会计师事务所出具上市公司年报审计报告总体情况

2023年4月27～30日，51家事务所共为1 542家上市公司出具了财务报表审计报告（详见附表1），其中，沪市主板529家，深市主板559家，创业板280家，科创板155家，北交所19家。从审计报告意见类型看，1 432家被出具了无保留意见审计报告（其中38家被出具带强调事项段的无保留意见，34家被出具带持续经营事项段的无保留意见），75家被出具了保留意见审计报告，35家被出具了无法表示意见审计报告。

截至2023年4月30日，57家事务所共为5 170家上市公司出具了财务报表审计报告（详见附表1和附表2），其中，沪市主板1 685家、深市主板1 522家、创业板1 255家、科创板517家、北交所191家。从审计报告意见类型看，5 039家被出具了无保留意见审计报告（其中55家被出具带强调事项段的无保留意见，49家被出具带持续经营事项段的无保留意见），94家被出具了保留意见审计报告，37家被出具了无法表示意见审计报告。

2023年4月27～30日，49家事务所共为1 215家上市公司出具了内部控制审计报告（详见附表3），其中，沪市主板524家、深市主板554家、创业板9家、科创板128家。从审计报告意见类型看，1 162家被出具了无保留意见审计报告（其中60家被出具带强调事项段的无保留意见），47家被出具了否定意见审计报告，6家被出具了无法表示意见审计报告。

截至2023年4月30日，53家事务所共为3 601家上市公司出具了内部控制审计报告（详见附表3和附表4），其中，沪市主板1 641家、深市主板1 503家、创业板52家、科创板401家、北交所4家。从审计报告意见类型看，3 544家被出具了无保留意见审计报告（其中75家被出具带强调事项段的无保留意见），51家被出具了否定意见审计报告，6家被出具了无法表示意见审计报告。

二、出具带强调事项段的无保留意见的财务报表审计报告情况

三、出具带持续经营事项段的无保留意见的财务报表审计报告情况

四、出具保留意见的财务报表审计报告情况

五、出具无法表示意见的财务报表审计报告情况

六、上市公司审计机构变更总体情况

截至2023年4月30日，共有51家事务所向中注协报备了上市公司财务报表审计机构变更信息，涉及上市公司395家。后任事务所尚未报备变更信息的有33家，前任事务所尚未报备变更信息的有20家，前后任事务所均已报备变更信息的有342家。对于变更原因，有209家表示，是因上市公司业务发展或审计需要；有72家表示，是因前任事务所提供审计服务年限较长或聘期届满；有51家

表示，是因根据规定需要轮换；有3家表示，是因上市公司根据集团、控股股东要求更换审计机构。

截至2023年4月30日，共有44家事务所向中注协报备了上市公司内部控制审计机构变更信息，涉及上市公司315家。后任事务所尚未报备变更信息的有44家，前任事务所尚未报备变更信息的有52家，前后任事务所均已报备变更信息的有219家。

（注：该处未列出原文中的数据表及正文附表，其表可在以下网址查询）

（资料来源：中国注册会计师协会. 中注协发布上市公司2022年年报审计情况快报（第十期）［EB/OL］. ［2023-05-12］. https://www.cicpa.org.cn/xxfb/news/202305/t20230512_64181.html）

四、审计报告所包含的质量信息

在审计报告中，普遍存在着若干重要术语，例如"我们认为""在所有重大方面""公允"等。我们还看到，审计意见有四种基本类型，而不同类型的审计意见对企业财务信息的质量有不同的含义。

（1）"我们认为"。请读者注意，每一份审计报告均由若干注册会计师签字。这意味着，这些签字的注册会计师对审计报告负责。"我们认为"告诉了读者之所以签署具体的审计意见，是因为签字者的主观认为或是主观判断。换句话说，就一个特定企业的财务报表来说，某些注册会计师"认为"应该签署无保留意见的审计报告，而另外的注册会计师则可能"认为"应该签署否定意见的审计报告。

这就是说，注册会计师的"认为"存在着极强的主观判断性，因而促使其签署某种意见原因的弹性是非常大的。读者不应该因为注册会计师"认为"了，就对审计后的企业报表深信不疑。

（2）"在所有重大方面"。请读者注意的有两点：第一，"在所有非重大方面"存在的问题，并不影响注册会计师对审计意见的基本态度；第二，是否重大，完全取决于有关注册会计师的主观判断。而对于"重大"的认识，不同的注册会计师之间存在"重大"差异就很正常了。

（3）"公允"。尽管有《会计法》《企业会计准则》以及中国证监会发布的针对上市公司会计处理与信息披露各种规定，但"公允"还是由注册会计师来判断的。注册会计师既有可能把"公允"的判断为"公允"，也有可能把"不公允"的判断为"公允"，还有可能把"公允"的判断为"不公允"。

随着注册会计师业务素质、道德素质的提高以及监管力度的加大，审计意见对企业财务信息的质量意义会越来越大。从总体上说，被出具无保留意见和保留意见的财务报告，质量普遍高于被出具另外两种审计意见的财务报告。

第二节 财务报表附注分析

一、财务报表附注的主要内容

财务报表附注是对资产负债表、利润表、现金流量表和所有者权益变动表等报表中列示项目的文字描述或明细资料，以及对未能在这些报表中列示项目的说明等。可以使报表使用者全面了解企业的财务状况、经营成果和现金流量。

会计报表附注是为了便于报表使用者理解会计报表内容而对会计报表编制基础、编制依据、编制的原则和方法以及主要项目所作的解释。会计报表所规定的内容具有一定的固定性和规定性，只能提供定量的会计信息，其所能反映的会计信息受到一定的限制。会计报表附注作为表外信息，是对会计报表的补充，主要对会计报表不能包括的内容，或者披露不详尽的内容作进一步的解释说明，以有助于会计报表使用者理解和使用会计信息。

财政部发布的《企业会计准则第30号——财务报表列报》（2014年修订版），会计报表附注一般应当按照下列顺序披露：财务报表的编制基础；遵循企业会计准则的声明；重要会计政策的说明，包括财务报表项目的计量基础和会计政策的确定依据等；重要会计估计的说明，包括下一会计期间内很可能导致资产、负债账面价值重大调整的会计估计的确定依据等；会计政策和会计估计变更以及差错更正的说明；对已在资产负债表、利润表、现金流量表和所有者权益变动表中列示的重要项目的进一步说明，包括终止经营税后利润的金额及其构成情况等；或有和承诺事项、资产负债表日后非调整事项、关联方关系及其交易等需要说明的事项。另外，企业应当在附注中披露在资产负债表日后、财务报告批准报出日前提议或宣布发放的股利总额和每股股利金额（或向投资者分配的利润总额）。

通过会计报表附注对主要会计政策的了解和掌握，有助于分析企业资产、利润的质量。通过会计报表附注中重要项目的说明，会计政策和会计估计的变更及重大会计差错的更正，来分析判断企业是否存在利用上述变更和更正来调节利润的情况。通过分析或有事项、承诺事项、资产负债表日后事项来判断其对企业未来经营的影响，并通过分析关联交易来判断企业的独立盈利能力等。

一般而言，传统报表附注包括五个方面的内容。

（1）企业的一般情况，包括企业概况、经营范围和企业结构等内容，必要时，还可对诸如上市改组时资产的剥离情况进行说明。

（2）企业的会计政策，包括企业执行的会计制度、会计期间、记账原则、计价基础、利润分配办法等内容，对于需要编制合并报表的企业来说，还要说明其合并报表的编制方法；对于会计政策与上年相比发生变化的企业，应说明其变更的情况、原因及对企业财务状况和经营成果的影响。

（3）会计报表主要项目附注，包括对主要报表项目的详细说明，例如，对应收账款的账龄分析，报表项目的异常变化及其产生原因的说明等。

（4）分行业资料，如果企业的经营涉及不同的行业，且行业收入占主营业务收入的10%（含10%）以上的，应提供分行业的有关数据。

（5）重要事项的揭示，主要包括对承诺事项、或有事项、资产负债表日后事项和关联方交易等内容的说明。

随着报表内容的日益复杂化，以文字辅之以数字来表述的会计报表附注的内容也将进一步增加以下信息。

（1）有助于理解财务报表的重要信息；
（2）采用与报表不同基础编制的信息；
（3）对可以反映在报表内，但基于有效交流的原因而披露在其他部分的信息；
（4）用于补充报表信息的统计资料。

二、财务报表附注的优点和局限性

（一）财务报表附注的优点

1. 财务报表附注扩展了财务信息的内容。财务报表附注打破了四张主表内容必须符合会计要素定义的约束，打破了会计信息必须同时满足"相关性"和"可靠性"的限制。财务报表具有一个规范的模式，所有的交易和事项都必须按照一定的方法以数字的形式列示出来。而财务报表附注的形式更加灵活，企业可以通过多种表达方法来传达会计数据无法表达的信息。

2. 财务报表附注突破了提供信息必须使用货币计量的局限性。财务报表中的项目是固定的，能够列示的项目必须是可以用货币计量的，无法用货币计量的项目就不能在财务报表中体现。而财务报表附注很好地突破了这一限制。

3. 财务报表附注能够增强会计信息的可理解性。财务报表附注作为对财务报表的补充，能更好地诠释"财务报表是为其使用者提供有助于经济决策的信息"的本质。

4. 财务报表附注能够提高会计信息的可比性。例如，通过披露会计政策变更的原因、性质和影响，有助于财务报表信息使用者对同行业企业的经营业绩进行比较，增强了不同企业之间会计信息的可比性。

（二）财务报表附注的局限性

虽然财务报表附注具有以上多个方面的优点，但是，就我国目前编制的财务报表附注来看，其仍然存在很多问题，主要表现在以下三个方面。

1. 财务报表附注信息披露没有规范性要求和原则性限制。财务报表附注作用的有效发挥，依赖于其信息的充分披露。然而，就我国目前情况来看，很多重要信息在财务报表附注中并没有体现,有的企业甚至故意避重就轻,避免披露过多的信息。因此,财务报表使用者很难获得充分的信息,无法了解企业的真实情况,不利于投资者的经济决策。

2. 财务报表附注内容滞后。由于企业管理层有意或无意的行为,财务报表附注披露的信息往往是滞后的。特别是或有事项、担保事项等可能影响财务报表使用者对企业评价的信息,企业会有意拖延披露,这实际上是一种对财务报表使用者的欺骗行为。

3. 财务报表附注较易掺杂虚假信息。财务报表附注没有固定格式,如果管理层有意在附注中披露虚假信息,企业外部人一般较难识别,从而容易被误导而出现危害自身利益的错误决策。

第三节 资产负债表日后事项

一、资产负债表日后事项的概念

资产负债表日后事项是指资产负债表日至财务报告批准报告日之间发生的有利或者不利事项。财务报告批准报出日是指董事会、经理(厂长)会议或者类似机构批准财务报告报出的日期。资产负债表日后事项所涵盖的期间,是指报告年度次年的1月1日至财务报告的批准报出日之间的时间。

二、资产负债表日后事项的分类

资产负债表日后事项包括资产负债表日后调整事项和资产负债表日后非调整事项。

(一)资产负债表日后调整事项

资产负债表日后调整事项,是指对资产负债表日已经存在的情况提供了新的或进一步证据的事项。

企业发生的资产负债表日后调整事项,通常包括下列各项。

1. 资产负债表日后诉讼案件结案,法院判决证实了企业在资产负债表日已经存在现时义务,需要调整原先确认的与该诉讼案件相关的预计负债,或确认一项新负债。

2. 资产负债表日后取得确凿证据,表明某项资产在资产负债表日发生了减值或者需要调整该项资产原先确认的减值金额。

3. 资产负债表日后进一步确定了资产负债表日前购入资产的成本或售出资产的收入。

4. 资产负债表日后发现了财务报表舞弊或差错。

企业发生的资产负债表日后调整事项，应当调整资产负债表日的财务报表。例如，甲公司因产品质量问题被客户起诉。2018 年 12 月 31 日人民法院尚未判决，考虑到客户胜诉要求甲公司赔偿的可能性较大，甲公司为此确认了 3 000 000 元的预计负债。2019 年 2 月 25 日，在甲公司 2018 年度财务报告对外报出之前，人民法院判决客户胜诉，要求甲公司支付赔偿款 6 000 000 元。

（二）资产负债表日后非调整事项

资产负债表日后非调整事项，是指表明资产负债表日后发生的情况的事项。企业发生的资产负债表日后非调整事项，通常包括下列各项。

1. 资产负债表日后发生重大诉讼、仲裁、承诺。
2. 资产负债表日后资产价格、税收政策、外汇汇率发生重大变化。
3. 资产负债表日后因自然灾害导致资产发生重大损失。
4. 资产负债表日后发行股票和债券以及其他巨额举债。
5. 资产负债表日后资本公积转增资本。
6. 资产负债表日后发生巨额亏损。
7. 资产负债表日后发生企业合并或处置子公司。

企业发生的资产负债表日后非调整事项，不应当调整资产负债表日的财务报表。但是资产负债表日后，企业利润分配方案中拟分配的以及经审议批准宣告发放的股利或利润，不确认为资产负债表日的负债，但应当在附注中单独披露。例如，甲公司 2018 年度财务报告于 2019 年 3 月 20 日经董事会批准对外公布。2019 年 2 月 25 日，甲公司与乙银行签订了 80 000 000 元的贷款合同，用于生产设备的购置，贷款期限自 2019 年 3 月 1 日起至 2020 年 12 月 31 日止。

三、对资产负债表日后事项的分析

企业对资产负债表日后事项中的调整事项，已经进行了报表调整，其对财务状况质量分析的影响，已经体现在相应的报表项目中。非调整事项，由于其对财务信息使用者判断企业未来的发展方向有重要影响，财务信息的使用者应当对其给予足够的重视：应当以考虑了非调整事项对企业未来的影响后的财务信息作为评价企业未来财务状况的依据。另外，还要考虑资产负债表日后事项对报告期以及以后各期的影响。

【例题 9 - 1】A 股份有限公司在 2017 年财务报告中披露了资产负债表日后事项如下：根据本公司 2018 年 3 月 19 日董事会决议，本年度利润分配预案为：以公司 2018 年 1 月 15 日总股本 3 695 903 520 股为基数，每 10 股分配现金股利 3.7 元。本公司无须披露其他重大资产负债表日后事项。

资产负债表日后，企业制定利润分配方法，拟分配或经审议批准宣告发放的福利或利润，以及资产负债表日资本公积转增资本，均属于非调整项目。因此，该公司无须披露的其他重大资产负债表日后事项。

第四节 关联方交易

一、与关联方关系及其交易有关的概念

(一) 关联方与关联方关系

一方控制、共同控制另一方或对另一方施加重大影响,以及两方或两方以上同受一方控制、共同控制或重大影响的,构成关联方。

控制,是指有权决定一个企业的财务和经营政策,并能据以从该企业的经营活动中获取利益。

共同控制,是指按照合同约定对某项经济活动所共有的控制,仅在与该项经济活动相关的重要财务和经营决策需要分享控制权的投资方一致同意时存在。

重大影响,是指对一个企业的财务和经营政策有参与决策的权力,但并不能够控制或者与其他方一起共同控制这些政策的制定。

下列各方构成企业的关联方。

1. 该企业的母公司。
2. 该企业的子公司。
3. 与该企业受同一母公司控制的其他企业。
4. 对该企业实施共同控制的投资方。
5. 对该企业施加重大影响的投资方。
6. 该企业的合营企业。
7. 该企业的联营企业。
8. 该企业的主要投资者个人及与其关系密切的家庭成员。主要投资者个人,是指能够控制、共同控制一个企业或者对一个企业施加重大影响的个人投资者。
9. 该企业或其母公司的关键管理人员及与其关系密切的家庭成员。关键管理人员,是指有权力并负责计划、指挥和控制企业活动的人员。与主要投资者个人或关键管理人员关系密切的家庭成员,是指在处理与企业的交易时可能影响该个人或受该个人影响的家庭成员。
10. 该企业主要投资者个人、关键管理人员或与其关系密切的家庭成员控制、共同控制或施加重大影响的其他企业。

仅与企业存在下列关系的各方,不构成企业的关联方。

1. 与该企业发生日常往来的资金提供者、公用事业部门、政府部门和机构。
2. 与该企业发生大量交易而存在经济依存关系的单个客户、供应商、特许商、经销商或代理商。
3. 与该企业共同控制合营企业的合营者。

仅仅同受国家控制而不存在其他关联方关系的企业，不构成关联方。

由此可见，关联方是指那些可以不依赖市场而"制造"业务的有关各方。因此，关联方交易的最大特点是其存在着潜在的可操作性。

（二）关联方交易

关联方交易，是指关联方之间转移资源、劳务或义务的行为，而不论是否收取价款。

企业关联方交易的主要形式有以下 11 种。

1. 购买或销售商品。购买或销售商品是关联方交易较常见的交易事项。例如，企业集团成员之间互相购买或销售商品，从而形成了关联方交易。

2. 购买或销售商品以外的其他资产。例如，母公司向其子公司出售设备或建筑物等，购买或销售商品以外的其他资产也是关联方交易的主要形式。

3. 提供或接受劳务。例如，A 企业为 B 企业的联营企业，A 企业专门从事设备维修服务，B 企业的所有设备均由 A 企业负责维修，B 企业每年支付设备维修费用 30 万元。因此，关联方之间提供或接受劳务，是关联方交易的主要形式。

4. 担保。担保包括在借贷、买卖、货物运输、加工承揽等经济活动中，为了保障其债权实现而实行的保证、抵押等。当存在关联方关系时，一方往往为另一方提供为取得借贷、买卖经济活动中所需的担保。因此，关联方之间提供担保也是关联方交易的主要形式。

5. 提供资金（贷款或股权投资）。例如，企业从其关联方取得资金、权益性资金的变动等。因此，关联方之间提供资金也是关联方交易的主要形式。

6. 租赁。租赁包括经营租赁和融资租赁等。关联方之间的租赁合同也是主要的交易事项。

7. 代理。代理主要是依据合同条款，一方可为另一方代理某些事务，例如代理销售货物，或一方代另一方签订合同等。因此，关联方之间的代理业务，也是关联方交易的主要形式。

8. 研究与开发项目的转移。在存在关联方关系时，有时某一企业所研究与开发的项目会由于一方的要求而放弃或转移给其他企业。例如，乙公司是甲公司的子公司，甲公司要求乙公司停止对某一新产品的研究和试制，并将乙公司研究的现有成果转给甲公司最近购买的、研究和开发能力超过乙公司的丙公司继续研制。因此，关联方之间研究与开发项目的转移，是关联方交易的主要形式。

9. 许可协议。当存在关联方关系时，可能关联方之间达成某项协议，允许一方使用另外一方的商标等，从而形成了关联方之间的交易。

10. 代表企业或由企业代表另一方进行债务结算。

11. 关键管理人员薪酬。企业支付给关键管理人员的薪酬，也是一项主要的关联方交易。

二、对关联方交易的披露

企业无论是否发生关联方交易，均应当在附注中披露与母公司和子公司有关的下列信息。

1. 母公司和子公司的名称。母公司不是该企业最终控制方的，还应当披露最终控制方名称。

母公司和最终控制方均不对外提供财务报表的，还应当披露母公司之上与其最相近的对外提供财务报表的母公司名称。

2. 母公司和子公司的业务性质、注册地、注册资本（或实收资本、股本）及其变化。

3. 母公司对该企业或者该企业对子公司的持股比例和表决权比例。

企业与关联方发生关联方交易的，应当在附注中披露该关联方关系的性质、交易类型及交易要素。交易要素至少应当包括：

1. 交易的金额。
2. 未结算项目的金额、条款和条件，以及有关提供或取得担保的信息。
3. 未结算应收项目的坏账准备金额。
4. 定价政策。

关联方交易应当分别关联方以及交易类型予以披露。类型相似的关联方交易，在不影响财务报表阅读者正确理解关联方交易对财务报表影响的情况下，可以合并披露。

企业只有在提供确凿证据的情况下，才能披露关联方交易是公平交易。

三、对关联方关系及其交易的分析

企业关联方及其交易的信息披露之所以越来越引人注目，主要原因在于：关联方之间由于存在着密切的关联关系，完全可以在不依赖正常市场交易的条件下，通过内部操纵完成关联交易，以达到某种目的。例如，某个关联方在一定时期需要表现较多利润的条件下，其他关联方就有可能通过向需要表现较多利润的关联方以低于市场正常水平的价格提供产品和劳务，或以高于市场正常水平的价格从需要表现较多利润的关联方购买产品或劳务。这样，就可以把其他关联方的利润转移到需要表现较多利润的关联方，从而将其包装为外在盈利能力远远超过其实际盈利能力的企业。显然，这种交易并不是企业正常交易的结果。因此，财务信息的使用者，必须对企业关联方关系及其交易予以足够的重视。

当然，在关联方的交易中，也有相当一部分属于正常交易。关联方交易是否正常，应当通过企业在报表附注中披露的交易内容，特别是定价政策等信息来判断。

【走进管理】

2019年4月29日实施的最高人民法院关于适用《中华人民共和国公司法》（以下简称《公司法》）若干问题的规定（五）第一条规定，关联交易损害公司利益，原告公司依据《公司法》第二十一条规定请求控股股东、实际控制人、董事、监事、高级管理人员赔偿所造成的损失，被告仅以该交易已经履行了信息披露、经股东会或者股东大会同意等法律、行政法规或者公司章程规定的程序为由抗辩的，人民法院不予支持。

该司法解释明确规定，仅仅履行法定程序不能作为损害公司利益关联交易的豁免理由。关联交易的交易本身也应符合公平原则，交易价格公允合理，平等有偿，不存在输送公司利益、抽逃出资等损害公司利益的情形。

控股股东、实际控制人、董事、监事、高级管理人员在利用关联关系进行关联交易时，应满足以下要求。

（一）关联交易的信息依照法律、行政法规或者公司章程的规定进行了披露，并由股东会、股东大会或者董事会作出了有效决议，同意进行关联交易；

（二）关联交易属于正常的商业往来，交易价格公允合理，平等有偿；

（三）关联交易符合交易双方的经营需要，不损害公司利益。

（资料来源：中华人民共和国最高人民法院. 最高人民法院《关于适用〈中华人民共和国公司法〉若干问题的规定（五）》[EB/OL]. [2019-04-28]. http://gongbao.court.gov.cn/Details/34f6f88575001f2211d5d36707a206.html）

第五节 非财务信息的分析

一、非财务信息的概念及其内容

财务信息是指那些完全符合可定义性、可计量性、可靠性、相关性的能够通过确认、计量、记录、报告程序进入财务报表的信息，以及附注中的解释说明和由财务报表扩展而来的信息。非财务信息是指与财务信息相对应的，与企业生产经营活动相关的，与利益相关人相关的，不受公认会计准则约束的信息。

随着企业外界环境的变化以及经济的迅速发展，财务报告使用者需要了解更多的信息进行分析和决策。而对非财务信息的掌握与分析对总体评价企业财务状况和经营成果以及决策有着重要作用。企业的非财务信息主要包括以下七项。

（一）背景信息

企业所处的行业及行业特点；企业经营的总体规划和战略目标；企业经营活动和资产的范围与内容；产品寿命周期及产品结构等。例如，金融土地等宏观调控政策对房地产公司具有重要影响，社会消费品零售总额可以反映零售业公司面临的整体环境，工业及居民用电量对煤炭企业和发电企业均有影响等。宏观环境信息可能还包括国家及地方金融税收政策、居民消费价格指数（CPI）、新兴经营模式等外部因素的变化情况。

（二）经营业绩说明

关键经营业务指标；关键资源数量与质量指标；经营业绩变化的原因和未来的发展趋势等。

（三）管理部门的分析讨论

企业财务状况；产品的竞争力；宏观经济对企业影响及未来的发展趋势等。

（四）前瞻性信息

企业面临的机会与风险；管理者的计划，包括影响成功的关键因素；将实际经营业绩与以前披露的机会与风险进行比较等。

（五）社会责任

环境责任指标，包括处理废水、废渣、废气的情况；对社会环境治理提供的服务；减少耗用稀有及不可再生资源的措施与效果等。

（六）人力资源信息

例如企业员工构成情况信息，员工安全和健康信息，员工培训、员工福利和社会保障信息；企业经营对当地的社会影响，包括对带动地区经济发展的积极作用，为当地提供就业机会情况，对居民居住环境和社会稳定的影响及措施等。

（七）企业的综合竞争力及持续发展

研究与开发创新能力；员工能力；资源利用情况等。

综上所述，财务报表表外信息是进行财务报告分析时不可缺少的组成部分，是对财务报表本身无法或难以表述的内容所作的说明与提示，正确地进行财务报表表外信息的分析，对于投资者、债权人、管理者和其他利益相关者充分认识财务状况和经营成果具有重要作用，财务报告的使用者可以借此更好地对企业的财务状况、经营成果等进行比较、分析，并对企业的发展前景作出更加准确的评价和判断。

二、非财务信息的披露存在问题分析

非财务信息因为其个性化、主观性强的特性，难以形成统一的硬性规范标准，其信息披露质量主要源自公司的主动性披露。可以说，公司的披露意愿是做好非财务信息披露的内在动力。披露意愿较强的公司倾向于主动披露更多公司价值相关的信息，其披露信息的内容范围、分析深度以及传达方式也会更为有效，往往优质公司的披露意愿会相对较强。所以在非财务信息在披露中存在着以下四个问题。

（一）非财务信息披露的动力不足

首先，公司的信息公布会使竞争对手、供应商、客户、银行、政府部门等了解公司的运营情况，使潜在收购者更容易对公司进行评估，选择适合的收购时机，减少收购风险和收购成本；其次，信息披露是有成本的。在信息披露公开化的情况下，还容易出现争执和分歧，甚至引起股东诉讼。

（二）信息披露的模式比较单一，非财务信息披露的内容不全面

随着经济的发展，非财务信息对公司来说越来越重要，有的非财务信息甚至比财务报表揭示的财务信息的价值还大，因此，很多未要求公司披露的非财务指标在目前看来已经变成是必须或者是应该披露的了。例如，关系到公司未来发展前景的人力资源、关系到公司的信誉和形象重大事务的履行情况，以及其他一些关系公司发展的无形资产。

（三）非财务信息披露缺乏量化和标准化的规则体系

在向投资者披露非财务信息时，首先会遇到的问题就是如何将非财务信息量化；其次衡量非财务信息的指标带有明显的主观性，进而导致公司重大不确定性，最终影响股东价值。因此，客观上需要建立一套类似于公认会计准则的规则体系，从而为公司价值的确定提供可比的信息。

（四）非财务信息用来掩饰会计报表中披露的虚假财务信息

很多上市公司经常在报表附注中对应披露的问题说得含糊其词，滞后说明，有的干脆就不进行说明，以此来掩盖会计报表中的虚假信息。例如，有的公司故意不披露或是对或有事项提供担保等需要及时公布的内容有意延期披露以此来隐瞒负债等。

【本章小结】

1. 财务报告体现了企业的财务状况和经营成果，是企业对外正式传递财务信息的重要手段之一。

2. 财务报告不仅包括财务报表，而且还包括财务报表附注以及其他应当在财务报告中披露的相关信息。

3. 财务报告的使用者包括外部使用者和内部使用者。信息使用者在对企业的财务状况和经营成果分析时，往往注重的是对财务报告上的信息进行分析，但是随着社会经济的发展以及环境变化，财务报告使用者进行数据分析时，不仅要注重报表本身的数据，还应对表外信息加以重视。这里所讲的表外信息包括审计报告、财务报表附注、财务情况说明书、资产负债表日后事项、关联方交易等财务信息，也包括非财务信息。

【阅读分析题】

1. 在下列相互独立的审计环境中，假设你是注册会计师，你会发表何种审计意见？

（1）在对伊犁公司的审计过程中，你发现存货存在严重高估的可能性。但是当你要进一步执行审计程序以证实存货高估的数量和金额时，客户拒绝提供合作。

（2）你正在第一次对乌苏公司进行审计。乌苏公司已成立5年，但从来没有被审计过。在审计过程中，乌苏公司不同意你对期初余额进行审计。审计完毕后，你认为本期财务报表的编制符合《企业会计准则》的要求。

（3）你是在于田百货公司会计年度结束日之后才被聘请对该公司进行审计的，所以无法对于田百货公司的期末存货进行盘点。你知道，对于田百货公司来说，存货项目非常重要。你设法通过执行替代程序获取了充分、适当的审计证据。审计工作完成后，你认为会计报表的编制符合《企业会计准则》的规定，公允地反映了于田百货公司的财务状况、经营成果和现金流量情况。

（4）会计年度结束后大约四个星期，博乐公司的一家主要购货商宣告破产。注册会计师在对应收账款进行函证时，这个购货商确认了其所欠的金额，因而博乐公司拒绝对应收账款期末余额作出调整或者进行披露。该客户所欠的应收账款占流动资产总额的10%，是当年净利润的30%。

（5）叶城运输公司原来采用购置运输车辆的经营政策。今年叶城运输公司决定不再购置运输车辆，改为租赁所需的车辆。会计政策也相应改为融资租赁的会计处理方法。该会计政策变更已经在会计报表中作了充分的披露。

要求：请你说明每种情况下你将发表的审计意见类型。如果所给的条件不足，可以自行设定。

2. 第十七届发审委2018年第15次会议审核结果公告，天津立中集团股份有限公司（首发）未通过，在发审委提出的询问中提到关联交易问题：发行人实际控制人控制的主体众多，与发行人之间存在上下游关系，为同一产业链上不同环节。

请发行人代表说明：（1）发行人与上述关联方在采购、销售渠道上的关联性，是否存在共同的供应商、客户，上述关联方与发行人主要供应商、客户在资金、业务上的往来情况，发行人与上述关联方之间是否存在成本、费用分担或混同的情形，发行人在业务、资产、技术、人员等方面是否与关联方完全独立。（2）此案例中，发行人与关联方在采购和销售环节上是否存在关联交易行为，以及对发行人业务独立性、资产独立性、财务独立性与人员独立性的影响等问题来重点审核关联交易的实质影响程度？

【复习思考题】

1. 审计意见的基本类型有几种？
2. 利用财务报表附注可以得到哪些方面的信息？
3. 什么是关联方和关联方交易？简述关联方交易披露的主要内容。

4. 简述调整事项和非调整事项的区别。
5. 非财务信息主要包括哪些方面的内容？

【章末案例】

瑞华所30余个IPO项目被暂停！

从康得新到辅仁药业，市场不断对瑞华会计师事务所（以下简称"瑞华所"）发出质疑和声讨，成了众人"口诛笔伐"的对象。

2019年7月28日，瑞华所终于按捺不住发声了，其官网发布了关于康得新项目的审计工作情况，声称全面履行了应尽的职责义务。但与此同时，瑞华所负责的IPO、再融资和重组项目不断受到拖累被迫中止。

据《每日经济新闻》记者不完全统计，截至7月28日，瑞华所负责的且正在排队的29个IPO项目（不含科创板）均被暂停，4家科创板企业也于7月28日晚间宣布中止。另外，还有十余家再融资项目和两家重组项目的上市公司也紧急发布公告称原审计机构瑞华所其他项目涉嫌信息披露违法被证监会调查，公司中止再融资事项。

项目"雷"声不断，瑞华所的行政处罚也接二连三，瑞华所至少有过5次的行政处罚。

7月28日，瑞华所在其官网发布了《瑞华会计师事务所关于康得新项目2015～2018年年报审计主要工作情况的说明》，文中称，近日，康得新事件引起了社会公众广泛关注，瑞华会计师事务所作为康得新公司的审计机构高度重视，2019年1月就成立了重大专项小组，对康得新审计项目进行了全面自查，并将自查情况向中国证监会有关部门及时作了报告。

首先，瑞华所将康得新项目2015～2018年年报审计的主要工作进行了公开汇报，包括业务承接、独立性核查、了解公司的经营情况、存货监盘、对重要客户及供应商的核查等八个方面。

瑞华所称，在康得新审计项目中，本所按照中国注册会计师审计准则要求，以风险审计为导向，制定了总体审计策略及具体审计计划，对被审计单位重大风险项目执行了审计机构能够执行的应有审计程序。本所根据实施的审计程序、获得的审计证据，对康得新2015～2017年的财务报表发表了相应的审计意见；对2018年的财务报表出具了无法表示意见的审计报告。2019年1月，康得新无法兑付到期债券后，本所主动协助江苏监管局开展调查工作，全面履行了应尽的职责义务。下一步，本所将根据监管部门的结论，及时向社会公众报告。

证监会认为，康得新涉嫌在2015～2018年通过虚构销售业务等方式虚增营业收入，并通过虚构采购、生产、研发费用、产品运输费用等方式虚增营业成本、研发费用和销售费用。通过上述方式，康得新共虚增利润总额达119亿元。上述行为导致康得新披露的相关年度报告存在虚假记载和重大遗漏。

记者了解到，康得新上述期间年报中，瑞华所对2015年、2016年、2017年报均出具了"标准的无保留意见"，仅有2018年报出具的是"无法表示意见"。

因此，在证监会对康得新涉嫌信息披露违法行为作出处罚的同时，中介机构瑞华所也被证监会立案调查。

"对上市公司财务造假、信息披露违法等行为的调查，证监会同样会关注到诸如券商、会计师事务所等中介机构，如果确实涉及未能勤勉尽责，证监会就会立案调查，对于多次触及法律法规的机构，毫无疑问是要遭到重罚，这样才能起到警示的作用"，有业内人士向记者说道。

然而，康得新事件才刚刚有了结果，瑞华所的另一个客户又爆雷。7月16日，辅仁药业发布2018年年度权益分派实施公告，拟派发现金红利6 271.58万元。而在7月19日，辅仁药业公告称，因公司资金安排原因，无法按照原定计划发放红利。对此，上交所向辅仁药业发布问询函，要求其说明原因。

记者查看到，辅仁药业2019年第一季度报告显示，公司货币资金期末余额18.16亿元，但怎么就会连6 000余万元的红利都发不出来呢？果不其然，存在问题！辅仁药业7月24日晚间公告称，截至7月19日，公司及子公司拥有现金总额为1.27亿元，其中受限金额1.23亿元，未受限金额377.87万元。公司第一季度末实际资金及至今资金变动及流向情况还需进一步核实，公司将深入自查，待核实后及时公告。

让人错愕的是，仅仅一个季度时间，就凭空蒸发了近17亿元，这不禁让人联想到康得新。两者都曾是表现优异的白马股，都曾在账上坐拥巨额现金且无法兑现，更重要的是，两者的审计机构都为瑞华所。

辅仁药业2018年年报显示，截至2018年末，货币资金为16.56亿元，瑞华所对辅仁药业出具了标准无保留意见的审计报告。

值得一提的是，对于货币资金的审计程序，瑞华所在康得新项目的说明中这样表示：审计人员亲自函证当期所有银行存款账户（包括零余额账户和本期内注销的账户）及与金融机构往来的其他重要信息，函证过程保持了充分的独立性；项目组亲自打印银行账户开户清单及企业信用报告，核对相关信息与公司提供的是否一致、检查货币资金受限情况；亲自到银行打印当期对账单（银行不予提供除外）并与银行存款日记账核对，实施利息收入测试。

"如果按照瑞华所说的，他们对相关程序全面履行了应尽的职责和义务，但企业仍然发生了账面巨额货币资金消失的情况，这就有两个方面的问题，一是瑞华所的全面是否是真的全面，这个有待监管层的核查；二是对年报的审计时间范围是截至2018年12月31日，或许当时审计时确实有那么多钱，但是在审计节点之后被企业另一番操作就是另一回事了"，前述业内人士向记者分析道。

瑞华所祸不单行，自康得新事件后，不少由瑞华所负责的IPO、再融资和重组项目也跟着受到连累，尤其是最近更是大面积展开。

7月26日，证监会公布的最新IPO排队情况显示，由瑞华所负责的且正在排队的29个IPO项目（不含科创板）均被暂停，包括主板10个、中小板7个以及创业板的12个项目均被中止审查。

对于这29家公司的IPO进程可能会受到多大程度的影响，某大型券商承销保荐分公司质控部总经理认为:"这次事件影响面比较大,不过具体对这近30家公司的IPO进程影响如何还要看证监会的态度。"此外,他还进一步说道:"瑞华所做的项目比较多,难免会出问题。上年也有多家会计师事务所的项目出问题,现在还不好说谁的问题更严重。"

另有大型券商投行部门总经理向记者表示,理论上,按证监会的规则,出现这类情况需要排查各项目的签字人员,出具复核报告等,对各项目进展的影响在1个月左右,但瑞华所这次事情可能比较严重,所以具体影响几何现在还难说。

值得一提的是,瑞华所的科创板项目也受到牵连。数据显示,科创板中有七家公司的审计机构为瑞华所,其中,海天瑞声在7月26日晚间宣布终止,而龙软科技、环宇科技、建龙微纳和杰普特光电四家企业也于7月28日晚间宣布中止。

再融资方面,据记者不完全统计,截至7月28日,沪深两市已有艾迪精密、天汽模、凯撒文化、泰禾集团、蓝英装备、新北洋、庄园牧场、深南电路等十余家上市公司的再融资进程因瑞华所而被迫中止。例如7月28日晚间,嘉澳环保、百利科技发布公告称,因原审计机构瑞华所其他项目涉嫌信息披露违法被证监会调查,公司中止再融资事项。

重组方面,继峰股份和ST新梅均因瑞华所拖累而曾被迫中止,不过好在目前上述重组已恢复审查。

根据ST新梅公告显示,2017年3月,瑞华所因作为振隆特产IPO审计机构,在对振隆特产2012年、2013年及2014年财务报表进行审计过程中未勤勉尽责,出具的审计报告存在虚假记载。证监会决定:"责令瑞华所改正违法行为,没收业务收入130万元,并处以260万元罚款;对侯立勋、肖捷给予警告,并分别处以10万元罚款。"

2017年3月,瑞华所接到广东证监局《行政处罚决定书》,因在为勤上光电2013年年度财务报表提供审计服务过程中,未勤勉尽责,出具的勤上光电2013年年度审计报告、关联方占用上市公司资金情况的专项审核报告存在虚假记载,发表了不恰当的审计意见。广东证监局决定:"没收瑞华所业务收入95万元,并处以95万元的罚款。对刘涛、孙忠英给予警告,并分别处以5万元罚款。"

2017年1月,瑞华所接到证监会《行政处罚决定书》,因在审计亚太实业2013年年度财务报表过程中未勤勉尽责,出具的审计报告存在虚假记载,证监会决定:"对瑞华所责令改正,没收业务收入39万元,并处以78万元罚款;对秦宝、温亭水给予警告,并分别处以5万元罚款。"

2016年12月,瑞华所接到深圳证监局《行政处罚决定书》,因原国富浩华会计师事务所(已合并更名为瑞华会计师事务所(特殊普通合伙),以下简称"国富浩华")在键桥通讯2012年度财务报表审计过程中,未勤勉尽责,出具存在虚假记载的审计报告,深圳证监局决定:"责令国富浩华改正,没收国富浩华2012年度年报审计业务收入70万元,并处以70万元的罚款,由国富浩华法律主体的承继者瑞华会计师事务所（特殊普通合伙）承担；对支梓、陈满薇给予警告，并分别处以10万元罚款。"

2018年12月，瑞华所接到证监会《行政处罚决定书》，因瑞华所在华泽钴镍2013年度、2014年度财务报表审计过程中未勤勉尽责，出具了存在虚假记载的审计报告，证监会决定："没收瑞华所业务收入130万元，并处以390万元的罚款；对王晓江、刘少锋、张富平给予警告，并分别处以10万元的罚款。"

（资料来源：每日财经新闻［EB/OL］. http://www.nbd.com.cn/articles/2019-07-28/1358028.html）

请思考：

1. 出具虚假审计报告对审计事务所有什么影响？
2. 案例中提及的关联方交易主要是什么？

第十章 综合分析与业绩评价

【学习要求】
1. 通过本章的学习,使学生掌握会计财务报表综合分析和业绩评价的意义。
2. 掌握杜邦分析法体系的基本原理和具体应用。
3. 掌握沃尔综合评分分析法和综合评分法的基本原理和实施步骤。

【关键术语】
综合分析 业绩评价 杜邦财务分析体系 帕利普财务分析体系 综合指数法 综合评价法

【引导案例】
宝钢股份(以下简称"宝钢")与鞍钢股份(以下简称"鞍钢")盈利能力存在差异的原因。宝钢股份和鞍钢股份在国内钢铁业处于领先地位,宝钢2018~2022年的净资产收益率分别为12.68%、7.09%、7.02%、12.36%、6.33%,鞍钢2018~2022年的净资产收益率分别为14.82%、3.43%、4.06%、12.12%、0.26%。由数据可以看出2018年,宝钢的净资产收益率小于鞍钢股份,而此后的净资产收益率大于鞍钢股份,即宝钢股份后期盈利能力大于鞍钢股份。在2019~2022年发生了变化,宝钢的盈利能力超过了鞍钢股份。各个财务指标之间并不是彼此独立、互不干涉的,而是相互联系、环环相扣的。因此,我们需要了解财务分析的综合分析与业绩评价。

请思考:是什么原因导致了这样的结果呢?

第一节 综合分析与业绩评价概述

一、综合分析与业绩评价的目的

财务分析从盈利能力、营运能力和偿债能力、现金能力和发展能力的角度对企业的经营活动、投资活动和筹资活动状况进行了深入、细致的分析,以判明企业的财务状况和经营业绩,为信息使用者的决策提供帮助。

业绩评价是指在综合分析的基础上,运用定量和定性相结合的评价方法,对企业一定经营期间的盈利能力、资产质量、债务风险以及经营增长等经营业绩和努力程度等各方面进行的综合评判,并作出客观、公正的综合价值评判。业绩评价以财务分析为前提,财务分析以业绩评价为结论,离开业绩评价的财务分析就没有太大的意义。

业绩评价是当今社会经济运行系统中的组成要素之一。企业业绩评价自身作为一个系统,有六项基本组成要素,分别为评价主体、评价客体、评价指标、评价标准、评价方法和评价报告。

综合分析与业绩评价的目的在于以下四点。

1. 通过综合分析评价明确企业财务活动与经营活动的相互关系,找出制约企业发展的因素。

2. 通过综合分析评价全面评价企业财务状况及经营业绩,明确企业的经营水平、位置及发展方向。

3. 通过综合分析评价为企业利益相关者进行投资决策提供参考。

4. 通过综合分析评价为完善企业财务管理和经营管理提供依据。

二、综合分析与业绩评价的内容

根据上述综合分析与业绩评价的意义和目的,综合分析与业绩评价包括以下两方面内容。

(一)财务目标与财务环节相互关联综合分析评价

企业财务目标是资本增值最大化。资本增值的核心在于资本收益能力的提高,而资本收益能力受企业各方面、各环节财务状况的影响。本部分分析正是要以净资产收益率为核心,并通过对净资产收益率的分解,找出企业经营各环节对其影响关系与程度,从而综合评价企业各环节及各方面的经营业绩。杜邦财务分析体系是进行这一分析的最基本方法。

(二)企业经营业绩综合分析评价

虽然财务目标与财务环节的联系分析可以解决单项指标分析或单方面分析给评价带来的困难,但由于没能采用某种计量手段相互关联指标以综合评价,因此,往往难以准确得出公司经营业绩改善与否的定量结论。企业经营业绩综合分析评价正是从解决这一问题出发,利用业绩评价的不同方法对企业经营业绩进行量化分析,最后得出企业经营业绩评价的唯一结论。

第二节 杜邦综合分析法

一、杜邦财务分析体系

杜邦综合分析法,又称杜邦分析体系,简称杜邦体系,是利用财务指标之间的内在联系,对企业综合经营状况、财务状况以及经济效益进行系统分析评价的方法。该体系以净资产收益率为龙头,以资产净利率和权益乘数为核心,重点揭示企业获利能力和权益乘数对净资产收益率的影响,以及各相关指标间的互相影响作用关系。由于这种分析方法最早由美国杜邦公司使用,故名为杜邦分析法。

二、杜邦分析体系的构成

杜邦体系以净资产收益率为核心,分为两大层次(见图10-1)。

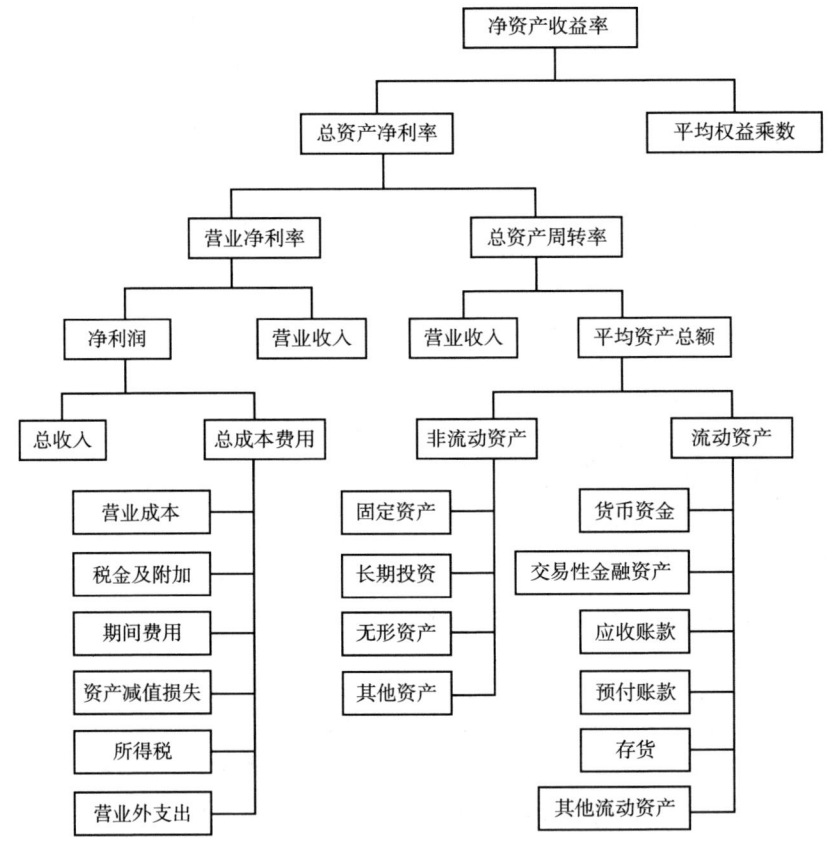

图 10-1 杜邦分析体系

(一)第一层次

1. 净资产收益率及其分解:

$$资产收益率 = 总资产净利率 \times 权益乘数$$

即:$\dfrac{净利润}{净资产} \times 100\% = \left(\dfrac{净利润}{总资产} \times 100\%\right) \times \dfrac{总资产}{净资产}$

2. 总资产收益率及其分解：

$$总资产净利率 = 销售净利率 \times 总资产周转率$$

即： $\dfrac{净利润}{总资产} \times 100\% = \left(\dfrac{净利润}{营业收入} \times 100\%\right) \times \dfrac{营业收入}{总资产}$

以上关系表明，影响净资产收益率最重要的因素有三个（营业净利率、总资产周转率、业主权益乘数）。

即： 净资产收益率 = 营业净利率 × 总资产周转率 × 权益乘数

（二）第二层次

1. 营业净利率的分解：

$$营业净利率 = \dfrac{净利润}{营业收入} \times 100\% = \dfrac{总收入 - 总成本费用}{营业收入}$$

2. 总资产周转率的分解：

$$总资产周转率 = \dfrac{营业收入}{总资产} = \dfrac{营业收入}{流动资产 + 非流动资产}$$

三、杜邦财务分析体系中各指标分析

（一）净资产收益率是杜邦分析体系的核心指标

杜邦财务分析体系以净资产收益率为核心，该指标是综合性最强的财务指标。净资产收益率（rate of return on common stockholders' equity，ROE），净资产收益率又称股东权益报酬率/净值报酬率/权益报酬率/权益利润率/净资产利润率，是净利润与平均股东权益的百分比，是公司税后利润除以净资产得到的百分比率，该指标反映股东权益的收益水平，用以衡量公司运用自有资本的效率。该指标越高，说明投资带来的收益越高；净资产收益率越低，说明企业所有者权益的获利能力越弱。该指标体现了自有资本获得净收益的能力，说明企业融资、投资、营运等财务及其管理活动的效率。因此，这一财务指标是企业所有者、经营者等信息使用者都十分关心的。净资产收益率的决定因素主要有三个指标，分别是营业净利率、总资产周转率和权益乘数，这三个指标综合反映了盈利能力、营运能力和偿债能力。

（二）总资产周转率是反映企业营运能力最重要的指标

总资产周转率是指企业在一定时期内业务收入净额同平均资产总额的比率。考察企业资产营运效率的一项重要指标。体现了企业在经营期间全部资产总的流转速度。影响总资产周转率的一个重要因素是资产总额。资产总额有流动资产和非流动资产。一般来说，流动资产体现直接体现企业的偿债能力和变现能力，非流动资产则体现该企业的经营规模、发展潜力和盈利能力。所以资产结构是否合理、营运效率的高低是企业资产经营的核心内容，关系到企业的经营业绩。因此，两者要保持合理的比率关系。

（三）营业净利率是反映企业盈利能力的重要指标

营业净利率又叫作销售净利率，是净利润占营业收入的百分比，它的高低取决于营业收入和成本总额。用于衡量企业在一定时期的销售收入获利能力。该指标反映每元销售收入能带来的净利润有多少，表示销售收入的收益水平。企业从事商品经营，目的是为获利，获利的途径有两条：一是扩大营业收入；二是降低成本费用。

（四）权益乘数与资本机构相关，反映企业偿债能力

权益乘数受资产负债率指标的影响。资产负债率越高，权益乘数就越高。权益乘数是资本经营（筹资活动）的结果，该指标对于提高净资产收益率起到杠杆作用。

在资产总额不变的情况下，适度开展负债经营，合理安排企业的资本结构，可以提高净资产收益率。

总之，通过杜邦分析体系自上而下或者自下而上的分析，不仅可以全面了解企业财务状况以及了解各项指标之间的关系，通过查明各项指标之间的增减变动以及存在的问题，为决策者提高核心指标净资产收益率提供了基本思路，包括扩大销售规模、节省成本费用、合理配置资源、加速资金周转以及优化资本结构。

【走进管理】

杜邦分析通过可能的重组进行估值

杜邦分析的一个好处在于其表明了公司通过重组提升价值的潜力。无论是内部发起还是源自外部压力，有关经营和财务战略的重大变更均能大幅提升公司的普通股股价。这些公司可以通过更为有效的资产利用来提升股票价格，而其他公司则可以通过提高财务杠杆来提升股价。公司管理层通常会发现其与股票市场投资者和投机者在公司政策上观点不一致。一般而言，经理人员倾向于公司保留一定数量的闲散资金，以应对危机和机会。如果公司将资产负债表上多余的现金投资于低风险、短期限的金融工具，赚取较低的收益率水平，公司经理人员将比投资者要处之泰然。他们认为，如果盈利和现金流出人意料地下滑或者突然出现非常好的并购机会，这些现金将派上用场。相反，投资者和投机者则希望将现金用于回购股票或者返还给股东。相比股东，经理人员更倾向于相信业绩不佳的公司会有所好转，其判断有时会受到不愿意承认所进行并购并不成功的影响。

多年以来，管理层与股东之间对经营及财务政策的争论有各种表现手段。早在1927年和1928年，证券分析师的先驱本杰明·格雷厄姆（Benjamin Graha）

就成功劝说北方管道公司（Northern Pipeline）对特定资产进行了清理，这些资产对公司原油运输业务并不重要，并将清理所得分配给了股东格雷厄姆获得了大型机构持有人洛克菲勒基金会（Rockefeller Foundaton）的大力支持。由于机构投资者通常都偏向管理层，该结果在当时及此后的几年都是不常见的。如果机构投资者完全不满意公司的运营方式，他们顶多会出售所持有的股票。即使是在20世纪80年代，机构投资者试图进行改变的操作也是不多见的。因此，管理层在公司治理上的主要对手是激进的财务经营者。20世纪50年代，这些虚张声势的人通过代理权争夺改变公司战略，引起了广泛注意。他们的运作方式是通过年度股东大会的董事选举获得董事会的多数控制权。

20世纪70年代，代理权争夺转变为敌意并购，而之前作为并购中介的投资银行是看不起这种交易的。80年代，敌意收购非常普遍，部分产生于高收益债务（非正式的叫法为"垃圾债券"）融资的增长。高收益债券还给许多杠杆收购（leveraged buy-out，LBO）筹集了资金。LBO发起人支持这些具有争议性的交易，认为如果这些交易可以私下进行，从而避开公开市场对短期利润增长的贪得无厌，则公司可以提升其长期业绩。

20世纪90年代，机构投资者终于开始意识到，利用持有的大额股份，其可以对公司董事会施加影响。大型机构投资者通过精简流程、处置非营利业务单位和用多余现金回购股票等措施推动公司提高股票价格。在某些情况下，当机构投资者的声音得不到响应时，机构会撤换高管层。

20世纪90年代的股东激进主义在相对较高的市盈率环境中蓬勃发展起来。此外，这一期间还反对之前提高财务杠杆的做法。因此，这些条件不利于借款—收购交易。因而，这些条件不利于借款—收购交易，而这些交易曾推动了20世纪80年代的许多公司重组。

然而，杠杆收购并未消失。20世纪90年代早期的杠杆收购（LBO）破产热潮过后，收购公司又恢复了交易决策。21世纪开始的10年，在私募股权投资的引领下，杠杆收购迎来了新的繁荣。可以明确的是，这类替代性投资（那些在上市股票、债券和货币三种传统类型投资以外的投资）成为金融市场的一种标准形式。杠杆收购的兴衰周期再次上演，也开始在投资界扎下根基，典型的杠杆收购交易包括以较低价格购买股票，从而获得公司的控制权，然后大幅增加资本结构中的负债。由于当时普遍较低的市盈率水平，以及许多公司的负债水平较低，这种机会很多。至少在早期阶段，财务预测假设尚不是过于激进，提高债务权益比还是可以在不增加破产风险的同时带来价值的。因此，敌意收购者集中关注的是修正杜邦公式的第二个因素——财务分析。

（资料来源：陈江宁. 被"错杀"的增发：机构投资者对公司治理的影响［D］. 厦门：厦门大学，2009）

【小贴士】

杜邦分析法的数字均来自财务报表，财务报表有人为操纵的可能，请谨慎使用；即使财务报表不被操纵，财务数据也仅仅能反映企业的财务情况，却无法包括企业的一些软实力因素；另外，有些企业非要把自己弄成一个商业帝国，给别人增添了好多麻烦，杜邦分析法就此失效。

从现代会计学的角度来看，杜邦分析虽好，但不能单纯地用杜邦分析法去实践。在1912年，这个比率的发明博得了所有人的眼球，在108年后的今天，该比率依然是一个重要的考点，杜邦分析法的对比分析仍然是分析企业投资价值的一个考量。

第三节 沃尔综合评分分析法

一、沃尔比重分析法的含义

沃尔比重评分法（whole proportion score）又叫作综合评分法，它通过对选定的多项财务比率进行评分，然后计算综合得分，并据此评价企业综合的财务状况。由于创造这种方法的先驱者之一是亚历山大·沃尔，因而被称作沃尔评分法。

沃尔比重评分法中选择了七项财务比率，即流动比率、产权比率、固定资产比率、存货周转率、应收账款周转率、固定资产周转率和自有资金周转率对企业的信用能力进行评价，通过对选定的七项财务比率给定一个分值，然后计算出综合得分，从而对企业的信用水平乃至整个企业的财务状况作出评价。如表10-1所示。

表10-1　　　　　　　　　　　　沃尔评分　　　　　　　　　　　　单位：%

财务比率	比重①	标准比率②	实际比率③	相对比率④=③÷②	评分⑤=①×④
流动比率	25	2.00			
净资产/负债	25	1.50			
固定资产比率	15	2.50			
存货周转率	10	8			
应收账款周转率	10	6			
固定资产周转率	10	4			
自有资金周转率	5	3			
合计	100	—			

二、沃尔评分法的分析步骤

（一）选择财务比率

不同的分析者所选择的财务比率可能都不尽相同，但在选择财务比率时应注意以下三点原则：（1）所选择的比率要具有全面性，反映偿债能力、盈利能力、营运能力等的比率都应包括在内,只有这样才能反映企业的综合财务状况;(2)所选择的比率要具有代表性,即在每个方面的众多财务比率中要选择那些典型的、重要的比率;(3)所选择的比率最好具有变化方向的一致性,即当财务比率增大时表示财务状况的改善,当财务比率减小时表示财务状况的恶化。

(二)确定各项财务比率的权重

如何将100分的总分合理地分配给所选择的各个财务比率,是沃尔评分法中的一个非常重要的环节。分配的标准是依据各个比率的重要程度,越重要的比率分配的权重越高。

(三)确定各项财务比率的标准值

财务比率的标准值也就是判断财务比率高低的比较标准。可以是企业的历史水平,可以是竞争企业的水平,也可以是同行业的平均水平,其中最常见的是选择同行业的平均水平作为财务比率的标准值。

(四)计算各个财务比率的实际值

财务比率的实际值即沃尔评分法选取的七种财务指标的实际比率,运用七种财务指标的比率公式进行计算。

(五)计算各个财务比率的得分

计算得分的方法有很多,其中最常见的是用比率的实际值除以标准值得到一个相对值,再用这个相对值乘以比率的权重得到该比率的得分。为了避免个别比率异常对总分造成不合理的影响,还可以为每个比率的得分确定一个上限和下限,即每个比率的得分最高不能超过其上限,最低不能低于其下限。

例如,我们可以确定每个比率的得分最高不能超过其权重分数的1.5倍,最低不能低于其权重分数的1/2。有的财务比率并不是越高越好,例如,股权比率太高说明企业未能充分地利用财务杠杆。对于这类比率的计分方法应当进行一定的修正。例如,某行业股权比率的平均值为60%,但通常认为该行业的股权比率超过80%就太高了,那么如果某企业的股权比率实际值超过了80%,就不再采用实际值除以标准值再乘以权重分数的方法来计算其得分,而改用80%或标准值60%除以实际值再乘以权重分数来计算其得分。

(六)计算综合得分

将各个财务比率的实际得分加总,即得到企业的综合得分。

企业的综合得分如果接近100分,说明企业的综合财务状况接近于行业的平均水平。企业的综合得分如果明显超过100分,则说明企业的综合财务状况优于行业的平均水平。企业的综合得分如果远低于100分,则说明企业的综合财务状况较差,应当积极采取措施加以改善。

在沃尔评分法的各个步骤中，最为关键也最为困难的是第二步和第三步，即各项财务比率权重和标准值的确定。

三、沃尔评分法的应用

采用沃尔评分法对中国联通 2017 年的财务状况进行分析，如表 10-2 所示。

表 10-2　　　　　　　中国联通 2017 年沃尔评分　　　　　　　单位：%

财务比率	比重①	标准比率②	实际比率③	相对比率④=③÷②	评分⑤=①×④
流动比率	25	2	0.38	0.19	4.75
净资产/负债	25	1.5	1.15	0.77	19.17
固定资产比率	15	2.5	0.63	0.25	3.78
存货周转率	10	8	88.65	11.08	110.81
应收账款周转率	10	6	15.3	2.55	25.5
固定资产周转率	10	4	0.41	0.10	1.03
自有资金周转率	5	3	0.55	0.18	0.92
合计	100	—	—	—	165.96

从表 10-2 可知，中国联通 2017 年的总得分为 165.96，按照沃尔比重评分法的原理分数越高，说明公司的价值越好，企业的财务状况也就更理想。

四、沃尔比重评分法的缺陷

沃尔评分法选择了七个常用的财务指标分析企业的财务状况和经营业绩，理论上存在着一定的缺陷，即未能说明为什么选择这七个比率，而不是更多或者更少，或者选择其他财务比率，以及未能证明各个财务比率所占权重的合理性，也未能说明比率的标准值是如何确定的。

此外，沃尔评分法未能实现杜邦分析法那样的将盈利能力、营运能力和偿债能力（资本结构）各方面联系起来进行综合分析和因素分析，它将各个财务比率彼此孤立地进行分析评分加计也不利于系统性地考察企业的财务状况和经营业绩。

尽管沃尔评分法在理论上不够完善，在技术上也需要加强，但是由于它简单易用，便于操作，在实践上还是被广泛应用。

第四节　企业经营业绩综合评价

进行企业经营业绩综合评价通常可采用综合指数法和综合评分法，即通过计算企业经营业绩综合指数或综合分数，反映企业总体经营业绩水平的高低。

一、经营业绩评价综合指数法

运用综合指数法进行业绩评价的一般程序或步骤包括选择业绩评价指标,确定各项指标的标准值,计算指标单项指数,确定各项指标的权数,计算综合经济指数,评价综合经济指数。以下以财政部 1995 年颁布的企业经济效益评价指标体系为例,说明综合指数法的应用。

(一)选择经营业绩评价指标

进行经营业绩评价的首要步骤是正确选择评价指标,指标选择要根据分析的目的和要求,考虑分析的全面性、综合性。财政部颁布的企业经济效益评价指标体系中选择的经济效益指标包括三个方面共九项指标。

1. 反映盈利能力和资本保值增值指标。反映盈利能力的指标主要有三个。

(1)营业利润率,反映企业营业收入的获利水平,其计算公式为:

$$销售利润率 = 利润总额 \div 营业收入 \times 100\%$$

(2)总资产报酬率,用于衡量企业运用全部资产获利的能力,其计算公式是:

$$总资产报酬率 = (利润总额 + 利息支出) \div 平均总资产 \times 100\%$$

其中,平均资产总额 = (期初资产总额 + 期末资产总额) ÷ 2

(3)资本收益率,指企业运用投资者投入资本获得收益的能力,其计算公式为:

$$资本收益率 = 净利润 \div 实收资本 \times 100\%$$

反映企业资本保值增值能力的指标是资本保值增值率,即资本保值增值率,主要反映企业投资者投入资本的完整性和保全性,其计算公式为:

$$资本保值增值率 = 期末所有者权益总额 \div 期初所有者权益总额 \times 100\%$$

该指标等于 100% 为资本保值,该指标大于 100% 为资本增值。

2. 反映资产负债水平和偿债能力指标。反映企业资产负债水平和偿债能力的指标有四个,即:

(1)资产负债率,可用于衡量企业负债水平高低情况,其计算公式为:

$$资产负债率 = 负债总额 \div 资产总额 \times 100\%$$

(2)流动比率或速动比率,流动比率是衡量企业在某一时点偿付即将到期债务的能力,其计算公式是:

$$流动比率 = 流动资产 \div 流动负债 \times 100\%$$

速动比率是衡量企业在某一时点上运用随时可变现资产偿付到期债务的能力。

$$速动比率 = 速动资产 \div 流动负债 \times 100\%$$

其中，速动资产 = 流动资产 – 存货

（3）应收账款周转率，是用于衡量企业应收账款周转速度快慢的指标，计算公式为：

$$应收账款周转率 = 赊销净额 \div 平均应收账款余额 \times 100\%$$

其中，平均应收账款余额 =（期初应收账款余额 + 期末应收账款余额）÷ 2

$$赊销净额 = 营业收入 - 现销收入 - 销售退回、折扣、折让$$

由于企业赊销资料作为商业机密不对外公布，所以应收账款周转率公式中的分子一般用赊销和现销总额，即营业收入。

（4）存货周转率，用于衡量企业在一定时期内存货资产的周转速度，是反映企业的购、产、销平衡效率的一种尺度，其计算公式为：

$$存货周转率 = 营业成本 \div 平均存货成本 \times 100\%$$

其中，平均存货成本 =（期初存货成本 + 期末存货成本）÷ 2

3. 反映企业对国家或社会贡献水平指标。反映企业对国家或社会贡献水平的指标有两个，即：

（1）社会贡献率，用于衡量企业运用全部资产为国家或社会创造支付价值的能力。

$$社会贡献率 = 企业社会贡献总额 \div 企业平均资产总额 \times 100\%$$

其中，企业社会贡献总额包括工资（含奖金、津贴等工资性收入），劳保退休统筹及其他社会福利支出，利息支出净额，应交增值税，应交产品销售税金及附加，应交所得税，其他税收和净利润等。

（2）社会积累率，可用于衡量企业社会贡献总额中有多少用于上交国家财政。

$$社会积累率 = 上交国家财政总额 \div 企业社会贡献总额 \times 100\%$$

其中，上交国家财政总额包括应交增值税、应交产品销售税金及附加、应交所得税和其他税收等。

（二）确定各项业绩指标的标准值

业绩评价指标标准值可根据分析的目的和要求确定，可用某企业某年的实际数，也可用同类企业、同行业或部门的平均数，还可用国际标准数。一般来说，当评价企业经营计划完成情况时，可以用企业计划水平为标准值；当评价企业经营业绩水平变动情况时，可以用企业前期水平为标准值；当评价企业在同行业或在全国或国际上所处地位时，可用行业标准值或国家标准值或国际标准值。

财政部十个指标标准值的确定主要参考以下两个方面。

1. 适当参照国际通用标准。例如流动比率200%，速动比率100%，资产负债率50%等,但考虑到我国整体效益水平偏低,与国际上发达国家差距较大,国际通行标准值仅是一个参考依据。

2. 参考我国企业在近3年的行业平均值。

(三) 计算各项业绩指标的单项指数

单项指数是指各项经济指标的实际值与标准值之间的比值,即:

$$单项指数 = 某指标实际值 \div 该指标标准值$$

这一单项指数计算公式适用于经济指标为纯正指标或纯逆指标,如果为正指标,单项指数越高越好;如果为逆指标,则单项指数越低越好。如果某经济指标既不是纯正指标,又不是纯逆指标,例如资产负债率、流动比率、速动比率等,对于这种指标,其单项指数可按下式计算:

$$单项指数 = (标准值 - 实际值与标准值差额的绝对值) \div 标准值 \times 100\%$$

例如,假设流动比率的标准值200%,则当流动比率实际值为220%时,单项指数:

$$单项指数 = [200\% - (220\% - 200\%)] \div 200\% \times 100\% = 90\%$$

(四) 确定各项业绩指标的权数

综合经济指数不是单项指数的简单算术平均数,而是一个加权平均数。因此,要计算综合经济指数,应在计算单项指数的基础上,确定各项指标的权数。各项经济指标权数的确定应依据各指标的重要程度而定,一般地说,某项指标越重要,其权数就越大;反之,则权数就越小。假定10项经济效益指标的权数总和为100,经测算、验证,并参照美国、日本等国家的做法,将各项经济效益指标的权数确定如表10-3所示。

表10-3　　　　　　各项经济效益指标的权数　　　　　　单位:%

指标	权数
销售利润率	15
总资产报酬率	15
资本收益率	15
资本保值增值率	10
资产负债率	5
流动比率(或速动比率)	5
应收账款周转率	5
存货周转率	5
社会贡献率	10
社会积累率	15

(五)计算综合经济指数

综合经济指数是以各单项指数为基础,乘以各指标权数所得到的一个加权平均数。其计算有两种方法。

1. 按各项指标实际指数计算(不封顶)。在按各项指标实际指数计算时,其计算公式为:

$$综合经济指数 = \sum(某指标单项指数 \times 该指标权数)$$

2. 按扣除超过100%部分后计算(封顶)。在全部指标中没有逆指标时,如果某项指标指数超过100%,则扣除超出部分,按100%计算;如果某项指标指数低于100%,则按该指标实际指数计算。其计算公式为:

$$综合经济指数 = \sum[某指标指数(扣除超出部分) \times 该指标权数]$$

根据中国联通集团股份有限公司2017年的有关资料,按上述程序,采用第一种计算方法计算该企业的综合经济指数,如表10-4所示。

表10-4   中国联通公司综合经济指数计算

经济指标	标准值	实际值	单项指数	权数	综合经济指数
销售利润率(%)	18	0.87	0.05	15	0.73
总资产报酬率(%)	20	1.28	0.06	15	0.96
资本收益率(%)	25	6.55	0.26	15	3.93
资本保值增值率(%)	105	133.19	1.27	10	10.00
资产负债率(%)	50	46.48	0.93	5	4.65
流动比率	200	32	0.16	5	0.80
速动比率	100	31	0.31	5	1.55
应收账款周转率(次)	12	15.30	1.28	5	6.38
存货周转率(次)	10	88.64	8.86	5	5.00
社会贡献率(%)	35	35	1.00	10	10.00
社会积累率(%)	30	30	1.00	15	15.00
综合经济指数				100	58.99

注:社会贡献率和社会积累率实际值由于资料限制,假设其为标准值。

(六)综合经济指数评价

按照第二种方法计算综合经济指数时,其最高值为100%,越接近100%,说明企业经营业绩总体水平越好;

按照第一种方法计算综合经济指数,当各项业绩指标中没有正指标时,综合经济指数以小于100%为好,而且越低越好。

当各项业绩指标中没有逆指标时，一般来说，综合经济指数达到100%，说明企业经营业绩总体水平达到标准要求，或者说企业取得了较好的经济效益，该指标越高，经济效益水平越高；否则，综合经济指数低于100%，说明企业经济效益水平没达到标准要求，该指标越低，经营业绩水平越差。

本例中企业综合经济指数仅为58.99%，没有达到经营业绩标准要求。

在运用综合经济指数法进行经营业绩综合评价时，应特别注意以下两个问题。

1. 选择的各项经济指标在评价标准上应尽量保持方向的一致性，即尽量都选择正指标，或都选择逆指标。因为全部为正指标，评价标准越高越好；全部为逆指标则评价标准越低越好；而既有正指标又有逆指标，则应将逆指标转为正指标或相反。例如，上述周转速度指标，如果以次数计算为正指标，而以天数计算为逆指标，因为大部分指标为正指标，因此，周转速度应采取正指标形式。至于资产负债率、流动比率和速动比率这种既不是正指标，又不是逆指标的指标，其标准值具有绝对性，即大于或小于标准值都不好，单项指数最高为1或100%。进行综合经济效益指数评价时应注意这些指标的特点，否则可能得出错误的结论。

2. 综合经济指数是否可高于100%的问题。如果各单项指数取值可高于100%时，综合经济指数可能高于100%。这样做的优点是，综合经济指数不封顶，该指标越高，说明企业经营业绩越好。缺点是，可能以某些完成状况好的指标的数值弥补完成状况差的指标的数值，即使综合经济指数大于或等于100%，也不能说明企业各项经济指标都达到了标准值要求，掩盖了企业在某些方面存在的问题。

如果各单项指数取值最高为100%（即大于100%时按100%计算，小于100%时按实际计算）时，综合经济指数最高为100%。

这种方法的优点是，只要综合经济指数达到了100%，就说明企业各项经济指标都达到或超过了标准值，取得了理想的经营业绩，低于100%则说明企业在某些方面一定存在问题。这种方法的缺点是，如果几个企业的综合效益指数都达到100%时，很难分出优劣。

因此，进行企业经济效益指数综合评价，在标准值比较先进时，可采用指数封顶的方法；当标准值为平均值时，则应采取指数不封顶的方法。企业在进行自身经营业绩评价时，也可将两种方法结合使用，取长补短，从而准确地评价企业的经营业绩。

二、经营业绩评价综合评分法

运用综合评分法或功效系数法的一般程序或步骤包括：选择业绩评价指标，确定各项业绩评价指标的标准值，确定各项业绩评价指标的权数，计算各类业绩评价指标得分，计算经营业绩综合评价分数，确定经营业绩综合评价等级。

以下根据2016年国务院国有资产监督管理委员会发布的《中央企业综合绩效评价实施细则》说明综合评分法的程序、方法及其应用。

(一) 选择业绩评价指标

进行经营业绩综合分析的首要步骤是正确选择评价指标,指标选择要根据分析目的和要求,考虑分析的全面性、综合性。根据 2016 年国务院国有资产监督管理委员会颁布的实施细则,选择的企业综合绩效评价指标包括 22 个财务绩效定量评价指标和 8 个管理绩效定性评价指标,具体如表 10-5 所示。

表 10-5 企业综合绩效评价指标体系

评价指标类别	财务绩效定量评价指标		管理绩效定性评价指标
	基本指标	修正指标	
盈利能力状况	净资产收益率 总资产报酬率	营业利润率 盈余现金保障倍数 成本费用利润率 资本收益率	战略管理 发展创新 经营决策 风险控制 基础管理 人力资源 行业影响 社会贡献
资产质量状况	总资产周转率 应收账款周转率	不良资产比率 流动资产周转率 资产现金回收率	
债务风险状况	资产负债率 已获利息倍数	速动比率 现金流动负债比率 带息负债比率 或有负债比率	
经营增长状况	营业增长率 资本保值增值率	营业利润增长率 总资产增长率 技术投入比率	

1. 财务绩效基本指标及其计算。

(1) 净资产收益率,是指企业运用投资者资本获得收益的能力。其计算公式为:

$$净资产收益率 = 净利润 \div 平均净资产 \times 100\%$$

其中,平均净资产 = (期初所有者权益 + 期末所有者权益) ÷ 2

(2) 总资产报酬率,用于衡量企业运用全部资产获利的能力。其计算公式为:

$$总资产报酬率 = (利润总额 + 利息支出) \div 平均资产总额 \times 100\%$$

其中,平均资产总额 = (期初资产总额 + 期末资产总额) ÷ 2

(3) 总资产周转率,是指企业在一定时期营业收入与平均资产总额的比值,是综合评价企业全部资产经营质量和利用效率的重要指标。其计算公式为:

$$总资产周转率 = 营业收入 \div 平均资产总额 \times 100\%$$

(4) 应收账款周转率,是指企业一定时期营业收入与应收账款平均余额之比。其计算公式为:

应收账款周转率 = 营业收入 ÷ 应收账款平均余额 × 100%

其中：应收账款平均余额 = (年初应收账款余额 + 年末应收账款余额) ÷ 2

应收账款余额 = 应收账款净额 + 应收账款坏账准备

(5) 资产负债率,可用于衡量企业负债水平与偿债能力的情况。其计算公式为：

资产负债率 = 负债总额 ÷ 资产总额 × 100%

(6) 已获利息倍数,指息税前利润与利息支出之间的比率,可用于衡量企业的偿债能力。其计算公式为：

已获利息倍数 = (利润总额 + 利息支出) ÷ 利息支出

(7) 营业增长率,是反映企业销售（营业）收入增长情况的指标。其计算公式为：

营业增长率 = (本年营业收入 − 上年营业收入) ÷ 上年营业收入 × 100%

(8) 资本保值增值率,可用于衡量企业所有者权益的保持和增长幅度。其计算公式为：

资本保值增值率 = 扣除客观增减因素的年末所有者权益 ÷ 年初所有者权益 × 100%

根据上述公式,中国联通2017年各项财务绩效基本指标如表10-6所示。

表10-6　　　　中国联通2017年财务绩效基本指标

基本指标	数值
净资产收益率（%）	0.49
总资产报酬率（%）	1.28
总资产周转率（次）	0.46
应收账款周转率（次）	15.30
资产负债率（%）	46.48
已获利息倍数（倍）	45.23
营业增长率（%）	0.22
资本保值增值率（%）	133.19

2. 财务绩效修正指标及其计算。
(1) 营业利润率 = 营业利润 ÷ 营业收入 × 100%
(2) 盈余现金保障倍数 = 经营现金净流量 ÷ 净利润 × 100%
(3) 成本费用利润率 = 利润总额 ÷ 成本费用总额 × 100%

其中,成本费用总额 = 营业成本 + 营业税金 + 营业费用 + 管理费用 + 财务费用

(4) 资本收益率 = 净利润 ÷ 平均资本 × 100%

其中，平均资本＝［（年初实收资本＋年初资本公积）＋（年末实收资本＋年末资本公积）］÷2

（5）不良资产比率＝（资产减值准备余额＋应提未提和应摊未摊的潜亏挂账＋为处理资产损失）÷（资产总额＋资产减值准备余额）×100％

（6）流动资产周转率＝营业收入÷平均流动资产余额×100％

其中，平均流动资产余额＝（年初流动资产总额＋年末流动资产总额）÷2

（7）资产现金回收率＝经营现金净流量÷平均资产总额×100％

（8）速动比率＝速动资产÷流动负债×100％

其中，速动资产＝流动资产－存货

（9）现金流动负债比率＝经营现金净流量÷流动负债×100％

（10）带息负债比率＝（短期借款＋一年内到期的长期负债＋长期借款＋应付债券＋应付利息）÷负债总额×100％

（11）或有负债比率＝或有负债余额÷所有者权益×100％

其中，或有负债余额＝已贴现承兑汇票＋担保余额＋贴现与担保外的被诉事项金额＋其他或有负债

（12）营业利润增长率＝（本年营业利润－上年营业利润）÷上年营业利润×100％

（13）总资产增长率＝（年末资产总额－年初资产总额）÷年初资产总额×100％

（14）技术投入比率＝本年科技支出合计÷营业收入×100％

根据上述公式，中国联通2017年各项财务绩效修正指标如表10－7所示。

表10－7　　　　　　　中国联通2017年财务绩效修正指标

修正指标	数值
营业利润率（％）	0.55
盈余现金保障倍数（倍）	54.24
成本费用利润率（％）	0.89
资本收益率（％）	6.55
不良资产比率（％）	0.58
流动资产周转率（次）	3.46
资产现金回收率（％）	15.35
速动比率（％）	31.00
现金流动负债比率（％）	37.81
带息负债比率（％）	24.50
或有负债比率（％）	3.00
销售（营业）利润增长率（％）	94.49
总资产增长率（％）	－6.87
技术投入比率（％）	2.50

注：由于数据资料有限，或有负债比率和技术投入比率都是假设值，取行业平均值。

（二）确定各项经济指标的标准值及标准系数

为了准确评价企业经营业绩，对各项经济指标标准值的确定，根据企业类型不同及指标分类情况规定了不同的标准。

1. 财务绩效基本指标标准值及标准系数。基本指标评价的参照水平即标准值由财政部定期颁布，分为五档。不同行业、不同规模的企业有不同的标准值。例如，2016年信息技术服务电信业全行业财务绩效基本指标标准值如表10-8所示。

表10-8　　信息技术服务电信业全行业财务绩效基本指标标准值

指标（标准系数）项目	优秀	良好	平均	较低	较差
	1	0.8	0.6	0.4	0.2
净资产收益率（%）	11.9	8.0	3.9	1.0	2.2
总资产报酬率（%）	8.7	5.1	3.4	0.5	1.5
总资产周转率（%）	0.8	0.5	0.4	0.3	0.2
应收账款周转率（%）	14.2	9.9	8.0	6.1	3.5
资产负债率（%）	55.0	60.0	65.0	75.0	90.0
已获利息倍数（倍）	7.4	6.0	4.0	2.3	1.8
营业增长率（%）	3.0	1.2	0.5	6.1	10.7
资本保值增值率（%）	110.6	106.5	102.9	101.5	97.9

资料来源：国务院国有资产监督管理委员会．中央企业综合绩效评价管理暂行办法［EB/OL］．［2016-09-12］．http://www.sasac.gov.cn/gzjg/tjpj/xjpj/200610260130.htm.

2. 财务绩效修正指标标准值及修正系数。基本指标有较强的概括性，但是不够全面。为了更加全面地评价企业绩效，财政部另外设置了4类14项修正指标，根据修正指标的高低计算修正系数，用得出的系数去修正基本指标得分。2016年金属加工机械制造业大型企业财务绩效修正指标标准值（见表10-9）。

表10-9　　信息技术服务电信业全行业财务绩效修正指标标准值

指标（标准系数）项目	优秀	良好	平均	较低	较差
	（1）	（0.8）	（0.6）	（0.4）	（0.2）
一、盈利能力状况					
营业利润率（%）	31.0	24.6	22.0	16.0	3.5
盈余现金保障倍数（倍）	4.8	3.5	2.0	0.9	-1.9
成本费用利润率（%）	27.8	15.0	6.8	3.1	0.2
资本收益率（%）	17.2	11.2	4.5	2.5	0.6
二、资产质量状况					
不良资产比率	0.1	0.5	2.5	4.9	8.8
流动资产周转率（%）	1.8	1.5	1.2	0.8	0.6

续表

指标（标准系数）项目	优秀 （1）	良好 （0.8）	平均 （0.6）	较低 （0.4）	较差 （0.2）
资产现金回收率（％）	15.7	12.8	9.0	5.2	-0.4
三、债务风险状况					
速动比率	149.5	119.5	78.0	58.8	42.4
现金流动负债比率	61.4	52.0	40.0	22.2	-0.5
带息负债比率	9.6	20.0	30.0	41.9	50.8
或有负债比率	0.2	1.0	3.0	11.6	20.3
四、经营增长状况					
营业利润增长率（％）	-6.1	-7.5	-10.0	-12.5	-16.4
总资产增长率（％）	10.0	4.2	2.6	0.6	-11.2
技术投入比率	4.8	3.5	2.5	1.9	1.4

资料来源：国务院. 企业绩效评价标准值［M］. 北京：经济科学出版社，2016.

（三）确定各项经济指标的权数

指标的权数根据评价目的和指标的重要程度确定。表 10－10 是企业综合绩效评价指标体系中各类及各项指标的权数或分数。

表 10－10　　　　　　企业综合绩效评价指标及权重

指标类别（100）	财务绩效定量指标（权重70％）				管理绩效定性指标（权重30％）	
	基本指标（100）		修正指标（100）		评议指标（100）	
盈利能力 状况（34）	净资产收益率 总资产报酬率	20 14	营业利润率 盈余现金保障倍数 成本费用利润率 资本收益率	0 9 8 7	战略管理 发展创新 经营决策 风险控制 基础管理 人力资源 行业影响 社会贡献	18 15 16 13 14 8 8 8
资产质量 状况（22）	总资产周转率 应收账款周转率	10 12	不良资产比率 流动资产周转率 资产现金回收率	9 7 6		
债务风险 状况（22）	资产负债率 已获利息倍数	12 10	速动比率 现金流动负债比率 带息负债比率 或有负债比率	6 6 5 5		
经营增长 状况（22）	营业增长率 资本保值增值率	12 10	营业利润增长率 总资产增长率 技术投入率	10 7 5		

(四) 各类指标得分计算

1. 财务绩效基本指标得分计算。基本指标反映企业的基本情况，是对企业绩效的初步评价。它的计分是按照功效系数法计分原理，将评价指标实际值对照行业评价标准值，按照规定的计分公式计算各项基本指标得分。

(1) 财务绩效单项指标得分的计算：

$$单项基本指标得分 = 本档基础分 + 调整分$$

其中，本档基础分 = 指标权数 × 本档标准系数

$$上档基础分 = 指标权数 × 上档标准系数$$

$$调整分 = 功效系数 × (上档基础分 - 本档基础分)$$

$$功效系数 = (实际值 - 本档标准值) ÷ (上档标准值 - 本档标准值)$$

本档标准值是指上下两档标准值中居于较低等级的一档。

根据表10-7，中国联通2017年财务绩效基本指标，结合表10-9金属加工机械制造业大型企业财务绩效基本指标标准值及系数，按上述公式计算中国联通各项基本指标得分。例如，2017年总资产报酬率1.28%。此时，该企业的总资产报酬率已超过"较低值"（0.5%）水平，处于"较低值"档，因而可以得到"较低值"档基础分。另外，它处于"平均值"档（3.4%）和"较低值"档（0.5%）之间，同时需要调整。

$$本档基础分 = 指标权数 × 本档标准系数 = 14 × 0.4 = 8.4（分）$$

$$本档调整分 = (实际值 - 本档标准值) ÷ (上档标准值 - 本档标准值) ×$$
$$(上档基础分 - 本档基础分) = (1.28\% - 0.5\%) ÷$$
$$(3.4\% - 0.5\%) × (14 × 0.8 - 14 × 0.6) = 0.75（分）$$

$$总资产报酬率指标得分 = 8.4 + 0.75 = 9.15（分）$$

其他基本指标得分的计算方法与此相同，不再举例。

(2) 财务绩效基本指标总分的计算：

$$分类指标得分 = \sum 类内各项基本指标得分$$

$$基本指标总分 = \sum 各类基本指标得分$$

中国联通单项基本指标得分的计算结果如表10-11第三列所示，"分类指标得分"和"基本指标总分"如第四列所示。

表10-11　　　　中国联通2017年绩效指标得分的计算　　　　单位：分

类别	基本指标（分数）	单项指标得分	分类指标得分
盈利能力状况	净资产收益率（20） 总资产报酬率（14）	3.68 9.15	12.83

续表

类别	基本指标（分数）	单项指标得分	分类指标得分
资产质量状况	总资产周转率（10） 应收账款周转率（12）	7.32 12	19.32
债务风险状况	资产负债率（12） 已获利息倍数（10）	12 10	22
经营增长状况	营业增长率（12） 资本保值增值率（10）	8.22 10.00	18.22
基本指标总分			72.37

2. 财务绩效修正指标修正系数计算。对基本指标得分的修正，是按指标类别得分进行的，需要计算"分类的综合修正系数"。分类的综合修正系数，由"单项指标修正系数"加权平均求得；而单项指标修正系数的大小主要取决于基本指标评价分数和修正指标实际值两项因素。

（1）单项指标修正系数的计算：

单项指标修正系数
$$= 1.0 + (本档标准系数 + 功效系数 \times 0.2 - 该类基本指标分析系数)$$

单项指标修正系数控制修正幅度为 0.7~1.3。

以下以成本费用利润率为例说明单项指标修正系数的计算。

①标准系数的确定。根据表 10-7 可知，中国联通公司成本费用利润率为 0.89%，查阅表 10-9，发现该指标的实际值介于较低值和较差值之间，其标准系数应为 0.2。

②功效系数的计算：

$$功效系数 = (指标实际值 - 本档标准值) \div (上档标准值 - 本档标准值)$$
$$成本费用利润率指标的功效系数 = (0.89 - 0.2) \div (3.1 - 0.2) = 0.24$$

③分类基本指标分析系数的计算：

$$某类基本指标分析系数 = 该类基本指标得分 \div 该类指标权数$$

根据表 10-11 所示可知盈利能力类基本指标得分为 12.83，其权数 34，则：

盈利能力类基本指标分析系数 $= 12.83 \div 34 = 0.38$

根据以上结果，可以计算出成本费用利润率指标的修正系数：

$$成本费用利润率指标修正系数 = 1.0 + (0.6 + 0.496 \times 0.2 - 0.905) = 0.87$$

在计算修正指标单项修正系数过程中，对于一些特殊情况作以下规定：

第一，如果修正指标实际值达到优秀值以上，其单项修正系数的计算公式如下：

$$单项修正系数 = 1.2 + 本档标准系数 - 该部分基本指标分析系数$$

第二，如果修正指标实际值处于较差值以下，其单项修正系数的计算公式如下：

$$单项修正系数 = 1.0 - 该部分基本指标分析系数$$

第三，如果资产负债率≥100%，指标得0；其他情况按照规定的公式计分。

第四，如果盈余现金保障倍数的分子为正数，分母为负数，单项修正系数确定为1.1；如果分子为负数，分母为正数，单项修正系数确定为0.9；如果分子分母同为负数，单项修正系数确定为0.8。

第五，如果不良资产比率≥100%或分母为负数，单项修正系数确定为0.8。

第六，对于销售（营业）利润增长率指标，如果上年主营业务利润为负数，本年为正数，单项修正系数为1.1；如果上年主营业务利润为零，本年为正数，或者上年为负数，本年为零，单项修正系数确定为1.0。

按照上述方法，可以计算出营业利润率、盈余现金保障倍数和资本收益率三项修正指标的单项修正系数分别为0.62、1.82、1.268。

（2）分类综合修正系数的计算：

$$分类综合修正系数 = \sum 类内单项指标的加权修正系数$$

其中，单项指标加权修正系数的计算公式是：

$$单项指标加权修正系数 = 单项指标修正系数 \times 该项指标在本类指标中的权数$$

例如，成本费用利润率指标属于盈利能力指标，其权数为8，盈利能力类指标总权数为34。

$$成本费用利润率的加权修正系数 = 0.87 \times (8 \div 34) = 0.20$$

盈利能力类的修正指标有四项，已计算出成本费用利润率指标的加权修正系数为0.20，营业利润率指标的单项指标修正系数为0.62，营业利润率指标的加权修正系数0.18，盈余现金保障倍数指标的加权修正系数为0.48，资本收益率指标的加权修正系数为0.26，则：

$$盈利能力类修正系数 = 0.18 + 0.48 + 0.20 + 0.26 = 1.12$$

其他类别指标的综合修正系数计算方法与上述方法相同，不再举例。

3. 修正后得分的计算：

$$修正后总分 = \sum (分类综合修正系数 \times 分类基本指标得分)$$

中国联通各类基本指标和分类综合修正系数如表10-12所示，通过该表可计算出修正后定量指标的总得分。

4. 管理绩效定性指标的计分方法。

（1）管理绩效定性指标的内容。管理绩效定性评价指标的计分一般通过专家评议打分形式完成，聘请的专家应不少于7名。评议专家应当在充分了解企业管理绩效状况的基础上,对照评价参考标准,采取综合分析判断法,对企业管理绩效指标作出分析评议,评判各项指标所处的水平档次,并直接给出评价分数。表10-13是一名评议专家给出的各项管理绩效定性评价指标的等级。

表10-12　　　　　　　　　　修正后得分的计算　　　　　　　　　单位:分

项目	类别修正系数	基本指标得分	修正后得分
盈利能力状况	1.12	12.83	14.37
资产质量状况	1.09	19.32	21.06
债务风险状况	0.46	22	10.12
经营增长状况	0.84	18.22	15.30
修正后定量指标总分	—	—	60.85

表10-13　　　　　　　　　管理绩效定性评价指标等级

评议指标	权数	等级（参数）				
		优(1)	良(0.8)	中(0.6)	低(0.4)	差(0.2)
战略管理	18		√			
发展创新	15	√				
经营决策	16			√		
风险控制	13			√		
基础管理	14				√	
人力资源	8			√		
行业影响	8	√				
社会贡献	8			√		

(2) 单项评议指标得分:

单项评议指标分数 = $\sum$(单项评议指标权数×各评议专家给定等级参数) ÷ 评议专家人数

假设评议专家有7人,对"战略管理"的评议结果为:优等4人,良等3人。

战略管理评议指标得分 = (18×1+18×1+18×1+18×1+18×0.8+18×0.8+18×0.8)÷7 = 16.46

其他指标的计算方法与上述方法相同,不再举例。

(3) 评议指标总分的计算:

评议指标总分 = $\sum$ 单项评议指标分数

前面已计算出"战略管理"评议指标分数为 16.46 分,假设其他七项评议指标的单项得分分别为 14、14、11、12、6、8 和 7,则:

评议指标总分 = 16.46 + 14 + 14 + 11 + 12 + 6 + 8 + 7 = 88.46

(五)综合评价得分计算

在得出财务绩效定量评价分数和管理绩效定性评价分数后,应当按照规定的权重,形成综合绩效评价分数。其计算公式为:

企业综合绩效评价分数 = 财务绩效定量评价分数 × 70%
　　　　　　　　　　　 + 管理绩效定性评价分数 × 30%

根据以上有关数据,中国联通的综合评价得分计算如下:

综合评价得分 = 60.85 × 70% + 88.46 × 30% = 69.133

在得出评价分数以后,应当计算年度之间的绩效改进度,以反映企业年度之间经营绩效的变化状况。其计算公式为:

绩效改进度 = 本期绩效评价分数/基期绩效评价分数

绩效改进度大于 1,说明经营绩效上升;绩效改进度小于 1,说明经营绩效下滑。

(六)确定综合评价结果等级

企业综合绩效评价结果以 85 分、70 分、50 分、40 分作为类型判定的分数线。具体的企业综合绩效评价类型与评价级别如表 10-14 所示。

表 10-14　　　　　　　　企业综合绩效评价类型与评价级别

评价类型	评价级别	评价得分
优(A)	A++	A++ ≥ 95 分
	A+	95 分 > A+ ≥ 90 分
	A	90 分 > A ≥ 85 分
良(B)	B+	85 分 > B+ ≥ 80 分
	B	80 分 > B ≥ 75 分
	B-	75 分 > B- ≥ 70 分
中(C)	C	70 分 > C ≥ 60 分
	C-	60 分 > C- ≥ 50 分
低(D)	D	50 分 > D ≥ 40 分
差(E)	E	E < 40 分

本例中,中国联通公司综合得分 69.133 分,其综合绩效等级属于中(C)级。

【阅读资料】

国务院国资委印发《中央企业负责人经营业绩考核办法》

为全面贯彻党的十九大精神和党中央、国务院关于深化国有企业改革、完善国有资产管理体制的一系列重大决策部署，引导中央企业实现高质量发展，加快成为具有全球竞争力的世界一流企业，国务院国资委近日修订印发了《中央企业负责人经营业绩考核办法》（国资委令第40号，以下简称《考核办法》），主要呈现以下四个特点。

一是突出高质量发展考核。多角度构建年度与任期相结合的高质量发展考核指标体系，涵盖效益效率、科技创新、结构调整、国际化经营、保障任务、风险管控、节能环保等方面指标，特别是在坚持质量第一效益优先的原则下，突出科技创新考核引导，鼓励企业加大研发投入，将研发投入视同利润。国资委结合企业不同考核要求，按照"少而精"原则选取指标，纳入年度和任期考核。

二是突出分类考核和差异化考核。根据国有资本的战略定位和发展目标，结合企业实际，对不同功能和类别的企业，突出不同考核重点，合理设置经营业绩考核权重，确定差异化考核标准，实施分类考核。对于混合所有制企业以及处于特殊发展阶段的企业，根据企业功能定位、改革目标和发展战略，考核指标、考核方式可以"一企一策"确定。

三是突出世界一流对标考核。强化国际对标行业对标在指标设置、目标设定、考核计分和结果评级的应用。明确对具备条件的企业，运用国际对标行业对标，确定短板指标纳入考核。规定A级企业根据经营业绩考核得分，结合企业国际对标行业对标情况综合确定，数量从严控制。

四是突出正向激励考核。强化"业绩升、薪酬升，业绩降、薪酬降"，适当提高A级企业负责人的绩效年薪挂钩系数。对经营业绩优秀以及在科技创新、国际化经营、节能环保、品牌建设等方面取得突出成绩的企业，予以任期考核通报表扬。鼓励探索创新，企业因实施重大科技创新、发展前瞻性战略性产业等，对经营业绩产生重大影响的，按照"三个区分开来"原则，在考核上不做负向评价。

为确保《考核办法》顺利实施，国资委将配套出台年度考核、任期考核、经济增加值考核、任期激励实施方案和科技创新成果奖励加分细则等相关文件。同时，指导各中央企业结合实际，抓紧修订企业内部高质量发展考核制度，完善考核奖惩机制，切实发挥好业绩考核的引导和推动作用。

（资料来源：国务院国有资产监督管理委员会 国资委令第40号. 中央企业负责人经营业绩考核办法［EB/OL］.［2019-03-01］. https://www.gov.cn/zhengce/2013-02/01/content_2603486.htm）

【本章小结】

1. 业绩评价是指在综合分析的基础上，运用业绩评价方法对企业财务状况和经营成果所做的综合结论。业绩评价以财务分析为前提，财务分析以业绩评价为结论，财务分析离开业绩评价就没有太大的意义。就单项财务能力所做的分析及评价，其结论具有片面性，只有在综合分析的基础上进行业绩评价，才能从整体上相互联系地全面评价企业的财务状况及经营成果。

2. 杜邦财务分析体系，又称杜邦财务分析法，是指根据各主要财务比率指标之间的内在联系，建立财务分析指标体系，综合分析企业财务状况的方法。杜邦财务分析体系的特点，是将若干反映企业盈利状况、财务状况和营运状况的比率按其内在联系有机地结合起来，形成一个完整的指标体系，并最终通过净资产收益率（或资本收益率）这一核心指标来综合反映。

3. 进行企业经营业绩综合评价通常可采用综合指数法和综合评分法，即通过计算企业经营业绩综合指数或综合分数，反映企业总体经营业绩水平的高低。运用综合指数法进行业绩评价的一般程序或步骤包括选择业绩评价指标，确定各项指标的标准值，计算指标单项指数，确定各项指标的权数，计算综合经济指数，评价综合经济指数。运用综合评分法或功效系数法的一般程序或步骤包括选择业绩评价指标，确定各项业绩评价指标的标准值，确定各项业绩评价指标的权数，计算各类业绩评价指标得分，计算经营业绩综合评价分数，确定经营业绩综合评价等级。

【复习思考题】

1. 请分析杜邦财务分析体系的优点和局限性，并提出你的改进建议。
2. 简述杜邦财务分析指标体系中主要财务指标之间的相互关系。
3. 运用综合指数法应注意哪些问题？
4. 怎样运用综合指数法进行企业绩效评价？
5. 在评价公司绩效时，你认为财务指标与非财务指标哪个重要？请说明原因。
6. 简述财务综合分析与财务综合评价的关系。

【计算分析题】

1. 单项指数计算。某企业的资产负债率为60%，流动比率为180%，资产负债率的标准值为50%，流动比率的标准值为200%。请计算资产负债率和流动比率的单项指数。

2. 基本指标得分计算。总资产报酬率的评价标准如表10-15所示。

表10-15　　　　　　　　总资产报酬率评价标准

标准系数	优秀（1）	良好（0.8）	平均值（0.6）	较低值（0.4）	较差值（0.2）
指标值（%）	14	10	8	5	2

某企业该项指标实际完成值为11%，该项指标的权数为15分。请计算总资产报酬率的得分。

3. 某企业有关资料如表 10-16~表 10-19 所示。

资料（一）

表 10-16　　　　　　　　有关财务数据　　　　　　　　单位：万元

项目	上年	本年
总资产	89 978	93 542
流动资产	40 490	44 900
其中：		
应收账款	11 225	12 123
存货	21 055	23 797
负债	38 690	43 029
其中：		
流动负债	20 675	22 938
主营业务收入	65 684	71 124
主营业务成本	40 724	43 386
期间费用	18 675	22 514
利润总额	3 218	3 725
净利润	2 542	2 980
利息支出	851	952
经营现金净流量	1 323	1 950

资料（二）

不良资产比率 = 4%

3 年资本平均增长率 = 6%

3 年销售平均增长率 = 9.5%

技术投入比率 = 0.6%

资料（三）

表 10-17　　　　　　　　企业绩效评价标准值

档次（标准系数） 项目	优秀 (1)	良好 (0.8)	平均值 (0.6)	较低值 (0.4)	较差值 (0.2)
净资产收益率	10.0	6.1	2.6	-0.4	-6.4
总资产报酬率	5.9	3.9	1.8	-1.1	-3.4
总资产周转率	1.0	0.7	0.4	0.3	0.1
流动资产周转率	2.3	1.9	1.2	0.8	0.4
资产负债率	37.9	48.1	66.2	83.2	93.4
已获利息倍数	3.6	2.7	1.2	-0.2	-2.2
销售增长率	29.3	17.5	4.5	-12.2	-25.8
资本积累率	12.2	4.7	0.5	-10.6	-17.7

表 10-18　　　　　　　　　　修正指标的标准值区段等级

指标（标准系数）项目	优秀(1)	良好(0.8)	平均(0.6)	较低(0.4)	较差(0.2)
一、财务效益状况					
资本保值增值率	106.9	104.7	101.8	97.8	93.6
主营业务利润率	20.9	14.9	8.8	2.5	-5.2
盈余现金保障倍数	7.7	3.6	1.9	0.6	-0.9
成本费用利润率	9.9	6.4	0.3	-8.3	-18.9
二、资产营运状况					
存货周转次数	7.9	5.9	4.2	2.5	1.3
应收账款周转率	11.7	7.6	5.0	2.6	1.1
不良资产比率	0.1	1.8	11.5	20.7	28.9
三、偿债能力状况					
速动比率	118.3	90.3	64.4	44.8	28.0
现金流动负债比率	15.3	10.3	5.2	-1.3	-4.7
四、发展能力比率					
3年资本平均增长率	16.2	8.1	1.1	-7.4	-17.3
3年销售平均增长率	16.2	9.1	2.9	-8.9	-24.2
技术投入比率	1.1	0.8	0.4	0.3	0.0

表 10-19　　　　　　　　　　企业评价指标体系

评价指标（100分）	定量指标（权重80%）		定性指标（权重20%）
	基本指标（100分）	修正指标（100分）	专家评议指标（100分）
财务效益状况（38分）	净资产收益率（25）总资产报酬率（13）	资本保值增值率（12）销售利润率（8）成本费用利润率（10）盈余现金保障倍数（8）	1. 经营者基本素质（18）2. 产品市场占有能力（16）3. 基础管理水平（12）
资产运营状况（18分）	总资产周转率（9）流动资产周转率（9）	存货周转率（5）应收账款周转率（5）不良资产比（8）	4. 发展创新能力（14）5. 经营发展战略（12）6. 在岗员工素质（10）
偿债能力状况（20分）	资产负债率（12）已获利息倍数（8）	现金流动负债比率（10）速动比率（10）	7. 技术装备更新水平（10）
发展能力状况（24分）	销售增长率（12）资本积累率（12）	三年资本平均增长率（9）三年销售平均增长率（8）技术投入比率（7）	8. 综合社会贡献（8）

要求：根据以上资料，采用综合评分法，对该企业经营业绩作出评价。（已知评议指标总分为86.5分）

【章末案例】

利用杜邦分析法串连所有财务指标

企业经营离不开财务分析，价值投资更离不开财务分析，而财务报表中动辄几十个财务指标，会弄得人晕头转向。那么多财务指标，怎么才能从全局分析？这些财务指标之间又有什么关系？

杜邦分析可以将所有财务指标串连起来。

杜邦公式的三大能力

杜邦分析是由杜邦公司首先采用的一种衡量企业表现的标准。杜邦分析更注重的是投资回报率。投资回报率在财务报表分析中被称为净资产收益率，也就是企业一年能为股东带来多少利润。

例如，企业的净资产是100万元，一年后赚取了10万元的净利润，那么企业的净资产收益率或投资回报率就是10%。净资产收益率越高，说明企业为股东赚钱的能力越强。假设国债最高利率为3.5%，如果企业的净资产收益率低于3.5%，那么就意味着企业不如拿钱买国债。

既然如此，只考虑净资产收益率就够了吗？当然不是，一辆车跑得快，不仅是发动机的功劳，还是底盘、车身、轮胎等各个部件共同作用的结果。所以，企业还要考虑其他因素。企业的综合素质大致可以分为三个方面，即盈利能力、营运能力、偿债能力，三种能力缺一不可。这三种能力被浓缩于杜邦公式中。

净资产收益率＝销售净利率×总资产周转率×权益乘数
净资产收益率＝（净利润÷营业收入×100%）×
（营业收入÷总资产×100%）×
（总资产÷净资产）

公式中的三个因子，分别用于考查企业的盈利能力、营运能力和偿债能力。杜邦公式中的任何一项都可以拆分，从而涵盖所有财务指标。所以，杜邦分析是将所有财务指标串在一起的主线。

净资产收益率就像一棵树的树干，3个因子就像3根树杈，而各种数据指标就像树叶，它们共同组成了考查企业财务指标的各项标准。我们也就能顺藤摸瓜，找到驱动净资产收益率提高的因素。

简单的三大能力鉴定

一是高销售净利率模式。例如，A公司某年的数据为：净利润16.66亿元、营业收入27.37亿元、总资产209.90亿元、净资产194.63亿元，将这些数据放入杜邦公式中。

在高销售净利率模式下，可以将60.87%看作盈利能力，将13.04%看作营运能力，将1.08看作偿债压力或运用杠杆的能力进行分析。净利润占营业收入的60.87%，相当于每收到100元，其中有60.87元是扣除成本和费用的净利润，这是非常高的。所以，A公司驱动净资产收益率的主要因素是盈利能力。

营业收入仅占总资产的13.04%，也就是说每年的收入对于庞大的公司资产来说，占比非常小，说明其营运能力不强。总资产为净资产的1.08倍，说明公司的总资产非常高，负债非常少，偿债压力非常小，或者说毫无压力。但是从这一点也可以看出，A公司并不注重使用杠杆。

综上所述，A公司是一家自给自足、不依赖外部资金并且产品附加值非常高的企业。它不以快速营运来提高收益，而是以单品获取最大利润为目标。对于这类公司，要注意的是它的单品盈利能力。如果这方面出现了问题，那么该公司就失去了发展的驱动性因素。

在高周转率模式下，例如，B公司××年的数据为：净利润2.83亿元、营业收入97.36亿元、总资产91.99亿元、净资产41.36亿元，将这些数据放入杜邦公式中。

通过上面的计算可以看出，B公司每收入100元中，只有2.91元是净利润，可见B公司不以单品获利。但B公司一年的营业收入，抵得上公司的总资产，说明公司营运能力强，资产周转得快。至此，我们就可以看出B公司发展的驱动因素是营运能力。

总资产是净资产的2.22倍，即净资产只占公司总资产的44.96%，说明B公司略有偿债压力，但略高的负债使B公司可以利用杠杆提高净资产收益率。

可见，B公司是一家不以单品获利的公司，而是通过有意压低单品利润，利用高速运转的资本和杠杆来获利。可以推测出，B公司是一家以零售为主的企业，它发展的驱动因素就是其营运能力。

在高杠杆模式下，例如，C公司××年的数据为：净利润0.27亿元、营业收入14.57亿元、总资产17.10亿元、净资产0.07亿元，将这些数据代入杜邦公式中。通过上面的计算可以看出，在高权益乘数的情况下，即便销售净利率和总资产周转率低，也能轻松提高净资产收益率。可一旦经营不善，亏损也是巨额的。

杜邦分析可以为分析复杂的财务指标给出一条清晰的逻辑路线，给出精准的定位，长板短板皆清晰可见。我们主要关注驱动因素，其他因素不拖后腿、不会使公司出现各种危机即可。

为什么要将净资产收益率拆开

净资产收益率只是考查净利润与净资产之间的关系，也就是只考查了资产负债表内部的关系，过于片面。但拆开后分为三大因素，其中销售净利率（净利润÷营业收入×100%）可以用来考查利润表内部的关系，总资产周转率（营业收入÷总资产×100%）可以用来考查利润表与资产负债表的关系，权益乘数（总资产÷

净资产）可以用来考查资产负债表中元素间的关系。

在采用杜邦公式分析的时代，现金流量表并未得到足够的重视。所以，除了杜邦分析，还要单独考查现金流量的问题。其中，以经营现金净流量和自由现金流为主，跨表考查以盈余现金保障倍数为主，这是利润表与现金流量表的关系。财务分析绝不是静态分析，它需要将三大报表联系起来，丝毫不漏地囊括所有数据。

通过销售净利率，可以看到净利润和营业收入的关系，但净利润还包含成本、三大费用、资产减值、投资收益等，而且营业收入不仅包括了主营业务收入，还包括了其他业务收入。通过总资产周转率，可以看到营业收入和总资产的关系，但总资产还包括流动资产、非流动资产。其中，周转率还包括重要的存货周转率、应收账款周转率。通过权益乘数，可以看到总资产与净资产的关系，但权益乘数还能反映负债与总资产的关系、负债与净资产的关系等。

总之，杜邦分析就像一个变形金刚，合起来是净资产收益率，是股东关心的指标之一；拆开来，可以将它细化到任何一个财务报表中的任何一项数据上。

（资料来源：谢朝喜. 利用杜邦分析法串连所有财务指标［N］. 中国会计报，2023－03－31（007））

第十一章 财务报表粉饰与识别

【学习要求】
1. 熟悉财务报表粉饰的动机及粉饰类型。
2. 了解财务报表粉饰手法。
3. 掌握财务报表粉饰具体特点。
4. 领会财务报表粉饰的一般预警信号和具体预警信号。

【关键术语】
财务报表　粉饰动机　业绩考核动机　债务契约动机　股票发行和上市资格维持动机　税收筹划动机　政治利益动机　经营业绩粉饰　财务状况粉饰　现金流量粉饰　财务报表粉饰手法　一般预警信号　财务报表粉饰识别方法

【引导案例】

瑞幸咖啡财务造假

瑞幸咖啡于 2017 年 6 月注册成立，2017 年 10 月开始营业，2019 年 5 月 17 日在纳斯达克成功上市（以下简称"IPO"），创造了创业公司最快的 IPO 纪录。但是由于财务造假，瑞幸咖啡于 2020 年 6 月 29 日正式退市，又创造了最快的退市纪录。瑞幸咖啡的财务造假在国内引起了广泛关注，财政部联合其他政府部门经过近两个月的调查于 2020 年 7 月 31 日发布调查报告，认定"自 2019 年 4 月起至 2019 年末，瑞幸咖啡公司通过虚构商品券业务增加交易额 22.46 亿元，虚增收入 21.19 亿元，占对外披露收入的 41.16%，虚增成本费用 12.11 亿元，虚增利润 9.08 亿元"。

瑞幸咖啡上市后依靠资本市场巨额融资迅速扩张，截至 2019 年底，其门店在两年多的时间内快速增长到 4500 多家，超越其竞争对手星巴克。但是，瑞幸咖啡依靠高额补贴用户的快速扩张模式能否持续，一直受到市场的质疑。知名做空机构浑水公司于 2020 年 1 月 31 日发布了匿名方耗时数月作出的调查报告，认为瑞幸咖啡虚增收入和费用，引起市场震惊。

瑞幸咖啡在 2020 年 2 月 3 日对这份质疑其财务造假的报告作出回应称，做空报告中展示的数据与公司自身系统内的数据存在重大不一致。客户在瑞幸咖啡的每笔订单都是通过线上下单的，并会被自动记录在公司系统中，订单付款程序通过第三方支付服务提供商完成。因此，公司所有的关键运营数据均可被实时追踪，包括门店日均销售商品数量、单均商品数量和有效销售价格等，并且可以被验证。然而，在舆论的压力下，直至2020年4月2日，瑞幸咖啡公布了独立特别委员会的调查结果并承认造假。通过瑞幸咖啡所发布的公告可知，安永会计师事务所在审计公司2019年财报时，发现第二季度至第四季度存在虚假交易，其后瑞幸咖啡成立了由三名独立董事组成的特别委员会并且聘请了外部法律顾问和会计专家调查造假事件，最终确认财务造假。

（资料来源：贾建军，陈欣. 发挥制度建设和市场机制的共同作用——瑞幸咖啡案例研究对上市公司治理的启示［N］. 上海证券报，2022-01-12（08））

请思考：财务造假和欺诈造成哪些不良影响？瑞幸咖啡是如何虚构收入和费用？公司的内外部治理机制为什么没有能够防范财务造假和欺诈的发生？

第一节 财务报表粉饰的动机分析

财务报表是报表分析系统中的基本信息输入，报表信息质量对分析结果产生重要影响。就信息掌握程度来看，公司管理层要比外部投资者更有优势，他们往往会利用各种手段将信息优势转换为利益，而报表粉饰就是滥用信息优势的重要手段。

公司管理层往往在信息披露过程中掺杂个人动机，进行盈余管理甚至进行报表粉饰或财务造假。常见的财务报表粉饰动机如下。

一、业绩考核动机

企业的经营业绩考核大多情况下以财务指标为基础，例如，投资回报率、总资产收益率、产值、销售收入、资产周转率等都是经营业绩的重要考核指标。这些指标的计算均以财务报表作为计算依据。经营业绩的考核，不仅影响企业经营情况的评价，也影响管理层的业绩评定，直接关系到管理层晋升、报酬及福利等。股东公司管理层的薪酬水平与财务报表数据紧密相关，这为企业选择会计政策和估计提供了强烈动机。

二、债务契约动机

企业的资金大多来自金融机构。企业负债率高居不下，大多数上市公司负债率超过50%，信贷资金给予企业资金强有力的支撑。金融机构出于自我保护和降低风险的需求，对贷款企业进行筛选，亏损或有不良资信记录的企业一般难以获得贷款。为了满足用资需求，为了获得金融机构的信贷资金或其他供应商的商业信用，那些经营业绩不佳、财务状况不健全的企业就有可能进行财务报表粉饰。

此外，银行为了控制风险，往往对贷款企业有一定的限制性要求，甚至对贷款企业继续举债、利润分配、收购兼并等作出限制。当企业获得贷款后，债务企业往往会对财务报表数据有一定要求，例如，利息保障倍数、流动资金比率等财务指标。当指标数值超过一定标准，企业将被迫付出昂贵代价，例如，提前还贷或是承担更高的资本成本，为了避免技术性违约，公司管理层经常利用会计政策和会计估计选择来进行报表粉饰，在减少违约概率的同时，还可降低融资成本。

三、股票发行和上市资格维持动机

企业首次发行股票的发行条件要求，发行人资产质量良好，资产负债结构合理，且经营业绩比较突出；若上市公司增发新股，则要求其最近3个会计年度加权平均净资产收益率平均不低于6%。为了顺利通过发行审核，募集更大额资金，降低募集资金成本，拟上市公司往往对会计报表进行粉饰。业绩不达标的企业的报表粉饰动机越发强烈，少数上市公司可能因此铤而走险。

四、税收筹划动机

财务会计与税务会计的差异，应税所得额基本上仍以财务会计上的利润为基础，通过纳税调整，将利润总额调整为应纳税所得额，再乘以所得税率得到。由于税收部门采用税务会计的规定来计算应缴纳税额，大大限制了所得税因素的会计政策选择行为。

由于税收的现值取决于纳税金额与纳税时间，其他条件保持相同的情况下，企业一般会选择能够报告较少盈利或将盈利由本期推迟至未来期间确认的会计程序或做法。此外，企业为了节约税负，对所得税的筹划也影响了企业对存货发出成本计算方法的选择。

当税收筹划动机与业绩考核、股票发行等其他动机相抵触时，会受制于其他报表粉饰动机，因此，企业的最终决定，是在与其他报表粉饰动机进行权衡之后，选择最低限度降低税收现值的会计政策或做法。税收策划动机可能与企业的所有制形式和其他经营效应有关。一般而言，国有企业、拟上市公司、面临退市压力的上市公司，基于税收筹划目的而粉饰财务报表的可能性较小，这类公司很有可能选择多交税或提早交税的会计政策来证明其经营业绩的"真实性"。

五、政治利益动机

瓦次和齐默尔曼（Wats and Zimmerman）提出的"政治成本假说"中指出，在其他条件保持相同的情况下，企业面临的政治成本越大，其高管人员有可能选择将本期报告盈利递延至未来期间确认的会计程序（Wats and Zimmerman，1986）。一般而言，营利性越强的企业，政治成本越高，尤其是关系到百姓生计的公用设施企业,例如水电煤气公司。潜在的政治成本包括严格的价格管制、严格的政府或消费监管、激烈的商业竞争,更高的税收、更严厉的反垄断指控。企业通常会选择保守的会计政策,降低财务报告中的盈利水平,避免成为公众关注的焦点,从而达到降低潜在政治成本的目的。

第二节 财务报表粉饰的类型与手法

根据粉饰对象的不同,财务报表粉饰可分为三种类型:经营业绩粉饰、财务状况粉饰和现金流量粉饰。

一、财务报表粉饰的类型

(一)经营业绩粉饰

经营业绩粉饰的具体表现形式包括利润最大化,利润最小化,利润均衡化和利润清洗。

利润最大化的典型做法是提前确认收入、推迟结转成本、亏损挂账、资产重组及关联方交易。在公司在上市前一年和当年采用利润最大化作为报表粉饰手段较为常见。

利润最小化的典型做法是推迟确认收入、提前结转成本、转移价格。若公司制订薪酬计划将管理层奖金与利润挂钩,并设置奖金的上限及下限,该模式下,管理层可能用利润最小化模式来进行财务报表粉饰。

例如,若当利润值在一定区域内管理层才可获得奖金,当利润值低于下限,则管理层可能采用利润最小化的报表粉饰,通过预提费用、预计负债或者加大研究开发力度和广告促销等支出,为下一年获得奖金创造机会。研发经费和广告促销的投入长远上看有助于增加企业收入和利润,但短期内会增加费用负担,因而往往成为管理层调节利润的工具。

利润均衡化的典型做法是利用其他应收款、应付款、递延资产等科目对利润进行调节,制造利润稳步增长的趋势。采用这种会计报表粉饰手段的企业往往是为了塑造绩优股的形象或是获得较高的信用等级。

利润清洗,也称巨额冲销,典型做法是在一定会计期间,将坏账、长期投资损失、闲置固定资产、待处理流动资产和待处理固定资产等虚拟资产巨额冲销,一次性处理为损失,获取未来实现盈利的空间。

(二)财务状况粉饰

财务状况粉饰的具体形式包括高估资产、低估负债和或有资产。

1. 高估资产的典型做法是为资产评估编造理由、虚构业务交易和利润。在对外投资和股份制改组时,企业往往倾向于高估资产,以获得较大比例的股权。

2. 低估负债和或有负债的典型做法是将负债和或有负债隐匿在关联企业。在企业进行贷款或发行债券时,通常采用该方法来粉饰财务报表,以期证明其当前财务风险较低。

(三) 现金流量粉饰

现金流量粉饰的具体表现形式主要包括突击制造现金流量、混淆现金流量类别等。

突击制造现金流量的典型做法是制造不可持续的现金流量,例如,在会计期间即将结束前,收回关联企业借钱的账款、降价处置存货、低价抛售有价证券、高额融入资金,以期在会计期间结束前获得高额现金流入。

混淆现金流量类别的主要是为了改变投资者对利润质量的看法。一般而言,不同类别的现金流量净额发出的信号也不同,在其他条件保持相同的情况下,倘若企业经营活动能产生较大现金流入净额,意味着企业利润质量较高。为此,企业蓄意混淆现金流量类别,将投资活动或融资活动产生的现金流量划分为经营活动产生的现金流量。

【阅读材料】

云南绿大地公司2010年度1~3月合并现金流量表项目出现26项差错,数千万元与数亿元的差错分别为8项和12项;2010年4月,云南绿大地公司对2008年销售退回实施差错更正,追溯调整减少2008年母公司及集团合并营业收入、营业成本分别为2 348.52万元和1 194.74万元;追溯调整增加2008年母公司及集团合并应付账款1 153.78万元,调减母公司及集团合并年初未分配利润、年初盈余公积分别为1 038.40万元、115.38万元。

(资料来源:刘晓波,王玥. 云南绿大地公司财务舞弊案例研究 [J]. 会计之友,2013 (5):62-65)

二、财务报表粉饰手法

传统的财务报表粉饰手法主要包括提前或推迟确认收入,或者确认虚假收入;利用虚拟资产高估利润;期间费用资本化;借助股权转让"炮制"利润;高估存货成本少计销售成本;利用其他应收款隐瞒亏损或藏匿利润。

(一) 操纵收入确认时间或确认虚假收入

收入,是指企业在日常活动中形成的、会导致所有者权益增加的、与所有者投入资本无关的经济利益的总流入。日常活动是指企业为完成其经营目标所从事的经营性活动以及与之相关的其他活动。企业确认收入的方式应当反映其向客户转让商品的模式,收入的金额应当反映企业因转让这些商品而预期有权收取的对价金额。对于收入的确认标准、确认时间、确认数值需要大量的职业判断。

财政部于 2017 年 7 月 5 日印发的《企业会计准则第 14 号——收入》对收入确认的原则做了规定，企业应当在履行了合同中的履约义务，即在客户取得相关商品控制权时确认收入。取得相关商品控制权，是指能够主导该商品的使用并从中获得几乎全部的经济利益，也包括有能力阻止其他方主导该商品的使用并从中获得经济利益。取得商品控制权包括以下三个要素：（1）客户必须拥有现时权利，能够主导该商品的使用并从中获得几乎全部经济利益。如果客户只能在未来的某一期间主导该商品的使用并从中获益，则表明其尚未取得该商品的控制权。（2）客户有能力主导该商品的使用。（3）客户能够获得几乎全部的经济利益。

收入确认时需同时满足以下若干前提条件，企业应当在客户取得相关商品控制权时确认收入：（1）合同各方已批准该合同并承诺将履行各自义务；（2）该合同明确了合同各方与所转让商品相关的权利和义务；（3）该合同有明确的与所转让的商品相关的支付条款；（4）该合同具有商业实质，即履行该合同将改变企业未来现金流量的风险、时间分布或金额；（5）企业因向客户转让商品而有权取得的对价很可能被收回。

收入确认的时间也做了规定：企业应当在履行了合同中的履约义务，即客户取得相关商品控制权时确认收入。企业应当根据实际情况，首先判断履约义务是否满足在某一时段内履行的条件，如不满足，则该履约义务属于在某一时点履行的履约义务。对于在某一时段内履行的履约义务，企业应当选取恰当的方法来确定履约进度；对于在某一时点履行的履约义务，企业应当综合分析控制权转移的迹象，判断其转移时点。

对于在某一时段内履行的履约义务，企业应当在该段时间内按照履约进度确认收入，履约进度不能合理确定的除外。企业应当采用恰当的方法确定履约进度，以使其如实反映企业向客户转让商品的履约情况。企业应当考虑商品的性质，采用产出法或投入法确定恰当的履约进度，并且在确定履约进度时，应当扣除那些控制权尚未转移给客户的商品和服务。

当一项履约义务不属于在某一时段内履行的履约义务时，应当属于在某一时点履行的履约义务。对于在某一时点履行的履约义务，企业应当在客户取得相关商品控制权时点确认收入。在判断客户是否已取得商品控制权时企业应当考虑下列迹象。

（1）企业就该商品享有现时收款权利，即客户对该商品负有现时付款义务。

（2）企业已将该商品的法定所有权转移给客户，即客户已拥有该商品的法定所有权。

（3）企业已将该商品实物转移给客户，即客户已实物占有该商品。

（4）企业已将该商品所有权上的主要风险和报酬转移给客户，即客户已取得该商品所有权上的主要风险和报酬。

（5）客户已接受该商品。然而在实际操作中，存在着许多需要会计人员进行职业判断的余地。也为管理层进行会计报表粉饰提供了余地。对收入进行粉饰，一般外部的投资者通常较难发现。企业，特别是上市公司操纵收入确认的手法主要包括：①透支未来收入；②储备当期收入；③伪装收入性质；④弯曲部分收入；⑤扩大收入规模；⑥虚构经营收入；⑦相互抬高收入；⑧隐瞒关联收入；⑨篡改收入分配。

（二）利用虚拟资产高估利润

虚拟资产是指已经发生的费用或损失，但由于企业缺乏承受能力而暂时挂列为待摊费用、递延资产、待处理流动资产损失和待处理固定资产损失等资产项目。广义虚拟资产包括资产潜亏，例如潜在的坏账损失、潜在的存货跌价损失、潜在的长期资产（如长期股权投资、固定资产、在建工程和无形资产）的价值减损。利用虚拟资产科目，暂挂费用或损失项目，不及时确认、少摊销或不摊销已经发生的费用和损失是上市公司通过虚盈实亏粉饰会计报表的常用手法。

（三）期间费用资本化

上市公司发生的费用和支出必须区分为资本性支出和收益性支出。资本性支出是指通过它所取得的财产或劳务的效益，可以划分到多个会计期间发生的那些支出，例如购置固定资产和无形资产支出。收益性支出指企业单位在经营过程中发生、其效益仅与本会计年度，或一个营业周期相关，因而由本年收益补偿的各项支出，例如管理费用和销售费用。这些支出发生时，都应计入当年有关成本费用科目。根据这一要求，上市公司为在建工程和固定资产等长期资产支付的专项长期借款而支付的利息费用，在长期资产投入使用前，可予以资本化，计入对应长期资产的成本。广告促销支出和研究开发支出，有可能使上市公司在一个以上的会计年度或经营周期收益，从理论上说属于资本性支出，基于广告促销和研发支出能带来的未来经济利益具有很大不确定性，因此，准则要求将其作为期间费用，不得资本化。

在实际工作中，一些上市公司滥用利息资本化的规定，或将广告促销和研发支出计入资本化项目，蓄意调节利润。

（四）高估存货少计销售成本

对于一些经营规模、资产规模较大的上市公司，由于其存货品种繁多，构成复杂，存放地点分散，盘点工作量大，应收账款数量多，很容易利用存货和应收款调节利润，粉饰会计报表。典型做法包括：（1）利用存货难以直接盘点或计量误差，夸大期末存货或存货盘盈，少转主营业务成本；（2）向关联方高价销售商品或提供劳务，夸大主营业务收入，提高销售毛利率；（3）多提存货跌价准备，为未来会计期间拓展盈利空间；（4）夸大应收账款，虚构销售收入；（5）随意改变应收账款账龄或坏账准备计提比例，调节利润；（6）全额计提坏账准备，并在收回期间确认为当期收益。

(五) 借资产重组进行会计造假

资产重组是上市公司为了优化资本结构，调整产业结构，完成战略转移等目的实施的资产置换和股权置换。

资产重组成为粉饰财务报表的常见手段。部分上市公司以转移利润为目的进行资产重组，由非上市的关联股东将利润转移至上市公司，以达到配股、增发或避免被摘牌的厄运。典型做法包括：（1）借助关联交易，由非上市的关联股东以优质资产置换上市公司的劣质资产；（2）由非上市的关联股东将盈利能力较高的下属企业廉价出售给上市公司；（3）将亏损子公司高价出售给关联股东；（4）将不良债权和股权出售给关联股东；（5）互购资产，哄抬利润和资产价值；（6）剥离资产和负债。

(六) 通过关联交易，不当输送利益

我国许多上市公司由国有企业改组而成。股份制改组后，上市公司于改组前的母公司及母公司控制的其他子公司之间普遍存在关联关系和关联交易。利用关联交易不当输送利益，其主要方式包括：（1）虚构经济业务，人为抬高上市公司业务和效益；（2）采用高于或低于市价的方式，进行购销活动或资产置换；（3）以旱涝保收的方式委托经营或受托经营，虚构上市公司经营业绩；（4）以低息或高息发生资金往来，调节财务费用；（5）以收取或支付管理费、分摊公用费用等手段调节利润；（6）隐瞒关联关系，为关联企业提供贷款担保。

(七) 随意追溯调整，逃避监管规定

根据财政部《会计政策、会计估计变更和会计差错更正》原则，上市公司变更会计政策或发生重大会计差错时，必须采用追溯调整法，将会计政策变更的累计影响或重大会计差错的影响数在以前年度进行反映；对于会计估计变更，则采用未来适用法，将变更的影响数在当期及以后各期反映。实际操作中，会计政策变更、会计估计变更和会计差错更正的区分界限不够清晰，这给财务报表粉饰提供了机会。典型做法是，故意混淆会计政策与会计估计变更，或者将会计估计变更解释为重大会计差错，滥用追溯调整。

(八) 利用收购合并进行数字游戏

收购兼并在我国日趋普遍。利用兼并进行财务报表粉饰的主要手法包括：（1）规避购买法，选择权益结合法；（2）操纵收入和费用确认时间，将被并购公司购买日前的利润转移到购买日后的会计期间；（3）在购买日前计提大量或有负债，在购买日后重回或冲减经营费用。

第三节 财务报表粉饰的识别

一、财务报表粉饰和一般预警信号

财务报表粉饰具有四个显著的特点：（1）企业高管往往牵涉其中；（2）上下串通，常常为内外勾结等群体舞弊；（3）通常以维护企业利益为借口；（4）造成的损害更具破坏性。综合阿尔布雷特（Albrecht）对舞弊风险预警信号的研究以及SAS99对风险要素的论述，财务报表粉饰的一般预警信号可归纳为以下四类。

（一）管理层面的预警信号

倘若发现下述预警信号时，表明企业可能存在财务报表舞弊，具体包括：（1）高管人员有舞弊或其他违反法律法规的不良记录；（2）高管团队或董事会频繁改组；（3）高管人员或董事会成员离职率居高不下；（4）关键高管人员的个人财富与企业的经营业绩或股价表现联系过于密切；（5）高管人员处于达到盈利预期或其他财务预期的压力下；（6）高管人员对不切实际的财务目标作出承诺；（7）高管人员的报酬主要以财务业绩为基础，或决策受制于债务契约，且违约成本高昂；（8）高管人员过分热衷于维持或提高股价、热衷于税务筹划；（9）公司重大决策由极少数关键人物左右，且逾越决策程序的独裁现象司空见惯；（10）高管层对于倡导正直诚信的文化氛围缺乏兴趣；（11）高管人员经常向下属经营班子下达激进的财务目标或过于严厉的支出预算；（12）高管层过多介入专业性很强的会计政策选择、会计估计和会计判断；（13）高管层频繁接受媒体的采访宣传。

（二）关系层面的预警信号

观察企业在处理与金融机构、关联企业、注册会计师、律师、投资者和监管机构的关系时是否存在异常情况，也可对企业是否进行财务报表舞弊作出判断。这些关系层面的预警信号主要包括：（1）贷款或其他债务契约的现值对企业的经营或财务决策构成重大问题；（2）银企关系异常（如与异地的金融机构关系过于密切、开设的银行账户众多）；（3）高管人员或董事会成员与主办银行的高层关系过于密切；（4）频繁更换为之服务的金融机构；（5）缺乏正当的商业理由，利用主要银行账户、子公司或经营业务进行避税；（6）企业向金融机构借入高风险的贷款并以关键资产作抵押；（7）企业的经营模式缺乏独立性，原材料采购和产品销售主要通过关联企业进行；（8）经常在会计期末发生数额巨大的关联交易；（9）关联交易明显缺乏正当的商业理由；（10）对关联方的应收或应付款居高不下；（11）企业与其聘请的会计师事务所关系高度紧张或关系高度密切；（12）企业频繁更换会计师事务所或拒绝更换信誉不良的会计师事务所；

（13）企业高管人员向注册会计师提出不合理的要求；（14）企业高管人员对注册会计师审计过程中需要询问的人员或需要获取的信息施加了正式或非正式限制；（15）企业经常变更律师事务所或法律顾问；（16）企业经常卷入诉讼官司；（17）企业高管层与股东之间的关系紧张；（18）企业频繁发行或增发新股、债权，导致投资者抱怨或抵制；（19）企业高管层与投资银行或证券分析师关系过于密切或紧张；（20）企业高管层与证券监管机构关系紧张；（21）企业高管人员或董事会成员在财务报告和信息披露方面受到证券监管机构的处罚或批评；（22）企业与税务机关税务纠纷不断。

（三）组织结构和行业层面的预警信号

组织结构和行业层面的主要预警信号包括：（1）企业的组织机构过于复杂；（2）企业的主要子公司或分支机构地域分布广泛，且缺乏有效控制和沟通；（3）缺乏内部审计机构或内部审计人员配备严重不足；（4）董事会成员主要由内部执行董事组成；（5）董事会的作用过于被动，受制于企业高管层；（6）未设立审计委员会，或审计委员会独立性及专业性不足；（7）企业的信息系统薄弱或IT人员配备不足；（8）企业所在行业处于成熟或衰退阶段；（9）企业所在行业竞争加剧；（10）企业所在行业技术进步迅猛，产品和技术具有很高的陈旧风险；（11）在行业一片萧条时，企业的经营业绩显著；（12）企业遭受巨额经营损失，面临破产、被敌意收购或其他严重后果；（13）企业所在行业对资产、负债、收入和成本的确认高度依赖于主观估计和判断。

（四）财务结果和经营层面的预警信号

财务成果和经营层面的主要预警信号包括：（1）报表项目余额和金额变动幅度巨大；（2）收入和费用比例严重失调；（3）报表项目的余额或金额源于一笔或少数几笔重大交易；（4）会计期末发生"形式重于实质"的重大交易且对当期经营业绩产生重大影响；（5）经营业绩与财务分析师的预测惊人接近；（6）在连年报告净利润的同时，经营活动产生的现金流量持续入不敷出；（7）企业高度依赖于不断的再融资才得以持续经营；（8）对外报告的资产、负债、收入和费用主要建立在高度主观的估计和判断基础上，且企业的财务状况和经营业绩很可能随着估计和判断基础的变化而严重变化；（9）企业对外报告的盈利能力以远高于竞争对手的速度迅猛增长；（10）企业的主要成本费用率大低于竞争对手；（11）财务报表附注晦涩难懂；（12）财务报表被注册会计师出具"不干净"意见的审计报告；（13）企业连续多年通过非经营性收益得以保持盈利记录；（14）企业经营业绩预期所处的行业地位不相称；（15）企业经营成功与否高度倚重的产品或服务面临着市场竞争、技术进步、消费偏好或替代品的严峻挑战；（16）企业财务杠杆高，处于违反债务契约的边缘；（17）企业对外报告的经营业绩与内部预算或计划高度保持一致；（18）企业因经营业绩不佳导致其股票交易持续低迷，面临被交易所终止交易的风险。

二、财务报表粉饰的具体预警信号

财务报表粉饰的对象包括销售收入、销售成本、负债和费用、资产和披露等五种形式。其具体预警信号如下。

（一）销售收入粉饰的预警信号

收入舞弊的常见预警信号包括：（1）对外报告的收入太高、销售退回和销售折扣过低、坏账准备的计提不足；（2）对外报告的收入中，已收回现金的比例偏低；（3）应收账款的增幅明显高于收入的增幅；（4）在根据收入测算的经营规模不断扩大的情况下，存货呈现急剧下降趋势；（5）当期确认的应收账款坏账准备占过去几年销售收入的比重偏高；（6）本期发生的退货占前期销售收入的比重偏高；（7）销售收入与经营活动产生的现金流入呈背离趋势；（8）与收入相关的交易没有完整和及时记录，或者在交易金额、会计期间和分类方面记录明显不当；（9）记录的收入缺乏凭证支持或销售交易未获恰当授权；（10）最后时刻的收入调整极大改善了当期的经营业绩；（11）无法出示销售交易循环中的关键凭证；（12）未能提供证明收入的原始凭证，或以复印件代替原件的现象频频出现；（13）未能对银行存款往来调节表或其他调节表上的重大差异项目作出合理解释；（14）销售收入和现金日记账存在明显不平衡；（15）与收入相关的记录（如应收款记录）与询证证据（如函证回函）存在异常差异；（16）高管层逾越销售交易循环的内部控制；（17）新客户、异常客户或大客户为遵循惯常的客户审批程序；（18）高管层或相关雇员对收入或收入异常现象的解释前后矛盾、含混不清或难以置信；（19）存在着禁止注册会计师接触相关设施、雇员、记录、客户、供应商等有助于获取收入证据的行为；（20）高管层在收入确认上对注册会计师施加了过分的时间压力；（21）对注册会计师要求提供的收入相关信息拖延搪塞；（22）高管层对注册会计师就收入提出的质询作出行为失常的举动；（23）接到客户、雇员、竞争对手关于收入失实的暗示或投诉。

【阅读资料】

2017年3月21日，昆明机床发布公告表示在2016年年度报告审计中发现以往年度可能存在财务违规的重大风险。昆明机床表示该项财务违规可能导致2012~2016年发生连续5年亏损情况。并于2017年3月21日发布昆明机床收到上交所关于公司涉嫌财务违规事项的问询函公告。而后2017年3月23日发布独立董事杨雄胜辞职公告，独立董事杨雄胜辞职的原因是在昆明机床会计信息质量要求方面一直存在质疑，并努力发表意见却不被接纳，由此怀疑公司高管存在故意财务违规事项。因此辞去公司独立董事、董事会提名委员会委员和董事会审计委员会委员及主任委员职务。同日，昆明机床收到了中国证券监督委员会调查书，开始接受监管机构的调查。

一年过后，于2018年2月5日，中国证券监督委员会发布关于昆明机床财务违规事件的行政处罚决定书。根据行政处罚决定书揭露，昆明机床于2013~2015年存在虚增利润的行为。3年共计虚增收入483 080 163.99元，少计存货505 985 325.86元，少计管理费用29 608 616.03元，多计成本235 272 252.56元，共计虚增利润228 101 078.73元。根据行政处罚决定书，将昆明机床财务违规行为整理如下。

（1）2013年度昆明机床总计虚增利润70 179 444.39元，而2013年当年度公开披露的利润总额为8 664 920.77元，虚增的利润数占2013年度当年度公开披露经审计的利润总额的706.21%，扣除虚增的利润，会发现其实2013年度当期实际利润总额应该是负数，也就是亏损状态。而虚增利润导致2013年利润转亏为盈，使其性质发生了变化。

（2）2014年度昆明机床存在财务违规行为导致共计虚增利润50 827 156.90元，2014年度当期公开披露利润总额为-172 492 402.18元，减少了2014年度当期的利润亏损额，粉饰了报表，减少的亏损额数占2014年度当期公开披露经审计利润总额的29.47%。

（3）2015年度昆明机床发生的财务违规行为导致利润总额虚增，其虚增额约为1.07亿元，进而观察2015年度公开披露经审计利润总额约为-2.19亿元，虚增利润导致2015年当期公开披露的亏损额有所减少，且其减少额占2015年当期公开披露经第三方独立机构审计的利润总额的48.82%。

综上所述，昆明机床于2013年年度报告、2014年年度报告以及2015年年度报告的披露上构成信息披露违法，其中存在不真实记录的违法行为。

（资料来源：袁睿. 昆明机床财务舞弊案例研究［D］. 广州：华南理工大学，2019）

【小贴士】

如果在接近资产负债表日存在大额的销售退回，要关注销售的真实性，是否存在虚构销售的情形。

（二）销售成本粉饰的预警信号

常见的销售成本粉饰的预警信号包括：（1）对外报告的销售成本太低或降幅太大、购买退回和购货折扣太高；（2）期末存货余额太高或增幅太大；（3）与存货和销售成本相关的交易没有完整和及时进行记录，在交易金额、会计期间和分类方面记录不当；（4）记录的存货和销售成本缺乏凭证支持；（5）期末的存货和销售成本调整对当期的经营成果产生重大影响；（6）未能提供可证明存货和销售成本的原始凭证，或只能提供复印件；（7）与销售成本相关的会计记录（购货、销售、现金支付日记账）明显不相勾稽；（8）存货和销售成本的会计记录与佐证证据（如存货实务盘存记录）存在异常差异；（9）存货盘点数与存货记录数存在系统性差异；（10）存货收入报告与存货实收数存在差异；（11）采购订单、采购发票、存货收入报告和存货记录之间不一致；（12）存货供应商没有出现在经过批准的卖主清单上；（13）存货丢失或盘亏数量巨大；（14）采购订单或发票号码被复制；（15）供应商的身份难以通过信用调查机构或其他渠道予以证实；(16) 高管层逾越与存货和销售成本循环的内部控制；(17) 新的或异常的供货上未遵循正常的审批程序；(18) 存货实物盘点制度薄弱；(19) 高管层或相关雇员对存货和销售成本的解释前后矛盾或含糊不清；(20) 存在禁止注册会计师接触相关设施、雇员、记录、客户、供应商等有助于获取存货和销售成本证据的行为；(21) 高管层对注册会计师解决复杂的存货和销售成本问题施加不合理的时间压力；(22) 对注册会计师要求提供的存货和销售成本相关信息拖延搪塞；(23) 高管层对注册会计师就收入提出的质询作出行为失常举动；(24) 接到知情者关于存货和销售成本不实的暗示或举报。

(三) 负债和费用粉饰的预警信号

负债和费用舞弊的常见预警信号包括：(1) 期后事项分析表明，在下一会计期间支付的金额属于资产负债表日存在的负债，但未加以记录；(2) 存货盘点数超过存货会计记录数；(3) 仓库进出记录表明期末有验收入库的存货，但采购部门未能提供采购发票；(4) 供货发货声明上载明的金额未体现在会计记录上；(5) 采购金额、数量和条件与询证函存在重大差异，且未能调节一致；(6) 截止期测试发现大量存货被归属于错误会计期间；(7) 未能提供雇员薪酬个人所得税代扣证明；(8) 有贷款但没有相应的利息支出，或有利息支出但未体现贷款；(9) 有租赁办公场所、但没有相应的租金支出；(10) 在会计期末编制了增加销售收入、减少预收货款的重分类记录；(11) 收入会计记录与客户函证存在重大差异；(12) 产品担保支出大大超过担保负债；(13) 客户的回函表明企业与客户签订了回购协议；(14) 将保证金记录为收入；(15) 董事会已批准的贷款在会计记录上未得到体现；(16) 银行回函上载明的贷款没有在会计记录上体现；(17) 有租金支出，但没有租赁负债；(18) 银行对账单上出现巨额贷项；(19) 董事会会议记录讨论的或有负债没有体现在会计记录上；(20) 向外聘律师支付了大额费用；(21) 律师函表明企业可能卷入重大法律诉讼，但未确认或有负债；(22) 监管部门的公函表明企业可能存在重大违法违规行为，但企业既未确认或有负债，也未在附注披露；(23) 企业设立了众多的特殊目的实体，且资金往来频繁；(24) 企业与关联方的资金往来频繁，委托付款或委托收款现象突出；(25) 在收购兼并过程中未预提重组负债和重组费用；(26) 以前期间提取的重组负债在本期被用于重建经营费用；(27) 对注册会计师要求提供的重要负债和费用相关信息拖延搪塞；(28) 高管层对注册会计师就重要负债和费用提出的质疑作出行为失常的举动；(29) 接到知情者对重要负债和费用不实的暗示或举报。

(四) 资产粉饰的预警信号

资产舞弊的常见预警信号包括：(1) 缺乏正当理由对固定资产进行评估并将评估增减值调整入账；(2) 频繁进行非货币性资产置换，有可能虚构利润并夸大资产价值；(3) 重大资产剥离；(4) 在某个会计期间计提了巨额的资产减值准备；（5）注销的资产价值大大超过以前年度计提的减值准备；（6）固定资产、在建工程和无形资产中包含了研究开发费用或广告促销费用；（7）固定资产和在建工程当期增加额与经过批准的资本支出预算存在重大差异，且未能合理解释；（8）缺乏正当理由将亏损子公司排除在合并报表之外；（9）采用成本法反映亏损的被投资单位；（10）经常将长期投资转让给关联方或与关联方置换；（11）频繁与关联方发生经营资产买卖行为；（12）固定资产和无形资产的折旧或摊销政策不够稳健；（13）未能提供重要设备资产和土地资源有效的产权凭证；（14）重大资产的购置或处置未经恰当的授权批准程序；（15）未建立有效的固定资产盘点制度；（16）高管层或相关雇员对重大资产的解释前后矛盾或含混不清；（17）存在禁止注册会计师接触相关设施、雇员、记录、供应商等有助于获取重大资产证据的行为；（18）高管层对注册会计师解决复杂的资产计价施加不合理的时间压力；（19）对注册会计师要求提供的重要资产相关信息拖延搪塞；（20）高管层对注册会计师就重要资产提出的质询作出行为失常的举动；（21）接到知情者对重要资产不实的暗示或举报。

【阅读资料】

  2017年11月22日，尔康制药在停牌196天后发布了自查报告，其中对之前提出的质疑和各种负面报道作出了回应。公司声明，对2017年业绩进行下调是因为改性淀粉的产品市场受到了行业政策环境变化的冲击，导致公司上半年业绩不能达到预期，并且之前发布的业绩预告是公司财务部门的预估情况，肯定会与实际情况存在差异。公告显示公司预计虚增利润2.31亿元，其中包括尔康制药子公司虚增营业收入约2.29亿元，虚增净利润约2.09亿元，还包括公司未能及时处理北美地区代理商SYN公司的销售退回事项，虚增营业收入0.26亿元，虚增净利润0.22亿元。从其解释来看，此次虚增利润主要是由于客观原因，公司有关业务部门和财务部门未能及时进行信息沟通。其解释难以令大众信服，尔康制药2017年11月23日复牌后股价累计跌幅超过36%，严重拖累重仓持有的公募基金。

  根据尔康制药的年报显示，公司2015年和2016年聘请的审计事务所是天健会计师事务所，两年分别支付审计费100万元和130万元。2015年，尔康制药的全资子公司尔康香港公司先是从尔康制药的另一子公司尔康柬埔寨公司手中购入了200吨改性淀粉，随后又将这些原料通过上海某实业公司和广州某食品公司进行虚假销售，使得原料又回到了尔康制药内部。尔康制药2015年虚增营业收入1 805万元，虚增净利润1 585万元，占当期净利润金额的2.62%。而当时负责该项目的注册会计师贺梦然、胡萍却出具了标准无保留审计意见。2016年尔康制药故伎重施，将1 878吨改性淀粉通过中间商进行虚构业务，另外尔康柬埔寨公司存在216吨改性淀粉的销售退回事项未及时进行确认。2016年尔康制药虚增营业收入2.55亿元，虚增净利润2.32亿元，占当期净利润金额的23%，而注册会计师贺梦然、严芬依旧出具了标准审计意见，认为尔康制药的财务报表在所有重大方面均公允反映了公司的实际经营情况和财务成果。

2018年4月，证监会发布了对尔康制药财务舞弊问题的调查报告，证实了尔康制药在2015年虚构营业收入1 805万元、净利润1 585万元，在2016年虚增营业收入2.55亿元、净利润2.32亿元。证监会谴责了尔康制药的舞弊行为，责令改正并给予警告。

（资料来源：李若瑜．医药业"白马股"尔康制药财务舞弊案例研究［D］．石家庄：河北经贸大学，2019）

（五）信息披露粉饰的预警信号

信息披露舞弊的常见预警信号包括：（1）因信息披露原因受到证监会或证交所的处罚或警告；（2）披露程度只达到部门的最低要求，鲜有额外的自愿性披露；（3）会计政策披露晦涩难懂；（4）对收购兼并、或有事项等重大事项的披露不够细致完整；（5）对重大经营的非经营损失的解释过于简明扼要；（6）财务信息的披露与经营活动的总结相互矛盾；（7）财务信息的披露与公司对外宣传或新闻媒体的相关报道存在不一致现象；（8）财务信息披露与董事会会议记录存在重大差异。

三、财务报表粉饰的识别方法

（一）分析财务报表之间勾稽关系法

1. 分析本期财务报表与前期财务报表之间的关系。本期财务报表与前期财务报表的勾稽关系包括本期报表有关项目的期初数应等于前期报表的期末数，本期报表有关项目的累计数应等于前期报表的累计数加上本期发生数等。有些被粉饰过的财务报表的期初数和期末数会产生较大的差异。

2. 分析同一财务报表项目之间的勾稽关系。同一财务报表项目之间的勾稽关系，有诸如"资产＝负债＋所有者权益的动态平衡关系""利润＝收入－成本（费用）"的动态平衡关系，以及各项目明细数与合计数的勾稽关系等。一般而言，检查上述两类技术性错误比较容易。

3. 分析财务报表与财务报表项目之间的勾稽关系。财务报表与财务报表项目之间的勾稽关系很多，例如利润分配表中的未分配利润与资产负债表中的未分配利润有勾稽关系，资产负债表中有关现金及现金等价物期末余额与期初余额之差等于现金流量表中现金及现金等价物净增加额，利润表中的净销货额－资产负债表中的应收账款（票据）增加额＋预收账款增加额＝现金流量表中的销售商品、提供劳务收到的现金等。检查这类错误，要求熟悉各张财务报表的编制理论和编制方法以及项目之间的勾稽关系。

4. 分析财务报表主表与附表之间的勾稽关系。财务报表主表与附表之间的勾稽关系，有比较简单的明细合计的关系，也有比较复杂、涉及数张报表发生额和余额的关系。例如固定资产及累计折旧明细表，既与资产负债表中的固定资产原价、净值和累计折旧存在勾稽关系，又与现金流量表中的固定资产折旧存在勾稽关系。又如无形资产及其他资产、待摊费用等明细表，也都存在关联。通过主表与附表的逐项对照，可以判明财务报表编制中是否存在技术性错误或人为操作留下的痕迹。

5. 分析财务报表与财务报表附注之间的关系。将财务报表与其附注相对照，可以了解企业财务报表的披露政策是否充分合理、会计估计是否科学、会计差错处理是否恰当等方面的信息，为判断报表的粉饰与企业财务报表是否存在技术性错误提供有用的信息。

财务报表的技术性错误往往与粉饰财务报表的动机交织在一起。因此，纠正财务报表的技术性错误在一定程度上调整了粉饰过的财务报表。对无技术错误的、被人粉饰过的财务报表的分析和调整其难度较大，特别是对无法检查企业会计账簿的外部使用者则更是如此。要识别被人为粉饰过的财务报表，分析者应该了解与企业供应和销售相关的市场信息、与企业所处行业相关的信息等多种宏观和微观的信息，还要具备丰富的分析经验。除此之外，还要掌握识别粉饰财务报表的会计分析方法。

（二）分析审计意见法

企业的财务报表，按是否经过审计来划分，可分为经注册会计师审计过的财务报表和未经注册会计师审计过的财务报表两类。一般来说，经注册会计师审计过的财务报表的可信度要高于未经注册会计师审计过的财务报表。在进行财务报表识别之前，要对财务报表进行可信度分析。在可信度分析中，要充分考虑注册会计师发表的审计意见，并对已经和未经注册会计师审计的财务报表进行详略程度不同的可信度分析。一般而言，对已经注册会计师审计过的财务报表，需结合审计报告意见，重点分析财务报表的粉饰状况；对未经注册会计师审计过的财务报表，除了分析财务报表粉饰状况之外，还需要判断财务报表中是否存在技术性错误等。审计报告是注册会计师根据独立审计准则的要求，在经过必要的审计程序后对被审计单位财务报表出具的审计意见的书面报告。它是投资者判断公司财务报表的重要线索。如果注册会计师出具的是标准的无保留意见的审计报告，一般来讲可以排除粉饰报表与利润操作的可能。当然有的注册会计师与被审计单位串通一气，弄虚作假另当别论。如果注册会计师出具的是带有说明性无保留意见的审计报告，或有保留意见、否定意见或无法表示意见的审计报告，则有理由怀疑公司有粉饰报表操纵利润的行为可能，对此必须严加管理。另外，在分析审计报告意见时，还应注意：一是个别上市公司在对外报告时所披露的注册会计师的审计意见与实际发表的意见不一致；二是对审计报告说明段中的说明事项应认真阅读，这些事项直接反映了公司粉饰报表的方式及对财务报表数据的影响。这些都是应关注的事项。

(三) 分析管理当局说明书法

根据法规规定，当注册会计师出具了非标准的无保留审计意见报告后，公司管理当局（包括董事会、监事会）应在公司的年度报告中对此加以说明。分析者在阅读了注册会计师的审计意见后，再听一听公司管理当局的解释，可以更清楚地了解公司的财务报表是否真实、公允，公司是否粉饰了财务报表或操作了利润等。

(四) 分析性复核法

分析性复核法是对企业重要的财务比率或趋势的异常变动及其与预期数据和相关信息的差异进行分析判断，常用的方法有水平分析、比率分析、结构百分比和趋势分析等方法。例如通过比率分析计算出盈利能力指标或偿债能力指标的数值，远高于或远低于经验值，又无法进行合理解释；又如通过趋势分析发现盈利能力比率的增幅明显过大，或是对盈利进行构成分析时发现主营业务利润只在利润总额中占有很小一部分等，这些现象都有可能提示企业进行会计造假。通过分析性复核，可以发现会计报表中的异常波动，进而识别会计报表中的粉饰问题。

(五) 现金流量分析法

在识别是否存在粉饰现象中，还应注意对企业现金流量的分析。现金流量分析法是指将经营活动产生的现金净流量、投资活动产生的现金净流量、总的现金净流量分别与主营业务利润、投资收益和净利润进行比较分析，以判断企业的主营业务利润、投资收益和净利润的质量。一般而言，没有相应现金净流量的利润，其质量是不可靠的。企业的现金净流量不应该长期低于其净利润，因为按照会计学原理，随着时间推移，权责发生制核算的结果与按收付实现制核算的结果差异应逐渐缩小并趋于零，否则，意味着企业可能将应计入费用的项目变为虚拟资产，通过增加虚拟资产来操纵利润，表明企业可能存在粉饰会计报表的现象。同时，尤其要观测公司的营业利润及经营活动产生的现金流量。在利润表上作假比在现金流量表上作假要容易得多，前者通过虚开发票，虚构交易很容易完成。如果公司上下合谋，从原材料的购进到产品的销售出库各个环节单证手续齐全，即使注册会计师也很难审计出来。但现金流量就不一样了，如果想虚增现金流量，一方面需要有外部资金进账；另一方面还需要银行方面提供齐备的交易记录，但这两点通常是很难办到的。因此，投资者可结合利润表中的营业利润与现金流量表中经营活动产生的净现金流来判断公司报表是否存在作假嫌疑。在分析时，投资者可构造比率，用营业利润除以经营活动产生的现金流量，然后做趋势分析，如果比率在不断加大，则基本可以判断公司可能存在问题。这个比率也可与同行业比较，如果与行业平均水平相比相差太大投资者也应警觉。

（六）特殊项目分析法

特殊项目通常是指财务报表中如应收账款、其他应收款、投资收益、关联交易、资产负债表日后事项、或有事项等，以及财务报表中所披露的会计政策及其变更等。特殊项目分析法是指通过对以上这些项目进行重点分析，从而发现粉饰财务报表行为的一种方法。

（七）报表重组识别法

资产重组可分为报表重组和实质重组，报表重组并不能对企业经营效率产生实质性的改善，只能改变短期内的财务报表数字，例如提高利润、净资产收益率等。而实质重组可以提高企业的真实业绩，优化企业的资源配置，对企业的未来产生积极影响。分析人员可依据以下六条线索识别报表重组：（1）从重组的规模来看，假重组的规模一般不大，收购或出售的资产总额一般低于总资产的50%；（2）从重组的行业来看，假重组通常不改变公司的主业；（3）从重组双方来看，假重组多发生在关联企业或者同地区的企业之间；（4）从时间来看，假重组多发生在下半年；（5）从高层管理人员来看，假重组一般不会伴随高层管理人员的更换；（6）从公司的处境来看，假重组公司通常是已经面临困境或即将陷入困境，如两年连续亏损，需要进行配股，必须将净资产收益率做到证监会规定的标准。

（八）环境信号分析法

公司环境识别的一些信号有：（1）经常签订企业合并协议；（2）公司有利润操纵的历史；（3）更换了会计师公司或解雇了审计人员；（4）公司增长迅速，很难正确对待内部控制；（5）为了达到某个目标，以牺牲企业其他方面的明显利益为代价；（6）业绩太好以至于难以相信；（7）与同业对比发现异常，例如同是效益一般而该公司非常特殊，但又没有不同于同业特殊项目及原因等。

（九）关联方交易分析

在某些情况下，关联方之间可通过虚假交易达到财务报表粉饰的目的。

1. 关联方交易的定义。关联方交易是指在关联方之间转移资源或义务的事项，而不论是否收到价款。这一定义的要求有：（1）按照关联方定义，构成关联方关系的企业之间、企业与个人之间的交易通常是在关联方关系已经存在的情况下，关联各方之间的交易；（2）资源或义务的转移是关联方交易的主要特征，通常情况下，在资源义务转移的同时，风险和报酬也相应转移；（3）关联方之间资源或义务的转移价格是了解关联方交易的关键。关联方交易通常来说能在一般商业条款中使参与双方受益。但在某些情况下，关联方交易是为了使交易的一方受益面进行的，例如，某公司董事可能影响销售给他本人的一项资产的价格，使之低于市价，或是一方为另一方提供便利而参与交易。另外，一项关联方交易可能按为减少企业由于另一国家税收或关税引起的财务负担而设计的条款定价。

2. 关联交易的目的。关联交易的目的主要可以分为两类。

首先是通过关联交易实施利润转移和利润操纵。在具体操作上存在两种相反的利润流动方向：一是通过关联交易将利润从子公司转出；二是母公司利用此种方法包装上市公司业绩，成为一些业绩差的公司迅速扭亏为盈的方法。尤其是当被收购公司在前两年满足配股资格，第三年出现效益滑坡时，新控股股东通过一次性利润输送确保当年可以配股。对于某些上市公司被收购前已经出现亏损，必须等满3年才有可能获得融资机会。新控股公司为了较快收回收购成本，常常采用大规模输送利润的手法从账面上提高上市公司每股收益，利用投资者根据当期市盈率确定股价的心理，操纵股票市场价格大幅度上涨，并从中牟取暴利。

其次是通过关联交易达到避税的目的。关联方通过转移支付、高买低卖等手段，可以将利润私自隐藏在企业内部，而对外界呈现出低利润或亏损状况，以达到少纳税的目的。另外，由于政府对兼并重组具有税收优惠政策，关联方可以通过虚假的兼并重组得到真正的税收减免。

对转移价格引起的"营业外收入""营业成本""管理费用"等项目脱离实际状况的识别难度较大，要求分析者掌握市场价格和企业的定价政策。在分析识别过程中，要充分利用会计报表附注说明和相关明细表。如果关联交易占销售货物和采购货物的比重较大（大于20%），那么，就有必要分析比较关联交易与非关联交易的价格差异。如果价格差异过大，则有操纵利润之嫌，需要调整因价格差异而影响到利润额。

【阅读资料】

关联交易中滋生了大量的不等价交易、虚假交易，损害了大量中小投资者的利益，并有可能造成国有资产的流失。在关联交易的分析中，重点应关注关联交易的实质，即关联交易对财务状况和经营成果的影响。发现反常现象，深入审查，特别要注意以下四种情况。

（1）购销价格反常、售后短期内又重新购回、低价售给无须经手的中间企业、货款久拖不还、货款未清又赊欠等购销业务。例如某企业将刚开挖的地基高价出售给自己的子公司，形成巨额虚假利润，造成股票暴涨，坑害股民。再如某企业为保证其上市子公司的业绩，将自己的产品按正常渠道销售给客户后，指使客户将货款汇给子公司，然后在账上记录此业务是先销售给子公司，再由子公司销售给客户，中间的价差转给子公司，使子公司盈利。

（2）资金拆借低于或高于市场利率、借给不具备偿债能力的企业、逾期不还等资金融通业务。例如某企业将款项借给其关联公司后，称该关联公司无力偿还，便分三次将该笔借款作为坏账注销，此种做法实质上是转移资金和利润。

（3）劳务、咨询、管理费价格不合理，对不存在或无法实现的咨询服务付费等费用支出业务。如某中外合资企业外方股东购入两套高出正常价格60%的设备，企业称高出部分是技术服务费，其实外方股东是一家贸易公司，根本没有能力也从未提供过技术服务。再如,某企业每年向其设在深圳的子公司缴纳近千万元的咨询服务费,名义为从特区窗口获取信息,实则是出国出境的招待费。

(4) 反常的投资收益、利息收入、租金收入。例如某上市公司为粉饰业绩,让子公司或其他关联企业先支付给它高额的投资收益、利息和租金,以抬高自己的利润。上述调节利润的方法,除转移价格和管理费用分摊之外,其余所产生的利润大都体现在"其他业务利润""投资收益""营业外收入""财务费用"等具体项目中。识别时,首先,要计算各项目中关联交易产生的盈利分别占项目总额的百分比和这些项目占利润总额的比例,判断企业盈利能力对关联企业的依赖程度;其次,要分析这些关联交易的必要性和公正性;最后,将非必要和欠公正的关联交易所产生的利润,从企业利润总额中剔除,以反映这些项目的正常状况。

若关联交易产生的盈利占利润总额的比重过大,表明企业利润对关联企业的依赖程度过高,如果从定价政策分析交易为非公正交易,则有粉饰之嫌。

【例题 11-1】雨天公司某年度利润表中"利润总额"为 8 500 万元。其中,"其他业务利润"为 1 000 万元,"投资收益"为 2 000 万元,"营业外收入"为 2 500 万元。在会计报表附注及相关明细表中反映,1 000 万元其他业务利润中有 800 万元来自关联企业交付的商标使用费,2 000 万元投资收益中有 1 800 万元来自向关联企业转让的股权投资收益,2 500 万元营业外收入中有 1 500 万元来自用房产向关联企业置换流水生产线的收益。

要求:请根据所学知识作出正确的评价。

解答:按上述资料,可以发现各项目中关联交易产生的盈利分别占其他业务利润的 80%(800/1 000)、投资收益的 90%(1 800/2 000)营业外收入的 60%(1 500/2 500),合计则占利润总额的 48% [(800+1 800+150)/8 500] 这反映出该企业利润对关联企业的依赖程度极高。如果通过进一步的定价政策分析,发现上述交易均为非公正交易,属于利润操纵行为,那么就应该将这些盈利剔除,调减利润总额 4 100 万元。剔除虚增盈利后的结果为:其他业务利润 200 万元,投资收益 200 万元,营业外收入 1 000 万元。

(十) 虚拟资产剔除法

虚拟资产剔除法就是将资产负债表中的长期待摊费用、递延税款、待摊费用、3 年以上的应收款项加以剔除,然后进行分析的一种方法。利用虚拟资产造假的共同特点是虚拟资产的多记少摊,识别利用虚拟资产调节利润的基本方法应是重点检查各类虚拟资产项目的明细表,以及注意财务报表附注中关于虚拟资产确认和摊销的会计政策,特别注意财务本年增加和未予正常摊销的项目,如发现异常,应予以调整。

【小贴士】

企业是否与两家存在关联关系的公司同时存在销售、采购的情况。如果交易是虚构的，销售所收到的资金往往会通过采购交易还给关联的公司，从而完成资金的闭环，如果企业与两家是否存在关联关系的公司同时存在销售、采购的情况，在调查的过程中需要重点关注交易的真实性和企业与交易对方是否存在实质关联方关系。

【本章小结】

1. 财务报表粉饰的动机分析包括业绩考核动机、债务契约动机、股票发行和上市资格维持动机、税收筹划动机、政治利益动机。当税收筹划动机与业绩考核、股票发行等其他动机相抵触时，会受制于其他报表粉饰动机，因而企业的最终决定，是在与其他报表粉饰动机进行权衡之后，选择最低限度降低税收现值的会计政策或做法。

根据粉饰对象的不同，财务报表粉饰可分为三种类型，分别是经营业绩粉饰、财务状况粉饰和现金流量粉饰。

2. 财务报表粉饰手法包括操纵收入确认时间或确认虚假收入、利用虚拟资产高估利润、期间费用资本化、高估存货少计销售成本、借资产重组进行会计造假、通过关联交易，不当输送利益、随意追溯调整、逃避监管规定、利用收购合并进行数字游戏等。

3. 财务报表粉饰具有四个显著的特点：企业高管往往牵涉其中；上下串通、内外勾结等群体舞弊；通常以维护企业利益为借口；造成的损害更具破坏性。财务报表粉饰的一般预警信号可归纳为管理层面的预警信号、关系层面的预警信号、组织结构和行业层面的预警信号以及财务结果和经营层面的预警信号四类。财务报表粉饰的对象包括销售收入、销售成本、负债和费用、资产和披露等五种形式。

4. 本章节还介绍了常见的识别方法，包括分析财务报表之间勾稽关系法、分析审计意见法、分析管理当局说明书法、分析性复核法、现金流量分析法、特殊项目分析法、报表重组识别法、环境信号分析法、关联方交易分析以及虚拟资产剔除法等。

【复习思考题】

1. 简述财务报表粉饰有哪些动机？
2. 简述财务报表粉饰的手段。
3. 常见的财务报表粉饰的识别方法有哪些？
4. 财务报表舞弊有哪些预警信号，在进行财务报表分析时应重点关注哪些内容？

【案例分析题】

甲企业是一家主营业务为汽车零配件的上市公司，其控股股东为一汽车整装企业（有自己的整车品牌）。甲企业的部分产品卖给控股股东，货款一般能如约收回。乙企业是一个亏损300多万元的企业，由控股股东解囊相助，代为支付了700多万元的巨额广告费用，占其全部广告费的70%，使乙企业年度会计报表盈利超过400万元。丙企业也亏损500多万元，控股股东将其持有的某公司100万股股权以每股1元转让给丙企业，20多天后，丙企业又以每股0.8元的价格将这些股权转让给另一企业，丙企业获得700万元的投资收益，丙企业年度会计报表盈利100多万元。丁企业将其拥有的某公司40%的股权，与控股股东所拥有的某电子公司进行置换，从中获利300多万元。上述交易都是上市公司的关联交易实例，而类似甲企业的交易模式并不多见，常见的是乙、丙、丁企业的交易。

要求：运用所学知识对上述案例进行分析。

分析要点包括：上述关联交易正常吗？不正常的交易动机何在？不正常交易会产生会计利润吗？

【章末案例】

上市公司财务造假的手段与识别方法：以康美药业为例

康美药业财务造假手段主要有如下三种。

一是使用虚假银行单据虚增存款。康美药业自查披露的财务数据显示，公司应收账款、在建工程和存货分别少计64.1亿元、6.31亿元、19.55亿元，多计货币资金299.44亿元。该种情况对应着财务造假的第二种手段、第三种手段和第四种手段，通过虚增货币资金、在建工程以及存货达到虚增利润的目的。

二是通过伪造业务凭证进行收入造假。同样是自查披露的财务数据显示，康美药业多计货币资金299.44亿元，多计营业收入88.98亿元，少计销售费用、财务费用共计7.25亿元。正是通过上述一系列手段，康美药业得以虚增公司营业利润，提高净利润，进而拉高其市值。该种情况对应着财务造假的第一种手段，通过虚增应收账款达到虚增利润的目的。

三是部分资金转入关联方账户买卖本公司股票。据后来公布的信息，自康美药业上市以来，一直都受到核心高级管理层和多个关联方的增持。大股东通过其控股的康美实业等公司频繁增持上市公司的股票。

从以财务造假手段可以看出，该公司造假的手段比较简单，并没有特别复杂的操作，完全可以从其财务数据异常中发现问题。

上市公司财务造假的识别方法如下。

通过分析财务报表中的异常现象，就可以识别上市公司财务造假行为。财务报表中的异常现象主要有以下几种：

第一，存贷双高。存贷双高，指银行存款余额和贷款余额都偏高。贷款余额一般用有息负债来表示，经营性负债不能计算在内，因为经营性负债是凭借自身的优势而占用的上下游的资金是一种无息贷款。具体来看，存贷双高并不是银行存款余额与贷款余额的绝对数，而是它们与总资产的比值。一般认为该比例超20%就会认为存贷双高了。

在一般情况下，从资产来源和占用的角度看，一家公司货币资金小于有息负债，那么可能代表货币资金的来源全部是有息负债，自由现金流很少，很容易出问题。但是康美药业的银行账户上却有大量的银行存款可以去偿还贷款和贷款利息，这有些不符合正常的商业逻辑。货币资金和银行借款"双高"：2017年末，货币资金余额341.51亿元，短期借款113.70亿元，有息负债240多亿元；货币资金占总资产的比例 49.70%，只有 1 亿元的受限资金。但康美药业还频繁在市场上进行融资。2014～2017 年，公司投资活动现金流出不到 58 亿元，与经营现金流入基本持平，照理说不需要融资 240 亿元。另外，2017 年报披露重要在建工程的预算数不到 50 亿元，这个金额还没有考虑已经投入的金额。总体来看，公司的货币资金太多，多得有点不符合常理。据康美药业财务数据，2010～2020 年，该公司货币资金收益率（为利息收入与货币资金的比值）平均为 0.75%，远低于七天通知存款利率。由该比较可以看出，康美药业的货币资金可能存在问题。

第二，存货和应收账款异常。在康美药业的现金流量表补充资料可以看出，从净利润调整到经营现金流的过程中，差异主要在于存货的增加和应收账款的增长。2014～2018 年，应收账款的年平均增长率为 34%，存货的年平均增长率为 72%。康美药业存货和应收账款的绝对数逐年增大，但是其与总资产的占比稳定下降。据康美药业财务数据，可以明显看出康美药业随着营业收入的逐年增加，其应收账款周转率与存货周转率是整体下降的，且下降幅度很明显，尤其是 2017～2019 年。单纯在数据上可以得到以下两个结论：

（1）营业收入不断增长的原因是信用放宽所致，是正常的商业策略，但是应收账款周转率比较低，表明回款情况比较差，因而应收账款成为坏账的可能性比较大；

（2）存货周转率不断下降，而且幅度也比较大，表明康美药业的存货销售不畅，存在积压情况。

这两个结论是自相矛盾的，随着信用的放宽，存货周转理应加快。财务报表异常可能意味着康美药业存在财务造假。后期经调查发现康美药业通过伪造业务凭证等一系列操作，虚增公司正常营业利润，提高其总市值。

第三，经营现金流不足。财务造假最异常指标之一，就是经营活动的现金流远低于合理值。出现该种情况的原因包括：一是该收回来都没有收到，表现为应收账款高估；二是该支付都已经支付了，表现为存货高估。在财务分析中通常用净现比和收现比来描述经营现金流量的合理性：净现比为经营活动现金流量/净利润，即净利润的含金量，从长期来看，一个经营健康的公司净现比应该大于 1；收现比为经营活动现金流量/营业收入，一般情况下要考虑增值税的存在，如果从长期来看，一个健康的公司收现比应该大于 1.16。

康美药业经营性净现金流量比较低，说明公司很多收入没有实际收到，营业收入都是纸面上的利润。据康美药业财务数据，康美药业的净现比低于 1，意味着企业的经营现金流量不足，利润表上的利润很多都没有收到。中药行业的现金流量表现与其他行业对比而言确实不高，主要原因是其下游客户主要为医药连锁店或者医院，导致其行业地位比较低。但作为行业"领头羊"的康美药业的净现比却不如其他同行，近十年平均只有 0.20。这也是康美药业财务造假的疑点之一。

（资料来源：宋琳，李鹏. 上市公司财务造假的负面影响及其防范路径[J]. 新视野，2022（3）：102-108）

请思考：上述资料中可找出哪些财务粉饰预警信号？

第十二章 公司信用评估

【学习要求】
1. 掌握信用的概念和信用主体的相关内容。
2. 掌握主要的债务融资工具。
3. 了解信用评级及评估程序。
4. 熟悉国际上三大评级公司的概况。
5. 掌握银行的信用评级；掌握财务困境预测模型。

【关键术语】
信用主体　信用评级方法　财务困境　银行信贷　债券融资　商业信用　可转换公司债券　银行信用评级

【引导案例】

美国世通公司（Worldcom）为什么会倒闭？

世通是美国第二大电信公司，事发前他在美国《财富500强》中排名前一百，然而就在2002年，世通被发现利用把营运性开支反映为资本性开支等弄虚作假的方法，在1998~2002年，虚报利润110亿美元。事发之后，世通的股价从最高的96美元暴跌至90美分。世通于2002年末申请破产保护令，成为美国历史上最大的破产个案，该公司于2003年末完成重组。世通的四名主管（包括公司的CEO和CFO）承认串谋讹诈，被联邦法院刑事起诉。

这是美国最大的个案，美国证监会和法院在调查中发现：世通的董事会持续赋予公司的首席执行官（Bernard Ebbers）绝对的权力，让他一人独揽大权，而埃贝斯（Ebbers）却缺乏足够的经验和能力领导世通。美国证监会的调查报告指出：世通并非制衡机制薄弱，而是完全没有制衡机制。世通的董事会并没有负起监督管理层的责任，该公司的审计委员会每年召开会议仅花3~5小时，会议记录草草了事，每年只审阅内审部门的最终审计报告或报告摘要，多年来从未对内审的工作计划提出过任何修改建议。

由于世通为公司的高级管理层提供的丰厚薪酬和奖金，远多于他们对公司的贡献，这使得他们形成了一个既得利益的小圈子。这种恶性循环，最终导致世通倒闭。

请思考：世通公司弄虚作假会对企业信用评估造成什么影响？

第一节 信用主体

信用作为特定的经济交易行为，要有行为的主体，即行为双方当事人，其中贷出物品或货币资金的一方为授信人，而接受的一方则为受信人。授信人通过授信取得一定的权利，即在一定时间内向受信人收回一定量货币和其他资产与服务的权利，而受信人则有偿还的义务。在现代市场经济中，信用主体常常既是某一信用活动的授信人同时又是另一信用活动的受信人。

企业债务融资是指企业或公司，通过借款承债方式或个人、团体或金融机构借来资金，用作企业生产经营流动资金或发展建设资金，资金借出方成为公司的债权人，并获得该企业还本付息的承诺，而企业则成为债务人，承担按照约定到期还本付息的合同义务。

债务融资与股权融资有本质区别。债务融资形成的是企业的负债，借出资金方拥有债权，借款方需要还本付息，其支付的利息计入当期财务费用，可以在税前扣除。股权融资所得资金则属于资本金（股本金），出资人拥有股权，企业不需要给股东还本付息，股东的收益来自税后的盈利分配，即股利。推行债务融资和股权融资各有利弊，债务要考虑资金成本，公司现金流状况，资产负债率等，股权融资要对公司有准确估值，是否存在稀释比例现象，公司治理有效对股权和收益的影响也比较大，所以选择哪种融资方式，还是要看企业自身的经营状况。

债务融资主要包括正式债务融资和非正式债务融资。正式债务融资分为银行信贷和企业债券，非正式债务融资分为商业信用和可转换债券。

一、正式债务融资

1. 银行信贷的含义。银行信贷是企业最重要的一项债务资金来源，主要是在发展建设项目上通行取得长期贷款。在大多数情况下，银行作为债权人有能力对企业进行干涉和对债权资产进行保护。但银行信贷缺乏流动性，一旦投入企业则长期沉淀其中，银行会面临企业延期偿还债务的风险；且经常发生借款人将银行借款挪作他用或改变投资方向，甚至转移、隐匿企业资产的行为，因此，银行放贷会非常谨慎。企业使用银行信贷的风险主要是利率的变化、国家宏观经济和产业经济技术政策调整、借款资金所投资的项目发生较大的市场变化导致不能如期偿还银行借款。

银行信贷的融资功能分析包括：
（1）银行能够减少信息处理的费用；
（2）银行能够降低监管企业的费用；
（3）银行服务的独特性。
2. 企业债券。债券融资是指企业通过个人或机构投资者出售债券、可换股票据等筹集营运资金或资本开支。企业债券通常又称为公司债券，是企业依照法定程序发行，约定在一定期限内还本付息的债券。企业债券代表着发债企业和投资者之间的一种债权债务关系。债券持有人是企业的债权人，不是所有者，无权参与或干涉企业经营管理，但债券持有人有权按期收回本息。企业债券与股票一样，都属于有价证券，可以自由转让。如果企业发行债券后，经营状况不好，连续出现亏损，可能无力支付投资者本息，造成资不抵债，企业会面临破产危险，投资者也面临投资损失的风险。从这个意义上来说，企业债券也是一种风险较大的债券。企业债券与股票一样，同属于有价证券，可以自由转让。企业债券用途多为新建项目，利息高于同期银行利率、期限为2~3年。市场上一般大型企业发债较多。中小型企业如果有盈利较高的项目、资金需求量较大，可以采用这种方式融资。关键是要解决债券的包销、利息支付、如期偿还等具体问题。

企业债券的优势主要包括：

（1）降低公司的借款成本。企业债券融资比银行信贷成本便宜，尤其是对于那些有声望的、盈利的、大型的企业。

（2）发挥价格信号的作用。企业债券拥有独特的价格信号功能，因而能够更好地进行金融资源配置，使资金以最小的成本流向所需的企业。

（3）降低市场参与者的金融风险。当不存在债券市场时，利率结构不是市场化的，很难发展有效的衍生金融工具市场，包括期货、期权和调期等。

二、非正式债务融资

1. 商业信用。商业信用融资是指企业之间在买卖商品时，以商品形式提供的借贷活动，是经济活动中的一种最普遍的债权债务关系。商业信用的存在对于扩大生产和促进流通起到了十分积极的作用，但不可避免也存在着一些消极的影响。商业信用融资方式包括应付账款融资、商业票据融资及预收货款融资。对于融资企业而言，应付账款意味着放弃了现金交易的折扣，同时还需要负担一定的成本，因为往往付款越早，折扣越多；商业票据融资，也就是企业在延期付款交易时开具的债权债务票据。

2. 可转换公司债券。可转换债券是可转换公司债券的简称，又简称为可转债。它是一种可以在特定时间、按特定条件转换为普通股票的特殊企业债券。可转换债券兼具债券和股票的特征。公司发行的含有转换特征的债券。在招募说明中发行人承诺根据转换价格在一定时间内可将债券转换为公司普通股。转换特征为公司所发行债券的一项义务。可转换债券的优点为普通股所不具备的固定收益和一般债券不具备的升值潜力。可转换债券具有债权和期权的双重特性。

可转换债券兼有债券和股票的特征，具有以下三个特点。

（1）债权性。与其他债券一样，可转换债券也有规定的利率和期限，投资者可以选择持有债券到期，收取本息。

（2）股权性。可转换债券在转换成股票之前是纯粹的债券，但在转换成股票之后，原债券持有人就由债权人变成了公司的股东，可参与企业的经营决策和红利分配，这在一定程度上也会影响公司的股本结构。

（3）可转换性。可转换性是可转换债券的重要标志，债券持有人可以按照约定的条件将债券转换成股票。转股权是投资者享有的、一般债券所没有的选择权。可转换债券在发行时就明确约定，债券持有人可按照发行时约定的价格将债券转换成公司的普通股票。如果债券持有人不想转换，则可以继续持有债券，直到偿还期满时收取本金和利息，或者在流通市场出售变现。如果持有人看好发债公司股票增值潜力，在宽限期之后可以行使转换权，按照预定转换价格将债券转换成股票，发债公司不得拒绝。正因为具有可转换性，可转换债券利率一般低于普通公司债券利率，企业发行可转换债券可以降低筹资成本。

可转换债券具有双重选择权的特征：一方面，投资者可自行选择是否转股，并为此承担转债利率较低的机会成本；另一方面，转债发行人拥有是否实施赎回条款的选择权，并为此要支付比没有赎回条款的转债更高的利率。双重选择权是可转换公司债券最主要的金融特征，它的存在使投资者和发行人的风险、收益被限定在一定的范围内，并可以利用这一特点对股票进行套期保值，获得更加确定的收益。

【小贴士】

担保对债券资信等级的影响

担保是指法律为确保特定的债权人实现债权，以债务人或第三人的信用或是特定财产来督促债务人履行债务的制度。

债券发行人未来的偿债能力是债券资信评级的基本依据，担保不能简单取代借款人的信用状况，担保并不一定确保债券得以偿还。同时，担保又是防范债券偿还风险的重要措施，担保为债券的偿还提供了一个可以影响或控制的潜在还款来源或第二还款来源，在一定条件下，担保就会变成现实的还款来源。担保对发行人及担保人具有提示和督促作用，担保条款和担保人的财务实力决定了担保对债券信用的提升程度。对于第三方担保，评级机构的一般看法是，如果发行人和担保人的信用等级不同，债券的信用等级可以取两者中较高的一个，而且要重视分析担保人因为担保（可预见时期内）而产生的新的偿债压力是否会对其自身的信用等级产生影响；如果发行人和担保人的信用等级相同，担保提供的信用提升作用需要慎重分析，必须重视分析担保人因为担保而产生的新的偿债压力是否会对其自身的信用等级产生影响，担保未必足以使债券提升至上一个信用等级。

第二节　信用等级与信用评估程序

一、信用评级的含义

信用评级又称资信评级或信誉评级，其基本方法是运用概率理论，准确判断出一种金融资产或者某个经济主体的违约概率,并以专门的符号来标明其可靠程度。国际对信用评级的等级普遍采用"四等十级制"。其内涵是向投资者提供有关筹资者借贷行为风险程度大小的信息,以保障该借贷行为的可靠性和安全性。

信用评级的内涵包括以下三个方面。

（一）信用评级的目的

揭示特定的信用风险,而不是所有的投资风险。信用评级的根本目的是揭示受评对象违约风险的大小,而不是其他类型的投资风险,例如利率风险、通货膨胀风险、再投资风险以及外汇风险等。

（二）信用评级的评价重点

经济主体履行相关合同的能力,而不是经济主体的价值或业绩。信用评级评价的是经济主体按合同约定如期履行特定债务或其他经济义务的能力和意愿,而不是企业的价值或经营业绩。

（三）信用评级的选择

为投资者提供专家意见,而不是代替投资者作出投资选择。信用评级是独立的第三方信用评级机构利用其自身的技术优势和专业经验,就各经济主体和金融工具的信用风险大小发表的一种专家意见。

二、信用评级的评级方法

信用评级方法是指评级机构依据相关理论对受评对象的信用状况进行分析、评估并给定级别的技巧和手段,是信用评级的核心,贯穿于信用评级的全过程。它主要研究评级机构是怎样评出信用等级的,是根据哪些因素来评价信用风险的,这些因素是如何结合在一起的,以及是否有固定的公式来打分等。

随着信用风险的多样化、复杂化以及金融市场的变化,从最初的定性分析到今天依托于现代经济理论、财务理论、金融理论和统计知识的计量模型法,信用评级方法也在不断地发展与完善。按照信用评级技术的演进过程,信用评级方法可分为传统信用评级方法与现代信用评级方法。

（一）传统信用评级方法

传统信用评级方法的主要特征是原理大多比较简单实用,不涉及复杂的数学模型,尽管部分使用了定量分析方法,但重心还在于定性分析,对信用分析人员主观判断依赖程度较大。例如要素分析方法、综合分析方法、多变量信用风险判别模型法等都属于传统信用评级方法。

1. 要素分析方法。信用评级要素分析方法是评级机构对客户做信用风险分析时所采用的专家分析法之一。在 1970 年以前,为大多数金融机构所采用。在要素分析方法中，选出适当的信用要素，通过信用分析人员与客户的经常性接触而积累的经验来判断客户的信用水平，给出评分，再由评级委员会投票决定。常见的要素分析方法包括5C要素分析法、5P要素分析法、5W要素分析法、4F要素分析法、CAMPARI法、LAPP法、骆驼评估体系（CAMEL）等。

（1）5C要素分析法。5C要素分析法是西方商业银行在长期的经营实践中，总结归纳出的对客户信用品质进行评估的方法。它主要从品德、能力、资本、抵押、环境五个方面进行定性定量分析，以判断借款人的还款意愿和还款能力。

在5C的基础上，有人增加了连续性（continuity）构成了所谓的6C要素分析法。连续性是指被评对象持续经营的可能性，主要从客户内部的财务状况、产品更新换代以及科学技术发展情况等方面来进行综合评价。

（2）5P要素分析法。与5C要素分析法类似，5P要素分析法主要从以下五个方面进行了分析。

①个人因素（personal factor），是指被评对象的品德、资格、还款意愿、还款能力等。

②目的因素（purpose factor），是指被评对象的借款用途，主要包括生产经营、还债缴税、替代股权三个方面。

③偿还因素（payment factor），是指被评对象的偿债来源，主要有两个：一是现金流量来源；二是资产变现来源。

④保障因素（protection factor），是指被评对象的债务担保，主要包括内部保障和外部保障两个方面。内部保障指企业的财务结构是否稳健和盈利水平是否正常等；外部保障指担保人的财务实力、信用状况以及担保品的价值变动等。

⑤前景因素（perspective factor），是指被评对象的发展前景，主要包括产业政策、竞争能力、产品生命周期、新产品、新技术开发等。同时，要分析有无财务风险，是否有可能导致财务状况恶化等因素。

（3）5W要素分析法。5W要素分析法主要分析以下五个方面：借款人（who）、借款用途（why）、何时还款（when）、担保物（what）、如何还款（how）。

（4）4F要素分析法。4F要素分析法主要分析以下四个方面：组织要素（organization factor）、经济要素（economic factor）、财务要素（financial factor）、管理要素（management factor）。

（5）CAMPARI法。CAMPARI法主要从以下七个方面进行分析。

①品德（character），是指被评对象是否具有合法的资格、订立的合同是否具备法律效力、签约的公司代理人是否在《公司章程》授权的范围内行事等方面的内容。

②偿债能力（ability），是指被评对象在技术、管理、财务等方面的实力，也可以指一个企业能否监控其营运风险、提高其资产流动性，以创造足够的现金流偿还债务。

③获利能力（margin），是指被评对象能否获得足够的收益以偿还债权人的本金与利息。

④借款目的（purpose），是指被评对象应该有明确的、可接受的借款用途。例如，申请贷款是为了支撑业务按预期发展，这通常被认为是允许贷款的一个可接受的理由，但同时应注意贷款不能用于满足业务的过度扩张。

⑤借款金额（amount），是指借款规模应和资金用途相一致，也必须能满足使用需要，同时借用资金的费用应和净资产收益相匹配。

⑥偿还能力（repayment），偿还贷款最主要的资金来源应是贷款的投资项目，被评对象的偿还能力应通过分析投资后的现金流来考察。

⑦安全性（insurance），是指抵押或担保，当贷款不能偿还时，债权人能出售抵押担保品以保证其资产安全。抵押担保品的价额应相当于在贷款金额的基础上加上充裕的差额，而且抵押担保品要易于估价、变现。

（6）LAPP法。LAPP要素分析法主要分析以下四个方面。

①流动性（liquidity），也称变现性，是指被评对象以易变为现金的流动资产来偿付其债务的能力。反映流动性的指标主要有流动比率、速动比率、偿债能力比率等。

②活动性（activity），是指被评对象的业务活动能力。反映活动性可以通过生产和销售、市场竞争、市场占有率、往来客户、应收账款和应付账款、平均收账期、资金周转等情况来实现。

③营利性（profitability），是指被评对象的获利能力。贷款一般不能超过借款人的预期盈利能力。这种能力表现在销售额与利润的关系、成本与利润的关系、毛利润与净利润的关系、利润率等方面。在一般情况下，都是根据借款人过去的经营业绩来预测其未来盈利能力的。

④潜力（potentialities），是指被评对象的业务发展潜力。潜力一般表现在产品结构、市场趋势、经济周期、业务的开拓和发展、资金来源、管理效率等方面。

该方法以以上四个词的英文首字母命名，因而被称为LAPP法。

（7）骆驼评估体系（CAMEL）。骆驼评级体系是目前美国金融管理当局对商业银行及其他金融机构的业务经营、信用状况等进行的一整套规范化、制度化和指标化的综合等级评定制度。因其五项考核指标，即资本充足性（capital adequacy）、资产质量（asset quality）、管理水平（management）、盈利水平（earnings）和流动性（liquidity），其英文第一个字母组合在一起为"CAMEL"，正好与"骆驼"的英文名字相同而得名。骆驼评级方法，因其有效性，已被世界上大多数国家所采用。当前国际上对商业银行评级考察的主要内容包括资本充足率及变化趋势、资产质量、存款结构及偿付保证、盈利状况、人力资源情况五个方面，基本上未跳出美国骆驼评级方法的框架。

2. 综合分析方法。综合分析方法首先选取一定的反映被评对象信用特征的指标，再通过专家判断或其他方法设定每一指标的权重；其次由评级人员根据事先确定的打分表对每一指标分别打分；最后依据综合评级得分确定其对应的信用级别。这种方法简便易行，可操作性强，实际计算中普遍采用的有加权评分法、隶属函数评估法、功效系数法等。

(1) 加权评分法。加权评分法的一般做法是首先根据各具体指标在评级总目标中的不同地位，给出或设定其标准权数，同时确定各具体指标的标准值；其次比较指标的实际数值与标准值得到级别指标分值；最后汇总指标分值求得加权评估总分。

加权评分法的最大优点是简便易算。但也存在明显的缺点。

第一，未能区分指标的不同性质，会导致计算出的综合得分不尽科学。信用评级中往往会有一些指标属于状态指标，例如，资产负债率并不是越大越好，也不是越小越好，而是越接近标准水平越好。对于状态指标，加权评分法很容易得出错误的结果。

第二，不能动态地反映被评对象的发展、变动状况。信用是连续不断的，加权评分法只考察一年，反映的是时点状态，很难判断信用风险状况和发展趋势。

第三，忽视了权数作用的区间规定性。从严格意义上讲，权数作用的完整区间，应该是指标最高值与最低值之间，不是平均值，也不是最高值。加权评分法计算综合得分时，是用指标数值实际值与标准值进行对比后，再乘上权数。这就忽视了权数作用的区间规定性，会造成评估结果的误差。因此，加权评分法难以满足信用评级的基本要求。

(2) 隶属函数评估法。隶属函数评估法是根据模糊数学的原理，利用隶属函数进行综合评估。一般步骤为：首先利用隶属函数给定各项指标在闭区间 [0, 1] 内相应的数值，称为单因素隶属度，对各指标作出单项评估；其次对各单因素隶属度进行加权算术平均，计算综合隶属度，得出综合评估的指标值。其结果越接近 0 越差，越接近 1 越好。

隶属函数评估法较之加权评分法具有更大的合理性，但该方法对状态指标仍缺乏有效的处理，会直接影响评级结果的准确性。同时，该方法未能充分考虑被评对象各项指标的动态变化，评级结果很难全面反映被评对象生产经营的发展变化。因此，隶属函数评估法也不适用于科学的信用评级。

(3) 功效系数法。功效系数法首先根据多目标规划原理，对每一个评估指标分别确定满意值和不允许值；其次以不允许值为下限，计算其指标实现满意值的程度，并转化为相应的评估分数；最后加权计算综合得分。

由于各项指标的满意值与不允许值一般均取自行业的最优值与最差值，因此，功效系数法的优点是能反映被评对象在同行业中的地位。但是，功效系数法同样既没能区别对待不同性质的指标，也没有充分反映被评对象自身的经济发展动态，使得评级结论不尽合理，不能完全实现信用评级所要实现的目的。

(二) 多变量信用风险判别模型法

多变量信用风险判别模型法是以特征财务比率作为解释变量，运用统计方法推导而建立起来的标准模型对研究对象的所属类别进行判别。它的基本做法是通过统计分析从若干表明研究对象特征的变量值（主要是财务比率）中筛选出能够提供较多信息的变量并建立起判别函数，使其对观测样本进行分类时做到误判率最低。

多变量信用风险判别模型的形式包括多元判别分析模型、Logit 模型等。其中，多元判别分析模型又以 Z-score 模型与 Zeta 模型为代表。

三、现代信用评级方法

现代信用评级方法大多借助复杂的数学模型，采用定量分析方法，进行信用评级。

（一）以资本市场理论和信息科学为支撑的新方法

随着资本市场的迅速发展、融资的非中介化、证券化趋势以及金融创新工具的大量涌现，信用风险的复杂性日益凸显。人们认为，以财务比率为基础的统计分析方法不能反映借款人和证券发行人的资产在资本市场上快速变化的动态价值。鉴于此，一系列信用风险衡量的新方法被相继提出。

1. 期权定价型的破产模型。这类模型的理论依据在很多方面与 B. S. 克莱斯（Black-Scholes，1973）、莫顿（1974）以及赫尔（Hull）和惠伊（Whie，1995）的期权定价模型相似。因而也称作信用风险的期权定价模型。Black-Scholes-Merton 系列定价模型表明，一家公司的破产概率取决于公司资产相对于其短期负债时的初始市场价值和资产（股票）市价的波动率。当公司资产的市场（清算）价值低于其短期负债价值，即资不抵债时，那么该公司实质上已经破产。1993 年，KMV 公司研究提出的期望违约率（expected default frequency，EDF）模型也是基于这一理论。模型的结构包含两种理论联系：其一是将股票价值看成建立在公司资产价值上的一个看涨期权；其二是公司股票价值波动率与公司资产价值变化之间的关系。在实践中，通过观察在一定标准差（资产市价与偿债价值的标准差）水准上的公司（其初始资产高于负债）在一年内有多少比例的公司破产，以此来衡量任一具有同样标准差公司的违约概率。由于资产市值的估算又取决于股价波动率的估算，因此，令人质疑的是估算的股价波动率是否可作为公司资产价值估算的可信指标。

2. 债券违约率模型和期限方法。阿特曼研究的债权违约模型（mortality rate model）和阿斯奎斯（Asquith）、马林斯（Mullins，1989）的期限方法（aging approach）是按穆迪和标准普尔的信用等级和债券到期年限，采用债券实际违约的历史数据建立的违约概率经验值，对各类信用等级和期限债券的违约风险的衡量。美国穆迪（1990）和标准普尔（1991）两家评级公司修正了这一模型并作为它们的常规金融分析工具。此类模型有望扩展到贷款违约风险分析中。但目前的障碍是银行无法搜集到足够的贷款违约历史数据，以供建立一个非常稳定的违约概率数据库。因此，美国许多大型银行正致力于建立一个全国贷款违约和违约损失率的共享数据库。

3. 神经网络分析系统。虽然神经网络的理论可追溯到 20 世纪 40 年代，但在信用风险分析中的应用还是 90 年代的新生事物。神经网络是从神经心理学和认识科学研究成果出发，应用数学方法发展起来的一种并行分布模式处理系统，具有高度并行计算能力、自学能力和容错能力。神经网络的结构由一个输入层、若干个中间隐含层和一个输出层组成。国外研究者如阿特曼（Altman）、马尔科（Marco，1995）等在对意大利公司财务危机预测中应用了神经网络分析法。然而，神经网络的最大缺点是其工作的随机性较强。因为要得到一个较好的神经网络结构，需要人为去调试，非常耗费人力与时间，因而其应用受到了限制。阿特曼（1995）在对神经网络分析法和判别分析法的比较研究中得出结论："神经网络分析法在信用风险识别和预测中的应用，并没有实质性地优于线性判别模型。"另外，查特菲尔德（Chatfield，1993）对神经网络方法也只做了一般性的评述。但神经网络作为一门崭新的信息处理科学仍然吸引着众多领域的研究者。

（二）衍生工具信用风险的衡量方法

衍生工具是指其价值依赖于基本标的资产价格的金融工具，例如远期、期货、期权、互换等。20 世纪 80 年代以来，金融市场风起云涌、变幻莫测，市场风险与日俱增。衍生工具因其在金融、投资、套期保值和利率行为中的巨大作用而获得了飞速的发展，尤其充实、拓展了银行的表外业务。然而，这些旨在规避市场风险应运而生的衍生工具又蕴含着新的信用风险。如利率互换和货币互换虽然能减少利率风险，但却要承担互换对方的违约风险。如果银行只是作为互换的中间人和担保人介入互换业务，互换中的任何一方违约，风险都将由银行承担。另外，场外市场的期权交易，其违约风险也日益增加。因此，衍生工具信用风险的管理也日益受到各国金融监管当局的重视。原则上，前面讨论的方法对衍生工具信用风险的预测仍有用武之地。因为，引起合同违约的一个重要因素，通常是对方陷入财务困境。尽管如此，在贷款、场外交易和表外衍生工具的违约风险上仍存有许多细微的区别。首先，即使对方陷入财务困境，也只可能对虚值合同（履约带来负价值的合同）违约而力求履行所有的实值合约（履约带来正价值的合同）；其次，在任一违约概率水准上，衍生工具违约遭受的损失往往低于贷款违约的损失。鉴于此，研究者相继提出许多其他方法，不过主要集中在期权和互换两类衍生工具上。最具代表性的有以下三种。

1. 风险敞口等值法（risk equivalent exposure，REE）。风险敞口等值法是贯穿于衍生工具信用风险衡量的核心方法。这类方法是以估测信用风险敞口价值为目标，考虑了衍生工具的内在价值和时间价值，并以特殊方法处理的风险系数建立了一系列 REE 计算模型。既有以衍生工具交易的名义本金和合同价值为基础的 REE 模型，也有以衍生工具类别和组合策略为基础的 REE 模型。其中，风险系数是衍生工具交易的名义本金转化为风险敞口等同值的核心工具。依据投资者的风险偏好，可计算四种概念的风险敞口等同值，即到期风险敞口等同值、平均风险敞口等同值、最坏情况风险敞口等同值和期望风险敞口等同值，以度量信用风险的高低。

2. 模拟法。模拟是一种计算机集约型的统计方法。采用蒙特卡罗模拟过程，模拟影响衍生工具价值的关键随机变量的可能路径和交易过程中各时间点或到期时的衍生工具价值，经过成百上千次的反复计算得出一个均值。衍生工具的初始价值与模拟平均值之差是对未来任一时间点和到期信用风险敞口值的一个度量。

3. 敏感度分析法。衍生工具交易者通常采用衍生工具价值模型中的一些比较系数，例如，Delta、Gamma、Vega 和 Theta 来衡量和管理头寸及交易策略的风险。敏感度分析法就是利用这些比较值通过方案分析（scenario analysis）或应用风险系数来估测衍生工具价值。其中，Delta 用于衡量衍生工具证券价格对其标的资产价格变动的敏感度；Gamma 用于衡量该衍生证券的 Delta 值对标的资产价格变化的敏感度，它等于衍生证券价格对标的资产价格的二阶偏导数，也等于衍生证券的 Delta 对标的资产价格的一阶偏导数；Vega 用来衡量衍生证券的价值对标的资产价格波动率的敏感度；Theta 用于衡量衍生证券的价值对时间变化的敏感度。敏感度分析法的最终目的仍是估算出风险敞口等同价值（REE），只是估算中采用的系数不同。

（三）信用集中风险的评估系统分析法

前面所述的方法绝大多数只是衡量单项贷款或投资项目的信用风险，而很少注重信用集中风险的评估。信用集中风险是所有单一项目信用风险的总和。金融市场的全球化和风险的多样化，使人们越来越认识到"不能把鸡蛋都放在同一个篮子里"的重要性。金融机构和投资者采用贷款组合、投资组合来达到分散和化解风险的目的。那么，如何来衡量这些组合及所有个别组合汇集起来的信用集中风险又成为一个新的课题。目前在这一课题上最为人们所关注的是 J. P. 摩根等 1997 年推出的信用矩阵（credit metrics）模型和瑞士信贷金融产品信用风险附加模型（CSFP）。这两大信用风险评估系统都是为了评估信用风险敞口亏损分布以及为弥补风险所需的资本，但使用的方法有所不同。

信用矩阵模型是以风险值（VaR）为核心的动态量化风险管理系统。它集计算机技术、计量经济学、统计学和管理工程系统知识于一体，从证券组合、货款组合的角度全方位衡量信用风险。该方法是基于借款人的信用评级、次年评级发生变化的概率（评级转移矩阵）、违约贷款的回收率、债券市场上的信用风险价差计算出贷款的市场价值及其波动性，进而得出个别货款和贷款组合的 VaR 值。它分析的面广，包括证券、货款、信用证、贷款承诺、衍生工具、应收账款等方面的信用风险的估测。具体操作是依据与动态信用事件（信用等级的变迁、违约等）相关的基本风险来估测集中信用风险的风险值。集中信用风险值是指在未来一定时间内，因信用事件引起证券或货款组合资产价值的潜在变化量。风险管理者依据这一风险值调整头寸和决策以防范损失。

纵观国际这一领域的研究和实际应用，信用评级方法从主观判断分析法和传统的财务比率综合分析法转向以多变量、依赖于资本市场理论和计算机信息科学的动态计量分析方法为主的趋势发展。

四、评级的基本原则及评级过程

信用评级设置应该遵守的原则主要包括以下几点：

（1）真实性原则。在评级过程中，必须保障评估基础数据和基础资料的真实、准确，采取一定的方法核实评估基础数据和基础资料的真实性。

（2）一致性原则。所采用的评估基础数据、指标口径、评估方法、评估标准要前后一致。

（3）独立性原则。评估人员在评估过程中要保持独立性，不能受评估对象及其他外来因素的影响，要根据基础数据和基础资料独立作出评判，运用自己的知识和经验客观、公正、公平地实施评估。

（4）稳健性原则。在评估和对评估结果的分析过程中，下结论要谨慎，特别是在定性指标打分时，要谨慎给分。在分析时，对影响企业经营的潜在风险要准确指出，对企业某些指标的极端情况要做深入分析。

五、评级过程

信用评级过程可用图 12-1 表示。

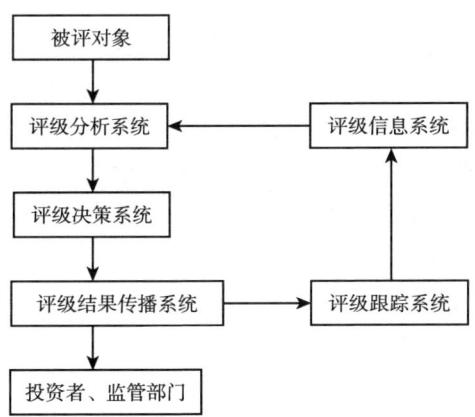

图 12-1 信用评级过程

为了保证评级结果的客观和公正，信用评级机构一般遵循严格的评级程序，一般包括评级准备、实地调研、初步确定级别、终评、评级结果反馈、级别公告、文件存档、跟踪监测等阶段。

（一）评级准备

1. 评级机构接受评级委托，与委托方签订《信用评级委托协议》，之后，协议双方开始进行信用评级的准备工作。

2. 组建信用评级项目组。一般情况下，信用评级项目小组由3人组成，其中项目负责人1名，负责整个项目的组织协调工作。

3. 信用评级项目小组负责人与受评企业指定人员建立工作联系，将信用评级工作程序告知对方，以便于受评企业人员及时配合信用评级项目小组的工作；同时，将"信用评级所需资料清单"发给受评企业，请受评企业按照资料清单准备评级资料，并按时将资料提交给信用评级项目小组。

4. 信用评级项目小组在被评企业提交的评级资料以及公开信息等资料的基础上，开始对受评企业的信用状况进行初步分析，并对受评企业提交的资料中不完整、不清楚的地方在访谈提纲中列明，以便于在实地调研时要求受评企业补充资料和重点了解。

（二）实地调研

1. 信用评级项目小组与受评企业协商确定实地调研的具体时间，以保证评级项目小组如期完成调研工作，并获得信用评级所需的第一手资料。

2. 信用评级项目小组现场访谈受评企业的相关人员。访谈对象包括受评企业的有关领导及相关部门，例如，财务部、市场部、战略发展部等的管理人员；访谈内容包括有关企业经营、管理和财务状况等方面的重点问题，例如，企业未来的发展计划、企业决策程序、产品的市场竞争力、会计科目的重大变化、未来投融资计划等。

3. 现场考察。信用评级项目小组对受评企业进行实地考察，以了解企业的生产、经营环境和项目进展情况等。

4. 对与受评企业有债权债务关系的部门或企业进行调查和访谈。调查与访谈的对象包括担保单位、向受评企业贷款的商业银行、企业应收款的主要欠款单位等，访谈对象的选择根据重要性的原则确定；访谈的目的主要是了解受评企业目前真实的债务压力等情况。

5. 信用评级资料的补充。信用评级项目小组根据实地调查和访谈的情况，视评级需要，可要求受评企业补充评级资料，并建立评级工作底稿。

（三）初步确定级别

1. 信用评级项目小组在实地调研工作完成后，开始对受评企业的信用状况进行初评。评级项目组人员根据受评企业提交的资料以及实地调研的情况，整理访谈纪要，之后，整理信用评级所需的定量数据，并将数据输入计算机进行处理。

2. 信用评级项目小组人员根据信用评级方法有关信用评级考察要素的要求，对受评企业所处行业的发展趋势、监管环境、基本经营和竞争地位、管理水平、财务状况等方面进行综合评价。

3. 信用评级项目小组在对受评企业进行定性分析与定量分析的基础上，综合评价企业的偿债能力和意愿，初步确定受评企业的信用级别。

4. 信用评级项目小组将评级分析报告、评级工作底稿等整理后，提交给信用评审委员会进行审核。

（四）终评

1. 信用评审委员会对信用评级项目小组提交的《企业信用评级分析报告》进行讨论、质疑、审核，并对受评企业的信用级别进行投票表决。评级结果必须经信用评审委员会 2/3 以上的评审委员同意，方能生效。

2. 信用评级项目小组根据信用评审委员会确定的企业信用等级及评定意见修改《企业信用评级分析报告》，并将修改后的《企业信用评级分析报告》及《信用评级结果反馈意见》在信用级别确定 1 日内，送交信用评级委托机构。

（五）评级结果反馈

1. 若信用评级委托机构对评级结果没有异议，则信用评级项目小组向评级委托机构提交《企业信用评级等级通知书》。

2. 若评级委托机构对评级结果有异议，并提供有可能对评级结果产生影响的、真实的补充资料，则信用评级项目小组向信用评审委员会提出复评申请，并修改《企业信用评级分析报告》，之后，将修改后的分析报告、复评调整意见、补充资料一并提交给信用评审委员会，最终确认复评等级。

3. 若评级委托机构对评级结果有异议，但不能提供相应的补充资料，信用评审委员会将不受理复评要求，初评结果即为最终结果。

（六）级别公告

信用评级机构将根据评级委托机构的要求，决定是否对外披露评级对象的信用级别。

（七）文件存档

信用评级项目小组将评级项目的原始资料和评级过程中的文字资料等进行分类整理，并作为保密级别文件存档备查。对评级委托机构特别要求保密的文件，应单独存档。

（八）跟踪监测

在评级结果确定后，信用评级机构将对受评企业进行跟踪监测。在评级有效期内，如受评企业的经营管理等方面发生重大变化，而这一变化将影响企业的信用状况，则信用评级机构将对受评企业进行跟踪复评。跟踪复评一般由原项目小组人员负责实施，分为不定期跟踪和定期复评。

六、信用评级标准

信用评级机构一般都有各自的评级标准和评级体系,其信用等级符号及其含义也各不相同。信用评级标准包括两个方面。

(一)信用等级的设置及各等级所对应的风险大小和范围

各评级机构一般采用 AAA-D 级的评级符号体系来表示信用风险的大小,并将 BBB 级以上的信用级别规定为投资级,其他信用级别为投机级,但在每一评级符号所对应的信用风险大小和范围的把握上不尽相同(见表 12-1)。

表 12-1　　　　　　　　　信用评级与评级符号

信用评级	评级符号	投资建议
最佳级	AAA	贷款/投资状况
很好级	AA	可投资等级
较好级	A	
一般级	BBB	
观察级	BB	不可投资等级
预警级	B	
不良级	CCC	
危险级	CC	
损失级	C	
严重	D	

(二)根据特点选择各项评级指标的参照标准

这一标准一般是信用评级机构对积累下来的评级资料进行统计分析的结果。因此,建立行业和企业评级数据库对信用评级机构评级结果的公正性尤为重要。

第三节　信用评级机构的信用评估

为了降低赊销而带来的坏账风险,英国于 1830 年、美国于 1837 年出现了专门收集和提供企业信用服务的征信公司。其中,创立于 1841 年的国际著名的美国邓白氏集团(Dun Bradstreet),奠定了企业开展信用管理工作的基础。

资信评级起步相对晚一些。20 世纪初,美国成立了世界第一家评估机构——

穆迪投资服务有限公司，对当时美国主要铁路企业进行了资信评级。经过一个世纪的演进，信用评估已成为发达国家不可缺少的金融中介服务，发展出众多世界知名的信用评级机构。在国际评级业近百年的历史中，穆迪投资者服务公司（Moody's）、标准普尔公司（Standard Poor's）和惠誉国际信用评级有限公司（Fitch IBCA）是当今世界上最具权威、规模最大的三家评级公司。

一、信用评级含义

信用评级是专业，独立的评级机构或部门，根据客观、公正、科学的原则，以评级事项的法律、法规、制度和有关标准化的规定为依据，采用规范化的程序和科学化的方法，对评级对象风险因素进行综合考察，从而对这些评级对象的能力和意愿进行评价，并用简单明了的符号将这些意见向市场公开，达到为投资服务的一种管理活动。

通俗地讲，信用评级机构就是为企业或国家的还贷能力及愿望进行"打分"的第三方专业机构，评级对象中，前者系商业活动的主体，后者系国际社会的主权实体。

二、企业信用评级

企业信用评级是指信用评级机构对工商企业、制造业企业和流通企业、建筑安装房地产开发与旅游企业、金融企业等进行的信用评级。

企业主体信用分析的主要内容包括产业、企业素质、经营管理、财务状况和偿债能力等方面。在企业信用评级中，比较重视企业素质，特别是企业素质中的企业综合情况评级，包括对企业领导群体素质的评级、企业经营管理能力的评级，以及企业竞争能力的评级。

三、信用评级机构

信用评级机构是为金融资本市场提供有关信用风险研究的专家意见与观点的独立第三方的信用信息服务商。其意见与观点不代表市场中任何主体的利益，不代表任何交易与否的意见与倾向，独立、客观、公正是其行为的准则。不受影响、不受控制、研究自成体系是其行为的标志。

四、信用评级机构的性质

（一）信用评级机构的独立性、中立性和公正性

坚持信用评级机构的中立性和独立性是评估结果客观、公正的根本保证。独

立性、中立性和公正性是信用评级机构的立身之本,也是创造客户价值的源泉。

1. 不与信用交易的任何一方存在利益关系。信用评级机构只有在实质上及形式上具有超然独立性的特性,才能获得投资者、管理部门的信任。评级机构开展业务应确保评级不受委托人、发行人、投资者以及其他市场参与者的影响,不受政府部门和金融机构的支配,不与某个企业集团在人员和资金方面发生利害关系。

在美国,信用评级机构都是独立的私人企业,既不受政府的控制,也独立于证券交易所和证券公司,更不能与被评级企业有任何私下交易。美国的评级机构均为股份有限公司形态,股东人数少且股票不公开发行。例如,惠誉公司股东仅有五个,标准普尔是麦格劳—希尔百分之百持股的子公司,穆迪则为邓白氏(Dun Bradstreet)百分之百持股的子公司,其中立性毋庸置疑。美国证券交易委员会要求评级机构付给评级分析师的酬劳不得与发行者支付的费用有任何关系,评级机构的单个项目收入比重应控制在一定程度内,保证其可以不受单个客户的影响。

评级机构必须拥有足够的财力资源,以降低其对发行者和征订者的依赖。限制评级机构与发行商之间可能产生影响的往来,例如,禁止评级的职员参与新业务的拓展,不能将他们的收入与业务发展挂钩。评级机构在评级业务和辅助业务之间应建立严格的防火墙,防止评级的职员收入受到业务收入的影响。这些信用评级机构和政府的关系也只是在政府制定的法律框架下守法经营,接受政府的监督,照章纳税,没有任何其他联系。如果和政府关系过于紧密,人们就会产生想法,怀疑评级结果贯彻了政府某种旨意,评级的公正性就会大打折扣。

2. 评级工作不宜有利害关系人参与。利害关系人,包括发行者、承销商、受托机构、金融机构、行政当局、特定企业或金融集团代表及投资者。评级机构应确保不受评级对象的压力和干扰。如果委托人对上级机构作出的评估结果表示出不同意见,评级机构可以同委托人进一步协商和交换意见收集新的资料,做进一步的分析和评估。若确有不当,则修改原结论。但对于实事求是作出的正确评估结果必须坚持。评级机构可按照委托人的愿望对评定的结果不予发表,委托人可以请其他评级机构进行评定。对已取得较高等级并已进入流通市场的债券,一旦评级机构审查发现问题,需要降级时,一方面要与发债人保持联系,交换意见;另一方面要顶住压力,该降级的就应降级,向投资者提供准确的信息。

不论是市场规范程度还是评级业务收费的影响,一旦评级的客观公正性受到影响,其对评级机构的影响是长远且深刻的。因此,评级机构的生存要义是不受任何机构意见影响,保持独立性。

(二)信用评级机构的专业性

信用评级机构是为市场提供专业信用风险分析意见的信息服务中介组织。评级机构的存在是基于市场的信任与信赖。要取得市场的信任与依赖,市场评级机构需要在不断变化的复杂经济环境下针对受评对象的可靠性和可信度给出持续、准确的分析、判断和意见，并持续得到市场的验证。这需要信用评级机构具备基本的实力：拥有一定规模的、能够进行深度风险分析且稳定的专家团队，拥有资金雄厚的信息库，拥有科学的评级方法和完善的评级制度及成熟的评级体系，有专业的职业操守。

由于评级机构研究的对象及资本市场中各种类型、各种规模、各个行业的主体领域涉及各行各业，要想提出有价值的、有针对性的信用分析观点，必须具有一定规模的、针对主要经济领域的信用风险进行长期研究的专家团队。穆迪、标准普尔和惠誉国际三大国际信用评级机构在全球范围内拥有上万名专业人士。

专业的职业操守是评级机构诚信面对社会的最基本的自律原则，即独立性、客观性、诚信性、公开性。独立性包括机构的独立性和信用行为的独立性。客观性贯穿于评级机构的整个过程，表现为客观地收集信息，客观地分析、表述信用风险。诚信性表现在不提供、不引用虚假信息，如实披露信用风险。公开性包括如实公开评级意见、公开评级的操作规程和评级方法、公开接受社会各界的质疑。

信用评级机构除具备以上条件，还要经过有关部门的审查、批准，确认其具备评估资格。负责监管信用评级机构的部门，在美国是美国证券交易委员会，在中国是中国人民银行。

五、信用评级机构的法律责任和监管

（一）法律责任

信用评级是专业机构对信用风险的一种专家意见。只要评级机构在信用评级报告中严谨地使用了具有法律效力的信息，其发布的观点不承担任何法律责任。这种不承担任何法律责任的行为主要集中在对参考其信用评级意见的投资行为的结果不承担法律责任。在美国，评级机构不对自己提供的信用产品承担法律责任，承担法律责任的是提供虚假信息的会计师事务所、审计师事务所和其他提供虚假信息的责任者。

源于信用评级机构的社会责任，其承担的有限法律责任主要体现在：根据客观、有效的原始资料进行评级；对客户的资料予以保护；对评级对象进行跟踪，随着情况的变化而变更评级结果等。

（二）信用评级机构的监管

信用评级机构虽然不承担法律责任，但却受市场所有行为人的约束。否则，一旦失去信任，评级机构只能退出市场。

1. 市场对信用评级机构的监督。市场是检验信用信息服务价值的唯一场所，不能提供可以信赖的信用风险提示意见的评级机构在市场中不会有生存空间。三家著名的国际评级机构深谙此道，其信用等级违约统计均显示信用等级与违约率之间有很高的契合度。利用市场机制约束评级机构的行为，是一个成熟的金融资本市场应具备的能力。

2. 政府对信用评级机构的监管。信用评级机构从根本上来说是一种公众服务机构，由于具有较强的社会性，需要加强监管。从国际经验来看，对于市场驱动型的评级机构，其生产和发展由市场决定，监管部门不直接对机构的设立、业务范围等进行监管，而是作为信息使用者通过作出认可某些评级机构评级结果的规定来间接监管。例如，美国和欧洲的一些国家，对于政府驱动型的评级机构，监管部门（人民银行或证监会）是评级机构和评级业务的主要推动者和监管者，对市场准入、资格认定及业务范围的核准作出明确规定，有些还直接参与设立评级机构，20世纪70年代末80年代初发展信用评级业的国家基本属于这种模式。从美国的经验来看，对信用评级业的约束力主要来自市场和政府，而市场的作用最为明显。

3. 行业自律和评级机构的自我约束。行业自律是行业内机构自行发起设立的行业自律组织，对业内机构的市场行为达成一致的规范约束，有助于行业整体市场形象的提升及行业健康发展。评级机构的自我约束是对其行为最有效的约束，是敢于让市场和公众来监督、约束其行为的表现。三大国际评级机构深知行为透明对评级机构的意义，将信用评级业务的整个流程和评级理念与方法毫无保留地公示于众，通过接受社会监督达到自律。

六、信用评级机构的组织结构

开展传统的、一般信用分析的大型评级机构在评级过程中所采用的组织结构基本是类似的。通常包括信用评级委员会、项目组、信用评审委员会和专家委员会等机构。

信用评级委员会是评级过程的核心，其作用是决定、变更、撤销信用等级。信用评级委员会主要由高级信用分析员、管理董事或部门负责人和一般分析员组成。信用评级委员会会议通常由高级分析员或部门负责人召集。其主要工作包括以下三项。

1. 对新的发行主体或金融工具进行评级；
2. 评估主要交易或事件对目前评级结果的影响；
3. 研究变更评级结果。

高级分析员提出要研究的问题并介绍有关情况，所有参会人员都发表意见，会后写出非公开的会议纪要，其中包括评级决策、观点、假设和支持资料等。

项目组是信用评级工作的具体执行者，随评级项目的立项而设立，随评级项目的结束可解散。项目组由有关专业人员组成，必要时可聘请社会上的有关专家参加。其主要职责包括以下四项。

1. 拟订项目信用评级方案;
2. 收集、整理、分析信用评级资料;
3. 对信用评级资料进行综合研究,测定受评对象的信用等级,并就重大问题向有关专家进行专项咨询;
4. 编写信用评级分析报告,并向信用评审委员会汇报,接受其质询和指示。

七、国外著名的信用评级机构

在国际资本市场上,穆迪投资者服务公司、标准普尔公司和惠誉国际评级公司被称为三大信用评级公司。自1975年被美国证券交易委员会(SEC)认定为"国家认定的评级组织"(NRSRO)后,三家公司就垄断了国际评级行业,成为全球最重要的评级机构。

(一)穆迪投资者服务公司

穆迪公司是全球最早开展现代信用评级业务的公司。穆迪公司的历史可追溯至1900年,约·穆迪创立了穆迪公司,主要向投资者提供与金融机构、政府机构、制造业、采矿业、公用事业以及食品类公司的股票、债券相关的信息及统计数据。2001年,穆迪公司又被分拆出来,成为在纽约证券交易所上市的独立公司。

穆迪公司的总部设在美国纽约,穆迪投资者服务公司是其下属的子公司,主要提供债务工具和证券的评级、分析和研究。在美国的公司债券市场上,穆迪投资者服务公司评级覆盖面约占99%,短期商业票据市场则约占100%。在欧洲市场上,先后为500家大公司进行了2 000多种债券评级。2013年,穆迪公司的收入额为30亿美元,员工约9 500人,在33个国家拥有办事处。

(二)标准普尔公司

标准普尔公司的历史可追溯至1860年,由亨利·普尔创立的普尔出版公司(Poor' Publishing)为投资者提供独立的财务分析信息。标准普尔公司是第一家对证券化融资、债券担保交易、信用证、非美国保险公司财务实力、银行控股公司、财务担保公司进行评级的机构,并在这些服务上保持全球的领先位置。目前,标准普尔在100多个国家为大约32万亿美元的债务证券提供了评级。仅2009年就发布了87万多个新评级和后续评级。

标准普尔公司还是全球最大的独立证券研究机构,其中,标准普尔1200指数和500指数已经分别成为全球股市表现和美国投资组合指数的基准。

(三)惠誉国际评级公司

惠誉国际(惠誉评级,Fitch Ratings)是唯一的欧资国际评级机构,总部设在纽约和伦敦。截至2013年,惠誉国际在全球设有50多个分支机构和合资公司，拥有 1 500 多名分析师。

在 2000 年度，它被评为国际结构融资组织年度最佳评级机构，并被国际证券化报告组织 ISR 评为亚太及欧洲地区年度最佳评级机构，以及美国年度最佳评级机构。2005 年《机构投资者证券化新闻》授予惠誉"年度评级机构"之称。惠誉（北京）信用评级有限公司被评为中国"2007 年度十佳金融服务机构"。

【阅读资料】

以党的二十大精神引领信用评级业务高质量发展

党的二十大是在我国迈上全面建设社会主义现代化国家新征程、向第二个百年奋斗目标进军的关键时刻召开的一次重要大会。习近平总书记向大会所作的报告，对未来五年及更长时期党和国家事业发展的目标任务和大政方针进行了科学谋划，擘画出新时代中国特色社会主义的宏伟蓝图，在各行各业迅速掀起了学习党的二十大报告、贯彻落实党的二十大精神的热潮。

党的二十大报告指出，党的十九大以来的五年，是极不寻常、极不平凡的五年。在党的十九大精神引领下，党和国家面对严峻复杂的国际形势和接踵而至的风险挑战，迎难而上，各项事业发生了历史性变革。对于信用评级行业而言，过去五年也是极不平凡、充满变革的五年，行业开启了从数量扩张向高质量发展转变的新征程。而今站在新的历史起点上，如何以党的二十大精神为指导，乘着新时代加快构建新发展格局的东风，推进信用评级业务高质量发展，使行业能够在实现中国式现代化进程中发挥更大作用，值得我们深入思考。

一、"高质量发展"是中国式现代化的本质要求之一，是全面建设社会主义现代化国家的首要任务

党的二十大报告明确提出："从现在起，中国共产党的中心任务就是团结带领全国各族人民全面建成社会主义现代化强国、实现第二个百年奋斗目标，以中国式现代化全面推进中华民族伟大复兴。"其中，"高质量发展是全面建设社会主义现代化国家的首要任务"，并再次强调"发展是党执政兴国的第一要务"。这意味着，在未来五年社会主义现代化强国建设开局起步的关键时期，经济建设将继续在国家政治议程中处于核心位置。

党的二十大报告进一步提出，实现高质量发展，要"加快构建以国内大循环为主体、国内国际双循环相互促进的新发展格局"，同时提出要"增强国内大循环内生动力和可靠性，提升国际循环质量和水平"，这是对构建新发展格局要求的进一步深化。我们判断，接下来构建新发展格局、推动高质量发展主要有三个重点：

一是坚持把发展经济的着力点放在实体经济上。党的二十大报告强调，"建设现代化产业体系，坚持把发展经济的着力点放在实体经济上，推进新型工业化，加快建设制造强国、质量强国、航天强国、交通强国、网络强国、数字中国"。我们认为，把发展经济的着力点放在实体经济上，指的是要进一步发挥"中国制造"优势，着力推动制造业转型升级，突破产业链关键环节短板，同时

在服务业方面重点支持能够与先进制造业、现代农业融合发展的生产性服务业，打造高质量的实体经济。这将为推进中国式现代化进程奠定坚实的物质和技术基础，也能让我国更有能力抵御外部环境波动的冲击和考验，稳健推进以高质量发展为核心的中国式现代化进程。

二是着力扩大内需。党的二十大报告提出，要"实施扩大内需战略"，这意味着未来五年扩大内需将成为"增强国内大循环内生动力和可靠性"的重要战略基点。其中，在继续拓展有效投资的同时，全面促进居民消费将成为主要突破方向。党的二十大报告要求"全面推进乡村振兴""深入实施新型城镇化战略""扎实推进共同富裕"，将为促进居民消费增长提供持续动力。未来五年，我国将进一步放开户籍限制、加快农业转移人口市民化，引导更多农村劳动力向第二产业和第三产业转移，提升其劳动生产率及收入与消费水平。同时，在新型城镇化建设过程中，教育、医疗、养老等公共服务需要大量资金投入，交通、通信等基础设施建设也需要持续更新升级，这将为"拓展投资空间"提供重要推动力。

三是推进高水平对外开放。党的二十大报告提出要"稳步扩大规则、规制、管理、标准等制度型开放，加快建设贸易强国，推动共建'一带一路'高质量发展，维护多元稳定的国际经济格局和经贸关系"。这意味着双循环新发展格局绝非关起门来搞建设，未来我国将更好利用国际国内两个市场、两种资源，通过国内和国际市场的有效联通，改善经济增长中的全要素生产率。我们认为，下一步我国对外开放的重点有两个：一是依托我国大市场优势，通过扩大商品进口，培育国内消费市场，带动国内制造业转移升级；二是进一步加大服务业开放，全面增强服务业竞争力，打造"中国服务"品牌。

二、金融助力"高质量发展"应从提升服务实体经济质效和夯实金融稳定基础两方面着力

党的二十大报告提出，"要坚持以推动高质量发展为主题，把实施扩大内需战略同深化供给侧结构性改革有机结合起来"。其中供给侧结构性改革将主要围绕"堵点"较多的要素市场化配置领域展开，通过加大土地、资本、劳动力、技术、数据要素的市场化配置，释放经济增长的内生动力。在推动资本要素服务高质量发展上，需要增加有效金融服务供给，这对金融支持高质量发展提出了更高要求。我们认为，下一步金融在助力高质量发展大局方面有两个着力点：

一是精准对接实体经济，提升服务实体经济质效。"经济是肌体，金融是血脉"。支持实体经济发展是金融部门义不容辞的责任。在2017年7月召开的全国金融工作会议上，习近平总书记提出金融工作"三大任务"和"四项基本原则"，为中国金融改革发展指明了方向。其中，"三大任务"之首是"服务实体经济"，"四项基本原则"之首是"回归本源"。近年来，人民银行不断创设各类结构性货币政策工具，有效推动了金融加大对实体经济支持力度。可以预计，未来货币政策引导金融资源支持实体经济的机制与渠道将更加健全。

提升金融服务实体经济质效，还需要精准对接脱贫攻坚、小微企业、科技创

新、绿色发展、乡村振兴、制造业强国等国家重大战略、国民经济社会发展的重点领域和薄弱环节，以金融力量和手段加快解决经济发展短板弱项，更好满足实体经济多样化的金融需求。

二是夯实金融稳定基础，为经济高质量发展创造良好环境。党的十九大以来，金融稳定工作受到空前重视。一些金融体系长期积累的风险点得到有效处置，其中包括宏观杠杆率过快上升势头得以遏制，高风险企业集团和高风险金融机构得到果断处置，集中整治互联网金融乱象，以及有效压降影子银行风险等。整体上看，过去五年，中国金融风险总体收敛，守住了不发生系统性金融风险的底线。

"金融稳经济稳"，有效维护金融安全和稳定将为经济高质量发展提供良好、稳定的环境，而经济的健康发展也将反哺于金融风险的防范化解。我们认为，在党的十九大以来金融体系内部风险得到有效管控之后，未来还需进一步关注对金融体系稳定影响巨大的一些关联风险点：首先需要警惕房地产、地方政府隐性债务、中小金融机构等杠杆率较高的重点领域潜在风险引爆点以及可能产生的传导链条；其次要继续加大金融领域反腐败力度，将金融反腐和处置风险一体推进；最后要平衡好金融开放和金融安全的关系，在按照构建"双循环"新发展格局推动金融高质量开放的同时，不断加强金融基础设施建设，做大做强本土金融机构，提升我国在金融领域的国际话语权，以此增强我国金融体系和金融市场的韧性，增强抵御外部冲击和风险传染的能力。

三、信用评级机构有责任也有能力为高质量发展目标的实现提供更大助力

信用评级机构是债券市场上重要的金融中介机构，在推动债券市场服务实体经济高质量发展方面发挥着重要作用。信用评级服务对实体经济和金融良性循环的推动和保障作用主要体现在：一方面，信用评级可以解决债券市场信息不对称问题，使金融资产能够得到公允的风险定价，从而实现金融资源在实体经济中的有效配置；另一方面，当实体经济局部领域出现产能过剩、债务增长过快时，信用评级对潜在风险的揭示和信用风险上升趋势的预判会提高风险定价水平，从而抑制金融资源向风险上升领域的进一步集中。这两方面作用充分表明，信用评级行业在"提升金融服务实体经济质效"和"夯实金融稳定基础"方面都大有可为，有责任也有能力为高质量发展目标的实现提供更大助力。

东方金诚是信用评级行业的国有代表，近年来，积极响应党和国家号召，主动融入国家发展战略，在支持科技创新和产业升级、助力碳达峰碳中和、支持乡村振兴、服务中小企业、防范化解重点领域风险等方面积极发挥专业优势，不断提升服务实体经济质效。站在新的历史起点上，东方金诚将认真领会党的二十大精神，深刻理解中国式现代化道路的内涵，紧扣高质量发展主题，锚定服务实体经济的本源职责，助力债券市场更好发挥资金融通、资源配置、价格发现、政策传导等功能，在稳经济、调结构、促发展、防风险等方面发挥更加积极的作用。这将是我们学习贯彻党的二十大精神的重点所在，也是东方金诚作为国有评级机构的社会责任要求。

接下来,东方金诚将从三个方面重点发力。一是立足评级行业高质量发展相关政策,以"提质增效"为核心,加强制度体系建设,优化评级服务流程,提升评级服务效率,提高评级服务质量,增强评级人员综合素质,以满足债券市场各方信用风险管理需求为方向提供高质量的服务,推动评级业务高质量发展。二是践行国有评级机构使命担当,深刻理解党和国家政策意图,始终坚定与党和国家保持统一战线,将服务国家安全、经济发展和金融稳定深度融入评级作业中,更好肩负起促进经济社会高质量发展和维护金融稳定的双重功能。三是充分发挥国内评级机构在认识和理解中国经济发展经验和国内债券市场基础逻辑方面的先天优势,构建"以我为主"的评级方法体系,助力国内评级机构评级话语权的提高,为筑牢我国经济和金融安全的金融堡垒添砖加瓦。

(资料来源:崔磊. 以党的二十大精神引领信用评级业务高质量发展[J]. 杭州金融研修学院学报,2023(2):24-26)

八、中国的信用评级机构

自20世纪80年代以来,我国的信用评级业得到了一定的发展,涌现出一批信用评级机构。据不完全调查,截至2012年底,我国有各类征信机构150多家,目前纳入中国人民银行统计范围的信用评级机构共70多家。其中,8家从事债券市场评级业务,收入、人员、业务规模较大;其余从事信贷市场评级业务,主要包括借贷企业评级、担保公司评级等。我国的信用债券评级行业竞争尤为激烈,市场份额变化剧烈。截至2018年12月,全国信用债券评级市场共有9家评级机构,其中占据市场主要份额的有5家,它们是中诚信(中诚信国际信用评级有限公司)、国衡信(国衡信国际信用评级中心有限公司)、联合(联合资信评估有限公司)、大公(大公国际信用评级有限公司)、东方金诚(东方金诚国际信用评估有限公司)。这就是我们通常所说的"中国五大信用评级机构"。

从整体来看,我国的信用评级行业仍处于初级发展阶段,尤其从国际化角度而言,我国信用评级行业整体外向型国际化进展缓慢,绝大部分信用评级企业尚未涉足海外开展国际业务。在全球信用评级行业中,中国信评级行业的国际地位及影响与中国债券市场规模跃居世界第三的地位明显不相称。

第四节 银行的信用评价

一、银行信用评级含义

银行信用评级是对一家银行当前偿付其金融债务的总体金融能力的评价,它对于存款人和投资者评估风险报酬、优化投资结构、回避投资风险,对商业银行拓宽筹资渠道、稳定资金来源、降低筹资费用，对监管当局提高监管效率，削弱金融市场上的信息不对称，降低市场运行的波动性，都具有非常重要的意义。银行信用评级一般包括三个步骤：首先，估价银行独立的财务实力和外部营业环境，以便确定其个体评级；其次，确定一个支持评级；最后，综合个体评级和支持评级这两个不同因素，经过专家会议讨论，得出银行的信用评级。

二、银行信用评级程序及业务规则

1. 内部管理制度有效性评估。信用评级机构应当对内部管理制度的有效性进行年度检查和评估，就存在的问题提出处理措施，并按照《信用评级业管理暂行办法》第三十八条的规定向社会公布检查和评估报告。

2. 信用评级制度。信用评级机构应当建立完善的信用评级制度，对信用等级的划分与定义、评级方法与程序、评级质量控制、尽职调查、信用评级评审委员会、评级结果公布、跟踪评级等进行明确规定。

3. 签订评级协议。信用评级机构在开展委托评级项目之前，应当与委托人签订评级协议，明确评级双方的权利和义务。评级协议应当包括评级对象配合提供信用评级所需信息、信用评级机构开展尽职调查的条款。

4. 评级项目组构成。信用评级机构在开展信用评级业务时，应当组建评级项目组。

评级项目组至少由三名信用评级分析人员组成。评级项目组成员应当具备从事相关项目的工作经历或者与评级项目相适应的知识结构，评级项目组长应当至少从事信用评级业务3年。

5. 尽职调查。信用评级机构应当对评级对象开展尽职调查，并在调查前制定详细的调查提纲。调查过程中，信用评级机构应当制作尽职调查工作底稿，作为评级资料一并存档备查。

6. 初评阶段。评级项目组应当依法收集评级对象的相关资料，并对所依据的文件资料内容进行核查验证和客观分析，在此基础上得出初评结果。

7. 三级审核程序。信用评级初评结果应当经过三级审核程序，包括评级项目组长初审、部门负责人再审和评级总监三审。

各审核阶段应当相互独立，三级审核文件资料应当按相关要求存档保管。

8. 信用评审委员会评审程序。信用评级机构应当成立内部信用评审委员会。信用评级结果由内部信用评审委员会召开评审会议，以投票表决方式最终确定。每次参会的内部信用评审委员应当不少于7人。

9. 结果反馈与复评。信用评级机构应当将信用评级结果反馈至评级委托方，评级委托方应当在规定期限内反馈意见。如评级委托方、受评经济主体、受评债务融资工具发行人不是同一主体的，还应当将信用评级结果反馈至受评经济主体和受评债务融资工具发行人。

评级委托方、受评经济主体或者受评债务融资工具发行人对信用评级结果有异议的，可以在约定时间内申请复评一次。

10. 评级结果公布。信用评级机构公布受评债务融资工具及受评经济主体信用评级结果，应当符合下列要求：

（1）评级结果应当包括评级等级和评级报告，评级报告应当采用简洁、明了的语言，对评级对象的信用等级和有效期等内容作出明确解释；

（2）按照《信用评级业管理暂行办法》第三十八条的规定公布评级结果；

（3）存在多个评级结果的，多个评级结果均应当予以公布。

市场监督管理部门另有规定的，从其规定。

11. 定期跟踪评级。在信用评级结果有效期内，信用评级机构应当对评级对象进行跟踪评级，并在签订评级协议时明确跟踪评级安排。其中，评级结果有效期为一年以上的，信用评级机构应当每年跟踪评级一次。

市场监督管理部门另有规定的，从其规定。

12. 不定期跟踪评级。在评级结果有效期内发生可能影响评级对象偿债能力和偿债意愿的重大事项的，信用评级机构应当及时进行不定期跟踪评级，公布跟踪评级结果。

13. 档案管理。信用评级机构应当建立评级业务档案管理制度。业务档案应当包括受托开展评级业务的委托书、出具评级报告所依据的原始资料、工作底稿、初评报告、评级报告、评级委员会表决意见及会议记录、跟踪评级资料、跟踪评级报告等。

业务档案应当保存至评级合同期满后 5 年或者评级对象存续期满后 5 年，且不得少于 10 年。

14. 保密原则。信用评级机构应当建立信用评级业务信息保密制度。对于在开展信用评级业务、处理信用评级数据库系统过程中知悉的国家秘密、商业秘密和个人隐私，信用评级机构及其从业人员应当依法履行保密义务。

15. 终止评级。发生下列情形之一的，信用评级机构可以终止评级。

（1）受评经济主体及债务融资工具发行人拒不提供评级所需关键材料或者提供的材料存在虚假记载、误导性陈述或者重大遗漏的；

（2）受评经济主体解散或被依法宣告破产的；

（3）受评债务融资工具不再存续的；

（4）评级事项不能正常予以进行的其他情形。

因上述原因终止评级的，信用评级机构应当及时公告原因。

16. 禁止行为。信用评级机构不得有下列行为。

（1）篡改相关资料或者歪曲评级结果；

（2）承诺、保证信用等级；

（3）以承诺分享投资收益或者分担投资损失、承诺高等级、诋毁同行等不正当竞争手段招揽业务，进行恶性竞争；

（4）以挂靠、外包等形式允许其他机构使用其名义开展信用评级业务；

（5）违反信用评级业务规则，侵犯投资人、评级对象合法权益，损害信用评级业声誉的其他行为。

三、信用评级要素、标识及含义

（一）银行间债券市场金融产品信用评级要素、标识及含义

1. 对金融产品发行主体评级应主要考察以下要素：宏观经济和政策环境、行业及区域经济环境、企业自身素质，包括公司产权状况、法人治理结构、管理水平、经营状况、财务质量、抗风险能力等。对金融机构债券发行人进行资信评估还应结合行业特点，考虑市场风险、信用风险和操作风险管理、资本充足率、偿付能力等要素。

2. 对金融产品评级应包括以下要素：募集资金拟投资项目的概况、可行性、主要风险、盈利及现金流预测评价、偿债保障措施等。

3. 信用等级的划分、符号及含义。

（1）银行间债券市场长期债券信用等级划分为三等九级。符号表示分别为：aaa、aa、a、bbb、bb、b、ccc、cc、c。

等级含义如下。

aaa 级：偿还债务的能力极强，基本不受不利经济环境的影响，违约风险极低。
aa 级：偿还债务的能力很强，受不利经济环境的影响不大，违约风险很低。
a 级：偿还债务能力较强，较易受不利经济环境的影响，违约风险较低。
bbb 级：偿还债务能力一般，受不利经济环境影响较大，违约风险一般。
bb 级：偿还债务能力较弱，受不利经济环境影响很大，有较高违约风险。
b 级：偿还债务的能力较大地依赖于良好的经济环境，违约风险很高。
ccc 级：偿还债务的能力极度依赖于良好的经济环境，违约风险极高。
cc 级：在破产或重组时可获得保护较小，基本不能保证偿还债务。
c 级：不能偿还债务。

除 aaa 级，ccc 级以下等级外，每一个信用等级可用"＋""－"符号进行微调，表示略高或略低于本等级。

（2）银行间债券市场短期债券信用等级划分为四等六级。

符号表示分别为：a－1、a－2、a－3、b、c、d。等级含义如下。

a－1 级：为最高级短期债券，其还本付息能力最强，安全性最强。
a－2 级：还本付息能力较强，安全性较强。
a－3 级：还本付息能力一般，安全性易受不良环境变化的影响。
b 级：还本付息能力较弱，有一定的违约风险。
c 级：还本付息能力很弱，违约风险较高。
d 级：不能按期还本付息。

每一个信用等级均不进行微调。

（二）借款企业信用评级要素、标识及含义

1. 信用评级机构对企业进行信用评级应主要考察以下方面内容。
（1）企业素质：包括法人代表素质、员工素质、管理素质、发展潜力等；
（2）经营能力：包括销售收入增长率、流动资产周转次数、应收账款周转率、存货周转率等；
（3）获利能力：包括资本金利润率、成本费用利润率、销售利润率、总资产利润率等；
（4）偿债能力：包括资产负债率、流动比率、速动比率、现金流等；
（5）履约情况：包括贷款到期偿还率、贷款利息偿还率等；
（6）发展前景：包括宏观经济形势、行业产业政策对企业的影响；行业特征、市场需求对企业的影响；企业成长性和抗风险能力等。

2. 借款企业信用等级应按不同行业分别制定评定标准。

3. 借款企业信用等级分为三等九级。

借款企业信用等级分为三等九级，即：aaa、aa、a、bbb、bb、b、ccc、cc、c。等级含义如下。

aaa 级：短期债务的支付能力和长期债务的偿还能力具有最大保障；经营处于良性循环状态，不确定因素对经营与发展的影响最小。

aa 级：短期债务的支付能力和长期债务的偿还能力很强；经营处于良性循环状态，不确定因素对经营与发展的影响很小。

a 级：短期债务的支付能力和长期债务的偿还能力较强；企业经营处于良性循环状态，未来经营与发展易受企业内外部不确定因素的影响，盈利能力和偿债能力会产生波动。

bbb 级：短期债务的支付能力和长期债务的偿还能力一般，目前对本息的保障尚属适当；企业经营处于良性循环状态，未来经营与发展受企业内外部不确定因素的影响，盈利能力和偿债能力会有较大波动，约定的条件可能不足以保障本息的安全。

bb 级：短期债务支付能力和长期债务偿还能力较弱；企业经营与发展状况不佳，支付能力不稳定，有一定风险。

b 级：短期债务支付能力和长期债务偿还能力较差；受内外不确定因素的影响，企业经营较困难，支付能力具有较大的不确定性，风险较大。

ccc 级：短期债务支付能力和长期债务偿还能力很差；受内外不确定因素的影响，企业经营困难，支付能力很困难，风险很大。

cc 级：短期债务的支付能力和长期债务的偿还能力严重不足；经营状况差，促使企业经营及发展走向良性循环状态的内外部因素很少，风险极大。

c 级：短期债务支付困难，长期债务偿还能力极差；企业经营状况一直不好，基本处于恶性循环状态，促使企业经营及发展走向良性循环状态的内外部因素极少，企业濒临破产。

每一个信用等级可用"＋""－"符号进行微调，表示略高或略低于本等级，但不包括 aaa＋。

四、担保机构信用评级要素、标识及含义

（一）信用评级机构对担保机构进行信用评级应主要考察的内容

1. 经营环境。主要包括宏观和地区经济环境、行业环境、监管与政策、政府支持等。
2. 管理风险。主要包括管理层、专业人员等人力资本、法人治理结构、内部管理和运营体制。
3. 担保风险管理。包括担保政策、策略与原则，担保业务的风险管理制度、程序，实际运作情况。
4. 担保资产质量。包括担保资产信用风险、集中程度、关联担保风险，并根据各方面的情况对未来的担保风险进行预测。
5. 担保资本来源与担保资金运作风险。包括担保资本补偿与增长机制、担保资金流动性、安全性和营利性等。
6. 偿债能力与资本充足性。主要包括资本充足率、货币资本充足率、流动性等。

（二）担保机构信用等级的设置采用三等九级

符号表示分别为：aaa、aa、a、bbb、bb、b、ccc、cc、c。等级含义如下。

aaa 级：代偿能力最强，绩效管理和风险管理能力极强，风险最小。
aa 级：代偿能力很强，绩效管理和风险管理能力很强，风险很小。
a 级：代偿能力较强，绩效管理和风险管理能力较强，尽管有时会受经营环境和其他内外部条件变化的影响，但是风险小。
bbb 级：有一定的代偿能力，绩效管理和风险管理能力一般，易受经营环境和其他内外部条件变化的影响，风险较小。
bb 级：代偿能力较弱，绩效管理和风险管理能力较弱，有一定风险。
b 级：代偿能力较差，绩效管理和风险管理能力弱，有较大风险。
ccc 级：代偿能力很差，在经营、管理、抵御风险等方面存在问题，有很大风险。
cc 级：代偿能力极差，在经营、管理、抵御风险等方面有严重问题，风险极大。
c 级：濒临破产，没有代偿债务能力。

除 ccc 级以下等级外，每一个信用等级可用"＋""－"符号进行微调，表示略高或略低于本等级，但不包括 aaa＋。

【本章小结】

1. 作为特定的经济交易行为，要有行为的主体，即行为双方当事人，其中贷出物品或货币资金的一方为授信人，而接受的一方则为受信人。

2. 信用融资工具主要分为债务融资工具和非正式债务融资工具。

3. 信用评级又称资信评级或信誉评级，其基本方法是运用概率理论，准确判断出一种金融资产或者某个经济主体的违约概率，并以专门的符号来标明其可靠程度。信用评级的方法有传统信用评级方法和现代信用评级方法，通过两种方法的应用评估公司信用评级。同时了解信用评级机构国内和国外的信用评估分析企业财务状况。

【复习思考题】

1. 主要的债务融资工具是哪些？
2. 信用评级的方法有哪些？各自的特点是什么？
3. 国内外主要的信用评估机构有哪些？

【阅读分析题】

6家评级机构领罚单 共被罚款超3 400万

6家评级公司被中国人民银行行政处罚，罚单于近日公布。这6家评级公司分别是中诚信国际信用评级有限责任公司（以下简称中诚信国际）、上海新世纪资信评估投资服务有限公司（以下简称新世纪评级）、标普信用评级（中国）有限公司（以下简称标普信评）、中证鹏元资信评估股份有限公司（以下简称中证鹏元）、联合资信评估股份有限公司（以下简称联合资信）、远东资信评估有限公司（以下简称远东资信）。经计算，6家评级公司共被罚款超3 400万元。6家评级公司受到的处罚具体来看，中国诚信国际被警告，罚款768.5万元，其违法行为类型包括：未按规定办理备案；未按照法定评级程序及业务规则开展信用评级业务；违反独立性要求；违反一致性原则；违反信用评级从业人员管理要求。时任中诚信国际副总裁的王某方，对公司未按照法定评级程序及业务规则开展信用评级业务负有责任，被警告，罚款3万元。时任中诚信国际副总裁的任某红，对公司未按照法定评级程序及业务规则开展信用评级业务，以及违反独立性要求负有责任，被警告，罚款13万元。新世纪评级被警告，罚款726.75万元，其违法行为类型包括：未按规定办理备案；违反独立性要求；违反一致性原则。时任新世纪评级的董事、常务副总裁丁某樑，对公司违反独立性要求负有责任，被警告，罚款10万元。标普信评被警告，罚款212万元，其违法行为类型包括：未按照法定评级程序及业务规则开展信用评级业务；未按规定向信用评级行业主管部门或者其派出机构报送报告；违反一致性原则。时任标普信评评级分析总监对公司未按照法定评级程序及业务规则开展信用评级业务负有责任，被警告，罚款3万元。中证鹏元被警告，罚款600.995万元，其违法行为类型包括：未按规定办理备案；未按照法定评级程序及业务规则开展信用评级业务；违反独立性要求等。时任中证鹏元的常务副总裁的秦某朝被警告，罚款3万元。时任中证鹏元副总裁的黄某被警告，罚款9万元。联合资信被警告，罚款741万元，其违法行为类型包括：未按规定办理备案；未按照法定评级程序及业务规则开展信用评级业务等。时任联合资信总裁的万某伟被警告，罚款27万元。另外，远东资信因未按规定办理备案，被罚款397.4万元。哪些违法行为出现次数多？《每日经济新闻》记者梳理发现，在上述罚单中，"未按规定办理备案""违反一致性原则"是出现次数最多的评级公司违法行为类型，均出现了5次；其次是"未按照法定评级程序及业务规则开展信用评级业务""违反独立性要求"，均出现了4次。据悉，《信用评级业管理暂行办法》（以下简称《办法》）规定，信用评级行业主管部门、业务管理部门及其派出机构依照法律法规和该办法相关规定，履行对信用评级机构的监督管理职责，可以采取包括现场检查在内的监督检查措施。现场检查内容的事项包括：备案信息与实际情况的一致性；信用评级业务与评级模型、程序、方法的一致性；内部管理情况；独立性管理情况；信息披露情况；执行信用评级行业主管部门、业务管理部门信用评级管理规定情况等。《办法》还规定，信用评级机构从事评级业务，应当遵循一致性原则，对同一类对象评级，或者对同一评级对象跟踪评级，应当采用一致的评级标准和工作程序。评级标准和工作程序及其调整，应当予以充分披露。

（资料来源：宋钦章. 6家评级机构领罚单共被罚款超3 400万 [N]. 每日经济新闻，2024-02-06（002））

请思考：6家评级机构受到处罚的原因，并说明带来的影响？

【章末案例】

惠誉评级展望明显低估了中国经济增长

2024年4月10日，惠誉国际信用评级公司发布报告，维持中国主权信用评级不变，但将评级展望由"稳定"调整为"负面"。对此，财政部有关负责人回应，很遗憾看到惠誉调降中国主权信用评级展望。前期已经与惠誉评级团队进行了大量深入沟通，报告也部分反映了中方的看法。但从结果看，惠誉主权信用评级方法论的指标体系，未能有效前瞻性反映财政政策"适度加力、提质增效"对推动经济增长，进而稳定宏观杠杆率的正面作用。

中国2024年赤字率整体看是适度、合理的。该负责人表示，中国政府一直坚持统筹兼顾支持经济发展、防范财政风险和实现财政可持续等多重目标，根据形势变化，统筹需要与可能，科学合理安排赤字规模，保持赤字率在合理水平。

2024年我国赤字率按3%安排，整体看是适度、合理的，有利于经济稳增长，也能较好控制政府负债率，为应对将来可能出现的风险挑战预留政策空间。该负责人称，回顾2023年，中国GDP增长5.2%，对世界经济贡献率超过30%，令人振奋。今年设定5%左右的预期目标，符合现实条件和发展需要，传递出高质量发展的决心和信心。

"中国经济长期向好的趋势没有改变，中国政府维护良好主权信用的能力和决心也没有改变。"该负责人表示。

据了解，财政部 2024 年安排全国财政赤字 4.06 万亿元，比上年年初预算增加 1 800 亿元，预计赤字率 3%，与上年年初预算持平。"适当的财政赤字有利于发挥政府举债融资积极作用，保持对经济社会高质量发展的必要支撑。"该负责人表示，这样安排有利于保持必要支出强度，发挥财政逆周期调节作用，稳定和提振市场信心，也有利于统筹发展和安全，防范政府债务风险，为以后应对复杂困难局面留出空间。

中国政府债务风险总体可控

有专家分析，对政府债务问题的担心是惠誉此次调降我国信用评级展望的主要考虑。事实上，无论是从衡量政府债务水平的指标，还是从政府债券的市场需求看，中国政府债务风险都总体可控。

据中国社会科学院国家资产负债表研究中心测算，2023 年中国政府杠杆率为 55.9%。其中，中央政府杠杆率为 23.6%，地方政府杠杆率为 32.3%。

中国宏观经济研究院经济研究所副研究员陆江源在接受记者采访时表示，近年来中国政府债务中的中央政府杠杆率并不高，有空间通过中央政府加杠杆来帮助地方政府控杠杆。

他同时指出，境内外投资者均热衷购买中国政府债券，将其视作安全资产。据中国央行数据，截至 2023 年底，境外机构和个人持有人民币债券规模为 3.72 万亿元，比 2019 年底大幅增加 1.46 万亿元。

在防范化解地方政府债务风险方面，近年来，财政部也在地方政府债务限额空间内安排一定规模的再融资政府债券，支持地方特别是高风险地区化解融资平台隐性债务和清理政府拖欠企业账款等，缓释到期债务集中偿还压力，降低利息支出负担。

同时，按照"省负总责，市县尽全力化债"的原则，各地统筹各类资源，制订化债方案，逐项明确具体措施，地方债务风险得到整体缓解。

据介绍，经过各方面努力，地方政府法定债务本息兑付有效保障，隐性债务规模逐步下降；政府拖欠企业账款清偿工作取得积极进展，地方融资平台数量有所减少。

"总的来看，目前我国地方政府债务化解工作有序推进，风险总体可控。"财政部有关负责人表示，下一步，财政部将会同有关方面不断加强地方政府法定债务管理，进一步推动"一揽子"化债方案落地见效。

"四大效应"支撑我国经济延续回升向好态势

据了解，在本次下调中国主权信用评级展望时，惠誉预测 2024 年中国 GDP 增长 4.5%，明显低于其他国际机构预测，摩根大通、高盛、瑞银、花旗对 2024 年中国 GDP 增速预测值分别为 4.8%、4.9%、5% 和 5%，国内知名机构中国社会科学院、国家信息中心、中国银行、银河证券等预测值均为 5% 左右。

"一国经济增长是进行主权信用评级的重要考量。惠誉对中国 2024 年经济增速预测较其他机构结果偏低，难免会令人质疑其主权信用评级结果的可靠性。"国家信息中心预测部财金研究室副主任、高级经济师李若愚认为，惠誉明显低估了中国经济增长实际情况。

尽管评级展望有所调整，惠誉仍对中国维持"A+"的较高评级，体现了外资评级机构对我国的经济增长前景、全球商品贸易中心地位、稳健的外部金融状况等方面的认可。陆江源分析，主要支撑因素包括庞大且多样化的经济体系、相对其他国家依然拥有稳健的经济增长预期、在全球商品贸易中的核心地位、稳健的外部金融状况以及人民币作为储备货币的地位等。

"这些都是我国经济运行的亮点，表明惠誉这样一家外资评级机构对我国经济基本面的充分肯定，并积极看好增长趋势。"陆江源说。如惠誉指出，尽管全球供应链多元化进程正在加速，但由于拥有先进制造业生态系统、高质量基础设施，中国在全球供应链中的核心地位得以延续。

事实上，中国经济的实际增长往往超过了国际机构的预测，成为拉动世界经济稳定增长的重要引擎。2023年中国5.2%的经济增速不仅高于全球3%左右的增速，而且在世界主要经济体中名列前茅，对世界经济增长的贡献率达到30%左右。

根据联合国、世行、国际货币基金组织、经合组织等权威国际机构预测，2024年中国经济增长表现将继续位居主要经济体前列。

李若愚表示，2024年，世界经济增长动能不足，地区热点问题频发，但我国经济发展面临的有利条件强于不利因素，经济回升向好、长期向好的基本趋势没有改变。国内宏观政策加力增效、新动能加速培育、改革开放红利加快释放、产出缺口加快回补，"四大效应"支撑我国经济延续回升向好态势。

中国经济稳健的增长前景则成为各方共识。惠誉预计2028年前中国GDP增速高于同评级国家，高盛、摩根士丹利等国际投行近期也纷纷上调今年中国增长预期。

（资料来源：袁琳. 惠誉评级展望明显低估了中国经济增长［N］. 中国经济导报，2024-04-13（002））

请思考：信用评级被低估对于经济的影响。

第十三章 大数据对财务报表分析的影响

【学习要求】
1. 掌握大数据对企业信息质量的影响。
2. 熟悉大数据对财务报表分析带来的挑战。
3. 理解大数据如何优化传统的财务报表分析。
4. 理解数据挖掘技术在财务报表分析中的应用。

【关键术语】
大数据　企业信息　大数据信息质量　大数据战略　数据挖掘　财务风险预警

【引导案例】

数字化转型背景下管理会计报告的变革与应对

2021年11月，财政部《会计改革与发展"十四五"规划纲要》提出，要"以数字化技术为支撑，以推动会计审计工作数字化转型为抓手，健全完善各种数据标准和安全使用规范，形成对内提升单位管理水平和风险管控能力、对外服务财政管理和宏观经济治理的会计职能拓展新格局"，同时"探索企业财务报表数据共享试点，以会计数据库为基础……服务企业可持续发展需要，探索、总结、推广现代会计服务业在推动社会价值创造中的实践经验……为企业创新发展提供支撑"。2022年2月，国务院国资委《关于中央企业加快建设世界一流财务管理体系的指导意见》中也明确提到，要构建业财融合的财务报告分析体系，利用报表、数据、模型、管理会计工具，建立纵贯企业全部经营管理链条，覆盖各个产品、市场、项目等的多维度指标体系，开展价值跟踪分析，准确反映价值结果，深入揭示价值成因。探索研究利益相关方和行业利益共生报表，更好地用财务语言反映企业发展生态。这些都可以看作对管理会计报告在企业高质量发展目标下，结合数字化转型所提出的方向性要求。

无独有偶，在国内宏观管理部门积极拓展管理会计报告边界的同时，国际相关组织也对该领域从概念体系到管理展望作积极探索。比如，美国管理会计协会在2022年底公布管理会计新定义："管理会计是一种包含了制定管理决策、计划和绩效管理系统，并且在财务报告系列披露中提供专业意见，辅助组织战略制定和完善的职业。"我们进一步注意到，在ACCA的研究当中，把财务工作创造价值、保护价值、报告价值的边界变革融合到更大的外部环境当中，定义了四大项二十类管理工作，且大部分都需要依赖于管理会计报告的有效支撑。由此可以发现，管理会计不仅对内起到制定管理决策、计划和绩效管理作用，而且是对外部宏观经济信息、行业信息进行整合，辅助组织制定战略，这就将管理会计报告放到了一个新的高度。管理会计报告在数字化变革下，也正在发生从内涵到服务范围的本质性变化。

（资料来源：潘洁，吕燕，王燕，等．数字化转型背景下管理会计报告的变革与应对[J]．中国注册会计师，2024（4）：104－107）

第一节　大数据对企业信息质量的影响

一、财务报表数据生成的环境

财务报表分析不仅仅要关注财务报表和数据本身，首先需要关注生成财务报表数据的环境。一般而言，公司治理完善程度，是决定上市公司财务报表信息质量高低的一个至关重要的因素。

【阅读资料】

深交所：提高上市企业违法成本

2019年4月以来，近30家公司修正2018年度业绩预告，多家公司由预盈转为预亏。例如，西部矿业原本预计2018年度盈利约1亿元，修正后为预计亏损20.63亿元；文投控股此前预计2018年度归属于上市公司股东的净利润为盈利1 200万~1 400万元，修正后预计亏损6.8亿~7亿元；兴业矿业此前曾预计2018年度盈利6亿~7.5亿元，修正后由盈转负亏损1.5亿~2亿元。除此之外，还有38家公司的2018年年度报告被审计机构出具了"无法表示意见"的审计报告，5家公司未在截止日期前披露2018年年报。

年报"爆雷"的背后，多少反映出相关上市公司主体背后涉及的信息披露问题。在有明文规定的情况下，上市公司为何屡屡"知法犯法"铤而走险？有观点认为，问题或在于监管部门对信息造假企业处罚力度过低。

……

（资料来源：黄灵灵．深交所：提高上市公司违法违规成本［EB/OL］．［2019－08－19］．http://www.cs.com.cn/xwzx/hg/201908/t20190819_5978336.html）

请分析目前中国上市公司信息披露违规成本的状况。

（一）透明度

在进行财务报表分析时，必然会关注所分析的财务资料是否充足？是否可靠？在一定意义上，透明度正好与这两个问题相关。

如上所述，透明度的含义是多元的，它既包括公司对外所提供的信息是否充足、是否能够让外部信息使用者对公司有足够的了解；也包括业务透明度，即公司的主业突出、公司外部的投资者等信息使用者能够比较容易对公司经营和业绩进行判断。从信息经济学角度来看，公司有好消息，一定会尽可能地披露出来，让市场了解，并希望市场能够给予正面的回应，如更高的市盈率等；反之，当公司有坏消息，通常会选择不说；当法律对信息披露的管制和惩罚不严时，公司会说假话；当法律管制比较严格、说假话的成本比较高时，公司会选择推迟披露坏消息，或者，即使披露了，但让人不得要领，采用所谓"屡败屡战"与"屡战屡败"式的春秋笔法。如果一个公司的业绩非常优秀，它当然愿意让人看懂，也希望让外界看懂。反过来，如果一个公司的经营活动、经营模式乃至信息披露让人看不懂，作为财务分析人员，我们需要特别关注。

现在，我国资本市场上的年报披露已经包括了很多具体的内容，如公司董事会和监事会报告、关于公司治理的披露、公司高管薪酬的披露、分部业绩等，这些披露能够较好地帮助信息使用者理解公司真实的财务状况和经营成果。经济学的"信号传递"（signaling）告诉我们，如果上市公司财务状况好、经营业绩优，它一定会设法提高透明度，让投资者能够真正理解并了解公司的真实状况；反过来，如果公司财务状况和经营业绩并不理想，那么，它一定会刻意降低透明度，让投资者看不懂公司的"秘密"。因此，从透明度角度可以帮助我们更好地把握并进行公司财务分析。

（二）董事会与管理层

显然，能够影响并干预财务报表数据的，主要是公司管理层和相应的董事会。财务报表分析中就应当要关注董事会的各种特征。

如果说公司经理层是执行机构，那么，董事会在相当程度上担当了监督机构的职能。如上所述，董事是否监督、监督是否有效，取决于多方面的因素，包括董事的身份是否相对独立、董事是否具有相应的专业能力、董事的利益与股东的利益是否一致等。如果一个公司的董事会都是内部董事，那么，它在监督上的作用和效果就会大打折扣。

当然，董事会究竟能够发挥什么作用，这是目前仍然存在争论的话题。可以肯定地说，目前的学术研究尚无法提供充足的证据来支持好的公司业绩来自健全的董事会这样的推断；并且，按照目前标准所说的健全的董事会，通常都是要求能够独立于管理层；优秀的公司业绩更多地是来自管理层的努力，健全的董事会更多地发挥的是监督作用，即监督公司管理层不会发生重大偏差（包括决策偏差与浪费、滥用乃至偷窃公司财产等）。因此，从董事会角度的财务报表分析，主要是为公司是否可能存在重大问题提供一个分析方向和参照。

与董事会分析相关联的是对管理层，特别是首席执行官（CEO）的分析，因为尽管公司治理机制强调对管理层，包括 CEO 的监督与约束，并力图弱化个人在现代公司运营中的地位。但实际上，公司的业绩在一定程度上与公司最高管理者的能力关联度较强；并且，企业价值也在一定程度上与管理者的能力相关联。例如，苹果公司的创始人史蒂夫·乔布斯（Steve Jobs）曾经被公司董事会辞退，但后来因为苹果公司业绩连年下滑，乔布斯卷土重来，于1997年重新回到苹果公司，担任董事长兼CEO，并推出iPod系列mp3播放器，大获成功。可以说，苹果的股价，在很大程度上就是对乔布斯的定价。类似的例子还有微软的比尔·盖茨、伯克希尔（Berkshire）的巴菲特等。

管理者角度的财务报表分析，与董事会角度的财务报表分析类似，我们同样没有办法实现确定何种管理者能够为公司创造超过市场平均水平的业绩，但是，我们却可以用管理者的以往经历、年龄、任职年限等因素来帮助分析公司经营业绩的总体趋势。例如，当郭士纳（Louis Gerstner）应聘到危机重重的IBM担任CEO时，他此前的工作经历主要是在美国运通公司（American Express）——一家信用卡公司就职。这种工作经历决定了他对服务的关注度，高过对传统制造业的热度。这也可以部分解释IBM为什么会从最初一家以制造为主的公司，最终转向以服务为主。

经理人员的任期、视野等都会影响他们的行为，进而影响公司价值。例如，当公司与管理层签订了一个基于会计业绩（或以会计业绩指标为主）的奖励计划，而管理层又预期该期间结束后不会再连任（到龄退休就是一个常见的现象）时，很显然，管理层为最大限度地提高公司的会计业绩，会采取多种方式来降低当期费用，包括调整会计应计项目，也包括一些管理层实际可以掌控的费用开支项目，例如市场推广费用、广告费用、研究开发费用等。降低这些费用开支，可以明显提高当期报告利润，但是，会对公司长远价值产生负面影响。

（三）改制方式，关联交易与利益输送

我国资本市场从1990年开始设立，新股发行与公司上市方式都在不断地变革。其中，新股发行方式从早期的审批制，逐渐过渡到现在的核准制；在审批制阶段，主要的管理方式是"额度"，包括早期的"额度管理"到后来的"总量控制、限报家数"。由于审批制度和额度管理下所暴露的各种问题，中国证监会尝试将发行审批的权力逐渐前移到券商阶段，形成核准制，让券商承担筛选的责任；之后，进而转变为保荐制，让券商担负更多的责任。与股票发行制度相关联的就是公司上市方式。

我国上市公司采取的上市方式也在不断变化之中，从早期的分拆、包装上市，发展到后来的整体上市。关注不同的公司改制方式、上市方式，也能够为财务报表分析提供新的、有益的视角。

我国上市公司改制上市的方式中，存在一个相对比较特别的方式，那就是分拆、包装上市。通常，对一个已经运营一段时间的企业，特别是国有企业来说，一方面，当时主管部门仍然存在意识形态等方面的限制，希望国有企业最终仍然要由相关政府部门来掌握；另一方面，有不少国有企业在运行过程中形成了一些"非经营性资产"，例如医院、学校、幼儿园等，还有一些盈利能力比较弱，甚

至亏损的经营性资产。把这些资产都纳入上市公司，也不符合上市公司的相关要求。因此，我国资本市场在公司上市方式上，出现了一个比较特别的现象：分拆、包装上市。

公司分拆上市，导致在上市公司之外，存在很多关联方。一旦出现关联方，公司治理就会受到相应的影响，事情相对就变得复杂了：上市公司与关联方之间的交易，不仅有可能出现损害中小股东利益的"利益输送"现象，也降低了公司的透明度，增加了财务报表分析的难度。

（四）频繁重组与重组病

与公司上市三年绩差效应相对应，我国上市公司频繁重组，并产生了一种"重组病"。由于一个有效的公司并购市场，能够在一定程度上约束并限制公司管理层的代理问题，而公司重组应当是公司控制权市场发挥作用的一种具体表现形式。

但是，我国到2006年底之前不同的资本市场环境特征，赋予了重组以完全不同的意义，即公司并购或重组并不完全是，甚至可以直接说不是一种市场行为，因为，大股东的股权不流通，通常意义上的战略投资者无法通过二级市场的正常市场交易方式，直接取得一家业绩不理想的上市公司的控制权。战略投资者必须要与原控股股东一对一谈判，以求得原控股股东的支持。将战略收购者从公开的市场竞争和择优选择，转向非公开的、由原控股股东和管理层为主导的自我选择，这使得控制权市场的作用大打折扣，并很容易诱发经济学上所普遍关注的"道德风险"和"逆向选择"等问题，并且，以往的经验数据也表明，我国资本市场上不公开、不透明且自我选择现象严重的公司并购行为，确实已经诱发了全面的道德风险。这一点，只要关注一下资本市场过往的"系"族公司，就可以发现相关证据：绝大部分系族公司最后都是"遍体鳞伤"，甚至"性命不保"。正因为如此，我们将频繁重组作为公司治理不健全的一种标志；频繁重组所留下的"重组病"，是我们在进行财务报表分析时所应当关注的。

概括起来，我国资本市场上的重组，大致有以下几种行为：一些连年亏损、面临摘牌风险的上市公司，出于保牌考虑，仓促寻找控制人；在"国退民进"大潮中，一些略有盈利的小型国有上市公司被私人资本收购；央企或类似垄断型的国有上市公司出于战略或其他考虑，在资本市场上选择并购对象进行重组。除此之外，还有其他一些公司重组行为。

随着中国股权分置改革的全面完成，未来控制权转移公司重组的市场化程度会逐渐提高，它对公司治理的积极作用也会更强。当然，从财务报表分析角度来看究竟会有什么影响，仍然有待未来的研究发现和验证。

二、大数据时代企业信息的新特征

财务报表分析是通过专业的财务分析方法对会计核算的财务数据进行专业、

全面的分析，对企业的经营成果进行合理评估，为投资者、债权人、企业经营管理者、政府和其他利益相关者的决策提供帮助。财务报表分析工作是数据利用的过程，因此，可以说财务报表分析是与大数据息息相关的管理工作，大数据时代的发展必然会带动财务报表分析的发展。

第一，企业信息数据的来源从以"结构化"数据为主导变更为以"非结构化"数据为主导。"结构化数据"主要采集来源是非关系型数据库，与其他数据库相比，其对于数据格式的约束没有那么严格。随着信息技术的不断发展，半结构化、非结构化数据的来源与价值量变得越来越丰富，它们对结构化数据的取代不仅从数据数量上体现出来，而且还从提供的价值量上体现出来。

静态结构化企业数据信息是由传统的运营系统产生的，通常情况下，结构化数据是以一维表的方式进行保存和管理，它是传统的数据库管理系统的重要组成部分。静态非结构化数据是通过现代科技设备产生的，在数据的管理过程中与能采用非关系型数据库将其保存。

动态实时会计数据是与智能设备用户的地理位置、交易信息、使用场景相关联。动态实时企业数据信息是大量的实时数据流，非结构型会计数据来源较为广泛，例如，来自传感器的各种类型数据，移动电话的GPS定位数据、实时交易信息、行情数据信息、用户的网络点击率等；再如，网上书城这种通过互联网发展起来的电商，它们则通过存储固定的搜索路径、浏览记录、购买记录等大量非结构化数据来分析顾客的购买倾向，设计算法来预测顾客感兴趣的书籍类型。在如此多样化的数据结构中，可获得的数据常常是非结构化的，因此，传统的结构化数据库已经很难存储并处理多样性的大数据。对于财务报表分析者而言，要把握新型数据中的巨大价值，进行深入挖掘，挖掘得越多就越有竞争优势。

第二，企业数据信息的价值从简单的"数据仓库"转变为"深度学习对象"。传统的会计数据，更多地被企业看作一种"数据仓库"，随着大数据时代中非结构化数据的大量涌入，原有的从"数据仓库"中简单提取数据已经无法最大限度实现数据的价值，数据成为使用者深入学习的对象，其价值得到了更好的体现。对数据的深入学习，要求使用者必须要对数据进行文本分析、自然语言处理、深入挖掘内容等，才能够最大限度地实现数据的内在价值。

第三，企业数据信息具有实时更新的新特征，更多时候体现为一种动态的"流数据"形式。这就要求财务报表者在进行信息搜集时注意运用"流处理"的思想，将分析对象上下游的厂商进行全面、科学的分析。

第四，企业分析数据处理由原来的集中式向分布式转变。大数据背景下数据量的指数化发展趋势明显，数据分析的样本空前大，数据分析处理的时效性要求更高，因而使得现在的数据分析处理方式与传统的数据分析处理方式不同。特别是在计算全体或者扁平式的数据处理方式方面，要跟上时代的步伐。

第五，企业数据输出形式由图表化转向可视化。在以前的信息数据输出工作中，企业大多采用图表的形式来报告企业的会计信息，例如财务报表等，而在大数据的背景下，企业改变了以往的信息输出形式，将复杂的会计数据转化为直观的图形，通常会综合采用图形、表格和视频等方式将数据进行可视化呈现。

【阅读资料】

大数据时代的机遇与挑战

《华尔街日报》将大数据时代、智能化生产和无线网络革命称为引领未来繁荣的三大技术变革。麦肯锡公司的相关报告指出数据是一种生产资料，大数据是下一个创新、竞争、生产力提高的前沿。世界经济论坛报告指出："大数据为新财富，价值堪比石油。"因此，发达国家纷纷将开发利用大数据作为夺取新一轮竞争制高点的重要抓手。大数据已经不仅局限在数字领域和互联网领域，它正在影响着社会中的每一个板块。大数据技术的战略意义不在于掌握庞大的数据信息，而在于对这些有意义的数据进行专业化处理。大数据时代为企业资本发展带来了历史性机遇。企业利用数据分析和挖掘技术，通过对其内部存储的大量数据进行加工分析，能够作出更科学的经营决策，有效提升产品性能和服务水平，改善客户和受众的消费体验，使企业在市场竞争中获得更大的战略优势。

（资料来源：邬贺铨. 大数据时代的机遇与挑战 [J]. 求是，2013（4）：47-49）

三、企业信息新特征产生的新要求

首先，财务报表分析者应该注重对多种结构、多种来源的企业相关信息的搜集和储存。大数据时代中数据的价值不可小觑，且作为主导的非结构化数据蕴含着更为有价值的信息。因此，要尽可能多渠道、多来源地获取多种结构的数据信息，并运用先进的数据处理系统来进行有效处理和分析，克服信息不对称，尽可能全面地反映企业经济业务的现状，为决策的准确制定提供尽可能详尽的信息依据。

其次，大数据时代影响财务报表数据处理方式。随着大数据时代的到来，财务报表分析者应充分利用新科技搭建一个灵活、便捷、可扩展的信息数据平台。

可扩展商业报告语言（XBRL）的产生和发展，为会计数据的标准化作出了巨大贡献。它极大地提高了会计数据的获取和使用效率，促进会计信息系统的开发与应用。会计数据进行了标准化规范之后，基于标准化数据的数据仓库可以对数据进行导入或导出。通过导入已经披露的上市公司数据，从多维度多角度设置可以获得其他公司经营状况的一些信息，进而有利于财务报表分析发现这些数据存在的潜在联系，并进行相关的评价与预测。

【阅读资料】

公开募集证券投资基金信息披露管理办法

第一章 总 则

第一条 为规范公开募集证券投资基金（以下简称基金）信息披露活动，保护投资者及相关当事人的合法权益，根据《证券投资基金法》（以下简称《基金法》),制定本办法。

第二条 基金信息披露义务人应当以保护基金份额持有人利益为根本出发点,按照法律、行政法规和中国证券监督管理委员会(以下简称中国证监会)的规定披露基金信息,并保证所披露信息的真实性、准确性、完整性、及时性、简明性和易得性。

基金信息披露义务人包括基金管理人、基金托管人、召集基金份额持有人大会的基金份额持有人及其日常机构等法律、行政法规和中国证监会规定的自然人、法人和非法人组织。

第三条 基金信息披露义务人应当在中国证监会规定时间内,将应予披露的基金信息通过中国证监会指定的全国性报刊(以下简称指定报刊)及指定互联网网站(以下简称指定网站)等媒介披露,并保证投资者能够按照基金合同约定的时间和方式查阅或者复制公开披露的信息资料。

指定网站包括基金管理人网站、基金托管人网站、中国证监会基金电子披露网站。指定网站应当无偿向投资者提供基金信息披露服务。

第四条 基金份额在证券交易所上市交易的,基金信息披露义务人还应当根据证券交易所的自律管理规则披露基金信息。

第五条 中国证监会及其派出机构依法对基金信息披露活动进行监督管理。

中国证监会根据基金信息披露活动情况,及时制定相关的内容与格式准则、编报规则等;根据基金信息披露活动中存在的技术问题,直接作出或授权指定机构作出规范解答。

证券交易所、中国证券投资基金业协会依法对基金信息披露活动进行自律管理。

(资料来源:中国证券监督管理委员会令第158号. 公开募集证券投资基金信息披露管理办法[EB/OL]. [2019-07-26]. https://www.gov.cn/gongbao/content/2019/content_5462516.htm)

再次,要注重对获得的企业数据信息的深入学习,满足信息使用者个性化需求。随着信息数据从"数据仓库"的简单角色中转变出来,财务报表分析者应意识到其在处理企业信息数据中已经由被动使用的地位转换为主动挖掘价值的地位。

最后,完善企业会计制度,提高数据处理的效率。正是由于大数据时代背景下企业的企业信息数据"流"特征体现明显,所以数据采取和分析必须要及时、快速,完善的企业会计制度可以从根本上提高会计数据处理的效率,通过制定详尽的、恰当的制度,正确引导员工的工作,避免出现职责不分明,有些工作重复做、有些工作没人做的低效工作状态。

四、大数据信息质量的影响

(一)对可靠性的影响

可靠性,也称为客观性、真实性,我国会计准则将其定义为"企业应当以实际发生的交易或事项作为依据进行会计确认、计量和报告,如实反映符合确认和计量要求的各项会计要素和其他相关信息,保证会计信息真实可靠内容完整"。大数据时代的到来意味着大数据资源将成为企业的数据资产,这也是 2017 年 Facebook 市值突破 5 000 亿美元,受到全球关注的原因。然而,目前关于数据资产却没有相匹配的规定。依据资产定义,大数据仍不能称为资产。同时,单纯以货币为主的计量已经不能满足大数据时代的需求,如何对大数据资产进行计量,这将是大数据时代面对的挑战。对于财务报表分析而言,大数据是否构成企业重要资产或资源,是否影响利益相关者决策值得商榷。

(二) 对相关性的影响

相关性原则要求会计信息能够满足信息使用者的决策需求。财务报表分析的基础是会计信息,会计信息根据与决策需求是否相关来判定会计信息质量。大数据时代拓展了会计核算的内容和维度。财务报表分析的需求更加个性化。大数据时代,信息量大大增加,信息处理速度也随之增快。财务报表分析者可以更加及时地获取相关信息,但是如何识别相关信息,如何对相关信息进行取舍是分析的关键。

【小贴士】

财务报表分析并不仅仅局限于对财务报表数据的分析,但是,财务报表分析的主要基础是财务报表数据。这就需要我们思考一个问题,财务报表数据是如何形成的。

按照企业会计准则的制定,财务报表数据应当是企业按照会计准则进行确认、计量和报告的结果,即相同的经济业务,无论在世界上哪个国家发生,只要会计准则是相同的,相应的财务报表数据应当是相同的,或者至少是相近的。可是如果我们去探究财务报表的生产过程,会发现并不全是技术化、程序化的。从理论上来说,人们假定财务报表是一个客观的工具,可以用来据实反映公司管理层的努力工作;但是,当公司管理层意识到由他们自己提供的财务报表,反过来可以用来评价自己、决定自己的利益,他们当然会竭尽所能,影响财务报表数字,使其朝着对自己利益有利的方向发展。

显然,财务报表不再仅仅是简单的、"科学"的数据,而是利益的焦点乃至中心,财务报表分析就不仅仅是了解、精通财务报表了,还需要了解、精通影响乃至财务报表"生产"的过程。

第二节 大数据对财务报表分析带来的挑战

一、国内外企业的大数据战略

1. IBM——大数据可视化。近些年来,IBM 一直致力于大数据的前瞻研究,有自己的数据管理系统数据仓库、Hadoop System、Stream Computing 流计算、信息整合管理平台这一整套的大数据技术，其中数据可视化功能是 IBM 的一个重大突破，即分析工具生成的信息以可视化形式呈现在用户面前，给用户带来非常强烈的直觉判断。

2. Facebook——通过大数据精准定位客户群。Facebook 一直是大数据技术最积极的应用者和开拓者，因为它拥有的数据量巨大。目前，Facebook 在全球有 18 亿用户，每天收集大量的数据，Facebook 会根据海量用户的使用习惯做数据挖掘，然后对用户进行"画像"，更精准地把握用户需求和广告主的需求。Facebook 大数据技术被广泛应用在广告、新闻源、消息聊天、搜索、站点安全、特定分析、报告等各个领域。

3. Google——用大数据做预测。Google 就是大数据时代的开拓者，Google 的大数据技术架构一直都是全球互联网企业争相学习和研究的重点。在市场研究中，Google 所提供的大数据分析主要包括客户情绪分析、交易风险分析、产品推荐、客户流失预测、法律文案分类、电子邮件内容过滤、政治倾向预测、物种鉴定等多个方面。

4. 京东——智慧供应链。京东一直以来都致力于供应链能力的建设，同时结合大数据与人工智能优势，打造了线上线下、多平台、全渠道、一体化解决方案。截至 2017 年底，京东消费品类的自动化商品补货已经可以覆盖 86% 以上的采购场景。数字京东不仅可以提升零售业效率，还能给上下游合作伙伴赋能。京东结合数据挖掘和人工智能技术，不断地提升供应链的需求预测、运筹优化和模拟仿真能力，发展出智慧供应链。例如，京东的智慧供应链与青岛啤酒的店铺合作，青岛啤酒的仓储周转降低了 24.7 天，缺货率降低了 15%。

二、大数据对财务报表分析带来的挑战

（一）促进财务报表分析信息的挖掘

在大数据时代背景下，财务报表分析者信息获取的主要途径除了传统的企业财务报表外，利用大数据技术，还可以从业务数据、客户数据等方面挖掘更多的企业财务和非财务信息数据。以计算为核心的大数据处理平台可以为分析者提供一个更为有效的数据管理工具，进而提升财务报表分析的技术水平。传统分析者对分析对象的发展状态分析只停留在浅层面的数据分析和进行简单的信息汇总，在进行同行业分析的时候缺乏对分析对象企业业务、客户需求等方面的深层分析。财务报表分析者若能根据数据并进行客观、科学、全面的分析后再做决定，将有助于减少管控风险。

在大数据时代的背景下，财务报表分析者不仅需要掌握更多更优质的数据信息，还要有高超的数据统御能力、先进的管理模式，才能使得财务报表分析预测的准确性更高。除了传统的数据企业平台以外，可建立一个非结构化的集影像、文本、社交网络、微博数据为一体的数据平台，通过做内容挖掘或者企业搜索，

开展声誉度分析、舆情化分析以及精准营销等；分析者可随时监控、监测变化的数据，进行实时数据分析。同时，可以将非结构化数据、数据流应用在日常的分析过程中，通过微博、社交媒体对其中的内容进行字、词、句法、情感分析甚至是关系实体的识别，将帮助使用者获得更加真实、更具经济价值的信息，让投资者即股东对企业管理层的约束力得以加强。

（二）财务报表分析基础数据整合的挑战

财务报表的编制以会计信息确认、计量和记录为基础，然而由于技术手段的缺失，财务数据和相关业务数据作为企业的一项重要资源，使其价值往往在编制财务报表的过程中没有得到有效的重视。特别是上市公司，受限于财务报表信息披露制度，部分公司的数据并没有得到及时、充分的收集和披露，或者数据分类标准差异，导致对财务报表分析来说整合利用的难度较高。但大数据使得海量的数据整合成为可能，使得财务报表分析的准确性得以提升。目前财务报表分析者的困境之一就是懂财务的人员缺乏信息化数据处理的思维与能力，对大数据技术掌握不到位，而有关技术部门的人员虽然具备了信息化处理思维能力，但缺乏财务相关方面的专业知识，导致不能从海量的企业财务数据中提取出对分析影响最有价值的信息。因此，在大数据时代，财务报表分析者需要尽快通过数据处理来提取对利益相关者决策有用的信息，建立新型的数据分析模型，进而能够作出最优的预测决策。

（三）促进财务报表分析者的能力提升

大数据技术能够帮助财务报表分析者破解传统分析难以应对的数据分析难题，及时评价企业的财务状况和经营成果，为利益相关者决策提供明确的方向和线索。财务报表分析者应清楚认识到，对投资人决策有用的信息远远不止财务报表提供的信息，伴随着大数据时代的到来，真正对决策有用的应该是广义的大数据系统，它包括战略分析、商务模式分析、财务分析和前景分析，它所提供的财务报表分析应该是内涵更丰富的综合分析报告，该分析报告能够反映企业所处的社会、环境和商业等背景的方式，对企业战略、治理、业绩和前景等重要信息进行整合并列示。另外，综合报告中的非财务信息比例也将大大增加并进行标准量化。

日益复杂的社会、经济环境对财务报表分析提出了更高的要求，在应对大数据方面，需要更为广泛的数据处理能力作为支撑。因此，财务报表分析人员需要根据自身的实际情况，积极学习和掌握计算机信息技术，提高其综合业务能力。

【走进管理】

大数据时代，解开企业信息披露的"新密码"

为了在大数据时代寻找提高企业与投资者之间信息匹配效率的新途径，人们需要深入了解和认识大数据时代企业与投资者之间沟通方式的变革，以及其对企业信息披露的挑战。在这一原则指导下，美国大萧条之后通过不断规范企业和投资者之间的关系对资本市场进行了全面改革。

信息披露是改善企业与投资者关系的重要保障。

路易斯·布兰迪斯早在一百年前就提出:"阳光是最好的消毒剂,灯光是最好的警察。"从美国资本市场过去80多年的发展历史来看,信息披露对市场监管和监督功能的发挥起到了至关重要的作用。信息披露制度是规范和改善企业与投资者关系的重要保障。

......

在此背景下,美国证券交易委员会正在对以下两个方面进行重要改革。

第一,改造现有的"电子化数据收集、分析及检索系统"(electronic data gathering, analysis and retrieval, EDGAR)。对EDGAR的改造是"为开发下一代电子信息披露系统而进行的一项长期改革"。

第二,进一步加强企业和投资者之间的沟通交流,即提高"信息披露有效性"。例如,美国证券交易委员会最近颁布了"业务及财务披露"概念,并就企业信息披露的形式和内容问题进行大量调查和研究。但有必要指出,证券交易委员会在发布"业务及财务披露"这一概念时也有考虑不周的地方,例如公司治理信息披露、公司业绩衡量(如非公认会计准则能否真实公允地计量公司业绩)等重要内容未能在文本中顾及。

事实上,欲解开大数据时代企业信息披露的"新密码",需回答以下三个问题。

投资者需要怎样的信息?

企业应该如何披露信息?

企业采用何种形式披露信息?

......

(资料来源:卡拉·斯坦. 大数据时代,解开企业信息披露的"新密码"[N]. 中国会计报,2016-06-17(7))

第三节 大数据如何优化传统的财务报表分析

一、大数据下的财务报表分析的方法

《大数据时代》的作者舍恩伯格指出,大数据时代最大的转变就是放弃对因果关系的渴求,取而代之以关注相关关系。本质上说,"大数据"本身没有太多价值,基于大数据的处理和分析才能给企业带来巨大的价值提升。在海量的数据中,真正对决策有价值的信息却很少,因此,对大量数据的深层分析,需要借助数据挖掘技术。

数据挖掘,也称为知识发现,即在海量数据中探索隐藏于其中的规律、规则的过程。从其发展过程来看,它最初的思想萌芽于统计学,且发展也以统计学为

基础,在计算机信息技术实现飞速发展后,实现了统计学与数据库技术、人工智能技术等理论和技术的融合,最终实现了数据挖掘。

数据挖掘的主要功能包括关联分析、聚类分析、分类、估计与预测等。

(一) 关联分析 (association analysis)

在所有数据挖掘方法中以关联规则的挖掘运用最为广泛。一般认为,数据库中的数据一般存在某种关联,两个或两个以上变量的取值之间存在某种规律性,就称之为关联。数据关联是数据库中存在的一类重要的、可被发现的知识。关联分为简单关联、时序关联和因果关联。关联分析的目的是找出数据库中隐藏的关联网。

(二) 聚类分析 (clustering)

当要分析的数据缺乏描述信息,或是无法组成任何分类模式时就采用聚类的方法,把数据按照相似性归纳成若干类别,同一类中的数据彼此相似,不同类中的数据相异。聚类分析可以建立宏观的概念,发现数据的分布模式以及可能的数据属性之间的相互关系。

(三) 分类 (classification)

分类就是找出一个类别的概念描述,它代表了这类数据的整体信息,即该类的内涵描述,并用这种描述来构造模型,一般用规则或决策树模式表示。分类是利用训练数据集通过一定的算法而求解的分类规则。分类可被用于规则描述和预测。分类的功能和聚类功能不同,分类是根据事先定好的一些特征值对数据分组,组或类是预先确定好的,而聚类是在事先不知道的条件下根据数据的一些相似特征进行分组。

(四) 估计与预测 (estimation and predication)

估计是根据已有的资料,对某一参数或数值进行估计,来获取数据其他未知属性的值。预测是利用历史数据找出变化规律,建立模型,并由此模型对未来数据的种类及特征进行预测。预测关心的是精度和不确定性,通常用预测方差来度量。

(五) 时序模式 (time-series pattern)

时序模式是指通过时间序列搜索出的重复发生概率较高的模式,与回归一样,它也是用已知的数据预测未来的值,但这些数据的区别是变量所处时间的不同。

(六) 偏差分析 (deviation)

在偏差中包括很多有用的知识,数据库中的数据存在很多异常情况,发现数据库中数据存在的异常情况是非常重要的。偏差检验的基本方法就是寻找观察结果与参照之间的差别。

二、大数据下财务报表分析优化的内容

（一）改进财务报表分析信息数据的收集

财务报表分析将面对极为繁杂的数据处理。大数据技术加大了企业数据收集的难度，本来企业相关数据的收集就是一项复杂的系统工程，国际上一般采用相对性原则，即首先利用不完全统计学的知识对数据进行初步的计算；其次对粗糙的数据进行系统的罗列；最后对类型化的数据进行梳理。以往财务报表分析数据大多来自企业对外披露的财务报告或其他公告信息，这些数据类别少、数据量小、精确度高，而大数据来自不同公司、各个行业，甚至经济社会领域的方方面面，数据繁杂，精确度不高，数据量巨大，这就产生由谁来提供数据、如何收集数据、数据准确与否、数据如何分类等一系列问题。面对这些量大、类型多、变化速度快的数据，财务报表分析工作的复杂性、艰巨性可想而知，这对分析者而言将是极大的挑战，这些都需要创新工作机制来解决。大数据时代，数据信息量庞大而复杂，但当代信息技术的发展为数据展示提供了条件，也为创新财务报表分析中数据信息的呈现方式指明了新的方向。

（二）提升财务报表精益分析水平

目前，企业在日常的生产和经营过程中积累了大量的对外披露的信息数据，主要是结构化数据，同时通过其他社交网络媒体、传感器等产生了大量的即时信息，主要是非结构化数据，大数据分析的目的，是要实现这两类数据的集成与融合，充分分析结构化和非结构化数据，帮助分析者能够更好地为财务报表分析的利益相关者提供有用的信息。大数据和精益财务分析结合的意义在于揭示数据"是什么"而非"为什么"。例如，目前分析对象某企业的短期偿债能力较弱，请注意改进。这样的建议太笼统，应该要给出具体内容。精益财务分析可以通过大数据的信息加工达成具体的建议目的，为企业的综合分析和价值的评估提供重要的依据。若某企业短期偿债能力中速动比率低于同行业平均水平，使得它的价值评分降低5分。这就是大数据和精益财务分析相结合的意义所在。

（三）促进财务报表分析更加趋向动态实时化

传统的财务报表分析都是基于企业的报表周期结束后才进行分析，严重影响了分析的及时性和利用效率，使得利益相关者的决策受限于分析结果的迟缓，而大数据技术可以使得实时财务报表分析成为可能。

实时财务报表分析是信息技术与大数据技术进行交叉融合的产物，是信息化条件下会计技术和方法发展的必然产物，尤其对业务数据和风险控制"实时动态性"要求较高的特定行业，例如金融行业等，在这些行业中实施动态实时财务报表分析迫在眉睫。

（四）提升财务报表分析预测的准确度

要想更好地提升财务报表分析预测的准确度，分析者就必须进一步明确财务报表分析与大数据的关系，统筹兼顾，实现资源的优化配置。财务报表数据是进行财务报表分析的最基本数据之一，其分析结果直接影响着财务报表分析的最终质量。运用大数据技术，财务报表分析将不局限于财务报表，可以延伸到外部财务环境和同行业状况，数据量的充实、企业内外环境信息的结合、综合型的分析必然使得分析结果更加准确，更具有决策的指导意义。

三、大数据在财务报表分析中的应用

（一）企业偿债能力分析

在进行偿债能力评价的时候主要关注流动比率和现金比率，这可以实现对企业长短期偿债能力的综合判断。流动比率越高则意味着企业到期还款能力越强，而现金比率越高则意味着企业资产流动性越强，企业风险自然也就越小。

（二）企业营运能力分析

在进行营运能力评价应着重关注应收账款周转速度和存货周转，这主要是因为应收账款的周转状况直接关系着企业资产的流动速度，两者间呈正相关关系，只有资产高速流转才能有效提升企业营运能力；对于存货而言，也是如此，只有周转速度加快才能提高资源的使用效率，也才能最终实现对企业营运能力的提升。

（三）企业盈利能力分析

在企业盈利能力管理评价方面，应主要关注每股收益与净资产收益率，这两个指标也是外在投资者最为关注的指标，它直接与企业的利润回报率相联系，彼此间呈正相关关系，利润回报率越高则每股收益与净资产收益率也越高。

（四）企业成长能力分析

在企业成长能力评价方面，应着重关注净利润增长状况和总资产增长速度，这主要是因为净利润增长率直接与企业经营绩效相关，作为对企业本来成长潜力的评价，必然首先关注其经营绩效高低，企业经营效益越高则意味着成长潜力越大；而总资产增长速度则直接决定于企业一定时期内资产经营规模的扩张速度，资产经营规模扩张越快意味着潜在成长空间越大。

（五）企业现金流分析

在企业现金流评价方面，应主要关注经营现金净流量对销售收入比和资产经营现金流量回报率,这两个指标值的高低直接决定于企业持续经营的状况,如呈现良性、健康循环则现金流必然随之上升,反之则相反。

四、大数据背景下财务报表分析方法的未来

基于大数据建立起来的会计数据资源库,不仅可以对本单位的发展历程进行纵向的分析,还可以进行数据扩展,例如,搜集上市公司公开披露的有关会计数据,建立行业类的会计数据资源库,从而进行行业分析,并与本单位相关经济业务数据进行比较,找出自身的优势与劣势,以提高本单位相关决策的质量。企业使用了数据仓库之后,可以进行基础性数据的查询,不仅能够对业务数据的分析提供查询服务,还能通过商业智能提供查询基础性数据的服务。企业可以根据自己的需求分析,在数据仓库的基础上,建立起"数据集市",从而分析具体的领域。

可扩展商业报告语言(XBRL)的产生和发展,为会计数据的标准化作出了巨大的贡献。它极大地提高了会计数据的获取和使用效率,促进会计信息系统的开发和应用。会计数据进行了标准化规范之后,基于标准化数据的数据仓库可以对数据进行导入或者导出。通过导入已经披露的上市公司数据,通过多维度多角度设置可以获得其他公司经营状况的一些信息,通过数据挖掘技术从大量数据中发现有用的信息,进而有利于信息使用者发现这些历史数据存在的潜在联系,就可以对未知的商业活动进行预测。

在同一个行业里,会计数据的同质性强,可以建立行业分析模型,对会计数据进行挖掘和分析,也可以对收入、成本、利润、费用等进行行业比较分析、区域市场分析、增长情况分析等,从而发现经济的近期和远期规律,以控制行业风险、挖掘市场潜力,提升行业竞争力。

在大数据背景下,定量的分析方法将会在财务报表分析中日益占据主导地位。定量的方法,例如,统计学中的主成分分析方法回归模型等,原先受计算技术等条件的限制,未能在财务报表分析中得到广泛的应用。今后,定量的分析方法将会逐步发挥日益重要的作用,当然,定性分析方法在财务报表分析方法中仍是不可或缺的,仍将有其发挥的广阔天地。

另外,财务报表的分析理念也会有所改变。

首先,从重视历史到重视未来。随着财务报表使用者更多地要求决策支持性信息,使用者在进行财务报表分析时也会重视能够反映企业未来发展的指标,更多有助于预测的方法将被使用。统计学上,预测方法有定性预测与定量预测。定量方法有趋势外推预测、时间序列预测、回归预测、分解分析法、移动平均法、指数平滑法、自适应过滤法、干预分析模型预测法、景气预测法和灰色预测法等。这些方法适用于不同时间范围(短期、中期和长期)的预测。

其次,成长性代替市盈率受到关注。目前不少投资者在选择上市公司时以市盈率为判断标准。市盈率指每股股价与每股收益之比。市盈率可以反映投资者对

企业未来的看法。但中国资本市场还处于发展的阶段，中国不少股民并不理性，存在很多投机行为，所以市盈率并不代表企业未来发展前景。判断企业未来发展前景还是要对企业进行成长性分析。因此，未来财务报表分析中企业成长能力分析将更受重视。

最后，从重视有形资源到重视无形资源。重视有形资源到重视无形资源这一转变的原因有两个：一是有形资源的不断减少；二是新行业的出现。一方面，原材料、固定资产等有形资源本身数量有限，随着经济发展，这种有形资源的数量在不断减少，价格也在不断上升，大大增加了企业成本；另一方面，有形资源为企业创造的价值有限。而人力资源、品牌、客户忠诚度等无形资源为企业的产品带来很高的附加值，这种高附加值仅凭有形资源无法获得。而且品牌、客户忠诚度等资源一旦建立，企业将长期受益，不像固定资产等有形资源随着时间的推移，其创造价值的能力就下降，企业需要对其进行更新换代。电子商务等新行业的出现更降低了有形资源的重要性，人力资源成为新行业创造价值的关键。

第四节 数据挖掘在财务报表分析中的应用

数据挖掘技术的兴起，可根据需要应用于财务报表分析的多个方面，目前应用较多的是财务状况评价和财务危机预警。随着大数据时代的发展，财务报表分析中将会越来越多地应用数据挖掘进行合理分析。

一、财务状况评价

在对企业进行财务状况评价时，除了传统的财务指标的测算，还可以根据需要选择运用数据挖掘的神经网络、模糊集或者聚类分析等方法进行更为深入的分析。例如，对企业进行盈利能力分析，传统的财务报表分析方法主要采用如销售毛利率、销售净利率、资产收益率、净资产收益率等指标分析。而运用数据挖掘技术，可根据财务报表、账目、凭证等财务数据，找出能够计算出上述指标的原始数据进行分析，得出需要的结果，更重要的是根据得出的结果结合企业未来的发展趋势分析，评价企业未来的盈利能力和不足，这才是运用数据挖掘进行财务报表分析的关键所在。

在运用神经网络进行企业财务状况评价时，首先需要建立系统的评价指标体系；其次在神经网络结构和算法研究的基础上，通过样本对神经网络方法进行训练；最后得到稳定的结构和权值，从而建立模型，对大量复杂的财务数据进行分析。也可以运用模糊集理论对企业进行财务状况综合评价。在运用模糊综合评价法建立评价模型时，首先要确定因素集，这里的因素集为各种指标体系的集合；其次要确定权重集，权重的确定可以采用市场调查法和德尔菲法来进行；再次要建立等级评价标准，评价等级集是评价者对评价对象可能作出的各种评价结果所组成的集合；最后要建立模糊评价矩阵，经过运算得到评价结果。运用这种方法进行评价时，模型具有一定的客观性，评价结果也比较有弹性。

在采用聚类分析对企业财务状况进行评价时，也多是运用模糊聚类分析方法，通过选取一定的财务状况评价指标，建立模糊聚类分析模型，进行实证分析，形成模糊聚类图，再将具有财务状况相似性的行业进行归类。这样可以评价企业在行业内的大致情况。

二、经营管理分析

企业在进行经营管理时需要财务信息的支持做决策，例如生成的财务预测、预算管理、业绩分析、生产计划等问题。面对如此多的问题，仅凭原始的财务报表分析手段已经无法达到最优的分析结果，并且也不尽科学合理。所以现代企业往往采取数据挖掘当中的模型和分析工具，采用合适的算法来对相关数据进行分析，希望得出最优的解决方案，例如可以采用数据挖掘的方法对客户信息进行分析。通过进行关联分析得出客户对企业的价值贡献、忠诚度、流失等信息，根据客户的行为规律，对客户进行划分及分组，找出最有价值和具有潜力的目标客户群，并将潜在消费群客户进行分类，有的放矢地销售针对性强的产品，以此来增加销售量提高销售收入。另外，采用时间序列的方法分别对各地区的销售量建立时间序列模型，算出下一期的最优销售量，以此来减少多余库存带来的费用，降低成本。除此之外，财务报表分析者通过数据挖掘参与销售生产的财务预测、预算执行分析、业绩分析，并提出专业的分析建议，为业务决策提供专业的财务支持，使决策者得出正确的决策结果。

三、投融资管理分析

企业在进行投融资管理分析时主要考虑的内容包括：参与投资和融资项目的财务测算、成本分析、敏感性分析等活动，配合上级制订投资和融资方案，防范风险，并实现公司利益的最大化。在进行投资可行性分析时，必须要借助大量的统计工具和模型，而数据挖掘技术可以及时动态地提供投资环境以及行业基本状况等大量的数据资料，通过这些数据资料建立起来的模型，可以挖掘出对企业投资决策有用的信息，保证投资决策的正确性和有效性。而数据挖掘中的遗传算法主要适用于数值优化问题，遗传算法是模拟生物的进化和遗传，借助选择、交叉和变异等操作，使要解决的问题从初始解逐步逼近最优解，解决了许多全局优化问题。在财务报表分析中主要运用于具体的问题中，例如，内涵报酬率的分析和证券组合选择分析，它作为一种解决数值优化问题的算法，在数值优化问题中有广阔的应用前景。

在进行融资管理分析时，企业需要了解融资的金额量、融资渠道、融资方式和期限，这些都是融资过程中非常重要的环节。为了能够筹集到合适的资金，企业必须了解外部环境和内部自身对资金使用的特点，比较各个融贷方式的风险和成本。企业利用数据挖掘技术，运用回归分析模型等预测企业所需要筹集资金的量，还可以运用关联模型对各种渠道及方式进行分析，挖掘最适合企业筹集资金的渠道、方式及期限，力争以最小的风险及成本筹集到企业所需要的资金。

四、风险管理中的应用

风险管理是企业管理中非常重要的一个内容。企业在经营发展中所面临的风险主要包括经营风险、投资风险和筹资风险等多种风险。企业的风险管理就是针对企业所面临的各种风险因素进行识别、衡量和分析，并通过各种风险防范策略对风险实施有效的控制和监督。一般而言，企业风险管理包括风险分析和风险防范两个方面内容。有效的企业风险管理能把企业的风险控制在合理的预期之内，如果企业缺乏有效的风险管理，其对外部环境的应变能力和承受能力就有限。企业在运用数据挖掘技术进行风险管理时主要用于风险分析方面，通过数据挖掘技术将企业的财务报表分析与外部环境相结合，如采用决策树或关联分析对企业的经营活动及未来的发展前景进行分析，评判企业可能面临的各种风险，进而采取措施进行防范。

五、财务危机预警

目前，财务预警是数据挖掘在财务报表分析中应用最多的一个领域。在进行财务预警分析时，可以采用神经网络、决策树和粗糙集等多种数据挖掘技术。

财务危机预测应用神经网络主要集中在模型的建立和优化上。在模型建立方面，通过选取包含 ST 公司和非 ST 公司的样本，从中选取一部分作为训练集，剩下的作为测试集。先对训练集进行归一化处理，再运用神经网络算法建立模型。在模型优化方面，为了提高模型的预测准确性，首先通过不断改进指标的选取，采用一定的统计方法客观选取指标，从而降低主观性；其次还可以通过不断改进神经网络算法，把不同的技术引用到模型中，从而不断优化模型；最后为了验证模型的预测准确率，用测试集检验模型的预测结果。现有的研究通常把遗传算法和神经网络结合在一起，通过遗传算法的全局寻优能力，建立财务困境预测的遗传神经网络模型，该模型利用遗传算法对输入变量进行了优化，比纯粹的神经网络模型具有更好的预测能力。

在利用决策树进行财务预警分析时，主要通过决策树进行数据挖掘建模。首先需要进行变量的指定，通常的做法是把上市公司是否"特别处理"作为目标变量，已选定的财务指标作为输入变量；其次运用软件建立模型；最后要根据检验样本进行检验。决策树作为一种数据挖掘技术运用到财务预警中具有较好的预测效果。但是决策树的输出变量只能有两个，只能简单地预测评价企业财务状况的好坏。目前，利用决策树进行财务预警处于起步阶段，如何更好地应用决策树尚有很大的发挥空间。

除此之外，在进行财务危机预警时还可以运用粗糙集理论，粗糙集是一种研究不完整、不确定知识，以及数据的表达、学习和归纳的理论方法。在运用时，首先，进行财务指标的筛选，通过计算条件属性和决策属性的依赖度，来确定各条件属性相对于决策属性的重要程度，并根据重要程度对其进行条件属性约简；其次，确定筛选后进入预测模型的财务指标权重，对财务指标重要程度做归化处理后得到权重；最后，得到基于粗糙集理论的综合预测模型，应用预测模型计算对象的综合预测值。通过实证分析可以看出，与传统判别模型进行比较，基于粗糙集理论的模型预测效果更好。

【阅读资料】

大数据下的企业财务预警是否更加有效？

财务危机风险预警是一个世界性的问题和难题。从20世纪30年代开始，比较有影响的财务预警方法已经有十几种，但这些方法在经济危机中能够真正预测企业财务风险的很少，在大多数模型中，财务指标是主要的预测依据。但财务指标往往只是财务发生危机的一种表现形式，甚至还有滞后反应性、不完全性和主观性。更为严重的是在基于财务指标预警模型建立过程中，学者们往往都假设财务数据是真实可靠的，但这种假设忽略了财务预警活动的社会学规律，为财务预警模型与现实应用的脱节埋下了伏笔。

学者以网民为企业传感器，利用网络在线的大数据信息，依靠大数据涵盖范围广泛、体现群体智慧和不易被修改的特点，引入了大数据指标建立财务预警模型。通过对2012年、2013年60家企业进行全网信息的过滤和爬取，进行了企业相关大数据信息指标的整理，通过与财务指标的结合，对研究假设进行实际数据验证，发现引入大数据指标的财务预警模型，相对财务指标预警模型，在短期内对预测效果有一定提高，从长期来看，对预测效果有明显提高，大数据指标在误警率和漏警率上比财务指标表现明显要更好，从而验证了在复杂社会环境中，依靠大数据技术加强信息搜寻是提高财务预警有效性的重要路径这一观点。

（资料来源：宋彪，朱建明，李煦. 基于大数据的企业财务预警研究［J］. 中央财经大学学报，2015（6）：55）

六、数据挖掘在财务报表分析应用中的基本流程

传统的财务报表分析方法是以财务报表为基础，就指标论指标，即便使用了多个指标进行分析，也是单纯地看某一年、某一家公司或某个行业的指标，这种单一片面的分析方法往往会影响决策者的判断。通过数据挖掘技术可以来帮助企业对内部和外部的营运数据进行收集、归纳、量化，辅助企业管理者进行科学分析预测，提高企业的数量化管理水平。利用数据挖掘可以针对企业关心的财务重点问题确立若干主题，对已获得的企业业务数据做进一步的分析和知识挖掘，达

到充分利用历史数据，体现信息真正价值的目的。

（一）确定财务报表分析目的与对象

在进行财务报表分析前，首先要确定财务报表分析的主体，财务报表分析的主体有很多，企业投资者、债权人、管理层、政府部门等不同的分析主体有不同的分析目标，因而需要的数据要求也就不同。所以财务报表分析的第一步是要清晰地定义出财务报表分析的主体，认清数据挖掘的目的，根据财务分析的目的选择合适的模型，并采用相应的数据挖掘方法。

（二）数据筛选和预处理

数据挖掘首先需要收集相关的数据，由于大数据背景下企业产生的数据是多种多样的，所收集的数据可能有噪声或者是数据缺失，就需要对数据进行筛选，并对数据进行调整和处理。首先从有关信息当中选择合适的数据；其次将图形等通过一定的方式转化成适合于挖掘的数据类型；最后选用合适的数据挖掘算法，将相关数据转化成一个分析模型。

（三）数据挖掘

根据信息使用者进行财务报表分析的目标和不同数据的特点，选择并完善要采用的数据挖掘算法，利用经过处理的数据建立相应的模型，进行数据处理。

（四）结果分析

根据数据挖掘的结果进行分析，从而作出合理的决策。如果通过数据挖掘得出的结果并不是很理想，或者可能与实际情况相违背或者没有任何实际意义。这时可以用实际数据对模型进行验证，然后对模型进行调整，或者重新选择数据、重新建立模型，直到找到最合适的模型为止。

【本章小结】

1. 传统的财务报表分析方法已经不能满足多方利益相关者的需求，现有的财务软件可以把财务会计人员从繁重的会计日常工作中解放出来。但是当信息需求者需要利用复杂的财务信息作出重要决策时，传统的财务软件就力所不及了。由于财务人员知识体系的限制以及目前财务信息生成系统的限制，使得相关人员做决策的时效性大打折扣。由于财务数据呈动态变化，所以对财务报表分析人员的能力也提出更高的要求，以便他们能更快、更准确地分析企业的财务数据，从而在解决各种问题时作出有利的决策。

2. 大数据时代下企业信息的非结构化、动态化、分布式、实时化和可视化等特征对财务报表分析提出更高的要求，以便财务报表分析者能够更快、更准确地分析企业的财务等相关信息。大数据时代下的各种分析技术也有效弥补了传统财务报表分析方法的不足，使得现代企业财务报表分析"如虎添翼"，可以更好地结合企业内外部相关数据信息进行科学的分析，以满足利益相关者的需求，以便其作出相应的决策。而数据挖掘技术弥补了传统财务报表分析方法的不足，而成为财务报表分析的有力帮手，通过企业的财务报表并结合外部的相关数据进行合理分析，回答企业在经营管理中的决策问题。同时，也有利于外部利益相关者更有效地理解企业的财务状况和经营成果，以实现对企业偿债能力、营运能力、发展潜力和风险管理等情况的了解和判断，从而作出相应决策。

【章末案例】

数字化转型与公司治理水平研究——来自A股主板上市公司的经验证据

伴随着以"大智移云"为代表的数字经济渗透至社会生活各领域，数字化转型及其治理成为内嵌于国家竞争力与社会事务管理的新议题，备受政府与公众关注。数字化思维在市场经济中最普遍的表现莫过于企业数字化转型，诸如海尔、格力、创维、蒙牛等一批优秀企业近年来纷纷踏上数字变革之路，以数据要素撬动发展引擎，通过"大智移云"与业务融合的方式，培育新业态、塑造新商业模式。

本文以2012~2018年A股主板上市公司为样本，考察数字化转型对公司治理的影响，并尝试探索相应内在机制。通过研究得出以下主要结论：（1）数字化转型显著提升了公司治理水平，且进一步采用工具变量法、Heckman两阶段法、样本分组回归等方式做稳健性测试，结论基本保持不变。（2）通过对内在机理的研究可发现，实施数字化转型显著降低了信息不对称程度，且信息不对称程度越低，越有利于公司提高治理水平，即信息不对称程度在数字化转型对公司治理水平的影响中发挥了中介作用。（3）产权性质与市场化程度对数字化转型治理效果的影响具有异质性，相较而言，非国有企业、东部地区数字化转型的公司治理效应更明显。

（资料来源：韦谊成，刘小瑜，何帆. 数字化转型与公司治理水平研究——来自A股主板上市公司的经验证据 [J]. 金融发展研究，2022（3）：8）

【复习思考题】

1. 大数据时代企业信息有哪些新特征？
2. 大数据时代企业信息的新特征对财务报表分析信息基础有何影响？
3. 大数据对财务报表分析方法产生了哪些影响？

第十四章 综合案例分析

【学习要求】
运用本书系统阐述的企业财务报表综合分析方法对实际案例进行分析。

【关键术语】
案例背景 审计报告 行业分析 水平分析 垂直分析 财务比率分析 综合分析

【引导案例】
作为本教材的最后一章,本章将以漳州片仔癀药业股份有限公司(以下简称"片仔癀",600436)公开披露的企业信息为基础,进行企业财务状况质量的综合分析。我们所选取的案例取自上市公司对外披露的公开信息。

第一节 案例背景

漳州片仔癀药业股份有限公司创立于1999年12月,是国家高新技术企业、中华老字号企业,由成立于1956年的原漳州制药厂改制。2003年6月,于上交所上市,现股本6.03亿股,市值超600亿元,股票首批纳入MSCI指数体系和富时罗素(FTSE Russell)指数。公司现拥有一家研究院、35家控股子公司、7家参股公司,生产经营六大品类、400多个系列产品。

目前,享誉海内外的片仔癀品牌高居中华老字号价值第二位,长期占据肝胆用药第一品牌。强大的品牌价值使得使用"片仔癀"品牌的药品、保健品和日化品等产品在市场推广时具有天然优势公司针对稀缺原材料天然麝香供应问题,国内率先建设自有养麝基地,现已成为养业龙头,自建和共建基地麝量约占全国的1/2。

根据中国证监会《上市公司行业分类指引》(2012年修订),公司所处的行业为医药制造业。公司主要业务包括中成药制造、医药流通。其中,核心产品为片仔癀系列,包括片仔癀、片仔癀胶囊、复方片仔癀含片、复方片仔癀软膏、复方片仔癀痔疮膏等片仔癀系列产品。除药品销售之外,公司积极打造健康、保健、养生食品的大健康产业,产品延伸至保健品、保健食品、特色功效化妆品和日化产品。2018年主营业务分行业情况如表14-1所示。

表 14-1　　　　　　　　2018 年主营业务分行业情况

分行业	营业收入（元）	营业成本（元）	毛利率（%）	营业收入比上年增减（%）	营业成本比上年增减（%）	毛利率比上年增减（%）
医药工业	1 880 265 594.38	378 056 466.89	79.89	28.45	38.69	减少 1.48 个百分点
医药商业	2 353 729 677.25	2 124 398 610.15	9.74	23.82	24.13	减少 0.23 个百分点
医药行业小计	4 233 995 271.63	2 502 455 077.04	40.9	25.83	26.13	减少 0.14 个百分点
日用品、化妆品	497 651 866.80	227 738 994.64	54.24	56.71	104.04	减少 10.62 个百分点
食品	13 477 297.99	9 976 863.49	25.97	3.15	-0.3	增加 2.56 个百分点
合计	4 745 124 436.42	2 740 170 935.17	42.25	28.41	30.14	减少 0.77 个百分点

第二节　会计分析

实际应用中，不同的信息使用者进行财务报表分析所关注的内容、使用方法都有所不同，不同信息使用者根据自己的需要有相应的侧重。本章将站在投资者的角度进行应用分析。

一、审计意见分析

以下列示的是注册会计师出具的漳州片仔癀药业股份有限公司 2018 年年度报告中的审计报告及相关资料。[①]

（一）审计报告原文

漳州片仔癀药业股份有限公司全体股东：

1. 审计意见。我们审计了漳州片仔癀药业股份有限公司（以下简称"片仔癀公司"）财务报表，包括 2018 年 12 月 31 日的合并及母公司资产负债表，2018 年度的合并及母公司利润表、合并及母公司现金流量表和合并及母公司所有者权益变动表以及财务报表附注。

---

① 万得数据 2018 年漳州片仔癀药业年报。

我们认为，后附的片仔癀公司财务报表在所有重大方面按照企业会计准则的规定编制，公允反映了片仔癀公司2018年12月31日的合并及母公司财务状况以及2018年度的合并及母公司经营成果和现金流量。

2. 形成审计意见的基础。我们按照中国注册会计师审计准则的规定执行了审计工作。审计报告的"注册会计师对财务报表审计的责任"部分进一步阐述了我们在这些准则下的责任。按照中国注册会计师职业道德守则，我们独立于片仔癀公司，并履行了职业道德方面的其他责任。我们相信，我们获取的审计证据是充分、适当的，为发表审计意见提供了基础。

3. 关键审计事项。关键审计事项是我们根据职业判断，认为对本期财务报表审计最为重要的事项。这些事项的应对以对财务报表整体进行审计并形成审计意见为背景，我们不对这些事项单独发表意见。

存货可变现净值

（1）事项描述。如财务报表附注七、7"存货"及附注七、58"资产减值损失"所述，截至2018年12月31日，片仔癀公司存货净额166 748.78万元，其中，存货账面金额167 815.45万元，存货跌价准备1 066.67万元。

片仔癀公司核心产品所需主要原材料涉及国家管控和战略性储备，在一定程度上受非市场化因素影响；流通库存商品大多基于统一定价或者医疗系统招标定价，受供应商退换货条款影响，可能导致近效期库存商品销售困难。鉴于存货是公司的重要资产，其可变现净值的确定对财务报表影响重大，且上述存货的特点包括有效期、原料质量等方面的要求加大了管理层重大判断和估计的复杂性，因此，我们将存货可变现净值的确定作为关键审计事项。

（2）审计应对。我们执行的主要审计程序包括：

①对存货相关的内部控制的设计与执行进行评估，测试了与存货效期维护相关的信息系统内部控制。

②采用抽样方法，对片仔癀公司的存货实施监盘，针对存货的数量、状况及有效期等进行了检查。

③查询公司本年度主要原材料供应商资质、供应商变动及采购单价变动情况，并对战略储备的贵细原材料效期进行分析，判断产生跌价的风险。

④选取样本，比较当年同类原材料，从在产品至完工需发生的成本费用，对公司估计的至完工时将要发生的成本费用的合理性进行评估。

⑤流通库存商品中对于统一定价或者医疗系统招标定价的商品，独立查询公开市场价格信息，并将其与估计售价进行比较；对于无法获取公开市场销售价格的商品，选取样本，将估计售价与最近或期后的实际售价进行比较并考虑供应商退换货协议来评估。

⑥检查以前年度计提的存货跌价本期的变化情况，并测试期末存货跌价准备的计算是否正确。

4. 其他信息。片仔癀公司管理层对其他信息负责。其他信息包括片仔癀公司2018年年度报告中涵盖的信息，但不包括财务报表和我们的审计报告。

我们对财务报表发表的审计意见并不涵盖其他信息，我们也不对其他信息发表任何形式的鉴证结论。

结合我们对财务报表的审计，我们的责任是阅读其他信息，在此过程中，考虑其他信息是否与财务报表或我们在审计过程中了解到的情况存在重大不一致或者存在重大错报。

基于我们已经执行的工作，如果我们确定其他信息存在重大错报，我们应当报告该事项。在这方面，我们无任何事项需要报告。

5. 管理层和治理层对财务报表的责任。片仔癀公司管理层负责按照企业会计准则的规定编制财务报表，使其实现公允反映，并设计、执行和维护必要的内部控制，以使公司财务报表不存在由于舞弊或错误导致的重大错报。

在编制财务报表时，管理层负责评估片仔癀公司的持续经营能力，披露与持续经营相关的事项，并运用持续经营假设，除非计划进行清算、停止营运或别无其他现实的选择。

治理层负责监督片仔癀公司的财务报告过程。

6. 注册会计师对财务报表审计的责任。我们的目标是对财务报表整体是否不存在由于舞弊或错误导致的重大错报获取合理保证，并出具包含审计意见的审计报告。合理保证是高水平的保证，但并不能保证按照审计准则执行的审计在某一重大错报存在时总能发现。错报可能由舞弊或错误所导致，如果合理预期错报单独或汇总起来可能影响财务报表使用者依据合并及母公司财务报表作出的经济决策，则错报是重大的。

在按照审计准则执行审计工作的过程中，我们运用职业判断，并保持职业怀疑。同时，我们也执行以下工作。

（1）识别和评估由于舞弊或错误导致的财务报表重大错报风险，设计和实施审计程序以应对这些风险，并获取充分、适当的审计证据，作为发表审计意见的基础。由于舞弊可能涉及串通、伪造、故意遗漏、虚假陈述或凌驾于内部控制之上，未能发现由于舞弊导致的重大错报的风险高于未能发现由于错误导致的重大错报的风险。

（2）了解与审计相关的内部控制，以设计恰当的审计程序。

（3）评价管理层选用会计政策的恰当性和作出会计估计及相关披露的合理性。

（4）对管理层使用持续经营假设的恰当性得出结论。同时，根据获取的审计证据，就可能对片仔癀公司的持续经营能力产生重大疑虑的事项或情况是否存在重大不确定性得出结论。

如果我们得出结论认为存在重大不确定性，审计准则要求我们在审计报告中提请报表使用者注意财务报表中的相关披露；如果披露不充分，我们应当发表非无保留意见。我们的结论基于审计报告日可获得的信息。然而，未来的事项或情况可能导致片仔癀公司不能持续经营。

（5）评价财务报表的总体列报、结构和内容（包括披露），并评价财务报表是否公允反映相关交易和事项。

(6)就片仔癀公司中实体或业务活动的财务信息获取充分、适当的审计证据,以对财务报表发表审计意见。我们负责指导、监督和执行集团审计,并对审计意见承担全部责任。

我们与治理层就计划的审计范围、时间安排和重大审计发现等事项进行沟通,包括沟通我们在审计中识别出的值得关注的内部控制缺陷。

我们还就已遵守与独立性相关的职业道德要求向治理层提供声明,并与治理层沟通可能被合理认为影响我们独立性的所有关系和其他事项,以及相关的防范措施。

从与治理层沟通过的事项中,我们确定哪些事项对本期财务报表审计最为重要,因而构成关键审计事项。我们在审计报告中描述这些事项,除非法律法规禁止公开披露这些事项,或在极少数情形下,如果合理预期在审计报告中沟通某事项造成的负面后果超过在公众利益方面产生的益处,我们确定不应在审计报告中沟通该事项。

福建华兴会计师事务所 中国注册会计师 ***
中国 福州 中国注册会计师 ***
2019 年 4 月 11 日

(二)分析审计意见的注意事项

在审计报告中,普遍存在着一些重要术语,例如"我们认为""在所有重大方面""公允"等。

1. 审计意见中几个关键术语的含义。

(1)"我们认为"。每一份审计报告均由若干注册会计师签字。这意味着,这些签字的注册会计师对审计报告负责。应该注意的是,"我们认为"告知了财务报表使用者之所以签署具体的审计意见,是因为签字者的主观认为或者是主观判断。换句话说,就一个特定企业的财务报表来说,某些注册会计师"认为"应该签署无保留意见的审计报告,而另外的注册会计师则可能"认为"应该签署否定意见的审计报告。

这就是说,注册会计师的"认为"存在着极强的主观判断性,因而促使其签署某种意见原因的弹性是非常大的。财务报表使用者不应该因为注册会计师"认为"了,就对审计后的企业报表深信不疑。

(2)"在所有重大方面"。财务报表使用者应注意的有两点:第一,"在所有非重大方面"存在的问题,并不影响注册会计师对审计意见的基本态度;第二,是否重大,则完全取决于有关注册会计师的主观判断。而对于"重大"的认识,不同的注册会计师之间存在"重大"差异就很正常了。

(3)"公允"。尽管有《会计法》《企业会计准则》以及中国证监会发布的针对上市公司会计处理与信息披露的各种规定,但是,什么是"公允"还是由注册会计师来判断的。注册会计师既有可能把"公允"的判断为"公允"的,也有可能把不"公允"的判断为"公允"的,还有可能把"公允"的判断为不

"公允"的。但是，必须指出的是，随着注册会计师业务素质、道德素质以及监管力度的加大，审计意见对企业财务信息的质量意义会越来越大。从总体上说，被出具无保留意见和保留意见的审计报告的质量普遍高于被出具另外两种审计意见的审计报告。

2. 审计意见的类型和措辞。注册会计师在审计以后，会根据具体情况，出具无保留意见的审计报告、保留意见的审计报告、无法发表意见的审计报告和否定意见的审计报告中的一种。其中，除了无保留意见的审计报告以外的其他三种意见的审计报告通常都被称为保留意见的审计报告。一般来说，注册会计师在审计报告中保留或指出的内容越多，不管企业如何解释，财务报表使用者均应对企业的财务报表所反映的信息保持高度警惕。

在本案例中注册会计师对企业出具的是一个标准无保留意见的审计报告。这就是说，注册会计师认为，企业的财务报表符合以下条件。

（1）财务报表的编制符合《企业会计准则》和国家其他财务会计法规的规定。

（2）财务报表在所有重要方面恰当地反映了被审计单位的财务状况、经营成果和资金变动情况。

（3）会计处理方法遵循了一致性原则。

（4）注册会计师已按照独立审计原则的要求，完成了预定的审计程序，在审计过程中未受阻碍和限制。

（5）不存在影响财务报表的重要的未确定事项。

（6）不存在应调整而被审计单位未予调整的重要事项。

二、漳州片仔癀药业的会计分析

（一）水平分析

1. 资产变动分析。根据漳州片仔癀药业2018年合并资产负债表，编制其资产负债表水平分析如表14-2所示。

表14-2　　　　　　漳州片仔癀药业资产负债表水平分析

项目	期末余额（元）	期初余额（元）	变动额（元）	变动率（%）	对总额的影响（%）
流动资产：					
货币资金	2 786 533 726.03	2 117 104 397.31	669 429 328.72	31.62	11.85
以公允价值计量且其变动计入当期损益的金融资产	46 841.40	24 291.78	22 549.62	92.83	0.00
应收票据及应收账款	512 623 347.86	485 231 525.16	27 391 822.70	5.65	0.48

续表

项目	期末余额（元）	期初余额（元）	变动额（元）	变动率（%）	对总额的影响（%）
其中：应收票据	68 952 557.39	55 979 051.25	12 973 506.14	23.18	0.23
应收账款	443 670 790.47	429 252 473.91	14 418 316.56	3.36	0.26
预付款项	153 088 342.43	109 820 721.12	43 267 621.31	39.40	0.77
其他应收款	40 575 956.73	100 433 538.73	−59 857 582.00	−59.60	−1.06
其中：应收利息	12 774 340.06	4 790 290.51	7 984 049.55	166.67	0.14
存货	1 667 487 819.60	1 242 828 897.98	424 658 921.62	34.17	7.52
持有待售资产	0	105 861 300.39	−105 861 300.39	−100.00	−1.87
其他流动资产	69 716 425.86	56 867 175.23	12 849 250.63	22.60	0.23
流动资产合计	5 230 072 459.91	4 218 171 847.70	1 011 900 612.21	23.99	17.92
非流动资产：					
可供出售金融资产	357 225 545.80	441 128 806.95	−83 903 261.15	−19.02	−1.49
长期应收款	8 580 000.00	14 300 000.00	−5 720 000.00	−40.00	−0.10
长期股权投资	536 321 876.14	389 165 824.74	147 156 051.40	37.81	2.61
投资性房地产	38 571 883.15	40 508 948.39	−1 937 065.24	−4.78	−0.03
固定资产	231 427 477.76	243 862 233.10	−12 434 755.34	−5.10	−0.22
在建工程	4 721 944.50	5 033 802.91	−311 858.41	−6.20	−0.01
生产性生物资产	12 679 175.27	13 326 205.41	−647 030.14	−4.86	−0.01
无形资产	121 064 514.76	173 930 353.97	−52 865 839.21	−30.39	−0.94
商誉	6 096 505.10	41 580 000.00	−35 483 494.90	−85.34	−0.63
长期待摊费用	31 561 017.76	7 962 520.79	23 598 496.97	296.37	0.42
递延所得税资产	64 262 417.97	40 833 792.87	23 428 625.10	57.38	0.41
其他非流动资产	15 173 067.06	18 473 105.75	−3 300 038.69	−17.86	−0.06
非流动资产合计	1 427 685 425.27	1 430 105 594.88	−2 420 169.61	−0.17	−0.04
资产总计	6 657 757 885.18	5 648 277 442.58	1 009 480 442.60	17.87	17.87
流动负债：					
短期借款	599 590 000.00	466 900 000.00	132 690 000.00	28.42	2.35
应付票据及应付账款	250 094 018.58	222 098 725.22	27 995 293.36	12.60	0.50
预收款项	90 071 566.07	107 338 930.71	−17 267 364.64	−16.09	−0.31
应付职工薪酬	51 176 717.46	43 840 110.04	7 336 607.42	16.73	0.13
应交税费	87 998 962.99	55 632 412.04	32 366 550.95	58.18	0.57
其他应付款	210 796 089.13	255 631 946.21	−44 835 857.08	−17.54	−0.79
其中：应付利息	735 681.06	514 551.56	221 129.50	42.98	0
流动负债合计	1 289 727 354.23	1 151 442 124.22	138 285 230.01	12.01	2.45

续表

项目	期末余额（元）	期初余额（元）	变动额（元）	变动率（％）	对总额的影响（％）
非流动负债：					
长期应付款	0	210 000.00	-210 000.00	-100.00	0
长期应付职工薪酬	24 770 286.52	21 611 989.21	3 158 297.31	14.61	0.06
递延收益	18 146 935.01	17 725 022.75	421 912.26	2.38	0.01
递延所得税负债	14 951 089.88	29 509 630.25	-14 558 540.37	-49.33	-0.26
其他非流动负债	2 544 668.95	2 544 668.95	0	0	0
非流动负债合计	60 412 980.36	71 601 311.16	-11 188 330.80	-15.63	-0.20
负债合计	1 350 140 334.59	1 223 043 435.38	127 096 899.21	10.39	2.25
所有者权益（或股东权益）：					
实收资本（或股本）	603 317 210.00	603 317 210.00	0	0	0
资本公积	638 157 404.91	637 799 558.12	357 846.79	0.06	0.01
减：库存股	14 200 738.17	14 200 738.17	0	0	0
其他综合收益	115 633 453.10	121 780 899.20	-6 147 446.10	-5.05	-0.11
盈余公积	556 516 503.02	441 587 005.73	114 929 497.29	26.03	2.03
未分配利润	3 117 063 774.97	2 345 757 701.95	771 306 073.02	32.88	13.66
归属于母公司所有者权益合计	5 016 487 607.83	4 136 041 636.83	880 445 971.00	21.29	15.59
少数股东权益	291 129 942.76	289 192 370.37	1 937 572.39	0.67	0.03
所有者权益（或股东权益）合计	5 307 617 550.59	4 425 234 007.20	882 383 543.39	19.94	15.62
负债和所有者权益（或股东权益）总计	6 657 757 885.18	5 648 277 442.58	1 009 480 442.60	17.87	17.87

该公司总资产本期增加1 009 480 442.60元，增长幅度为17.87％，说明漳州片仔癀药业公司本年资产有较大幅度的增加。进一步分析可以发现：

（1）流动资产本期增加1 011 900 612.21元，增加的幅度为23.99％，使总资产规模增加了17.92％。非流动资产本期减少2 420 169.61元，减少的幅度为0.17％，使得总资产规模减小0.04％。

（2）本期总资产的增加主要体现在流动资产上。如果仅从这一变化来看，该公司资产的流动性有所增加。尽管流动资产各项目都有不同程度的增减变动，但其增长主要体现在两个方面。

第一，货币资金的大幅度增长。货币资金本期增长669 429 328.72元，增长的幅度为31.62%，对总资产的影响为11.85%。货币资金的增长对提高企业的偿债能力、满足资金流动性需要都是有利的。当然，对于货币资金的这种变化，还应结合公司现金需要量，从资金利用效果方面进行分析，这样才能作出恰当的评价。

第二，存货的增长。存货本期增加424 658 921.62元，增加幅度为34.17%，对总资产的影响为7.52%，结合报表附注中存货的变动情况，如表14-3所示。

表14-3　　　　　　　　　　存货变动水平分析

项目	期末账面余额（元）	期初账面余额（元）	变动额（元）	变动（%）	对总额的影响（%）
原材料	1 015 128 460.55	719 639 114.72	295 489 345.83	41.06	23.58
库存商品	542 944 087.49	396 213 680.47	146 730 407.02	37.03	11.71
周转材料	21 659 623.87	26 327 342.57	-4 667 718.70	-17.73	-0.37
发出商品	7 746 961.89	4 688 573.68	3 058 388.21	65.23	0.24
委托加工物资	4 642 850.21	3 666 511.30	976 338.91	26.63	0.08
在产品及半成品	86 032 510.69	102 642 367.18	-16 609 856.49	-16.18	-1.33
合计	1 678 154 494.70	1 253 177 589.92	424 976 904.78	33.91	33.91

存货的变动主要体现在原材料的增长，本期增加了295 489 345.83元，增长幅度为41.06%，使得存货增长了23.58%，是存货中变动影响的项目。

（3）非流动资产的变动主要体现在以下两个方面。

第一，可供出售金融资产的降低。本期减少83 903 261.15元，减少幅度为19.02%，使得总资产规模减少了1.49%，结合报表附注中可供出售金融资产的变动情况，如表14-4所示。可供出售金融资产的变动主要体现在公允价值计量项目的减少，本期减少116 854 589.15元，减少幅度为32.44%，使得可供出售金融资产减少了26.49%，是可供出售金融资产中主要影响的项目。

表14-4　　　　　　　　可供出售金融资产水平分析

项目	期末账面余额（元）	期初账面余额（元）	变动额	变动（%）	对总额的影响
可供出售权益工具：	357 225 545.80	441 128 806.95	-83 903 261.15	-19.02	-19.02
按公允价值计量的	243 389 607.57	360 244 196.72	-116 854 589.15	-32.44	-26.49
按成本计量的	113 835 938.23	80 884 610.23	32 951 328.00	40.74	7.47
合计	357 225 545.80	441 128 806.95	-83 903 261.15	-19.02	-19.02

进一步结合报表附注内容中按公允价值计量项目变化情况，如表14-5所

示。按公允价值计量项目的变动主要体现在兴业证券项目的减少，本期减少83 920 790.58元，减少幅度为45.88%。同时，兴业证券2018年的经营状况确实存在较大幅度的亏损。

表14-5　　　　　　　　以公允价值计量的金融资产水平分析

证券简称	最初投资成本（元）	占该公司股权比例（%）	期末账面价值（元）	报告期损益（元）	报告期所有者权益变动（元）	变动（%）
兴业证券	182 926 771.30	0.56	173 744 554.08	5 616 742.05	-83 920 790.58	-45.88
兴业银行	5 382 089.00	0.02	54 596 795.76	2 375 362.60	-5 618 646.15	-104.40
华润双鹤	13 160 023.90	0.08	10 124 202.27	67 690.09	-6 075 152.92	-46.16
辽宁成大	13 149 644.60	0.03	4 924 055.46	-3 483 557.40	176 060.87	1.34

第二，长期股权投资的增加。本期增加147 156 051.40元，增长幅度为37.81%，使得总资产规模增长了2.61%。本例中，长期股权投资是因为对上海清科片仔癀投资管理中心（有限合伙）和漳州兴证片仔癀股权投资合伙企业（有限合伙）的投资所带来的，主要系这两家公司所投资项目重新估值产生增值所致。如表14-6所示。

表14-6　　　　　　　　　长期股权投资水平分析

被投资单位	期初余额（元）	期末余额（元）	变化额（元）	对总额的影响（%）
四川齐祥片仔癀麝业有限责任公司	7 677 908.48	6 946 233.67	-731 674.81	-0.50
福建同春药业股份有限公司	98 842 046.82	113 474 763.72	14 632 716.90	9.94
华润片仔癀药业有限公司	107 990 044.36	113 681 988.93	5 691 944.57	3.87
漳州兴证片仔癀股权投资合伙企业（有限合伙）	84 936 761.28	111 704 016.67	26 767 255.39	18.19
漳州兴证片仔癀股权投资管理有限公司	3 029 780.94	0	-3 029 780.94	-2.06
上海清科片仔癀投资管理中心（有限合伙）	86 689 282.86	173 921 094.07	87 231 811.21	59.28
漳州片仔癀爱之味生技食品有限公司	0	13 301 063.63	13 301 063.63	9.04
漳州国药房地产有限公司	0	3 292 715.45	3 292 715.45	2.24
小计	389 165 824.74	536 321 876.14	147 156 051.40	100.00

2. 权益资金变动分析。本公司权益总额本期增加了1 009 480 442.60元，增

长幅度为17.87%,说明公司的权益总额有了较大幅度的增长,进一步分析可以发现:

(1) 负债本期增加127 096 899.21元,增长的幅度为10.39%,使得权益总额增长了2.25%;股东权益本期增加了882 383 543.39元,增长的幅度为19.94%,使得权益总额增长了15.6%,两者合计使得权益总额本期增加了13 898 124 053.80元,增长幅度为25.35%。

(2) 本期权益增长主要体现在所有者权益的增长上,盈余公积和未分配利润出现了共同增长,即留存收益出现了增加。盈余公积本期增加了114 929 497.29元,增长的幅度为26.03%,使得权益总额增长了2.03%。未分配利润本期增加了771 306 073.02元,增长的幅度为32.88%,使得权益总额增长了13.66%。说明漳州片仔癀药业以盈利为资本保值增值的模式。增加的利润是经营资本的源泉,也是所有者权益增长的重要途径,我们认为公司当期有较强的持续发展和持续分红能力。

3. 利润变动分析。根据漳州片仔癀药业2018年合并利润表,编制其利润表水平分析如表14-7所示。

表14-7　　　　　　漳州片仔癀药业利润表水平分析

项目	本期发生额（元）	上期发生额（元）	变动额（元）	变动（%）
一、营业总收入	4 766 156 893.31	3 713 953 975.95	1 052 202 917.36	28.33
其中：营业收入	4 766 156 893.31	3 713 953 975.95	1 052 202 917.36	28.33
二、营业总成本	3 558 565 481.15	2 831 689 912.78	726 875 568.37	25.67
其中：营业成本	2 744 358 014.44	2 107 192 833.13	637 165 181.31	30.24
税金及附加	43 218 126.77	39 632 620.84	3 585 505.93	9.05
销售费用	392 069 373.81	403 530 493.88	-11 461 120.07	-2.84
管理费用	240 890 009.61	202 001 120.42	38 888 889.19	19.25
研发费用	100 814 212.73	69 904 343.21	30 909 869.52	44.22
财务费用	-10 100 493.96	-4 176 941.79	-5 923 552.17	141.82
其中：利息费用	27 642 707.35	24 101 302.47	3 541 404.88	14.69
利息收入	35 393 917.11	34 439 894.12	954 022.99	2.77
资产减值损失	47 316 237.75	13 605 443.09	33 710 794.66	247.77
加：其他收益	7 789 674.25	11 456 501.42	-3 666 827.17	-32.01
投资收益（损失以"-"号填列）	94 629 248.41	47 577 752.95	47 051 495.46	98.89
其中：对联营企业和合营企业的投资收益	85 215 476.34	16 261 275.23	68 954 201.11	424.04

续表

项目	本期发生额（元）	上期发生额（元）	变动额（元）	变动（%）
公允价值变动收益（损失以"-"号填列）	1 272.80	-55 880.39	57 153.19	-102.28
资产处置收益（损失以"-"号填列）	10 016 619.77	6 152 051.89	3 864 567.88	62.82
三、营业利润（亏损以"-"号填列）	1 320 028 227.39	947 394 489.04	372 633 738.35	39.33
加：营业外收入	12 399 525.05	784 754.76	11 614 770.29	1 480.05
减：营业外支出	4 936 094.17	6 617 051.02	-1 680 956.85	-25.40
四、利润总额（亏损总额以"-"号填列）	1 327 491 658.27	941 562 192.78	385 929 465.49	40.99
减：所得税费用	198 764 696.09	161 135 747.84	37 628 948.25	23.35
五、净利润（净亏损以"-"号填列）	1 128 726 962.18	780 426 444.94	348 300 517.24	44.63
（一）按经营持续性分类				
1. 持续经营净利润（净亏损以"-"号填列）	1 127 738 801.16	780 426 444.94	347 312 356.22	44.50
2. 终止经营净利润（净亏损以"-"号填列）	988 161.02	—	988 161.02	—
（二）按所有权归属分类				
1. 归属于母公司股东的净利润	1 142 932 917.56	807 018 675.04	335 914 242.52	41.62
2. 少数股东损益	-14 205 955.38	-26 592 230.10	12 386 274.72	-46.58
六、其他综合收益的税后净额	-6 777 323.60	-2 889 066.34	-3 888 257.26	134.59
归属母公司所有者的其他综合收益的税后净额	-6 147 446.10	-3 109 696.31	-3 037 749.79	97.69
（一）不能重分类进损益的其他综合收益	-2 115 346.86	2 672 281.97	-4 787 628.83	-179.16
重新计量设定受益计划变动额	-2 115 346.86	2 672 281.97	-4 787 628.83	-179.16
（二）将重分类进损益的其他综合收益	-4 032 099.24	-5 781 978.28	1 749 879.04	-30.26
1. 权益法下可转损益的其他综合收益	87 672 042.28	—	87 672 042.28	—
2. 可供出售金融资产公允价值变动损益	-94 809 400.20	-5 781 169.84	-89 028 230.36	1 539.97

续表

项目	本期发生额（元）	上期发生额（元）	变动额（元）	变动（%）
3. 外币财务报表折算差额	3 105 258.68	-808.44	3 106 067.12	-384 205.03
归属于少数股东的其他综合收益的税后净额	-629 877.50	220 629.97	-850 507.47	-385.49
七、综合收益总额	1 121 949 638.55	777 537 378.60	344 412 259.98	44.30
归属于母公司所有者的综合收益总额	1 136 785 471.46	803 908 978.73	332 876 492.73	41.41
归属于少数股东的综合收益总额	-14 835 832.88	-26 371 600.13	11 535 767.25	-43.74
八、每股收益				
（一）基本每股收益（元/股）	1.89	1.34	0.55	41.04
（二）稀释每股收益（元/股）	1.89	1.34	0.55	41.04

利润表分析应抓住几个关键利润指标的变动情况。

（1）净利润分析。本例中，漳州片仔癀药业2018年实现净利润1 128 726 962.18元，比2017年增加了348 300 517.24元，增长率为44.63%。从水平分析表上看，公司净利润增长主要是因为利润总额增加带来的。

（2）利润总额分析。漳州片仔癀药业利润总额增加了385 929 465.49元，增长幅度为40.99%。营业利润是导致其增加的有利因素，影响程度较高，而营业外收入出现大幅度增加，营业外支出出现一定幅度减少，具有一定的影响力。综合作用下，导致利润总额整体增加。

（3）营业利润分析。本例中，公司营业利润增加主要是因为营业收入增加所致。营业收入比2017年增加1 052 202 917.36元，增长率为28.33%。根据该公司年报，2018年，片仔癀以249.03亿元的品牌价值位居中华老字号品牌第二位；片仔癀股票被纳入MSCI明晟指数体系。片仔癀以品牌的良好形象，赢得了社会各界、资本市场和消费者的广泛赞誉和充分信赖，为公司"一核两翼"战略的持续推进和终端市场的活力提升创造了十分有利的条件。

除了上述利润关键指标以外，基本每股收益和稀释每股收益比上年度也有了较大幅度的增长。漳州片仔癀药业2018年净利润有较好表现，其他综合收益虽然出现了下降，但是不影响总体收益。其综合收益比2017年增加了344 412 259.98元，增长率为44.30%。

4. 现金流量变动分析。现金流量一般分析只说明了企业当期现金流量产生的原因，没能揭示本期现金流量与前期或预计现金流量的差异。为了解决这个问题，可采用水平分析法对现金流量表进行分析。根据漳州片仔癀药业2018年合并现金流量表，编制其现金流量表水平分析表，如表14-8所示。

表 14-8　　　　　　　漳州片仔癀药业 2018 年合并现金流量

项目	本期发生额（元）	上期发生额（元）	变动额（元）	变动（%）
一、经营活动产生的现金流量				
销售商品、提供劳务收到的现金	5 142 998 072.49	4 589 571 721.23	553 426 351.26	12.06
收到的税费返还	470 493.41	—	470 493.41	—
收到其他与经营活动有关的现金	107 504 421.61	107 004 096.75	500 324.86	0.47
经营活动现金流入小计	5 250 972 987.51	4 696 575 817.98	554 397 169.53	11.80
购买商品、接受劳务支付的现金	3 388 160 472.83	2 873 196 636.45	514 963 836.38	17.92
支付给职工及为职工支付现金	318 966 110.96	263 641 229.82	55 324 881.14	20.98
支付的各项税费	488 467 527.01	408 476 701.22	79 990 825.79	19.58
支付其他与经营活动有关的现金	443 068 058.10	474 327 934.13	-31 259 876.03	-6.59
经营活动现金流出小计	4 638 662 168.90	4 019 642 501.62	619 019 667.28	15.40
经营活动产生现金流量净额	612 310 818.61	676 933 316.36	-64 622 497.75	-9.55
二、投资活动产生的现金流量				
收回投资收到的现金	52 949 800.49	83 154 547.62	-30 204 747.13	-36.32
取得投资收益收到的现金	16 544 529.92	30 033 592.99	-13 489 063.07	-44.91
处置固定资产、无形资产和其他长期资产收回的现金净额	128 927 376.90	13 858 164.25	115 069 212.65	830.34
收到其他与投资活动有关的现金	—	6 213 209.14	-6 213 209.14	-100.00
投资活动现金流入小计	198 421 707.31	133 259 514.00	65 162 193.31	48.90
购建固定资产、无形资产和其他长期资产	74 235 604.20	51 868 078.70	22 367 525.50	43.12
投资支付的现金	54 229 642.82	1 336 095.07	52 893 547.75	3 958.82
取得子公司及其他营业单位支付的现金净额	—	14 927 210.40	-14 927 210.40	-100.00
支付其他与投资活动有关现金	4 874 317.92	2 000 000.00	2 874 317.92	143.72
投资活动现金流出小计	133 339 564.94	70 131 384.17	63 208 180.77	90.13
投资活动产生的现金流量净额	65 082 142.37	63 128 129.83	1 954 012.54	3.10
三、筹资活动产生的现金流量				
吸收投资收到的现金	31 087 000.00	8 290 000.00	22 797 000.00	274.99
其中：子公司吸收少数股东投资收到的现金	31 087 000.00	8 290 000.00	22 797 000.00	274.99
取得借款收到的现金	800 090 000.00	574 690 000.00	225 400 000.00	39.22
收到其他与筹资活动有关的现金	5 720 000.00	—	5 720 000.00	—
筹资活动现金流入小计	836 897 000.00	582 980 000.00	253 917 000.00	43.56
偿还债务支付的现金	667 400 000.00	800 650 000.00	-133 250 000.00	-16.64

续表

项目	本期发生额（元）	上期发生额（元）	变动额（元）	变动（%）
分配股利、利润或偿付利息支付的现金	285 026 847.40	197 721 788.06	87 305 059.34	44.16
其中：子公司支付给少数股东的股利、利润	792 785.05	605 523.36	187 261.69	30.93
支付其他与筹资活动有关的现金	585 900.00	234 250.00	351 650.00	150.12
筹资活动现金流出小计	953 012 747.40	998 606 038.06	-45 593 290.66	-4.57
筹资活动产生的现金流量净额	-116 115 747.40	-415 626 038.06	299 510 290.66	-72.06
四、汇率变动对现金及现金等价物的影响	8 231 536.13	-2 158 551.40	10 390 087.53	-481.35
五、现金及现金等价物净增加额	569 508 749.71	322 276 856.73	247 231 892.98	76.71
加：期初现金及现金等价物余额	1 601 998 862.67	1 279 722 005.94	322 276 856.73	25.18
六、期末现金及现金等价物余额	2 171 507 612.38	1 601 998 862.67	569 508 749.71	35.55

从表14-9可以看出，漳州片仔癀药业2018年净现金流量比2017年增加了569 508 749.71元，增加率为35.55%。经营活动、投资活动和筹资活动产生的净现金流量较2017年的变动额分别是-64 622 497.75元、1 954 012.54元和299 510 290.66元。

经营活动净现金流量比上期减少了64 622 497.75元，减少率为9.55%。经营活动现金流入量和流出量分别比上期增加了11.80%和15.40%。经营活动现金流出增速比流入增速更快，经营活动现金流入量的增加主要是由于销售商品、提供劳务收到的现金增加了553 426 351.26元，增长率为12.06%。根据利润表信息，2018年营业收入增长率为28.33%，高于销售商品、提供劳务收到的现金的增长率，说明企业销售收现状况一般。经营活动现金流出量增加的原因是购买商品、接受劳务支付的现金增加514 963 836.38元，增长率为17.92%。

投资活动现金流出量比2017年增加63 208 180.77元，变化率为90.13%，与2017年相比，大幅度增加了固定资产的投资。投资活动现金流入量变化最为显著的是处置固定资产、无形资产和其他长期资产收回的现金净额，比2017年增加了115 069 212.65元，增长率高达830.34%。根据报表附注信息，企业报告期收回南靖县G2012-51、G2012-54、G2013-79、G2013-86号4宗土地补偿款12 460.76万元。筹资活动净现金流量2018年比2017年增加了299 510 290.66元，主要是因为本年取得借款收到的现金。

（二）垂直分析

1. 资产负债表结构变动分析。根据漳州片仔癀药业2017年合并资产负债表，编制其资产负债表垂直分析如表14-9所示。

表 14-9　　　　漳州片仔癀药业资产负债表垂直分析

项目	期末余额（元）	期初余额（元）	2018年（%）	2017年（%）	变动情况（%）
流动资产：					
货币资金	2 786 533 726.03	2 117 104 397.31	41.85	37.48	4.37
以公允价值计量且其变动计入当期损益的金融资产	46 841.40	24 291.78	0	0	0
应收票据及应收账款	512 623 347.86	485 231 525.16	7.70	8.59	-0.89
其中：应收票据	68 952 557.39	55 979 051.25	1.04	0.99	0.04
应收账款	443 670 790.47	429 252 473.91	6.66	7.60	-0.94
预付款项	153 088 342.43	109 820 721.12	2.30	1.94	0.36
其他应收款	40 575 956.73	100 433 538.73	0.61	1.78	-1.17
其中：应收利息	12 774 340.06	4 790 290.51	0.19	0.08	0.11
应收股利			0	0	0
存货	1 667 487 819.60	1 242 828 897.98	25.05	22.00	3.04
持有待售资产	0	105 861 300.39	0	1.87	-1.87
一年内到期的非流动资产			0	0	0
其他流动资产	69 716 425.86	56 867 175.23	1.05	1.01	0.04
流动资产合计	5 230 072 459.91	4 218 171 847.70	78.56	74.68	3.88
非流动资产：					
可供出售金融资产	357 225 545.80	441 128 806.95	5.37	7.81	-2.44
持有至到期投资					
长期应收款	8 580 000.00	14 300 000.00	0.13	0.25	-0.12
长期股权投资	536 321 876.14	389 165 824.74	8.06	6.89	1.17
投资性房地产	38 571 883.15	40 508 948.39	0.58	0.72	-0.14
固定资产	231 427 477.76	243 862 233.10	3.48	4.32	-0.84
在建工程	4 721 944.50	5 033 802.91	0.07	0.09	-0.02
生产性生物资产	12 679 175.27	13 326 205.41	0.19	0.24	-0.05
无形资产	121 064 514.76	173 930 353.97	1.82	3.08	-1.26
开发支出					
商誉	6 096 505.10	41 580 000.00	0.09	0.74	-0.64
长期待摊费用	31 561 017.76	7 962 520.79	0.47	0.14	0.33
递延所得税资产	64 262 417.97	40 833 792.87	0.97	0.72	0.24
其他非流动资产	15 173 067.06	18 473 105.75	0.23	0.33	-0.10
非流动资产合计	1 427 685 425.27	1 430 105 594.88	21.44	25.32	-3.88
资产总计	6 657 757 885.18	5 648 277 442.58	100.00	100.00	0

续表

项目	期末余额（元）	期初余额（元）	2018年（%）	2017年（%）	变动情况（%）
流动负债：					
短期借款	599 590 000.00	466 900 000.00	9.01	8.27	0.74
以公允价值计量且其变动计入当期损益的金融负债			0	0	0
衍生金融负债			0	0	0
应付票据及应付账款	250 094 018.58	222 098 725.22	3.76	3.93	-0.18
预收款项	90 071 566.07	107 338 930.71	1.35	1.90	-0.55
应付职工薪酬	51 176 717.46	43 840 110.04	0.77	0.78	-0.01
应交税费	87 998 962.99	55 632 412.04	1.32	0.98	0.34
其他应付款	210 796 089.13	255 631 946.21	3.17	4.53	-1.36
其中：应付利息	735 681.06	514 551.56	0.01	0.01	0
应付股利			0	0	0
一年内到期的非流动负债			0	0	0
其他流动负债			0	0	0
流动负债合计	1 289 727 354.23	1 151 442 124.22	19.37	20.39	-1.01
非流动负债：					
长期借款			0	0	0
应付债券			0	0	0
其中：优先股			0	0	0
永续债			0	0	0
长期应付款		210 000.00	0	0	0
长期应付职工薪酬	24 770 286.52	21 611 989.21	0.37	0.38	-0.01
预计负债			0	0	0
递延收益	18 146 935.01	17 725 022.75	0.27	0.31	-0.04
递延所得税负债	14 951 089.88	29 509 630.25	0.22	0.52	-0.30
其他非流动负债	2 544 668.95	2 544 668.95	0.04	0.05	-0.01
非流动负债合计	60 412 980.36	71 601 311.16	0.91	1.27	-0.36
负债合计	1 350 140 334.59	1 223 043 435.38	20.28	21.65	-1.37
所有者权益（或股东权益）：					
实收资本（或股本）	603 317 210.00	603 317 210.00	9.06	10.68	-1.62
其他权益工具			0	0	0
其中：优先股			0	0	0
永续债			0	0	0
资本公积	638 157 404.91	637 799 558.12	9.59	11.29	-1.71
减：库存股	14 200 738.17	14 200 738.17	0.21	0.25	-0.04

续表

项目	期末余额（元）	期初余额（元）	2018年（%）	2017年（%）	变动情况（%）
其他综合收益	115 633 453.10	121 780 899.20	1.74	2.16	-0.42
专项储备			0	0	0
盈余公积	556 516 503.02	441 587 005.73	8.36	7.82	0.54
一般风险准备			0	0	0
未分配利润	3 117 063 774.97	2 345 757 701.95	46.82	41.53	5.29
归属于母公司所有者权益合计	5 016 487 607.83	4 136 041 636.83	75.35	73.23	2.12
少数股东权益	291 129 942.76	289 192 370.37	4.37	5.12	-0.75
所有者权益（或股东权益）合计	5 307 617 550.59	4 425 234 007.20	79.72	78.35	1.37
负债和所有者权益（或股东权益）总计	6 657 757 885.18	5 648 277 442.58	100.00	100.00	0

（1）资产负债表整体结构分析。资产负债表结构变动情况的分析可以从三个方面进行。

第一，资产结构的分析评价。从静态来看，该公司本期流动资产比重为78.56%，非流动资产比重仅为21.44%。根据该公司的资产结构，可以认为该公司资产的流动性较强，资产风险较小。从动态来看，本公司各资产项目的结构变动幅度都不大，说明该公司的资产结构相对比较稳定。

第二，资本结构的评价分析。从静态来看，该公司股东权益比重为79.72%，负债比重为20.18%，资产负债率还是较低。这样的财务结构是否合适，还需要结合企业盈利能力等内容进行说明。

第三，资产负债表整体结构的分析评价。该公司本年流动资产比率为78.56%，流动负债的比重为19.17%，属于稳健型结构。其形式如表14-10所示。

表14-10   漳州片仔癀药业稳健型结构的资产负债表

流动资产78.56%	流动负债19.17%
	非流动负债0.91%
非流动资产21.44%	所有者权益79.72%

（2）资产结构具体分析。企业资产结构的具体分析评价应特别关注以下三个方面。

第一，经营资产与非经营资产的比例。根据表14-9，整理编制漳州片仔癀药业公司经营资产与非经营资产结构分析，如表14-11所示。

表 14-11 漳州片仔癀药业经营资产与非经营资产结构分析

项目	期末余额（元）	期初余额（元）	2018年（%）	2017年（%）	变动情况（%）
经营资产：					
货币资金	2 786 533 726.03	2 117 104 397.31	41.85	37.48	4.37
应收票据及应收账款	512 623 347.86	485 231 525.16	7.70	8.59	-0.89
其中：应收票据	68 952 557.39	55 979 051.25	1.04	0.99	0.04
应收账款	443 670 790.47	429 252 473.91	6.66	7.60	-0.94
预付款项	153 088 342.43	109 820 721.12	2.30	1.94	0.36
其他应收款	40 575 956.73	100 433 538.73	0.61	1.78	-1.17
其中：应收利息	12 774 340.06	4 790 290.51	0.19	0.08	0.11
存货	1 667 487 819.60	1 242 828 897.98	25.05	22.00	3.04
固定资产	231 427 477.76	243 862 233.10	3.48	4.32	-0.84
在建工程	4 721 944.50	5 033 802.91	0.07	0.09	-0.02
生产性生物资产	12 679 175.27	13 326 205.41	0.19	0.24	-0.05
无形资产	121 064 514.76	173 930 353.97	1.82	3.08	-1.26
经营资产合计	5 530 202 304.94	4 491 571 675.69	83.06	79.52	3.54
非经营资产：					
以公允价值计量且其变动计入当期损益的金融资产	46 841.40	24 291.78	0	0	0
持有待售资产	0	105 861 300.39	0	1.87	-1.87
其他流动资产	69 716 425.86	56 867 175.23	1.05	1.01	0.04
可供出售金融资产	357 225 545.80	441 128 806.95	5.37	7.81	-2.44
长期应收款	8 580 000.00	14 300 000.00	0.13	0.25	-0.12
长期股权投资	536 321 876.14	389 165 824.74	8.06	6.89	1.17
投资性房地产	38 571 883.15	40 508 948.39	0.58	0.72	-0.14
商誉	6 096 505.10	41 580 000.00	0.09	0.74	-0.64
长期待摊费用	31 561 017.76	7 962 520.79	0.47	0.14	0.33
递延所得税资产	64 262 417.97	40 833 792.87	0.97	0.72	0.24
其他非流动资产	15 173 067.06	18 473 105.75	0.23	0.33	-0.10
非经营资产合计	1 127 555 580.24	1 156 705 766.89	16.94	20.48	-3.54
资产总计	6 657 757 885.18	5 648 277 442.58	100.00	100.00	0

根据表 14-11 可以看出，2018 年漳州片仔癀药业的经营资产有所增加，而非经营资产的比重则在降低，表明该公司的实际经营能力有所增强。

第二，固定资产与流动资产的比例关系。由表 14-6 可以看出，漳州片仔癀药业 2018 年流动资产比重为 78.56%，固定资产比重为 3.48%，固流比例为 1∶22.5，

2017年固流比例为1：17.3，与2017年相比固流比例有所提高，表明企业的资产流动性略有降低，资产风险略有提高。

第三，流动资产的内部结构。从表14-6可以看出，货币资金比重变化相比其他资产而言较高，同时其比重较高，应当引起注意，其上升可能一方面代表着企业的支付能力有所增强；另一方面意味着企业的资金利用率有所降低；存货资产比重有所上升幅度仅次于货币资金，与固定资产的变动趋势相反，需要引起注意，是否意味着产品的市场销售存在不确定风险。

（3）负债结构具体分析。从负债期限结构进行分析评价。根据表14-9，经整理编制负债期限结构分析表，如表14-12所示。

表14-12　　　　　　漳州片仔癀药业负债期限结构分析

项目	2018年（元）	2017年（元）	2018年（%）	2017年（%）	变动情况（%）
流动负债合计	1 289 727 354.23	1 151 442 124.22	19.37	20.39	-1.01
长期负债合计	60 412 980.36	71 601 311.16	0.91	1.27	-0.36
负债合计	1 350 140 334.59	1 223 043 435.38	20.28	21.65	-1.37

从表14-12可以看出，漳州片仔癀药业公司2018年流动负债比重为19.27%，比2017年降低了1.01%，表明公司在使用负债资金时，以长期资金为主。由于流动负债对企业资产流动性要求较高，因而公司所采取的负债筹资政策从一定程度上降低了企业财务风险，但是又可能增加了企业负债成本。

（4）股东权益结构的具体分析。根据表14-9提供的资料，编制股东权益结构变动情况分析表，如表14-13所示。

表14-13　　　　　　漳州片仔癀药业股东权益结构变动情况分析

项目	2018年（元）	2017年（元）	2018年（%）	2017年（%）	变动情况（%）
实收资本（或股本）	603 317 210.00	603 317 210.00	9.06	10.68	-1.62
资本公积	638 157 404.91	637 799 558.12	9.59	11.29	-1.71
减：库存股	14 200 738.17	14 200 738.17	0.21	0.25	-0.04
其他综合收益	115 633 453.10	121 780 899.20	1.74	2.16	-0.42
盈余公积	556 516 503.02	441 587 005.73	8.36	7.82	0.54
未分配利润	3 117 063 774.97	2 345 757 701.95	46.82	41.53	5.29
归属于母公司所有者权益合计	5 016 487 607.83	4 136 041 636.83	75.35	73.23	2.12
少数股东权益	291 129 942.76	289 192 370.37	4.37	5.12	-0.75
所有者权益合计	5 307 617 550.59	4 425 234 007.20	79.72	78.35	1.37

从表 14-13 可以看出，从静态来看，未分配利润仍然是该公司股东权益的最主要来源。从动态来看，未分配利润有所增加，且幅度是负债和所有者权益项目中最大的，说明公司的本年创造综合性收益有所提升，但是否意味着公司预计未来可能面对较高风险或者是发展的压力，因而保留较高的未分配利润。

2. 利润构成分析。根据表 14-7，可编制漳州片仔癀药业利润垂直分析表，如表 14-14 所示。

表 14-14　　　　　漳州片仔癀药业利润垂直分析　　　　　单位：%

项目	2018 年	2017 年	变动情况
一、营业总收入	100.00	100.00	0
其中：营业收入	100.00	100.00	0
二、营业总成本	74.66	76.24	-1.58
其中：营业成本	57.58	56.74	0.84
税金及附加	0.91	1.07	-0.16
销售费用	8.23	10.87	-2.64
管理费用	5.05	5.44	-0.38
研发费用	2.12	1.88	0.23
财务费用	-0.21	-0.11	-0.10
其中：利息费用	0.58	0.65	-0.07
利息收入	0.74	0.93	-0.18
资产减值损失	0.99	0.37	0.63
加：其他收益	0.16	0.31	-0.15
投资收益（损失以"-"号填列）	1.99	1.28	0.70
其中：对联营企业和合营企业的投资收益	1.79	0.44	1.35
公允价值变动收益（损失以"-"号填列）	0	0	0
资产处置收益（损失以"-"号填列）	0.21	0.17	0.04
三、营业利润（亏损以"-"号填列）	27.70	25.51	2.19
加：营业外收入	0.26	0.02	0.24
减：营业外支出	0.10	0.18	-0.07
四、利润总额（亏损总额以"-"号填列）	27.85	25.35	2.50
减：所得税费用	4.17	4.34	-0.17
五、净利润（净亏损以"-"号填列）	23.68	21.01	2.67

从表 14-14 可以看出，漳州片仔癀药业 2018 年各项财务成果的构成情况。其中，营业利润占营业收入的比重为 27.70%，比 2017 年上升了 2.19%；2018 年利润总额的构成为 27.85%，比 2017 年上升了 2.50%；2018 年净利润的构成为 23.68%，比 2017 年增长了 2.67%。可见，从利润的构成上看，漳州片仔癀药业的盈利能力比 2017 年度有所提高。从营业成本结构看，2018 年比 2017 年下降了 1.58%，主要是管理费用和销售费用结构下降所导致。

3. 现金流量结构分析。根据漳州片仔癀药业公司现金流量表的资料为基础，经过整理得出现金流量结构分析，如表 14-15 所示。

表 14-15　　　　2018 年漳州片仔癀药业现金流量结构分析　　　　单位：%

项目	流入结构		流出结构		内部结构	
	2018 年	2017 年	2018 年	2017 年	2018 年	2017 年
一、经营活动产生的现金流量						
销售商品、提供劳务收到的现金	81.81	84.79	—	—	97.94	97.72
收到的税费返还	0.01	0	—	—	0.01	0
收到其他与经营活动有关的现金	1.71	1.98	—	—	2.05	2.28
经营活动现金流入小计	83.53	86.77	—	—	100.00	100.00
购买商品、接受劳务支付的现金	—	—	59.18	56.47	73.04	71.48
支付给职工以及为职工支付的现金	—	—	5.57	5.18	6.88	6.56
支付的各项税费	—	—	8.53	8.03	10.53	10.16
支付其他与经营活动有关的现金	—	—	7.74	9.32	9.55	11.80
经营活动现金流出小计	—	—	81.02	79.00	100.00	100.00
二、投资活动产生的现金流量	—	—	—	—	—	—
收回投资收到的现金	0.84	1.54	—	—	26.69	62.40
取得投资收益收到的现金	0.26	0.55	—	—	8.34	22.54
处置固定资产、无形资产和其他长期资产收回的现金净额	2.05	0.26	—	—	64.98	10.40
收到其他与投资活动有关的现金	0	0.11	—	—	0	4.66
投资活动现金流入小计	3.16	2.46	—	—	100.00	100.00
购建固定资产、无形资产和其他长期资产	—	—	1.30	1.02	55.67	73.96
投资支付的现金	—	—	0.95	0.03	40.67	1.91
取得子公司及其他营业单位支付的现金净额	—	—	0	0.29	0	21.28
支付其他与投资活动有关的现金	—	—	0.09	0.04	3.66	2.85

续表

项目	流入结构		流出结构		内部结构	
	2018 年	2017 年	2018 年	2017 年	2018 年	2017 年
投资活动现金流出小计	—	—	2.33	1.38	100.00	100.00
三、筹资活动产生的现金流量						
吸收投资收到的现金	0.49	0.15	—	—	3.71	1.42
其中：子公司吸收少数股东投资收到的现金	0.49	0.15	—	—	3.71	1.42
取得借款收到的现金	12.73	10.62	—	—	95.60	98.58
收到其他与筹资活动有关的现金	0.09	0	—	—	0.68	0
筹资活动现金流入小计	13.31	10.77	—	—	100.00	100.00
偿还债务支付的现金	—	—	11.66	15.73	70.03	80.18
分配股利、利润或偿付利息支付的现金	—	—	4.98	3.89	29.91	19.80
其中：子公司支付给少数股东的股利、利润	—	—	0.01	0.01	0.08	0.06
支付其他与筹资活动有关的现金	—	—	0.01	0	0.06	0.02
筹资活动现金流出小计	—	—	16.65	19.63	100.00	100.00
现金流入总额	100.00	100.00	—	—	—	—
现金流出总额	—	—	100.00	100.00	—	—

第一，现金流入结构分析。漳州片仔癀药业 2018 年现金流入总量为 6 286 291 694.82 元，其中，经营活动现金、投资活动现金和筹资活动现金流入量所占比重分别为 83.53%、3.16 和 16.65%。可见，企业的现金流入量主要由经营活动产生。经营活动现金流入量中销售商品、提供劳务收到的现金占 97.94%。

第二，现金流出结构分析。漳州片仔癀药业 2018 年现金流出总量为 5 725 014 481.24 元，其中，经营活动现金、投资活动现金和筹资活动现金流出量所占比重分别为 81.02%、2.33%、48.28%。可见，企业现金流出量主要由经营活动构成。经营活动现金流出中购买商品、接受劳务支付的现金所占比重为 59.18%。

第三，现金流量结构变动情况。将 2017 年的现金流量结构进行比较发现，漳州片仔癀药业的现金流量结构比较稳定，变化幅度不大。

总之，从资产负债表及附注信息来看，企业的资产总体质量较好，资产和权益结构的稳定性较高。结合利润表的分析来看，企业正在积极努力地进行市场的开发，主营产品的盈利能力有了一定程度的提高。从现金流量表及附注的信息来看，我们可以得到以下结论：虽然本年度企业经营活动产生现金流量的能力较好，但其增长的速度不及营业收入的增长速度，需要注意企业的收现能力的提升。

第三节 行业分析

一、行业分析

（一）医改政策叠加，医药监管持续强化，推动产业升级

2018年，医药行业监管持续强化，医疗改革政策不断完善，以"三医联动"为核心的联动改革持续贯穿整个行业相关政策频出，促创新、重质量、严监管为基本运行脉络，引导医药行业良性发展，推动医药产业升级。首先，药品审评改革制度不断深化，评审审批速度不断加快，鼓励研发优质创新药；其次，仿制药质量和疗效的一致性评价的持续推进、药品上市许可持有人制度的落实、随着《药品数据管理规范（征求意见稿）》等加强药品质量监管文件的出台，社会各界对药品质量的保障提出更高的要求；最后，《关于药品信息化追溯体系建设的指导意见》《中华人民共和国疫苗管理法（征求意见稿）》等的发布，建立追溯体系，明确责任主体，从严监管，加大对违规违法行为的监管处罚力度，目前，监管改革正在逐步深化。

（二）中医药板块受国家政策影响和消费升级理念驱动保持稳定增长态势

随着《古代经典名方目录（第一批）》《证候类中药新药临床研究技术指导原则》《关于加强中医药健康服务科技创新的指导意见》等产业政策落地，中药行业格局逐步优化。此外，中医药在治未病、辨证施治方面逐步被社会大众所认可；在居民收入水平提高的驱动下，居民医疗消费意愿的进一步提升，消费者更加将关注个人的健康状态，注重养生保健，主要是倾向于向优势品牌聚集，促进品牌中药的发展，整体中医药行业需求持续向上。

（三）中药材价格上升，增加成本

公司主要产品片仔癀系列产品涉及的重要药材包括麝香、牛黄、蛇胆、三七。其中，除麝香、蛇胆严格按国家有关规定组织采购外，牛黄、三七可通过市场渠道进行采购，采购价格随行就市。近年来，天然麝香价格缓慢上升，报告期内麝香价格基本保持稳定但略有上涨。与2017年相比，牛黄价格在报告期内呈现持续上涨。牛黄供应容易受到产地供给与市场对需求的影响。综合其他重要药材品种价格的波动对片仔癀系列产品的成本产生一定的影响。从长期来看，麝香、牛黄及蛇胆的价格呈上涨趋势，未来将对片仔癀及系列产品成本产生上升压力。

二、企业核心竞争力

片仔癀是我国仅有的两个一级药保护品种之一。因其地位特殊，受到实质的

长期保护,独占优势明显。当前保护政策不仅保证了片仔癀独家品种的地位,同时使片仔癀药业在重要领域具有超然地位。我国中药品种自 2007 年起不断快速减少,目前仅有的两个一级保护品种成为极其稀缺的资源。2005 年,国家有关部门为保护野生麝香资源,仅允许片仔癀等少数几个传统名贵中药品种继续使用天然麝香,增强了片仔癀的稀缺和名贵程度。片仔癀逐渐成为国内医药龙头品牌。

三、企业竞争策略分析

公司以传统中药生产为核心,以保健品、保健食品、功能饮料和特色功效化妆品辅助,以药品流通为补充。基于选用药材的稀缺性及原材料成本上涨,企业 2016 年起多次提高出厂价及终端价,企业采取产品差异策略,管理层战略清晰。2018 年改变营销策略,推动片仔癀体验馆的建设,目前已逐渐将片仔癀产品从华南向华中、华北乃至全国推广。经营模式的转变,推动了 2018 年销售规模超过 50% 的增长。同时,企业加强产品终端价格的管理,保证渠道维持一定利润空间,促进产品销售。鉴于天然麝香的稀缺性,虽 2018 年原材料价格上涨明显,片仔癀系列产品经历价格提升后,消费者接受度良好,销售量及销售价格上升趋势明显。

第四节 财务比率分析

为了计算企业的基本财务比率,我们以漳州片仔癀药业股份有限公司报表为基础。有关比率计算如表 14-16 所示。

表 14-16 2018 年漳州片仔癀药业股份有限公司基本财务比率及同行业对比

项目	比率名称	片仔癀药业	恒瑞医药	云南白药	复星医药	华润三九	同行业均值
偿债能力	流动比率	4.06	7.25	2.68	1.00	1.36	3.27
	速动比率	2.76	6.83	1.70	0.82	1.12	2.65
	现金流量比率(%)	216.06	155.99	29.62	47.68	39.20	97.71
	资产负债率(%)	20.28	11.46	34.42	52.39	38.06	31.32
	利息支付倍数	-13 042.84	-3 538.75	2 442.85	594.29	-24 329.29	-7 574.75
营运能力	总资产周转率(次)	0.77	0.86	0.92	0.38	0.78	0.74
	流动资产周转率(次)	1.01	1.07	1.02	1.51	1.74	1.27
	存货周转率(次)	1.89	140.35	181.05	3.43	3.15	65.97
	应收账款周转率(次)	10.92	5.00	17.30	7.25	6.39	9.37
	固定资产周转率(次)	19.79	8.05	14.88	3.65	4.05	10.08

续表

项目	比率名称	片仔癀药业	恒瑞医药	云南白药	复星医药	华润三九	同行业均值
盈利能力	净资产收益率（%）	26.29	20.61	20.84	9.68	13.23	18.13
	总资产报酬率（%）	16.95	18.16	10.83	4.28	8.18	11.68
	营业收入毛利率（%）	42.42	86.60	30.55	58.40	69.02	57.40
	每股收益（元）	1.89	1.10	1.07	1.07	1.14	1.25
成长能力	净利润增长率（%）	44.63	23.33	5.02	−15.77	11.19	13.68
	净资产增长率（%）	19.94	24.18	9.81	12.95	10.31	15.44
	营业收入增长率（%）	28.33	25.89	9.84	34.45	20.75	23.85
	资产增长率（%）	17.87	23.96	9.66	13.85	11.33	15.33

注：行业均值是按照万得数据库同行业排名顺序中总市值前五家公司计算而得，漳州片仔癀药业排在第二位，其余四家公司的数据均由其公开的年度报告计算整理得来。

应该指出的是，直接以上述计算对企业进行全面的分析难度较大。这是因为我们仅仅计算了企业当年的有关比率，没有全面计算企业过去3~5年的相关比率，因而对企业在年度间有关比率的发展变化情况难以进行分析。尽管如此，我们仍可以利用上述比率对企业的财务状况进行初步分析。

第一，关于偿债能力。从选取的反映长、短期偿债能力的指标来看，案例企业的偿债能力大多高于行业均值，说明企业的本身依靠盈利来进行偿债的能力较强，其资产的流动性特别是现金流的状况较强，保证了企业能够保持现金流的有效循环。

第二，关于营运能力。从选取的营运能力指标来看，案例企业整体资产的营运周转质量较为一般，特别是流动资产中存货的周转率在行业中处于较低水平，可能与片仔癀在市场现状低迷存在一定的关联。

第三，关于盈利能力。在上述盈利能力指标中，我们可以感受到企业的盈利能力处于行业中等偏上的水平。

第四，关于成长能力。企业的成长能力指标呈现出该企业有着较高的潜力，企业的管理层和市场仍然对该企业抱有较高的期望。

第五节 杜邦分析与综合评价

一、杜邦财务分析

为了对2018年片仔癀的经营绩效进行更好的评价，我们以2017年片仔癀的各项指标为基础，对其变动进行分析。片仔癀2017年和2018年各指标比例如表14-17所示。

表 14-17   2017~2018 年片仔癀各指标比率

项目	2018 年	2017 年	变动
净资产收益率（%）	24.98	21.16	3.82
权益乘数	1.34	1.40	-6.00
总资产净利率（%）	18.34	14.61	3.73
营业净利率（%）	23.68	21.01	2.67
总资产周转率（%）	0.77	0.70	7.00

资料来源：片仔癀 2018 年年报。

（一）对净资产收益率的分析

从表 14-17 可以看出，与 2017 年相比，2018 年片仔癀公司的净资产收益率有所下降，变动额为 3.82%。导致净资产收益率变动的因素为权益乘数和总资产净利率的变动。权益乘数降低，说明片仔癀公司减少了财务杠杆的作用，对净资产收益率的变化有缩小作用；由于总资产净利率上升幅度为 3.73%，最终导致净资产收益的上升更大一些。进一步分析总资产净利率上升的原因，该变动由营业净利和总资产周转率共同导致。综上所述，2018 年片仔癀公司的业绩较以往表现较佳，净资产收益率上升主要是由于其盈利能力有所升高，并且资产营运能力也有待提升。对其深层次原因的探究则需要进一步结合宏观环境、行业特点以及经营状况进行分析。

（二）对权益乘数的分析

权益乘数又称股本乘数，是指资产总额相当于股东权益的倍数。权益乘数表示企业的负债程度，权益乘数越大，表明企业的负债程度越高，一般越会导致企业财务杠杆率较高，财务风险加大。

一般认为权益乘数不超过 2，认为是企业的负债程度比较低，风险比较小。从片仔癀的数据可以看出，公司 2018 年、2017 年的权益乘数为 1.34、140。2018 年片仔癀的偿债能力比 2017 年较低，且企业整体负债水平较低，因而长期偿债能力有所下降。

（三）对总资产净利率的分析

总资产净利率是指企业息税前利润与平均总资产之间的比率，用于评价企业运用全部资产的总体获利能力，是评价企业资产运营效益的重要指标。总资产净利率越高，表明资产利用效率越高，说明企业在增加收入、节约资金使用等方面取得了良好的效果；该指标越低，说明企业资产利用效率越低。

片仔癀 2018 年的总资产净利率为 18.34%，2017 年的总资产净利率为 14.61%。从中可以看出，在 2018 年的整个生产过程中，总资产的利用能力有所上升，企业投入产出的水平比较高，总资产净利率是由营业净利率和总资产周转率共同决定的,企业应分别分析这两个因素的作用及影响程度,分析总资产周转率下降的原因,提高企业的总资产净利率,提高企业的经营管理水平。

(四)对营业净利率的分析

营业净利率是净利润与销售收入的比率,该指标反映每一元销售收入带来净利润的多少,表示销售收入的收益水平。该比率越高,企业获利水平越强。从上述计算可以看出,片仔癀2018年的营业净利率大于2017年,说明企业获利能力有所上升。

(五)对总资产周转率的分析

总资产周转率是考查企业资产运营效率的一项重要指标,体现了企业经营期间全部资产从投入到产出的流转速度,反映了企业全部资产的管理质量和利用效率。通过该指标的对比分析,片仔癀2018年的总资产周转率相对2017年有所上升,表明企业总资产周转速度变快,总资产周转率上升是因为2018年的资产规模投入产出较快所导致。

二、沃尔评分法

沃尔比重评分法中选择了七项财务比率,即流动比率、产权比率、固定资产比率、存货周转率、应收账款周转率、固定资产周转率和自有资金周转率对企业的信用能力进行评价,通过对选定的几项财务比率给定一个分值,然后计算出综合得分,从而对企业的信用水平乃至整个企业的财务状况作出评价。

采用沃尔评分法对片仔癀公司2018年的财务状况进行分析,如表14-18所示。

表14-18　　　　　　　　片仔癀公司2018年沃尔评分

财务比率	比重①	标准比率②	实际比率③	相对比率 ④=③÷②	评分 ⑤=①×④
流动比率	25	2	4.06	2.03	50.75
净资产/负债	25	1.5	3.93	2.62	65.5
固定资产比率	15	2.5	0.035	0.01	0.21
存货周转率(%)	10	8	1.89	0.24	2.36
应收账款周转率(%)	10	6	11.07	1.85	18.45
固定资产周转率(%)	10	4	20.07	5.02	50.18
自有资金周转率(%)	5	3	0.9	0.30	1.5
合计	100				188.95

资料来源:片仔癀2018年年报。

从表14-18可知,片仔癀公司2018年的总得分为188.95,按照沃尔比重评分法的原理分数越高,说明公司的价值越好,企业的财务状况也就更理想。

三、综合指数法

在各种不同目的的评价活动中,综合指数法是应用较为广泛的一种评价模型。综合评价指数是各指标单项指数的和,该指数一般可作为企业经营业绩评价的主要参考值,根据片仔癀公司2018年的有关资料,按综合经济指数方法,计算该企业的综合经济指数,如表14-19所示。

表14-19 片仔癀公司综合经济指数计算

经济指标	标准值	实际值	单项指数	权数	综合经济指数
销售利润率(%)	18	27.84	1.55	15	15.00
总资产报酬率(%)	20	18.35	0.92	15	13.76
资本收益率(%)	25	82.32	3.29	15	15.00
资本保值增值率(%)	105	90.98	0.87	10	8.66
资产负债率(%)	50	20.28	0.41	5	2.03
流动比率	200	406	2.03	5	5.00
速动比率	100	259	2.59	5	5.00
应收账款周转率(次)	12	11.07	0.92	5	4.61
存货周转率(次)	10	1.89	0.19	5	0.95
社会贡献率(%)	35	35	1.00	10	10.00
社会积累率(%)	30	30	1.00	15	15.00
综合经济指数				100	95.01

注:社会贡献率和社会积累率实际值由于资料限制,假设其为标准值;利息支出用财务费用代替。
资料来源:片仔癀2018年年报。

本例中企业综合经济指数为95.01%,达到经营业绩标准要求。只根据综合评价指数可认为片仔癀的经营管理水平较高,企业经营效益好,管理者的经营管理业绩较突出。

【本章小结】

通过本章的学习,我们将企业财务综合分析的方法运用到了实际案例的分析中。

请分别扫一扫以下三个二维码,阅读有关"片仔癀"的三篇文章。

(资料来源:薛志伟.片仔癀:用工匠精神作出"中国品质"[N].经济日报.2016-06-10(02))

(资料来源:赵学毅.片仔癀锭剂 炒成"神药"害了谁?[N].证券时报.2021-07-15(A2))

(资料来源:李婷.片仔癀去年营收首破百亿元大关 投资者关注增长能否持续[N].证券时报.2024-02-01(B3))

【复习思考题】

请以漳州片仔癀药业股份有限公司 2018 年年度报告的部分内容为基础，完成下列分析。

1. 以本案例中的资料为基础，计算主要的财务比率。
2. 对企业的投资与盈利能力、资产管理与营运能力、财务实力与偿债能力、可持续发展与成长能力进行分析。
3. 企业的关联交易对企业财务状况有何影响？

【阅读分析题】

请同学们在网上收集本教材所涉及的上市公司将来的财务和非财务信息，关注这个公司的财务状况的走势与变化，并与自己的分析进行比较，从而温故知新。

参考文献

[1] 财政部. 企业会计准则第 14 号——收入.

[2] [法] 丁远, 埃尔韦·施托洛韦. 财务报告与分析: 一种国际化视角 [M]. 2 版. 北京: 机械工业出版社, 2018.

[3] 盖地. 税务会计原则、财务会计原则的比较与思考 [J]. 会计研究, 2006 (2).

[4] 郭永清. 财务报表分析与股票估值 [M]. 北京: 机械工业出版社, 2017.

[5] 国务院国资委. 中央企业负责人经营业绩考核暂行办法, 2009.

[6] 胡玄能, 叶华. 财务报表分析 [M]. 北京: 清华大学出版社, 2014.

[7] 胡玉明. 财务报告分析 [M]. 3 版. 大连: 东北财经大学出版社, 2016.

[8] 黄世忠. 财务报表分析: 理论、框架、方法与案例 [M]. 北京: 中国财政经济出版社, 2007.

[9] 李桂荣. 财务报告分析 [M]. 2 版. 北京: 清华大学出版社, 2010.

[10] 陆正飞. 财务报告与分析 [M]. 2 版. 北京: 北京大学出版社, 2014.

[11] 上海国家会计学院. 财务报表分析 [M]. 北京: 经济科学出版社, 2012.

[12] 上海国家会计学院. 财务报表分析 [M]. 北京: 经济科学出版社, 2015.

[13] 斯蒂芬·H. 佩因曼. 财务报表分析与证券估值 [M]. 5 版. 朱丹, 屈腾龙译. 北京: 机械工业出版社, 2017.

[14] 涂子沛. 数据之巅: 大数据革命, 历史、现实与未来 [M]. 北京: 中信出版社, 2014.

[15] 涂子沛. 大数据: 正在到来的数据革命 [M]. 桂林: 广西师范大学出版社, 2015.

[16] 王德发. 财务报表分析 [M]. 2 版. 北京: 中国人民大学出版社, 2007.

[17] 王德发. 财务报表分析 [M]. 3 版. 北京: 中国人民大学出版社, 2011.

［18］王化成．财务报表分析［M］．北京：北京大学出版社，2014．

［19］王淑萍．财务报告分析［M］．北京：清华大学出版社，2007．

［20］续芹．财务报表解读：教你快速学会分析一家公司［M］．北京：机械工业出版社，2018．

［21］杨安富．财务报告分析［M］．北京：经济科学出版社，2013．

［22］姚红宇．评级机构声誉机制与评级上调——来自中国信用评级的证据［J］．经济学报，2019，6（2）：125－154．

［23］张惠忠．财务报告分析［M］．北京：科学出版社，2011．

［24］张利．财务报告分析［M］．上海：上海财经大学出版社，2009．

［25］张玲．财务危机预警分析判别模型及其应用［J］．预测，2001（6）：80－82．

［26］张先治，陈友邦．财务分析［M］．大连：东北财经大学出版社，2007．

［27］张先治，秦志敏．财务报告分析［M］．上海：立信会计出版社，2014．

［28］张新民．从报表看企业——数字背后的秘密［M］．3版．北京：中国人民大学出版社，2017．

［29］张新民．企业财务报表分析［M］．北京：对外经济贸易大学出版社，2001．

［30］张新民，钱爱民．财务报表分析［M］．5版．北京：中国人民大学出版社，2019．

［31］中国注册会计师协会．审计学［M］．北京：中国财政经济出版社，2017．

敬 告 读 者

为了帮助广大师生和其他学习者更好地使用、理解、巩固教材的内容，本教材提供课件，读者可关注微信公众号"会计与财税"获取相关信息。

如有任何疑问，请与我们联系。

QQ：16678727

邮箱：esp_bj@163.com

教师服务 QQ 群：606331294

读者交流 QQ 群：391238470

经济科学出版社

2025 年 4 月

会计与财税

教师服务 QQ 群

读者交流 QQ 群

经科在线学堂